KB269625

근거 중심, 가치 중심의 영업으로 진화하라!

제약영업
어떻게 할 것인가?

근거 중심, 가치 중심의 영업으로 진화하라!

제약영업

MEDICAL REPRESENTATIVE

어떻게 할 것인가?

이동수 · 최필승 공저

한언

최근 1~2년 사이 하루가 멀다 하고 제약산업과 관련된 뉴스가 방송, 신문, 인터넷을 통해 나오고 있다. 긍정적인 뉴스보다 제약업계의 '리베이트' '약가 인하' '수익률 악화' '대형 신약 파이프 라인 부재' 등 부정적인 뉴스가 많다. 마치 제약산업 전체가 커다란 파도와 폭풍우 앞에서 힘없이 쓸려가는 배를 연상케 하는 상황이다. 어떤 매체에서는 이를 '제약산업의 Perfect storm'이 라고 표현하기도 했다.

제약산업이 겪고 있는 현재의 도전은 평온한 바다를 지나며, 예견된 폭풍 우와 파도에 대해 안일하게 대응하고 철저히 준비하지 못한 데 대한 결과물 이다. 현재의 난관이 매우 크게 보일 수 있으나 제약산업이 갖고 있는 기본적 인 성장 잠재력을 눌러버릴 정도는 아니다. 제약산업과 가장 밀접한 관계가 있는 정부 쪽에서, 앞으로 닥쳐올 더 큰 재난에 대비해 먼저 선수를 친 상황으로 보는 것도 일견 예측 가능한 시나리오다.

고령화의 속도가 빨라지고 인간의 수명은 늘어나며, 삶의 질을 높이고자 하는 욕구가 커져가고 있다. 제약산업 및 헬스 케어 산업 전체에 대한, 상상할 수 없을 정도의 폭발적 수요 증가는 누구나 예상할 수 있다. 이처럼 밝은 미래를 가진 산업이 얼마나 될까?

제약산업에서 의사·약사·간호사와 같은 전문가 집단과, 환자, 제약회사 등이 주요한 역할을 한다. 제약회사의 영업사원은 회사와 고객 사이의 가교 역할을 하고 있다. 혹자는 앞으로 그들의 역할이 줄어들 것이라고 예측하나 이는 잘못된 판단이다. 과거 인터넷 쇼핑몰이 생길 때는 백화점이 없어질 것이라 생각했고, 온라인 보험 상품이 나왔을 때는 보험 설계사들이 없어질 것이라 예측했다. 하지만 그런 상황은 나타나지 않았다. 역할이나 가치가 바뀌었을 뿐이다. 마찬가지로 제약영업사원의 역할과 그들의 가치도 바뀔 것이다. 이를 미리 준비해야 한다.

결국 '기본으로 돌아가 기본에 충실하는 것'이 필요하다. 제약산업에서 영업의 기본은 질환 및 제품에 대한 철저한 지식 탐구에서 시작된다. 그리고 고객과 지역에 대한 폭넓은 이해, 더 나아가 산업 전반에 대한 큰 그림 속에서의 지식이 영업사원의 질을 한 단계 높이는 계기가 될 것이다. 한국의 현재 상황을 이미 다른 곳에서 미리 경험한 다국적 제약사들은 이미 '근거 중심의 영업(EBM, Evidence Based Marketing)'이란 용어를 수 년 전부터 사용해왔다. 또한 영업사원(Salesman)에서 MR(Medical Representative)이란 용어로 대체해 사용함으로써 역할의 변화를 준비해왔다. 제약영업은 이제 감성적 영업에 이성적 가치를 더 많이 추가해야 함을 강조해온 것이다.

이제 또 변해야 한다. 제품의 판매보다는 고객, 환자 그리고 정부의 가치를 존중하는 영업을 지향해야 한다. 앞서 언급한 '근거 중심의 영업'은 전문가인 고객을 중심에 둔 새로운 활동을 요구하는 것이었다. 지금까지 제품과 고객에만 집중한 경향이 있었던 것도 사실이다. 이제는 그 기준을 넘어선 가장 높은 수준의 윤리적 영업 활동인 '가치 중심의 영업(VBP, Value Based Promotion)'을 위해 변화할 시점이다.

처음《제약영업의 기술》을 썼을 때는 영업 본부장으로 근무하면서 직원들에게 제약영업에 대한 대략적 소개를 하고 싶었다. 많은 신입 직원들이 제약영업의 기본을 잘 모르고 있기 때문에 일반적 패턴을 찾아서 그들에게 영업을 잘하는 사람의 특징을 소개해주고 싶었다. 그런데 막상 출간해보니 몇 가지 생각지 못한 것들이 있었다. 무엇보다 제약영업에 대한 책이 별로 없다 보니 제약회사에 근무하는 분들의 기대가 컸다. 회사에 오래 근무한 분들의 반응은 내용이 충분치 못하다는 다소 부정적인 반응도 있었다. 또 다른 현상은《제약영업의 기술》이 제약회사 취업을 준비하는 친구들의 필독서, 또는 참고서가 되었다는 것이다. 제약영업이 어떤 것인지 정확한 정보를 주진 못하지만 대체적인 그림은 그릴 수 있어서인지, 최근 입사한 신입 직원들 중에서 그 책을 읽고 온 친구들을 많이 볼 수 있었다.

이번 책에서는 제약영업 전체를 한 번 아우르고자 했다. 자료를 모으기 시작했고, 마침 동아제약에 근무할 기회를 갖게 되어 국내 제약사 영업직원들의 활동도 가까이에서 볼 기회도 있었다. 직원들이 궁금하다고 생각하는 부분들을 중점으로 집필하려 했으며, 또한 직원들을 가르치는 교육자 입장, 팀장 혹은 임원의 입장에서도 제약영업을 보려 했다. 《제약영업의 기술》을 준비하면서는 인터뷰를 통한 사례 중심, 또는 성공하는 영업사원의 자세와 태도, 또는 행동양식과 같은 것에 대한 경험적 자료에 의존했다면, 이번에는 좀 더 구체적인 자료를 수집하고 필요한 정보를 중심으로 준비를 하기 시작했다. 그러고 나서 전체적으로 제약회사의 영업사원이라면 이 정도의 정보와 지식은 가지고 있어야 자신을 둘러싼 환경을 활용할 수 있지 않을까 생각해 그에 맞는 목차를 구성했다.

막상 글을 쓰기 시작하자 어려운 점이 많았다. 시간적 제약, 물리적 제약 등등. 글을 쓴다는 것은 많은 에너지를 요구하는데 현업에 있는 사람이 주말 시간을 이용한다 해도 상당한 인내력을 요구하는 작업이었다. 그런데 천군만마와 같이 함께 근무했던 최필승 저자와 연락이 닿았고 그림을 구체화시키는 작업을 함께 완성할 수 있었다. 본인이 빈 바탕에 전체적 스케치를 했다면 그 색칠을 최필승 저자가 담당했다. 사실 현장에서는 수많은 일들이 벌어지는데 일일이 다 책에 담을 수 없는 한계도 있고, 영업이란 것이 워낙 현장 중심, 상황 중심, 환경 중심으로 주관적이다 보니 너무나 다른 얘기들이 많아 하나로 객관화시키기 어려운 점도 많았다. 또한 제약영업은 이 책에서 주로 다루고 있는 병원 및 의원 중심의 영업 외에도 각 제약회사별 제품 구성의 특성에 따라 약국 영업, 백신 영업, 항암제 영업, 건강식품 영업 등 다양한 형태가 있다. 각기 다른 시장과 고객에 따른 여러 가지 영업 방식을 일일이 표준화 또는 획일화해서 책에 담을 수 없는 한계점도 있다. 그러나 제약영업의 원칙과 특성 혹은 근간은 동일한 부분이 많기에 이렇게 제약영업이란 이름으로 이 책을 통해 설명하려고 도전을 해보았다.

보험 영업이 과거 보험 상품의 판매원에서 이제는 파이낸스 플래너, 라이프 플래너 같은 인생에 대한 상담가의 역할로 바뀐 것처럼 제약영업도 이제는 정이나 관계 중심의 영업에서 좀 더 근거 중심, 정보 중심, 사실 중심, 이성 중심, 가치 중심의 영업이 필요하다. 그만큼 영업사원들의 공부도 더 많이 요구된다. 이 책이 최근의 급격한 환경 변화 속에서 많은 도전과 시련을 겪으며, 일에 대한 열정이 사라지거나 때로 좌절하고 방향을 찾기 힘든 시점에 놓인 많은 영업사원들에게 조금이나마 도움이 되었으면 한다.

우리에게 항상 맑은 날만 있는 것은 아니다. 비가 오기도 하고, 눈이 내려 이동하기 어려운 때도 있고 때론 폭풍우가 불더라도 고객을 방문해야 했던 날도 많다. 이 모든 상황에도 불구하고 현장에서 묵묵히 일해온 이들이 바로 영업사원 여러분이다. 영업 현장에 있는 모든 이들에게 큰 응원의 박수를 보낸다.

차 례

Part 1

제약산업

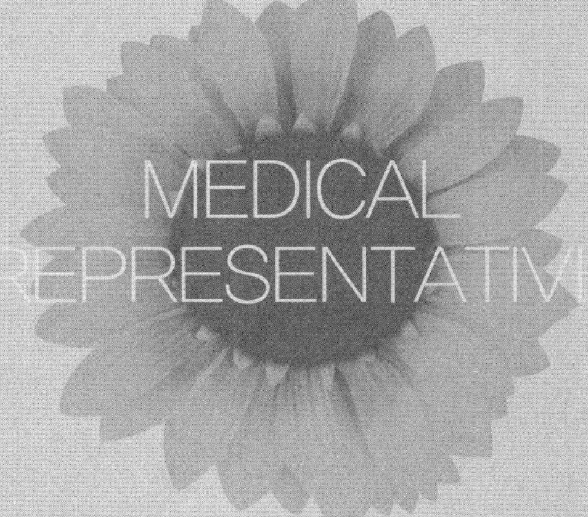

많은 제약영업 직원들의 제약산업에 대한 이해도가 매우 낮다. 정작 본인이 일하고 대부분의 시간을 보내는 제약산업에 대해 막연한 지식만을 가지고 있으니, 고객과의 관계, 주변인과의 관계에서 적극적으로 제약산업이 갖는 장점과 사회 공헌도를 설명하지 못하는 것이다. 본인들의 업무에 대해 자신감과 자부심을 가질 수 있는 기본 자체를 모르고 있는 것과 마찬가지다.

제약산업의 이해

대학에서 열리는 캠퍼스 리쿠르팅에 여러 번 참여해본 적이 있다. 그런데 제약회사가 캠퍼스 리쿠르팅을 하면서 제약회사와 산업에 대해 소개하는 것을 본 기억이 없다. 그렇다고 언론 매체에서 한국의 제약산업이나 제약회사에 대해 자세히 소개하지도 않는다. 주식 투자를 하는 사람 정도나 관심을 가지고 있다고 해도 과언이 아닐 것이다. 그러다 보니 많은 취업준비생 또는 그들의 가족이 제약회사에 대해 잘 모르는 것은 당연한 일이다. TV나 뉴스에 나온 몇 가지 정보만 가지고 제약회사를 파악하고, 제약영업사원이라고 하면 여전히 '약장사'라고 하는 사람을 뭐라 탓할 수 없는 실정인 것이다.

신입사원 면접 때도 '제약영업이 무엇이냐?' '제약산업에 대해 어떻게 생각하느냐?'고 하면 모두들 제대로 된 답을 내놓지 못한다. 그저 막연하게 영업은 제품을 파는 것, 제약은 약을 판매하는 것 정도로 매우 낮은 수준의 정보만 가지고 입사에 도전한다. 문제는 아이러니하게도 제약회사 신입사원 연수교육에도 제약산업에 대한 교육 부분이 없거나 아주 미미한 정도의 시간만 잡혀 있다는 사실이다. 그 결과로 많은 제약영업 직원들의 제약산업에 대한 이해도가 매우 낮다. 정작 본인이 일하고 대부분의 시간을 보내는 제약산업에 대해 막연한 지식만을 가지고 있으니, 고객과의 관계, 주변인과의 관계에서 적극적으로 제약산업이 갖는 장점과 사회 공헌도를 설명하지 못하는 것이다. 본인들의 업무에 대해 자신감과 자부심을 가질 수 있는 기본 자체를 모르고 있는 것과 마찬가지다.

1. 제약산업

UN에 따르면 우리나라는 이미 국내 총 인구 중 11%가 65세 이상인 고령화 사회에 진입해 있다. LG 경제연구원의 보고서(LG 경제연구원, 정책연구WP, 윤상하, 이지선, 2012. 06. 07)에 따르면, 오는 2017년에는 국내 총 인구의 14%가 65세 이상인 고령 사회가 될 것으로 전망된다. 이는 다른 선진국에 비해 유례를 찾아볼 수 없을 정도로 빠른 증가 추세이다. 이와 같은 사실을 볼 때 우리 사회에서 의료, 건강, 삶의 질과 관련된 산업 수요가 얼마나 많이 늘어날 것인가 쉽게 예측할 수 있다. 이러한 트렌드에 맞춰 이와 관련된 산업은 꾸준히 늘어나고 있다. 이는 과거의 제약산업 및 병·의원 등 기존 의료 서비스 산업만의 성장을 의미하는 것이 아니라, 개인의 건강 상태를 측정할 수 있는 가정용 의료장비와 여기서 얻은 데이터를 저장하고, 분석할 수 있는 의료 시스템을 구축하는 홈 헬스케어 산업, 국민건강보험에서 충당할 수 없는 서비스를 보장해주는 개인 의료보험 산업 등 다양한 산업의 성장을 의미한다. 이것을 모두 통틀어 '실버 산업'이라고 한다.

노령화에 따른 실버 산업에서 여전히 규모가 크고 향후 성장 잠재력이 높은 것 중 하나가 제약 분야이다. 제약산업은 소득 증가와 고령화 등에 따라 수요가 지속적으로 확대되고 있으며 BT (Bio Technology) 등 첨단 기술과 융합이 가능한 미래의 전략 산업이 될 수 있다. 더욱이 몇 년 전 '신종 플루' 같은 새로운 질병이 발생함에 따라 제약산업의 경제적, 사회적 중요성은 더욱 부각되고 있다.

최근 다국적 제약사들은 이처럼 늘어나는 수요에 앞서 나가기 위해 과거의 치료 형태 약품 개발에서 이제는 예방 개념의 접근으로 변화하고 있다. 그 이유는 현재 진단되고 있는 고혈압, 당뇨 등과 같은 만성 질환이 지금까지 개발된 약물로도 충분한 치료 목표에 도달했다는 판단과 앞으로 현재의 약물보다 효과와 안전성에서 월등히 앞서는 제품 개발은 어렵다고 보기 때문이다. 그래서 많은 대형 제약회사들은 예방 백신의 개발, 희귀질환 치료, 항암제 등의 연구개발에 힘을 쏟고 있다. 이는 화이자, 글락소스미스클라인, 노바티스, 사노피아벤티스, 엠에스디, 바이엘, J&J 등 세계 상위 제약사들이 모두 앞다투어 백신 사업과 항암제 개발 등에 많은 투자를 하는 것을 보면 쉽게 알 수 있다.

반면, 상대적으로 우리 제약산업은 국제적인 경정력을 갖지 못하고 있는 실정이다. 의약품 관련 무역수지는 매년 적자가 누적되고 있다. 2012년 7월 처음으로 월 무역수지 적자가 3억 달러를 훌쩍 뛰어넘으면서 역대 최고를 보였으며, 이는 당분간 지속될 것으로 보인다(참고로 연 무역수지 적자액은 2008년 3조 원을 넘어 2011년 3조 5000억 원을 기록하였다). 또한 대부분의 한국 제약 기업들은 아직 매출 대비 R&D 투자 비율 등이 영세한 수준을 벗어나지 못한 채 국내 시장에 안주하고 있어, 세계적인 선도기업의 탄생은 여전히 희망사항이다. 신약 개발은 성공 시 높은 수익을 창출하지만, 많은 투자비와 오랜 투자기간에 비해 성공률이 매우 낮은 고위험 사업이다. 이로 인해 많은 국내 제약회사들은 복제약에 의존한 판매 활동의 비중이 여전히 크다. 이를 극복하기 위해서는 산업구조의 근본적인 변화가 필요한데, 단순히 예전처럼 정부 지원의 강화만을 요청하는 것으로는 분명히 한계가 있다. 제약 기업 스스로 혁신과 변화를 주도, 강화해나가기 위한 동기부여가 필요한 시점인 것이다.

1) 제약산업의 규모

세계 제약산업은 2011년에 9422억 달러를 기록하였으며, 2009년을 기준으로 보면 8373억 달러로, 같은 해 2263억 달러를 기록한 반도체 시장 규모의 약 3.7배에 달하는 거대 산업으로 성장했다. 제약산업은 고령화와 건강에 대한 관심 증가 등으로 향후에도 빠른 성장이 예상된다. 세계적 컨설팅 회사인 PWC는 "2020년에는 세계 제약산업의 규모가 1.3조 달러까지 성장할 것"으로 전망했다. 2012년 대한민국 국내총생산(GDP)이 약 1조 달러 정도라고 하니 비교해서 생각해보기 바란다(한국은행, 2012년 한국 명목 GDP 1272조 원).

IMS Heath 사에서 발표한 자료로 본 세계 제약 시장의 규모와 성장률을 보면 규모도 규모지만 전년 대비 성장률이 2000년대 초반 10%에 근접하였고, 2007~11년 5년 동안 연평균 성장률도 약 6.1%의 높은 성장률을 보였다(그래프 1-1 참조). 이는 각국 정부의 의료보험 제도 개선 및 세계적 경제위기 속에서도 세계 경제 성장률을 초과하는 수치이다. 게다가 이것은 단순히 의약품 시장만을 이야기하는 것이며 좀 더 포괄적으로 의료기기, 의료용품 등을 포함하면 그 규모 및 성장률은 가늠하기 어려울 정도이다.

지역별로 살펴보면 미국을 포함한 북미 지역이 약 36.7%, 일본이 12.2%, 유럽 주요국 합계가 27.1% 정도의 비중을 차지하고 있다. 미국 시장은 최근 오바마 정부의 정책으로 인해 크게 위축되고 있고 상대적으로 브릭스(BRICs)❖를 중심으로 한 신흥 시장의 급격한 성장에 힘입어 그 비중의 변화는 크게 바뀌고 있다. 결과적으로 기존 선진국들의 시장규모 유지 또는 축소에도 불구하고 남미 및 아시아권의 급속한 시장 팽창으로 전 세계 의약품 시장의 성장은 계속되리라 예상된다.

❖ 2000년대를 전후해 빠른 경제성장을 거듭하고 있는 브라질, 러시아, 인도, 중국, 남아프리카공화국 등 신흥 경제 5국을 일컫는 경제용어.

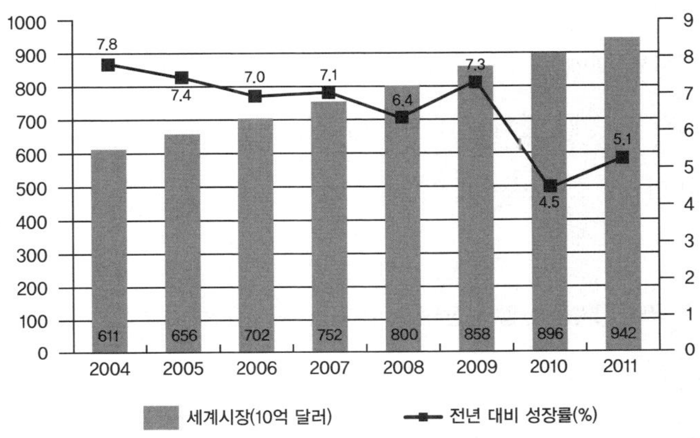

출처: 〈2012년 의약품산업 분석 보고서〉, 한국보건산업진흥원
원자료: IMS Health(2012) 2011 Topline Market Data

국내 제약산업은 2011년 총 생산액 기준으로 약 15조 4000억 원, 수출입을 고려한 시장 규모로는 18조 9000억 원 수준으로 양적, 질적으로 빠르게 성장하다가 최근 다소 주춤하고 있다. 2008년까지 전년 대비 10% 이상의 고성장을 보이다가 2009년부터 성장 속도가 둔화되고 있다. 규모로는 세계에서 15번째의 시장을 형성하고 있다. 한편 의약품 산업의 부가가치율은 2011년 37.0%로 제조업 평균인 19.5%보다 약 2배, 전체 산업 평균(24.4%)보다 12.6% 더 높은 고부가가치 산업이다.

한국제약협회와 한국의약품수출입협회의 자료를 보면 우리나라 제약산업은 21세기에 들어와 생산, 수출, 수입 실적이 모두 지속적으로 성장하고 있음을 볼 수 있다. 이는 국내의 제약 시장 자체가 커지고 있다는 점 외에도 생산 시설의 선진화, 생산 기술의 발전으로 인해 단순 의약품 수출이 늘어났으며, 또한 국내에서 개발 시판 허가를 받은 신약들이 해외 영업을 통해 직접 수출을 시작한 것에 기인한다. 그러나 한편으로 다국적 제약사들의 블록버스터급 오리지널 제품들의 국내 판매 증가로 수입이 늘어나 무역수지상으로는 여전히 마이너스를 보이고 있다.

[표 1-1] 국내 의약품 산업 시장 규모 및 시장 동향(단위: 10억 원)

생산	12,598	13,894	14,788	15,570	15,440
수출	947	1,256	1,772	1,770	1,943
수입	3,411	4,320	4,954	5,109	5,447
무역수지	−2,464	−3,064	−3,282	−3,339	−3,503
시장규모	15,062	16,958	17,970	18,908	18,944

출처: 〈2012년 의약품산업 분석 보고서〉, 한국보건산업진흥원

국내 업계의 현황을 좀 더 자세히 살펴보자. 2011년 말 현재, 생산 실적이 있는 의약품 생산업체 수는 총 638개이며 이 중 완제의약품 생산업체는 267개소이다. 그리고 제약업 종사자는 2011년 제약협회 기준으로 모두 7만 4477명이다. 이 중 영업직은 32.9%인 2만 4000여 명으로 파악되고 있다.

[표 1-2] 국내 의약품 제조업체 및 종업원 현황(단위: 개소, 명)

구분	2005년	2006년	2007년	2008년	2009년	2010년	2011년
제조업체 수	546	570	589	587	580	656	638
재직인원	65,003	70,681	72,179	75,406	81,204	77,314	74,477
영업직 수	22,915	24,490	25,252	26,721	27,520	26,626	24,535
영업직 비율(%)	35.3	34.7	35	35.4	33.9	34.4	32.9

출처: 〈2012년 의약품산업 분석 보고서〉, 한국보건산업진흥원

2) 제약업계 현황

　다국적사를 제외한 국내 제약회사의 순위를 먼저 살펴보자. 동아제약이 계속해서 1위를 차지하고 있는 가운데 2011년 생산실적으로는 8200억 원, 매출로는 9000억 원의 규모를 차지하고 있다. 이 추세로 보면 우리나라에서도 곧 매출 1조 원의 제약회사가 탄생할 예정이다(2012년 시행된 일괄적 약가 인하로 조금 더 기다려야 할 상황이다). 제조업 업체로서 매출 1조 원은 해당 회사에게도 큰 의미지만 한국의 제약회사가 전 세계적으로 크게 발돋움하기 위한 일종의 이정표로 보고 있다. 참고로 아래는 한국제약협회의 2012년 자료에 따른 국내 제약회사의 생산실적별 상위 15개 업체로서, 원료 생산을 포함한 생산실적이다.

업체명	2010년	2011년	전년 대비 증가율
동아제약(주)	859,943	826,188	-4
(주)대웅제약	596,477	648 082	8.7
한미약품(주)	564,280	535 594	-5.2
(주)종근당	448,115	496,554	10.8
(주)유한양행	409,211	409,466	0.1
(주)녹십자	584,021	401 029	-30.7
(주)중외제약	395,235	398,317	0.2
일동제약(주)	383,101	393,802	1.5
(주)한독약품	535,408	367,051	-31.4
씨제이제일제당(주)	486,137	356,314	-28.9
SK케미칼(주)생명과학부문	300,371	340,772	8.3
신풍제약(주)	334,358	300,518	-4.4
제일약품(주)	230,698	269,009	4.3
보령제약(주)	256,094	260,239	16.5
삼진제약(주)	250,511	252,403	0.8

자료 출처: 한국제약협회(2012) / 단위: 100만 원, %

3) 제약 시장의 변화

최근 몇 년 사이에 세계적인 제약회사들의 커다란 인수 합병이 있었다. 대표적인 것이 화이자와 와이어스, MSD와 쉐링 플라우, 로슈와 제넨텍, 다케다와 나이코매드이다. 이와 같은 대규모 인수 합병은 R&D 비용에 대한 효율성 증대와 부족한 제품 파이프라인(pipeline)❖을 채우기 위해 전략적으로 시행하는 것이다. 결과적으로 기존 치료제 시장을 중심으로는 소수의 다국적 제약사로 재편되고 있으며 백신, 바이오 시장에서는 새로운 강자들이 출현하고 있다.

특히 백신 시장의 성장은 눈여겨볼 필요가 있다. 지난 2009년 신종 인플루엔자 A1, 일명 '신종 플루'의 전 세계적 유행을 상기해보면 이해하기 쉬울 것이다. 당시 각국 정부는 '타미플루' '리렌자' 등의 치료제와 함께 예방 백신을 확보하기 위해 거의 전쟁 수준의 경쟁을 했다. 그런데 자국에 해당 백신 회사와 생산 시설을 가지고 있는 나라들은 예비 물량까지 확보한 반면, 그렇지 못한 나라들은 생산 국가와 제약회사들을 상대로 적극적인 물밑 로비를 벌여 백신을 구하기 위해 안간힘을 썼다.

신종 플루와 같이 전 세계적 유행을 가져올 질병뿐 아니라, 이제 백신은 생활 깊숙한 곳까지 들어와 있다. 금연 백신 개발에 관한 해외 뉴스도 간간

❖ 제약업종에서 자사 제품의 질환별, 제품군별 발매/취급 제품 현황을 일컫는다. 이때 개발 중인 신약들도 포함한다.

이 들리고 있다. 다국적 제약사들은 자신들의 포트폴리오 내에 백신을 반드시 포함하고 그 비중을 높이고 있다. 2009년 화이자는 680억 달러라는 대규모 금액을 동원하여 와이어스 사를 인수합병함으로써 백신 시장의 대열에 합류하였다.

제네릭❖❖❖ 시장 역시 큰 흐름을 놓치지 말아야 한다. 제네릭 전문기업인 이스라엘의 테바(Teva) 사는 성장을 거듭해 2011년 238억 달러의 매출을 올려, 세계 10위 제약 기업으로서 J&J, 애보트(Abbot)의 뒤를 잇고 있다. 뿐만 아니라 산도스(Sandoz), 밀란(Mylan), 왓슨(Watson) 사 모두 제네릭 업체로서 오리지널 제약 업체와 치열한 경쟁을 하고 있다. 이미 테바는 2012년 12월 한독약품과 합작회사를 설립하기로 하고 '한독테바'로 출발하여 이제 한국 시장에서 다국적 제네릭 사의 진출이 무시하지 못할 흐름으로도 자리 잡게 되었다.

다음으로 치료군별 변화를 살펴보는 것도 유익할 것이다. 앞서 이야기했듯이 한국은 인구학적으로 고령화, 초고령화 사회로 급속도로 변화하고 있다. 이는 사회구조 및 경제 제도의 어쩔 수 없는 변화를 수반할 것으로 예상되며, 이에 따른 정책들의 변화가 서서히 나타나고 있다. 이러한 사회적 변화 속에서 의약품 시장의 변화는 필연적이라고 할 수 있다. 따라서 이러한 시대의 흐름을 놓치지 말아야 할 것이며, 앞서 발전한 세계 시장의 변화

❖❖❖ 약물의 특허가 만료되면 해당 관청의 허가를 받아 동일 성분, 동일 저형의 제품들을 출시할 수 있다. 이는 복제약, 카피약 등으로 다양하게 지칭하나, 공식 용어는 제네릭이다.

와 현황도 눈여겨보아야 한다. 2011년까지의 자료를 토대로 살펴보면, 항암제 치료 시장이 제일 크게 형성되어 있는 것을 알 수 있다. 한국도 전문 의약품 시장에서 항암제의 비중이 점점 커지고 있다. 2011년 전년 대비 10% 이상 증가한 치료군으로는 당뇨병 치료제, 자가면역질환 치료제, 간질 치료제, 백신 등이다.

[표 1-3] 약효군별(Therapeutic Classes) 세계 시장 현황(단위: 10억 달러)

약효군(영어)	약효군	2007	2008	2009	2010	2011
Oncologics	항암제	41.7	49.1	52	56.9	62.2
Respiratory Agents	호흡기질환 치료제	28.7	31.2	33.5	36	39.4
Antidiabetics	당뇨병 치료제	24.4	27.7	30.5	34.4	39.2
Lipid Regulators	콜레스테롤 조절제	34.1	34.5	35.3	36.4	38.7
Antipsychotics	향정신병약	20.7	22.8	23.3	25.5	28.4
Angiotensin II Antagonis	고혈압 치료제	19.4	23	25.2	26.7	27.4
Anti-ulcerants	궤양 치료제	29.1	30.1	29.7	28	26.9
Autoimmune Agents	자가면역질환 치료제	12.9	15.7	18.2	20.8	24.4
Antidepressants	항우울제	19.6	20.2	19.4	20.3	20.4
HIV Antivirals	HIV 항바이러스제	10.7	12.3	13.8	15.5	17.4
Platelet Aggregation Inhibitors	혈소판응고제	13.9	10.7	9.1	2	4.1
Anti-epileptics	간질 치료제	15.1	16.8	13	12.6	14.1
Vitamins & minerals	비타민 & 미네랄제	10.1	11.3	11.8	12.8	13.9

출처: 〈2012년 의약품산업 분석 보고서〉, 한국보건산업진흥원
원자료: IMS Health(2012) 2011 Topline Market Data

한국에서 치료군별로 구분한 공식 자료는 생산 실적을 기준으로 한 것밖에 없는 상황이다. 따라서 다국적사의 수입 제품들이 포함되지 않아 실제 의

약품 시장 현황을 보여주기에는 한계가 있다. 다소 기흡하기는 하나 시장조
사 업체인 IMS 사의 데이터를 기반으로 한 추정 자료를 통해 간접적으로 살
펴보기로 하자. 2012년 자료를 보면 한국에서 유병률이 높은 B형간염 치료
제가 최상위를 차지하고 있다. 일반 의약품으로는 상위 10위 안에 '박카스'
가 포함된 것도 볼 수가 있다. 50위 안에서만 보면 치료군별로 고혈압 치료제
3774억 원, 항암제 3154억 원, 그 뒤로 고지혈증 치료제, 당뇨병 치료제, 항궤
양제, 항혈전제가 순위를 차지하고 있다.

[표 1-4] 2012년 의약품 매출 상위 50위 품목(단위: 억 원, %)

순위	제품	회사	계열	2012년	2011년
1	바라크루드	BMS	B형간염 치료제	1,586	1,300
2	글리벡	노바티스	백혈병 치료제	987	924
3	리피토	화이자	고지혈증 치료계	902	1,015
4	허셉틴	로슈	유방암 치료제	803	577
5	크레스토	아스트라제네카	고지혈증 치료계	792	748
6	박카스D	동아제약	일반 의약품	741	761
7	엑스포지	노바티스	고혈압 치료제	730	677
8	프리베나13	화이자	폐렴구균 백신	637	538
9	글리아티린	대웅제약	뇌기능 개선제	625	669
10	플라빅스	사노피	항혈전제	592	873
11	스티렌	동아제약	항궤양제	577	662
12	가다실	MSD	자궁경부암 백신	561	443
13	트윈스타	베링거인겔하임	고혈압 치료제	548	326
14	노바스크	화이자	고혈압 치료제	538	608
15	바이토린	MSD	고지혈증 치료지	530	365
16	셀레브렉스	화이자	골관절염 치료지	530	472
17	란투스	사노피	당뇨 치료제	520	481
18	알부민주	녹십자	혈액분획 제제	512	494
19	프로그랍	아스텔라스	면역억제제	511	483
20	아모잘탄	한미약품	고혈압 치료제	504	455

순위	제품	회사	계열	2012년	2011년
21	인사돌	동국제약	잇몸 치료제	455	320
22	자누비아	MSD	당뇨 치료제	432	315
23	자누메트	MSD	당뇨 치료제	428	267
24	알비스	대웅제약	항궤양제	422	411
25	엘록사틴	사노피	항암제	410	439
26	리리카	화이자	신경병증통증 치료제	404	439
27	세비카	다이이찌산쿄	고혈압 치료제	401	289
28	알림타	릴리	폐암 치료제	393	323
29	하루날-D	아스텔라스	전립선비대증 치료제	392	463
30	딜라트렌	로슈	고혈압 치료제	389	547
31	헤파빅	녹십자	유전자재조합	381	299
32	피지오닐	박스터	복막투석액	368	316
33	케프라	한국UCB	간질 치료제	362	292
34	아빌리파이	오츠카	정신분열증 치료제	358	332
35	아리셉트	에자이	알츠하이머 치료제	352	395
36	세레타이드	GSK	천식 치료제	345	391
37	올메텍	대웅제약	고혈압 치료제	343	357
38	리피로우	종근당	고지혈증 치료제	329	275
39	까스활명수	동화약품	일반 의약품	327	267
40	넥시움	아스트라제네카	항궤양제	324	240
41	본비바	로슈	골다공증 치료제	321	286
42	디오반	노바티스	고혈압 치료제	321	457
43	후루마린	일동제약	항균제	318	354
44	휴미라	애보트	류머티즘 치료제	316	226
45	오마코	건일제약	중성지방 치료제	313	307
46	시네츄라	안국약품	진해거담제	308	78
47	SK알부민	SK	혈액분획 제제	303	285
48	싱귤레어	MSD	천식 치료제	300	555
49	레미케이드	얀센	류머티즘 치료제	290	226
50	플래리스	삼진제약	항혈전제	289	306

출처: 헬스코리아 2013. 2. 28
원자료: IMS Health 데이터

2. 한국 제약산업의 내일

한국 의약품 시장의 특징을 들자면 아래와 같다.

첫째, 내수 중심의 완제품 생산이다. 약 15.4조 원 중 1.9조 원 수출이라는 낮은 비중이 그 현실을 보여주고 있다. 또한 대부분이 원료 합성을 통한 완제품 생산에 맞추어져 있다.

둘째, 2011년 현재 약 630여 개 제조업체가 존재하고 있는 것에서 알 수 있듯이 중소업체가 다수를 차지하면서 과도한 경장을 만들어내고 있다. 이는 다분히 비현실적일 뿐만 아니라 미래를 위한 투자를 기대하기 어려운 상황이다.

셋째, 정보의 비대칭성이 과도하게 이루어져 있다. 아직 소비자는 의약품의 효능 및 효과, 부작용에 대한 정보가 부족하고 외국 선진국에 비해 관심이 적은 상황이다. 아울러 전문의약품의 경우 대중 광그가 허용되지 않기 때문에 공급자와 의사의 정보 독점이 상대적으로 심하다.

넷째, 의료보험 체계가 상대적으로 잘 갖추어져 있으나, 이의 부작용으로 제도나 법의 허점을 이용한 음성적 리베이트 관행이 여전히 존재하고 있다.

그렇지만 한국의 제약산업은 여타 산업군이 만들어낸 훌륭한 성과와 경험을 바탕으로 미래 경제의 신성장 동력으로 선정되어 커다란 책임과 역할이 부여된 것도 사실이다. 가장 최근 정부에서 발표한 제약산업 관련 정책으로는 2012년 8월 비상경제대책회의에서 보건복지부가 대통령에게 보고한 〈제약산업의 비전과 발전 전략〉이 있다. 여기에서 '2020년 글로벌 제약 7대 강국 도입'이라는 목표를 가지고 5대 과제를 제시하였다. 'R&D를 통한 기술 혁신' '수출을 통한 시장 확대 및 유통구조 투명화' '제약의 글로벌 경쟁 규모 실현' '규제 제도의 예측 가능성 제고' 마지막으로 '인력 양성 등 인프라 구축'이 주요 5대 과제이다. 단계별로는 글로벌 선도기업을 5~6개 창출하고 최종 목표로는 2~3개의 글로벌 메이저 회사를 육성하겠다는 것이다. 이를 통해 세계 7위의 국제 경쟁력, 전체 고용의 1.3%를 차지하는 주요 산업으로 육성하겠다는 의지를 보여주고 있다.

이에 앞서 2010년에는 '제약산업 경쟁력 강화 방안'이 발표되었으며 이에 따라 2012년 '제약산업 육성 및 지원에 관한 특별법'이 발효되기도 했다. 그 시작으로는 2012년 선정 발표된 '혁신형 제약 기업' 43개사가 있다.

한국 제약산업은 선진국 대비 연구개발 및 해외 진출 등에 있어 후발주자이다. 따라서 한국의 몇몇 제약회사가 자력으로 현재의 산업 구조와 시장 상황을 단시일 안에 급성장시키기에는 많은 한계가 있다, 그러므로 정부의 역할이 매우 중요하게 생각된다. 과거 자동차, 반도체, 조선 산업 등을 발전시킨 것처럼 산업체, 그리고 의료서비스 수혜자인 국민이 함께 새로운 제약산업의 청사진을 만들고 효율적 제도 개선 및 적극적인 연구개발 투자로 제약산업 발전을 위한 노력과 관심이 무엇보다도 필요하다.

참고로 제약산업과 관련해 주요한 정보를 얻을 수 있는 곳으로는, 대표적으로 한국보건사회진흥원(www.khidi.or.kr), 한국보건사회연구원(www.kihasa.re.kr), 한국제약협회(www.kpma.or.kr) 등이 있다.

Part 2

제약영업의 기초

MEDICAL
REPRESENTATIVE

타이어를 판매하려면 자동차에 대해, 4G LTE 휴대폰을 판매하려면 2G나 3G 휴대폰에 대해 기초 지식이 있어야 한다. 마찬가지로 제약영업자는 자신이 팔아야 할 약품과 원인이 되는 질병에 대해 일반적이고 기초적인 용어와 개념을 잘 알고 있어야 한다.

다음 그림을 보자.

[그림 2-1] 분당차병원 누리집 진료과 소개

[그림 2-2] 서울대학교병원 누리집 진료과 소개

그림을 보고 어느 곳이 신체의 어느 부위를 진료하는 과인지 금방 알아볼 수 있는가? 의료 체계에 대한 이해가 부족하다면 위의 안내만 보고 그것을 알기가 쉽지 않을 것이다. 알고 보면 간단하지만 모르는 상태에서 보면 머리만 아프다. 제약영업 담당자가 담당해야 할 제품도 이와 마찬가지이다.

약❖은 보통의 상품과 다르다. 컴퓨터나 카메라를 살 때는 제품의 기능과

❖ 우리가 일반적으로 약이라고 말하는 제품은 크게 '전문약'과 '일반약'으로 구분된다. 전문약은 의사의 처방이 있어야 구매할 수 있는 약이라고 이해하면 된다. 이 책에서는 약이라고 하면, 특별한 지시가 없는 한 전문약을 말한다. 단, 구분이 필요할 때는 전문약, 일반약으로 표기했다.

자신의 주머니 사정을 생각해서 선택하면 된다. 그러나 약은 비싸다고 다 좋은 것도 아니고 자세한 사용처가 정해져 있지도 않다. 약의 효능이나 효과가 궁금해 설명서를 보면 '고혈압의 치료' 또는 '본태성 고혈압'이라고 애매하게 적혀 있는 것이 대부분이다. 부작용을 경고하는 문구도 '다음 환자에게는 투여하지 말 것… 담도폐쇄성 질환자 중증의 간 장애 환자…'라는 식으로 간단히 표현되어 있어 이해하기가 더욱 어렵다. 의학적 표현은 전문 영역이므로 꼭 필요한 것만 알아두자고 하더라도 쉬운 일이 아니다.

타이어를 판매하려면 자동차에 대해, 4G LTE 휴대폰을 판매하려면 2G나 3G 휴대폰에 대해 기초 지식이 있어야 한다. 마찬가지로 제약영업자는 자신이 팔아야 할 약품과 원인이 되는 질병에 대해 일반적이고 기초적인 용어와 개념을 잘 알고 있어야 한다. 2부 제약영업의 기초에서는 의약품과 함께 들어 있는 약품 설명서를 일차적으로 해석하는 방법을 익히도록 한다.

질병에 대한 이해

1. 인간의 몸

1) 시스템의 분류

신체는 매우 복잡한 기계라고 말할 수 있다. 게다가 최첨단 기능을 보유하고 있다. 신체는 내·외부의 환경 변화에 따라 자동으로 반응할 뿐만 아니라, 때로는 스스로 가진 정보를 응용하여 예방하기도 한다. 뇌는 전신에 뻗어 있는 신경계를 통해 직접 신체를 관리하고 통제한다. 무려 60억 개가 넘는 세포와 수많은 근육들을 이처럼 효율적으로 관리한다는 사실이 놀라울 따름이다. 어떻게 이런 일이 가능한 것일까? 신체를 좀 더 쉽게 이해하기 위해서, 일반적으로 신체의 여러 기능을 크게 여덟 가지 시스템으로 나누어 접근한다.

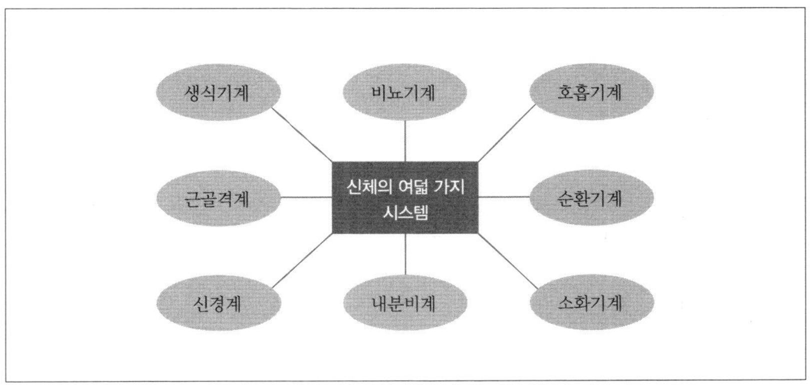

여덟 가지 시스템은 각각 독자적인 기능을 수행한다. 그러나 이 시스템들은 상호의존적이며 정상적인 기능을 유지하기 위해 지속적으로 상호작용을 한다. 이는 특정 시기뿐만 아니라 일상적으로 이루어지는 활동이다. 우선 각 시스템에 대해 알아보자.

(1) **순환기계**(Circulatory system): 심장과 혈관을 통틀어 말한다. 주요 장기와 기관으로는 심장, 혈액, 혈관, 림프관 등이 있다. 순환기계의 기능을 쉽게 표현하자면, 신체의 각 시스템과 장기에 필요한 것을 운반하는 운송업체라고 할 수 있다. 더 자세히 설명하면 다음과 같다.

① 혈액을 통해 세포에 필요한 산소와 영양분 등을 온몸으로 보내고, 에너지를 생산하면서 생기는 세포 내의 노폐물과 이산화탄소 등을 배설기관으로 운반한다.

② 각 소화기관에서 액체 상태로 용해된 소화 결과물 중 영양분을 운반한다.

③ 신체에 침투한 공격 인자들을 방어하는 물질인 백혈구 등을 옮긴다.

④ 내분비샘에서 혈액 속으로 분비된 호르몬을 해당 장기로 이동시킨다.

(2) 소화기계(Digestive system): 음식물을 섭취하여 영양분을 흡수하고 쓸데없는 것은 배설하는 작용을 가진 기관계를 말한다. 음식물을 통해 영양소를 섭취, 소화, 흡수하는 것이 주된 기능이며, 마지막으로 배출하는 기능까지 수행한다. 주요 장기로는 구강, 식도, 위, 소장, 대장, 구강샘, 담낭, 췌장 등이 있다.

(3) 내분비계(Endocrine system): 온몸에 흩어져 있는 여러 기관들을 활성화하고 조절하는 각종 선(腺)과 조직들의 모임이다. 신체의 항상성을 유지하고 생식 등에 중요한 역할을 하는 호르몬을 생산, 분비하는 역할을 한다. 이 호르몬들은 각각 생산 표적 장기들에 가서 작용을 일으켜 신체를 성장시키고 대사를 유지한다. 주요 장기와 조직으로는 뇌하수체, 가슴샘(흉선), 갑상샘, 부갑상샘, 솔방울샘(송과선), 부신 등이 있다.

(4) 호흡기계(Respiratory system): 신체에 산소를 공급하는 것이 주목적이며 더불어 이산화탄소를 제거하는 기능을 수행한다. 주요 장기와 기관으로는 폐(허파), 후두, 기관, 기관지가 있다. 코와 비강에서 인두까지를 '상(上)기도', 후

두와 기관지에서 폐까지를 '하(下)기도'로 구분한다.

(5) **비뇨기계(Urinary system):** 신장에서 생성된 소변을 방광에 저장하고 일정한 양의 소변이 방광에 모이면 요도를 통해 배설하는 과정을 책임진다. 즉 소화기계를 통해 생성된 수용성 노폐물을 혈액으로부터 제거하는 기능을 한다. 이를 통해 신체 내의 수분과 전해질의 균형이 유지되도록 한다. 주요 장기로는 두 개의 신장과 요관, 방광, 요도가 있다.

(6) **생식기계(Reproductive system):** 종족 유지를 목적으로 정자와 난자를 생산한다. 태아가 독립적으로 살 수 있을 때까지 생명을 유지시킨다. 여성 생식기로는 난소 · 난관 · 자궁 · 질이 있으며, 남성 생식기로는 고환 · 음경 · 전립선 · 부고환 · 정관이 있다.

(7) **신경계(Nervous system):** 몸 안팎에서 일어나는 각종 변화에서 오는 자극을 빠르게 전달하여 적절히 반응하도록 도와준다. 이러한 작용을 위한 특수 세포인 신경 세포로 구성되어 있다. 주 기능은 다음과 같다. 첫째, 신체의 내 · 외부 환경으로부터 자극을 수용하고 해석한다. 둘째, 자극에 적절하게 반응하기 위해 운동을 일으키거나 이를 위한 근육 조절을 한다. 주요 장기와 기관으로는 뇌, 척수, 말초 신경 및 눈, 귀, 후각, 미각을 위한 감각 기관이 있다.

(8) **근골격계(Musculoskeletal system):** 골격계는 신체를 물리적으로 지탱하고

신체 내 연약한 조직들을 보호하며 혈구들을 생산한다. 근육은 수축과 이완 기능을 통해 신체의 동작을 만들고 관절과 판막을 조절하는 역할을 한다. 뼈로 표현한 골, 팔, 다리, 관절, 근육, 인대 등이 포함된다.

이와 같은 신체의 시스템을 기반으로 의사의 전공이 나뉜다.

2) 신체의 항상성

신체의 각 시스템, 장기, 기관들의 궁극적인 목적은 바로 건강한 상태의 유지이다. 그렇다면 우리가 '건강하다'고 하는 상태는 구체적으로 무엇을 말할까?

이와 관련한 전문용어 중에 '인체의 항상성(homeostasis)'이라는 것이 있다. 인체는 일정한 상태를 유지하고자 하는 본능적인 능력을 갖추고 있다. 어떤 조건과 환경이 변화하더라도, 인체의 조직과 구성 성분이 한결같은 상태를 유지하도록 노력하는 생체 조절 기능이 바로 인체의 항성성이다. 이렇게 신체의 기능이 그 범위에서 벗어나지 않고 항상성을 유지할 때 우리는 건강하다고 한다. 반대로 항상성이 유지되지 않는다는 것은 건강이 나빠졌다는 뜻이며, 이는 곧 질병으로 나타난다. 항상성에 대해서 좀 더 살펴보도록 하자.

(1) 체온 조절: 전체적 또는 국부적으로 한결같은 체온이 유지되어야 한다. 낮에는 36.5℃를 유지해야 하며, 밤에는 활동하지 않고 쉬기 때문에 에너지가 발생하지 않아 그보다 낮다. 체온이 정상보다 떨어지면 추위를 느껴 보온하

려 하고, 높으면 몸을 시원하게 하여 체온을 유지한다. 체온이 정상 이하로 떨어지거나 반대로 올라가면 이상(異常) 상태를 낳는다.

(2) 산소와 탄산가스 교환: 인체가 생명을 유지하려면 에너지를 만들어내야 하는데, 그러기 위해서는 산소가 필요하다. 인체는 산소를 받아들여 에너지를 만들고 그 부산물로 생성되는 탄산가스를 내뱉어 몸 안의 산소와 탄산가스 양을 일정하게 유지한다.

(3) 산·알칼리 균형(pH): 인체는 항상 pH 7.35의 약알칼리 상태를 유지해야 한다. 이 상태에서 벗어나 산성이나 알칼리성으로 치우치게 되면 생체 대사 과정에 지대한 영향을 미쳐 병에 걸리거나 건강하지 않은 상태가 된다.

(4) 혈압과 혈류: 정상인의 혈압은 일반적으로 80mmHg에서 120mmHg 범위에 있어야 하는데, 이보다 높으면 '고혈압'이라 하고 낮으면 '저혈압'이라고 부른다. 질환인지 구분하기 위한 수치는 개인의 상황에 따라 조금씩 다르게 적용된다.

(5) 혈당량 조절: 정상인의 혈당은 100mg/*dl*이다. 이보다 많이 섭취하면 저장하고, 모자라면 저장된 것을 방출·분해하여 항상 일정량을 유지한다. 혈당이 정상으로 유지되려면 섭취량과 방출량의 균형이 잘 맞아야 한다.

(6) 체액의 조절: 인체 내에는 늘 일정량의 체액이 순환한다. 체액이 부족하면 갈증을 느껴 수분을 보충하고, 많으면 소변으로 배설되어 그 양을 조절한다. 정상인의 체액은 체중의 50~70% 정도이다. 체액(혈액)의 농도가 짙으면, 노폐물의 농도도 짙어져 중추 신경을 자극한다. 따라서 두통이나 현기증이 생기고 이런 상태가 지속되면 콩팥돌증(신석증), 요석증, 통풍, 담석증, 암 같은 질병을 일으킨다.

(7) 호르몬 분비: 호르몬은 인체 조직과 기관들 사이에서 기능을 통합하는 역할을 한다. 따라서 호르몬이 부족하거나 많으면 바로 항상성을 파괴하는 결과를 낳는다. 예를 들어 갑상샘 호르몬의 분비에 이상이 생기면 갑상샘기능항진증이나 감소증이 나타나고 인슐린 분비의 이상으로 당뇨병이 생길 수도 있다. 또한 호르몬 분비 이상 때문에 기형적 성장 등 장애를 유발하기도 한다.

(8) 면역계와 백혈구 수: 인체의 방어 기능을 위해 체내에 침입한 병균을 잡아먹는 백혈구의 수는 신체 상태에 따라서 조절되어야 한다. 최근 면역계 이상에 따른 질병의 증가를 주목할 필요가 있다.

(9) 적혈구의 조절: 적혈구는 산소를 운반하는데, 그 수와 양은 필요한 산소량에 따라 적당하게 조절된다. 산소의 필요량은 인체의 운동과 활동량에 따라 달라진다.

(10) 활동과 휴식: 인체는 피로를 느껴 더 이상 활동할 수 없게 되면 휴식을 취하고자 한다. 휴식을 통해 신체 기능을 재생시켜야 하기 때문이다. 과로는 병뿐만 아니라 죽음까지 초래한다.

(11) 교감신경과 부교감신경: 교감신경은 위기 상황이나 몸에 긴장이 필요할 때 작동하며 반대로 부교감심경은 신체의 일상적 활동이나 휴식에 작용한다. 이 두 가지는 인간의 활동이 주변 환경과 밀접한 관계를 맺고 수시로 상호 반응하고 있음을 보여준다. 주로 내장 장기들은 교감신경과 부교감신경의 이중 지배를 받고 있으며, 한편으로는 기능이 촉진되고 다른 한편으로는 억제되면서 항상성이 한결같이 유지된다.

(12) 두뇌 조절: 인체의 중앙 통제 기능은 뇌에서 수행한다. 뇌의 명령은 신경이라는 전선을 통해 인체의 각 부분으로 전달된다. 약 130억 개의 신경 세포로 이루어진 뇌는 그 기능과 능력이 상상을 초월하며 무궁무진한 잠재력을 가지고 있다. 뇌는 인체에 일어나는 모든 활동과 기능을 항상 일정하게 조절하는 일을 하기 때문에 두뇌의 정상적인 작용은 건강에 필수적이다.

2. 질병의 종류와 주요 질환

1) 질병의 분류

　감기, 고혈압, 당뇨… 오늘날 질병의 종류는 셀 수 없이 많다. 삶의 질이 높아지고 진단 기술이 발달함에 따라 그 수는 더욱 많아지고 있다. 그러므로 이 책에서 모든 질병에 대해 설명하는 것은 불가능하며, 그럴 필요도 없다. 여기서는 제약영업에 필요한 지식의 테두리 안에 있는 질병에 대해 간단히 살펴보도록 하겠다.

　질병은 크게 감염성 질환과 비감염성 질환으로 나눌 수 있다.

　감염성 질환은 바이러스, 세균, 곰팡이, 기생충같이 질병을 일으키는 병원체에 의해 일어난다. 병원체들이 증식하고 활동하는 장소인 병원소에서 탈출하여 동물이나 인간의 몸에 침입하면 질병이 생긴다. 이런 감염성 질환의 경우, 그 병을 일으키는 병원체를 비교적 명확히 알 수 있다. 병원체를 확실하게 밝히는 것이 감염성 질환을 치료하는 데 가장 중요하다. 감염성 질환 중 세균에 의한 질환은 항생제의 발달로 대부분 치료가 가능해졌으나, 바이러스성 질환을 치료하기 위한 항바이러스 약품의 개발은 아직 해결해야 할 과제가 많다.

　비감염성 질환은 대표적인 성인 질환인 고혈압이나 당뇨같이 병원체가 없이 일어난다. 대부분 발현 기간이 길어 만성 질환이 되는 경우가 많다. 비감염성 질환의 원인은 명확히 밝혀지지 않았으며, 여러 가지 위험인자가 복합적으로 작용해 질환을 일으키는 것으로 알려져 있다.

이 두 가지 분류 외에 다음과 같은 기준으로도 병을 구분할 수 있다.

(1) 내인(內因)적 요인에 의한 질환

① 연령별 주요 질환: 영아 때는 장기의 미발달로 인한 위장 장애나 감염성 질환이 많고, 소아 때는 전염성 질환이 대다수를 차지한다. 성인기에는 비감염성 질환인 당뇨나 고혈압 등 만성 질환 환자가 많으며 이후 노인이 되면 관절염과 종양 등의 병을 얻는다.

② 성별에 따른 질환: 여성에게 많은 질병으로는 자궁경부암, 유방암, 갑상샘기능항진증이 있으며, 남성은 주로 생활 습관으로 인해 폐암, 간암, 통풍 등에 걸리는 경우가 많다.

③ 인종에 따른 질환: 이전에는 인종적 특질에 따른 질병이 존재했으나 현대에 들어와서는 그 경계가 거의 무의미해졌다.

④ 유전 상태에 따른 질환: 혈우병, 색맹 등이 유전적 요인에 따라 그 발생 빈도수가 확연히 차이를 보이는 질환이다. 유방암, 고혈압, 당뇨병 등도 유전적 요인이 큰 영향을 미친다고 보며 다른 질환들에 있어서도 그 관계성에 더욱 주목하고 있다.

(2) 외인(外因)적 요인에 의한 질환

① 영양 상태: 영양 상태 과잉으로 인한 질환에는 비만, 동맥경화, 당뇨병 등이 있으며, 결핍에 의한 질환에는 성장 장애, 영양실조 등이 있다. 특

정 비타민이 부족할 경우 야맹증, 괴혈병, 구루병, 골연화증, 상처치유 지연 등의 병이 생길 수 있다.

② 물리적 요인: 기계적 외상에 의한 골절이나 온도에 의한 화상, 동상, 일사병이 물리적 요인에 의한 질병에 속한다. 압력의 변화에 따른 고산병이나 음파에 의한 청력 장애, 전기에 의한 화상, 전기 쇼크도 물리적 요인에 따른 것이다.

③ 화학적 요인: 유기물, 유독 가스, 대기 오염에 의해 신체 상태가 악화되어 발생하는 질환과 치료 의약품에 의한 부작용들이 여기에 해당한다.

2) 진료과별 주요 질환

병원의 진료과를 내과, 외과로 단순히 구분하는 것은 무의미하다. 의약품의 발달에 따라 약물의 투약이 수술 전 치료 시작 단계가 되거나 수술을 기피하기도 하며, 응급의학처럼 독립 분과를 형성하는 경우도 있다. 이 밖에 여러 이유들로 진료과의 구분이 장기별, 질환별, 연령 및 성별 접근에 의한 방법으로 세분화되고 있다. 또한 기술이 발달함에 따라 치료법이 아닌 질병 진단이 더욱 중요해지고 있으며 그 역할도 커지고 있다. 앞으로 설명할 진료과의 분류는 이러한 추세를 반영한 것이다.

(1) 소화기내과: 소화기내과는 장기와 기관에 따라 위장관내과, 간내과, 췌담도내과 등으로 나뉜다. 내시경의 발달로 간단한 시술도 병행하는 경우가 많다.

주요 질환으로는 위염, 위궤양, 위암, 십이지장염, 간염, 간암, 간경변, 알코올성 간질환, 담석, 과민성 장증후군, 대장용종 등이 있다.

(2) 호흡기내과: 숨을 쉬는 기관지와 폐 또는 그 장기에 생길 수 있는 여러 질환을 진료하고 연구하는 내과의 한 분과이다. 종합병원에 주로 개설되어 있다. 주요 질환으로는 감기, 독감, 폐암, 폐렴, 결핵, 천식, 간질성 폐질환, 과민성 폐장염, 폐색전증 등이 있다.

(3) 순환기내과: 심장내과를 아우르는 표현이다. 심장 및 인체 내 주요 혈관과 관련된 질환을 다룬다. 최근 대형 종합병원에서는 심혈관 센터를 따로 두어 그 중요성을 강화하고 있다. 주요 질환으로는 동맥경화증, 협심증, 심근경색증, 승모판막 협착증, 부정맥, 동맥폐색 질환, 확장성 심근병증, 심근염(심장근육염), 고지혈증 등이 있다.

(4) 내분비내과: 신체의 호르몬 생성 및 분비를 담당하는 뇌하수체, 시상하부, 갑상샘, 부갑상샘 등 내분비 기관의 질환을 다룬다. 최근에는 질환에 따라 당뇨내과, 갑상샘클리닉, 골다공증클리닉, 비만클리닉 등 세부 전문과로 나누어지는 경향이 있다. 주요 질환으로는 갑상샘기능항진증, 고지혈증, 당뇨병, 말단비대증, 쿠싱증후군, 고칼슘혈증, 부갑상샘 종양, 골다공증 등이 있다.

(5) 신장내과: 신장 질환과 기능에 대해 전문적으로 연구한다. 일반적으로 노

폐물을 배설하고 체내 수분과 혈압을 조절하는 신장의 기능을 대체하기 위한 투석 치료가 필요하기 때문에 각 병원에서는 신장투석실을 운영한다. 주요 질환으로는 급성 콩팥염(신염), 신증후군, 신부전, 요로 감염, 요로 폐쇄, 고혈압, 신결석(콩팥돌증) 등이 있다.

(6) 류머티즘내과: 외부의 자극 물질을 처리하는 면역 계통에 이상이 생겨, 보호해야 할 자기 몸의 세포나 조직을 공격하는 것을 '자가 면역'이라고 한다. 류머티즘내과는 이러한 자가 면역에 의해 발생하는 질환을 진료하는 내과이다. 해당 질환을 앓는 환자들이 늘어감에 따라 전문과를 신설하는 병원이 많아지고 있다. 주요 질환으로는 류머티즘관절염, 전신성홍반성루푸스, 전신경화증, 다발근육염, 피부근육염, 혈관염, 통풍 등이 있다.

(7) 알레르기내과: 알레르기내과를 나누는 기준은 명확하지 않으며 호흡기내과나 피부과 등과 그 영역이 겹친다. 다양한 알레르기 질환에 대한 전반적인 진료와 연구를 중점적으로 담당하고 있으며, 최근에는 약물 알레르기에 대한 진료와 연구가 활발하게 진행되고 있다. 현재 소수의 병원에서 운영하고 있다. 주요 질환으로는 알레르기 비염, 알레르기 천식, 호산구성 폐렴, 아토피 피부염, 아나필락시스(특정 항원이나 이물질에 접촉할 때 생체에서 일어나는 심각한 과민성 반응), 직업성 천식, 음식물 알레르기 등이 있다.

(8) 이비인후과: 귀, 코, 목(인두와 후두)에 관련된 질환에 대한 내과·외과적 치료

를 전문으로 하는 진료과이다. 주요 질환으로는 선천성 외이도폐쇄증, 후각
상실증, 미각상실증, 알레르기비염, 비골골절, 비인두암, 급성편도염, 설소대
단축증 등이 있다.

(9) 신경과: 신경과는 소위 인체의 전체 신경계와 관련된 모든 기질적인 질병
을 다루는 과이다. 신경외과와 구분하기 위해 '신경내과'로 표기하기도 한다.
잘 모르는 사람들은 정신건강의학과와 비슷하다고 생각할 수 있으나, 연구·
치료 대상은 완전히 구분된다. 개원의 중 정신과, 신경정신과는 대부분 정신
건강의학과를 지칭한다. 주요 질환으로는 근신경계 질환, 뇌혈관 질환, 유전
성 신경질환, 척수 질환, 파킨슨병, 통증, 이상운동 질환 등이 있다.

(10) 피부과: 피부 및 피부 부속기관에 증상이 나타나는 모든 질환을 진료하고
치료하는 분야이다. 최근 피부 치료를 위한 레이저 기술의 발달로 인해 미용
피부외과가 특화되어 피부과를 대표하고 있기도 하다. 주요 질환으로는 가
려움증, 화상, 동상, 아토피 피부염, 두드러기, 여드름, 주근깨, 백반증, 피부경
화증, 피부 종양 등이 있다.

(11) 비뇨기과: 요로 기관, ^(주로 남성의) 생식 기관, 전립선, 부신에 생기는 질환을
다룬다. 비뇨기과는 다른 과와 달리 약제 치료와 시술이 거의 비슷한 비율로
존재하는 특징을 가지고 있다. 거리에서 보이는 피부비뇨기과는 대부분 비뇨
기과이다. 주요 질환으로는 방광암, 신장암, 전립선암, 고환암, 신장결석, 발

기부전, 조루증, 요실금, 신우신염, 요도염 등이 있다.

(12) 산부인과: 여성의 생식 기능과 연관된 정상 생리 및 질병을 다루는 의학 분야이다. 임신, 출산, 산욕기를 다루는 산과와 부인병을 다루는 부인과로 나뉜다. 주요 질환으로는 고위험임신, 불임, 골반염, 자궁근종, 자궁암, 난소암, 요실금, 자궁질 탈출증, 폐경 여성의 호르몬 요법 등이 있다.

(13) 가정의학과: 가정의학과는 현재 질병이나 불편한 증상의 유무와 관계없이, 전 연령에 걸쳐 환자와 그 가족에게 개별적이고 지속적이며 포괄적인 의료를 제공한다. 여러 전문과와 치료 영역을 공유하고 있으며 가정에서 빈번히 일어나는 질환들은 모두 포괄한다. 1차 치료가 주목적이다. 특정 질환을 열거하기보다는 다음의 이름으로 그 영역을 확인하는 것이 더 좋다. 건강증진클리닉, 건강검진클리닉, 노인의학클리닉, 스포츠의학클리닉, 갱년기의학클리닉, 여행자의학클리닉 등이 있다.

(14) 소아청소년과: 신생아기로부터 청소년기(대체로 남자 12~20세, 여자 10~18세)의 환자를 대상으로 진료 및 연구를 행하는 임상의학의 한 분야이다. 2007년부터 소아과라는 이름 대신 '소아청소년과'라는 이름을 사용하고 있다. 주요 질환이 있다기보다 해당 연령에 발생하는 모든 내과적 증상이 모두 진료 대상이 된다. 신체의 발달 정도에 따라 같은 질환이라도 치료 접근 방법 등이 달라질 수 있음을 주지하여야 한다.

(15) 혈액종양내과: 각종 악성 종양, 쉽게 말하자면 암의 진단과 치료를 다루는 진료과이다. 크게 혈액 질환을 다루는 '혈액내과'와 고형 종양을 다루는 '종양내과'로 나눌 수 있다. 주요 질환으로는 위암, 유방암, 폐암, 간암, 백혈병, 재생불량성빈혈, 다발성골수종, 골수이형성증후군, 혈우병 등이 있다.

(16) 정신건강의학과: 현대 사회가 고도화되면서 그 영역이 조금 더 생활 영역 가까이에 다가오고 있다. 잘못된 선입견으로 인해 치료의 대상인 질환이 간과되고 있는 것도 현실이다. 주요 질환을 살펴보면 영역을 쉽게 확인할 수 있다. 주요 질환으로는 정신분열증, 우울증, 강박증, 공황장애, 외상 후 스트레스 장애, 알코올중독, 약물중독, 자폐증, 주의력결핍 과잉행동장애, 게임중독 등이 있다.

(17) 외과: 내과와 대비되는 영역으로 흉부외과, 신경외과, 정형외과와 구분하여 '일반외과'로 불리기도 한다. 대장항문외과, 혈관이식외과 등 세부과로 특화되었다. 주요 질환으로는 간암, 간부전, 췌장염, 위암, 대장암, 유방암, 충수돌기염, 하지정맥류, 혈전증, 선천성 횡격막 탈장 등이 있다.

(18) 특정외과: 일반외과와는 그 영역이 명칭으로 확연히 구분되어 있어 한꺼번에 소개하고자 한다.

    ① 흉부외과는 인체 중 흉부, 즉 가슴에 위치하는 심장, 폐, 기관, 식도, 대동맥 등 생명 유지에 기본이 되는 중요 장기의 질환과 흉벽, 종격동, 횡

격막, 늑막 등에서 발생된 질환을 진단하고, 주로 수술로 치료하는 전문 진료 분과이다.

② 신경외과는 뇌, 척수, 뇌신경과 척수 신경, 말초 신경 등 신경계에 생기는 다양한 질환에 대하여 주로 수술로 치료한다.

③ 성형외과는 오늘날 미용 성형으로 통용되기는 하나 원래는 신체의 구조적인 변형이나 기형을 수정하여, 제 기능을 할 수 있도록 결함을 교정하는 특수 영역을 다룬다.

④ 정형외과는 팔, 다리 및 척추를 구성하는 모든 해부학적인 구조에 대해 진료한다.

이 중 흉부외과와 신경외과는 드라마나 영화의 소재로는 자주 등장하나 현실에서는 많은 의학 전공자가 회피하는 특수전문과이다.

이 밖에도 방사선종양학과, 재활의학과, 진단검사학과, 응급의학과, 마취통증의학과, 안과, 핵의학과, 산업의학과 등이 있으며 또 다른 영역으로 치과가 있다. 이외에 여러 이름의 클리닉이 존재한다. 클리닉은 특정 질환에 대해서 포괄적으로 진단 및 치료를 하는 곳으로 근래에는 개인병원에서도 운영하고 있다.

병원의 전문과는 이름도 어렵고 종류도 다양하기 때문에 처음에는 혼동할 수 있지만 업무로 접하게 되면 자연스럽게 구분하고 이해할 수 있을 것이다. 또한 절대적인 구분이 아니므로 외우지 못한다고 해서 낙담할 필요는 없다. 1차 치료기관 및 일반 종합병원에서는 이렇게까지 세분화해서 운영하지 않는다. 예전에는 '내외산소'라는 표현으로 진료과목을 내과, 외과, 산부인과, 소아과로 구분하여 종합병원으로 운영하기도 했다.

약품에 대한 이해

2011년에 출시되었다가 많은 논란을 일으키며 4개월 만에 판매 중단한 어느 라면에 표시되었던 내용이다.

◆ 우골을 듬뿍 함유하고 있어 원기회복에 좋은 우골 보양 식사이다.

◆ 설렁탕 한 그릇의 맛과 영양이 그대로 담겨 있다.

◆ 탄수화물, 지방, 단백질의 비율이 가장 이상적인 영양 균형을 갖춘 제품이다.

공정거래위원회에서 조사한 결과, 이를 허위·과장 광고로 판단하여 시정 명령과 함께 1억 5000만 원의 과징금을 부과했다. 이 광고는 실제 설렁

탕과 영양 성분을 비교 분석해보고, 기존의 다른 라면과 비교해보는 등 요란한 검증을 거쳤고 여러 매체를 통해 크게 논란이 되었다. 식품에 대한 시민과 정부의 관심이 이 정도이니, 의약품이 더 많이 감시받는 것은 당연하다고 볼 수 있다.

이처럼 의약품의 판매자는 다른 식품의 판매자와 달리 더 많은 것을 알고 있어야 한다. 그 분야의 박사나 전문가는 아니더라도 판매하는 제품과 관련된 전문 용어, 개념, 정의에 대한 지식은 필수다. 지금부터 소개하는 내용이 이에 해당한다. 한번 살펴보고 필요할 때마다 들추어 살펴보고 확인하여 숙지하기 바란다.

1. 약물 이해의 기본

1) 약물동태학(Pharmacokinetic)

약물동태학은 약물의 용법과 용량에 직접적인 연관이 있는 학문으로 약물이 흡수되고 전신의 조직에 분포되며 대사, 배설되는 양식을 연구한다. 세부적인 개념으로는 최고 혈장 약물 농도(peak serum drug concentration), 반감기(half-life), 초회 효과(first-pass effect), 생체 이용률(bioavailability), 단백 결합률(blood protein blinding)이 있다. 먼저 가장 기본적인 흡수, 분포, 대사, 배설에 대해 살펴보고 약물동태학의 세부적인 개념들에 대해 살펴보기로 하자.

흡수, 분포, 대사, 배설의 각기 다른 모습은 그 약물의 약물동태학적 프로파일로 일컬어진다. 약물동태학적 프로파일에 따라 의약품의 용법 및 용량이 조절되므로 매우 중요한 요소라고 하겠다.

(1) **흡수(Absorption):** 약물의 흡수에 영향을 미치는 요인으로는 위액의 산도(pH)와 위장 운동성, 약물의 제형 등이 있다. 같은 성분의 약물이라도 환자나 질환의 특성에 따라 흡수 속도 등을 고려하여 제형 및 투여 방법을 달리할 수 있다.

(2) **분포(Distribution):** 약물의 세포 투과 속도와 약물이 혈액이나 단백질과 결합하는 정도는 다양하다. 따라서 어떤 약물은 전신에 영향을 미치기도 하고 어떤 약물은 특정 조직 내에 집중하는 경향이 있다. 최근에 다양하게 개발되고 있는 '표적 항암제'는 이러한 특성을 이용하여 '미사일 항암제'라는 별칭도 가지고 있다.

(3) **대사(Metabolism):** 약물은 체내에서 '대사체(metabolites)'라 불리는 다른 분자로 변화하기도 한다. 그래서 어떤 약물들은 그 자체가 아닌 대사체로서 효능이나 효과가 나타나도록 만들어지기도 한다.

(4) **배설(Excretion):** 대부분의 약물은 소변으로 배설되지만 담즙으로 바뀌거나 위장벽 또는 폐를 통해 배설되기도 한다. 배설이 되지 않고 때로는 몸속에 독소 형태로 남을 수도 있으므로 환자의 신체 기관 상태에 따라 약물을 다르게 선택할 수 있다.

(5) **생체이용률(Bioavailability):** 생체이용률의 사전적 의미는 '작용 부위에 치료형으로 도달한 투여 용량의 비율'을 뜻한다. 영업 담당자가 만나게 될 약사나 의사는 이것을 보통 'AUC(Area Under the Curve)'라는 용어로 쓴다.

AUC란 생체이용률을 시간대별 약물 농도 그래프로 표현한 것이다. 아래 그림과 같이 혈류에 도달한 약물의 절대적 양을 수치로 표현하는데, 투여한 용량을 백분율로 나타낸다. 예를 들면 AUC가 100%라는 것은 투여한 해당 약물이 100% 모두 혈중에 존재한다는 뜻이다. 보통 정맥 투여를 한 경우에 해당한다. 이는 임상학적으로 매우 중요한 수치로 해석된다. 생체이용률이 높은 약물은 상대적으로 많은 용량이 혈류에 투여되었다는 뜻으로, 기대하는 치료 효과를 얻을 수 있는 가능성이 높다고 말할 수 있다. 따라서 같은 성분의 약물이라도 생체이용률이 높은 쪽을 치료제로 선택할 가능성이 커진다.

(6) **최고 혈중 농도(Cmax):** Cmax는 혈류 속 약물의 최고 수치이다. Cmax가 치료 수준 내에 들어야 그 약물이 효과를 발휘한다고 말할 수 있다. 그림을 보면 한 약물은 치료 영역 내에 있는 최고 혈청 농도까지 올라가며, 다른 약물은 그렇지 못하다. 결과적으로 두 약물은 임상학적 차이를 보이게 된

다. 두 번째 그림을 보면 이 약물은 용법에 따라 투여하면 4번 복용한 후에는 지속적으로 치료 수준에서 농도를 유지하고 있다. 이를 정상 상태(steady state)에 이르렀다고 표현한다. 이 상태에 이르는 시간 이후부터 치료의 안정성이 이루어진다.

[그림 2-4] 약물의 혈중 농도와 치료

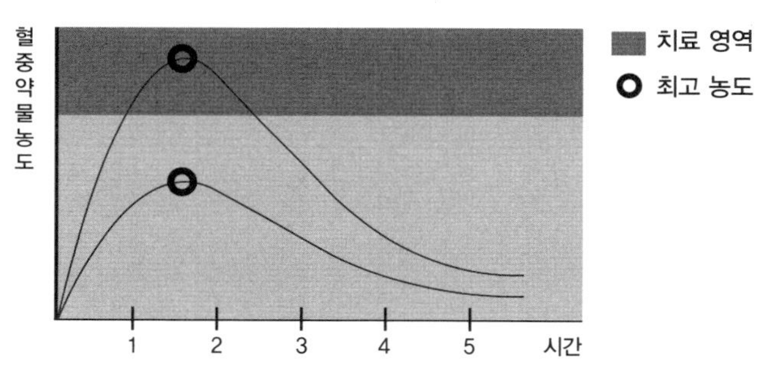

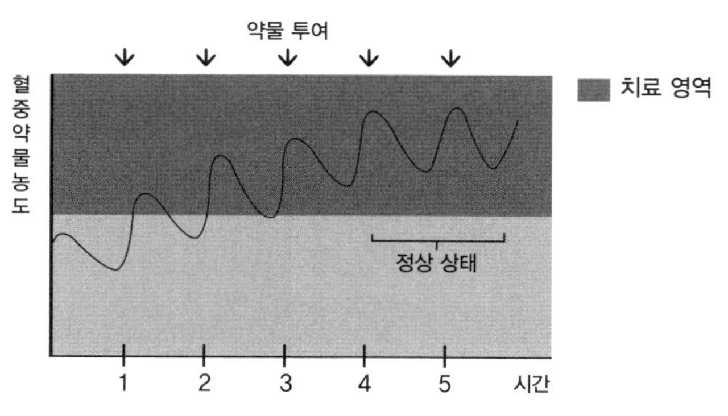

(7) 반감기(T 1/2): 약물의 반감기는 약물 농도가 그 최고치의 50%로 감소하는
데 걸리는 시간이다. 반감기는 분포, 대사 등 약물동태학적 프로필(profile)에
따라 달라진다. 반감기가 '길다' 또는 '짧다'라는 표현만으로는 약물의 효과
를 직접적으로 나타낼 수 없다. 반감기가 길어서 치료 수준 내의 약물 농도
가 오랫동안 유지되면 약물을 복용하는 횟수가 줄어든다. 따라서 복용의 편
리성으로 순응도가 높아진다. 반면 부작용이 심한 약물의 경우에는, 반감기
가 길면 기대한 치료 효과와 함께 부작용이 나타나거나 부작용만 나타나기도
한다. 발기부전 치료제의 경우 '반감기가 길다'라는 약물동태학적 특성에 따
라 '기대 효과가 상대적으로 오래 지속된다'라는 임상학적 특질로 표현하기
도 한다. '치료 효과가 오래 지속됩니다' '부작용이 발현되면 약을 끊으면 됩
니다'라는 표현과 '이 약물은 반감기가 이러저러하므로 기대하는 치료 효
과가 기존 제품의 2배 이상 지속적으로 유지됩니다' '이 약물의 반감기는

[그림 2-5] 약물의 혈중 농도와 반감기

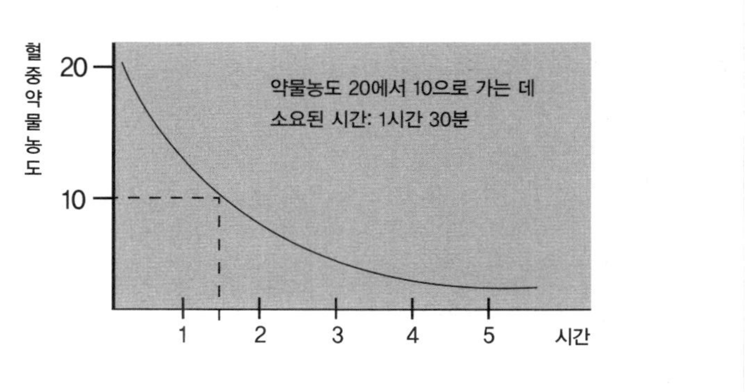

2시간으로, 지금 사용하는 약물보다 4시간 이상 짧습니다. 환자의 특이 체질에 따라 부작용이 나타날 경우, 투여를 중지하면 부작용도 빠르게 해소됩니다'라는 표현 중, 어느 것이 전문가들에게 신뢰를 줄 수 있는 표현이 될지는 여러분 스스로 판단하기 바란다.

2) 약역학(Pharmacodynamics)

'약역학'에서는 약물의 생화학적 및 생리학적 효과와 작용에 대한 연구를 한다. 약물동태학이 약물의 흡수, 분포, 대사, 배설의 측면을 다룬다면 약역학은 약물이 작용 부위에 도달한 후, 그 작용과 정도에 관한 내용을 다룬 것이다. 약역학은 난해한 부분이 많으므로 필요한 부분만 정리하였으며, 영업 현장에서 사용하는 용어들만 언급하였다.

(1) 효능, 효과, 효력

현재의 의학과 약학은 모두가 서양 의학에 의존하고 있기 때문에 용어를 정의하고 이해하려면 영어가 효과적이다. 특히 의사와 같은 전문가는 대체로 영어 원서를 통해 전문 지식을 습득한 경우가 많으므로 더욱 그렇다. 효능은 영어로 'efficacy'라 하고 효과는 'effect'라고 한다. 미묘하게 다른 의미를 가지고 있으나 일반적으로 효능과 효과로 구분하기보다 표현의 차이 정도로 인식하면 된다. 그러나 '효력'의 영어인 'potency'는 구분하여 사용해야 한다. 예를 들어, 처방자가 혈압 강하를 목표로 약물을 처방하여 그 목표를 달성했다면 '이 약물은 혈압 강하에 임상적으로 이펙트(effect)하다'라는 표현을 사용한다. 그런데 효력이라는 표현은 이와 달리 '이 약의 혈압 강하 효력은 저 약보다 높다'라는 식으로 사용한다. 효력은 특정 수준의 효과를 얻기 위해 필요한 약물의 상대적인 양을 의미한다. 그리고 한 약물이 비교적 적은 용량으로도 임상적으로 효과가 있다면 '이 약물은 포텐트(potent)하다'고 말한다.

(2) 부작용

부작용은 두 가지로 구별해서 이해해야 한다. 첫 번째 의미는 영업 현장에서 일반적으로 사용하는 뜻으로, '정상적인 용량 범위 내에서 일어나는 원치 않는 효과'를 말한다. 두 번째 의미로는 '정상적인 치료 용량 범위보다 많은 양을 투여했을 때 일어날 수 있는 위험한 효과'를 말하는 독작용을 뜻한다. 이 책에서 앞으로 이야기하는 부작용은 전자의 뜻이다. 부작용의 위험을 증가시키는 환자 측면의 요인들로는 체중, 연령, 알레르기 같은 과민반응 그리고 특정 기관의 기능 저하나 결함으로 인한 기저 질환 등이 있다. 부작용을 표현하는 영어 단어로는 adverse effect, adverse reaction, side effect가 있다.

(3) 임신 카테고리

약물은 대부분 태아에게 영향을 미치기 때문에 임신 중에는 매우 신중하게 약물을 복용해야 한다. 미 FDA(Food and Drug Administration, 미국 식품의약국)에서는 의약품이 태아에 미치는 정도에 따라 약의 안전성을 5등급으로 분류하고 있다. 보통 카테고리C 정도는 되어야 임신부에게 투여를 고려한다. 담당

제품의 임신 카테고리는 반드시 알아두어야 한다.

① 카테고리A: 직접 임신부에게 투약 시험을 거쳐 안정성이 검증된 약품으로, 여기에 속하는 약물은 거의 없다.

② 카테고리B: 인체를 대상으로 충분히 임상 시험(Clinical Trial)을 한 것은 아니지만, 동물 실험을 통해 동물 태아에게는 아무런 위험이 발견되지 않았거나 발견되었어도 관련성에 관한 명확한 확증은 없는 약물들이다.

③ 카테고리C: 임신부에 대한 실험 결과는 없으나 동물 실험 결과 해롭게 나타나 임신부의 주의가 필요한 약물들이다. 이 약물을 사용함으로써 얻는 이득이 약물의 잠재적 부작용 위험보다 크다.

④ 카테고리D: 태아에게 분명한 위험이 있으나 약물을 사용함으로써 얻는 이득이 약물의 부작용보다 크며 달리 안전한 대체 약물이 없는 부류이다.

⑤ 카테고리X: 인간 태아에 해를 주거나 기형을 초래하는 약물로 임신부에게는 절대로 쓸 수 없는 약물들이다.

(4) 약물 상호작용

두 가지 이상의 약물이 투여되었을 때, 하나 또는 그 이상 약물의 약물동태학적 성질이 변화하여, 부작용 내지 독성을 유발할 수 있다. 판매하는 약물의 약물 상호작용에 대해서는 반드시 숙지하고 있거나 내용을 바로 전달할 수 있어야 한다.

2. 약물의 분류

일반적으로 우리 몸에 투여된 약물은 위장에서 소화되어 여러 종류의 효소와 호르몬의 영향을 받고, 복잡한 생리학적 과정을 거쳐 혈류에 들어간다. 혈류를 통해 치료 부위에 도착하여 약효를 발휘하는 것이다. 그러므로 약물을 개발할 때는 효율적으로 약효를 전달하고 약물의 부작용을 줄이며 효능과 효과를 극대화할 수 있도록 약물의 제형과 투여 경로 등을 디자인한다. 이는 적절한 치료 방법을 강구할 때도 마찬가지이다.

1) 제형에 따른 분류

간단히 구분하면 '경구용제'와 '외용제'로 나뉜다. 경구용제에는 캡슐, 정제, 시럽 등이 있고 외용제로는 연고, 크림, 패치제 등이 있다.

(1) 정제

복용이 편리하여 약의 제형 중 가장 보편적이며 지금도 선호되고 있다. 단일 정제와 복합제로 나누기도 한다. 그리고 체내 흡수 속도를 달리하는 서방형❖도 있다.

❖ 고혈압이나 당뇨병과 같이 지속적으로 관리해야 하는 질환의 경우, 약물의 주성분이 일정 농도로 혈중에 장시간 유지하는 것이 환자의 순응도 및 치료 효과에 도움이 된다. 이에 약물의 흡수와 함께 약물의 혈중 방출이 서서히 일정하게 이루어지도록 설계된 제품.

(2) 캡슐

약물의 성질에 의해 캡슐이나 코팅제로 개발되는 제품들도 있다. 남성 호르몬을 감소시키는 전립선비대증 치료제가 여기에 속한다. 여성 약사들이 조제 시 피부를 통해 해당 물질을 흡수하게 되면 본인이나 태아에게 문제를 일으킬 가능성이 있기 때문에, 캡슐 제형은 정제에 비해 장점으로 부각하기도 한다.

2) 투여 경로에 따른 분류

임상 시험을 할 때 효능, 효과, 부작용을 고려하여 해당 약물의 인체 내 전달 방법을 최적화한다. 그런데 최근에는 '약물 전달 시스템 사업'이라고 하여, 투여 경로를 대상으로 한 틈새시장이 형성되어 있다. 약물의 유효성을 적절히 전달하기 위한 제형 변화나 주사제 개발, 환자의 약물 순응도 개선, 효능 부족, 특허 만료, 제네릭 경쟁❖❖❖ 및 제품 수명주기 관리 등의 필요성이 대두되고 있는 현실에서 꾸준히 성장하고 있다.

(1) 소화관 투여

① 경구 투여: PO라고 약칭한다. 위장을 통해 쉽게 흡수되는 대부분의 약물이 경구 투여 방법으로 복용된다. 복용법 중 가장 간편하다. 먹기 힘

❖❖❖ 인기 제품의 경우 현재는 단순 제네릭뿐만 아니라 개량 신약, 퍼스트제네릭, 브랜드제네릭 등 다양한 형태의 후발 제품들과 경쟁을 해야 한다. 따라서 단순한 가격경쟁뿐만 아니라 고도의 마케팅 전략이 동시에 수반되어야 한다.

들 정도의 맛이나 위산에 의해 파괴되기 쉬울 경우, 위 점막에 강한 자극을 줄 수 있는 경우 등에는 적당한 물질로 코팅하여 투여한다. 효과 발현 시간이 상대적으로 길다는 단점이 있다.

② 직장 내 투여: 좌약(suppository)과 관장제가 여기에 속한다. 경구 투여할 경우 구토를 일으키는 약물이나, 위 내에서 전혀 활성화되지 않는 약물에 추천하는 방법이다. 어린이나 혼수 상태인 환자 등 경구 투여가 불가능한 경우에 유용하다.

③ 설하 투여: 혀 밑에 투여하는 방법이다. 세포막이 얇고 혈관 분포가 많은 구강 점막을 통하여 신속히 흡수되는 장점이 있다. 이 투여 경로는 간을 거치지 않고 통과하므로 약물이 파괴되지 않으며 약물의 작용이 약화되지 않는다. 윗입술과 잇몸 사이에 투여하는 약물도 있다.

(2) 주사(Injection)

흡수가 빠르고 약효 작용이 빨리 나타난다는 장점이 있어 긴급을 요하는 응급 환자에게 적당한 방법이다. 약물이 위장에서 비활성화되는 경우와 신속하고 예측 가능한 반응이 필요할 때 사용한다.

① 피내주사(intradermal): ID라고 한다. 피부 안으로 주사하며, 일반적으로 백신(vaccine) 투여 시 이용한다.

② 피하주사(subcutaneous): SC로 약칭한다. 피부를 통과하여 그 아래 결합 조직에 주사한다. 주사 방법 중 가장 쉬운 방법이다. 인슐린 투여를 생각하면 된다. 약물의 양이 많거나 자극성이 강하면 통증이 심하고 멍이

들기도 하는 단점이 있다.

③ 근육주사(intramuscular): IM이라고 한다. 골격근 깊숙이 주사한다. 피하주사에 비해 흡수와 효과가 빠르다. 자극이나 통증이 강한 약물, 흡수가 잘 되지 않는 약물의 경우 사용한다.

④ 정맥주사(intravenous): IV라고 한다. 정맥 내에 주사하는데, 주사 부위에 과민 반응 등의 자극이 일어날지 모르는 약물을 투여할 때 사용된다. 약물의 작용이 가장 빨리 나타나고 혈액 중 유효 농도를 정확히 조절할 수 있다는 장점이 있다. 응급 환자, 수액 및 영양제 공급 등에 사용한다.

⑤ 그 밖에 투여할 수 있는 주사 경로로는 복강 내 투여(intra-peritoneal), 동맥 내 투여(intra-arterial), 척수강 내 투여(intra-spinal) 등이 있다.

(3) 흡입

가스나 휘발성 또는 미립자 약물들의 복용에 적합하다. 흡입으로 호흡기 계통을 통하여 투여하며 대표적인 예로는 전신마취제 흡입이나 기구를 이용한 호흡기 치료제 등이 있다. 단점은 용량 조절이 어렵고 폐의 상피 세포를 자극할 수 있다는 점이다.

(4) 국소 투여

국소 효과가 필요한 경우에 사용한다. 대부분의 국소 투여 제제는 흡수를 증진시키기 위해 특별히 제형적 특성을 이용하여 제작, 조제된다. 연고(oil-based), 크림(water-based), 패치제(patches) 등이 있다.

3. 약물의 순응도

'순응도'란 무엇일까? 당뇨병 환자가 인슐린을 자가 주사해서 혈당 조절을 잘하고 있는지, 고혈압 환자가 꾸준히 혈압 약을 먹고 있는지 등 환자가 얼마나 약을 잘 챙기는지가 순응도의 전부일까? 이 설명은 '복용 순응도'에 관한 것일 뿐, 순응도는 그렇게 간단한 문제가 아니다.

순응도는 약물을 통해 기대되는 치료 효과에 관여하는 모든 것에 영향을 받는다. 영향을 미치는 요소들을 보면 쉽게 이해할 수 있다.

1) 개인적 요인

환자의 나이와 성별, 교육 수준, 지적 수준, 경제력 등이 순응도에 영향을 미친다. 예를 들어보자. 에이즈 환자가 많은 아프리카 지역에 에이즈 치료제를 무상으로 제공하고자 했다. 그러나 그곳 주민들은 병이나 약물 복용에 따른 치료에 대한 이해가 부족해 무상으로 약을 공급하는 의미가 퇴색되어버렸다. 또한 시계가 없어서 복용 시간을 지킬 수도 없었다.

2) 질병 요인

오랜 기간 치료가 필요한 만성 질환 환자들은 일반적으로 순응도가 낮다. 증상이 중증일 때보다는 여러 가지 증상을 가진 환자일수록 순응도가 낮고,

후유 장애의 빈도나 정도가 심할수록 순응도가 높다. 환자가 정신과 질환을 앓고 있을 때는 약물의 효능이나 효과보다 약물 순응도가 더 중요한 치료 인자가 되기도 한다.

3) 약물 요인

금식, 금주, 금연과 같은 생활 습관의 변화는 순응도에 영향을 미친다. 그리고 처방한 약의 수가 많거나 자주 복용해야 하는 약도 순응도가 떨어진다. 의외로 약물에 의한 부작용이 순응도에 미치는 영향은 생각보다 작다. 제형과 투여 경로에 따라 순응도가 큰 차이를 보인다.

4) 의사 요인

의사와 면담을 한 뒤에는 환자의 기대치가 충족된다. 특히 양질의 진료를 받았다고 느낄수록 순응도는 좋아진다. 또한 의사에 대해 개인적인 친밀감을 느끼는 경우에도 순응도가 좋아진다.

5) 가족 요인

환경 및 경험에 관한 것이다. 가족들의 관심 여부, 협조 여부가 순응도에 상당한 영향을 미친다.

chapter 3

임상에 대한 이해

1. 임상 시험과 신약 개발

임상 시험(Clinical Trial)은 대부분 신약 개발 과정에서 이루어진다. 신약 개발에 대해서 잠시 살펴보도록 하자.

신약을 한 건 개발하는 데 드는 평균 비용은, 1990년대에 6억 달러로 급격히 늘어나 2000년대에 들어서는 8억~9억 달러 정도로 추산되고 있다. 시민단체의 주장에 따르면 약 3억~4억 달러 정도라고도 한다. 비용뿐만 아니라 제품 승인까지 신약을 개발하는 기간도 약 15년 정도로 긴 시간이 소요된다. 이 비용과 시간도 신약 개발에 성공하여 시판됐을 때의 이야기이고, 그렇지 못한 경우를 따져보면 상황은 달라진다. 이렇다 보니 신약 개발이 '황금알을 낳는 거위'인가 '돈 먹는 하마'인가에 대해 엇갈린 주장이 나올 수밖에 없다.

상황이 이렇게 된 원인은 여러 가지가 있겠지만, 가장 큰 원인은 유의미한 신물질 탐색이 더 어려워졌다는 점이다. 또 다른 이유는 각 정부 기관 및 조사 기관들의 규제가 강화되고 있는 추세와 관련이 있다. 이제 의약품을 개발하는 기업은 임상 시험을 할 때 임상 대상자 수를 늘려야 하며, 임상 과정 중 발생하는 각종 부작용에 대한 분석을 강화해야 하는 등 다양한 조치를 따라야 한다. 따라서 신약 개발에 들어가는 비용과 시간이 더욱 증가하는 것이다.

신약 개발 비율을 설명하면 다음과 같다. 임상 시험 전 단계에서 약 5000여 개의 신물질이 신약 개발 물질로 선정되면, 이 중 5개 정도가 임상 시험을 제대로 거친다. 임상 시험 결과에 따라 그중에서도 1개 제품 정도만이 신약 허가를 받는다. 확률로 따지자면 5000분의 1 정도이다.

다음은 이렇게 어려운 과정을 거친 신약 개발 현황이다.

[표 2-1] 국내 개발신약 허가 상황

연번	제품명	회사명	주성분	효능효과	허가일자
1	선플라주	에스케이케미칼(주)	헵타플라틴	항암제(위암)	99.7.15(93.7.20)
2	이지에프외용액	(주)대웅제약	인간상피세포성장인자	당뇨성 족부궤양치료제	01.5.30(97.3.4)
3	밀리칸주	동화약품공업(주)	질산홀뮴-166	항암제(간암)	01.7.6(97.5.28)
4	큐록신정	제이더블유중외제약(주)	발로플록사신	항균제(항생제)	01.12.17(93.5.6)
5	팩티브정	(주)엘지생명과학	메탄설폰산제미플록사신	항균제(항생제)	02.12.27 UD FDA 허가 (03.4.4)
6	아피톡신주	구주제약(주)	건조밀봉독	관절염치료제	03.5.3(99.11.29)
7	슈도박신주	씨제이제일제당(주)	건조정제슈도모나스백신	농구균예방백신	03.5.28(95.1.26)

8	캄토벨주	(주)종근당	벨로테칸	항암제	03.10.22
9	레바넥스정	(주)유한양행	레바프라잔	항궤양제	05.9.15
10	자이데나정	동아제약(주)	유데나필	발기부전치료제	05.11.29
11	레보비르캡슐	부광약품(주)	클레부딘	B형간염치료제	06.11.13 (01.06.13)
12	펠루비정	대원제약(주)	펠루비프로펜	골관절염치료제	07.4.20
13	엠빅스정	에스케이케미칼(주)	미로데나필염산염	발기부전치료제	07.7.18
14	놀텍정	일양약품(주)	일라프라졸	항궤양제	08.10.28
15	카나브정	보령제약(주)	피마살탄칼륨삼수화물	고혈압치료제	10.9.9
16	피라맥스정	신풍제약(주)	피로나리딘인산염, 알테수네이트	말라리아치료제	11.8.17
17	제피드정	제이더블유중외제약(주)	아바나필	발기부전치료제	11.8.17
18	슈펙트캡슐	일양약품(주)	라도티닙염산염	항암제(백혈병)	12.1.5

출처: 신약청 2011년 의약품 판매허가 현황 발표, 2012. 2. 2

2012년 초까지 국내에서 허가된 것들로 천연물 신약은 제외한 것이다. 이 중에는 해외로 수출되어 국제적으로 그 효능과 효과에 대해 인정받았을 뿐 아니라 대한민국의 관련 학문과 기술의 발전 정도를 대표하는 제품들의 이름도 확인할 수 있다.

2. 임상 시험의 종류

신약 개발을 위해 반드시 거쳐야 하는 임상 시험 단계는 어떻게 구분되며, 각 단계에서 실시하는 시험 내용에는 어떤 것이 있는지 살펴보자. 임상 시험은 크게 '전 임상'과 '임상'으로 구분되며, 임상은 신약 시판 허가 전 3단계와 시판 후 임상 시험까지를 포함해 총 4단계로 나눌 수 있다.

(1) **전 임상**: 전 임상 시험은 기초 탐색 과정을 거쳐 도출된 신약 후보 물질에 대해 동물을 대상으로 실시하는 단계이다. 안전성을 위주로 진행한다.

(2) **임상 1상**: 전 임상 시험이 끝나면 본격적으로 인체를 대상으로 하는 임상 시험 단계에 돌입한다. 주로 약역학적, 약동학적 프로필을 탐색하게 된다. 임상 1상 시험은 실제 사람에게도 투여해 부작용이 없는지 처음으로 확인하는 단계이다. 주로 건강한 남자 지원자를 대상으로 하며, 1회 용량과 반복 투여 용량에 대해 내성 용량의 범위를 도출하게 된다. 이 과정부터는 식약청의 승인을 받아서 진행해야 한다.

(3) **임상 2상**: 임상 2상 시험은 1상을 통해 안전성이 확인된 후보 물질의 효능을 본격적으로 알아보는 단계이다. 대상 질환 가운데 조건에 부합하는 환자를 대상으로 효과와 안전성을 평가한다. 임상 시험의 중추적인 단계로 약물의 효과를 가장 철저하게 증명해야 하기 때문에 관리와 통제 또한 엄격하게 진행된다. 신약이 될 가능성 여부는 이 과정에서 대부분 결정된다고들 한다. 암이나 백혈병처럼 확실한 치료제가 없는 질환의 경우는 임상 2상만으로 신약 허가를 받는 경우도 있다.

(4) **임상 3상**: 이 단계의 시험은 약물의 효과가 증명된 후, 해당 기관의 신약

승인 신청 제출 전에 하는 것이다. 위약 대조 실험과 함께 임상 2상보다 훨씬 광범위한 임상 시험을 하게 된다. 임상 2상에서 나타난 약효가 환자의 심리적 효과에 따른 것인지 살펴보고 아직 드러나지 않은 부작용은 없는지 판단한다. 치료 대상이 되는 질병에 대한 시험약의 유효성과 안전성을 통계적으로 검증하여 약물에 대한 최종 평가를 내린다. 임상 3상의 결과로 약물의 사용설명서에 필요한 대부분을 제공하게 된다.

(5) **임상 3상 이후:** 앞의 전 임상부터 임상 3상까지의 과정을 거쳐 신약 허가를 받고 시판을 시작한 이후, 추가적인 적응증이나 부작용 등을 검사하기 위해 임상 4상 시험을 진행한다. 이전에 알지 못했거나 부적절하게 간주되었던 부작용과 관련되는 위험 요인을 알아내거나 정리하는 것이 임상 4상 연구의 중요한 측면이다. 이 중 시판 후 조사(PMS, Post Marketing Surveillance)는 법적 의무 조항이다.

PMS는 다음의 이유에 의해 시행한다. 새로운 약제가 개발되어 시판되기까지는 동물과 인간을 대상으로 1, 2, 3상의 단계별 임상 시험을 통해 유효성과 안전성에 대한 엄격한 허가 심사를 거친다. 그럼에도 불구하고 일단 약물이 시판되면 남녀노소를 망라한 광범위한 환자군은 물론 신기능 장애나 간기능 장애가 있는 특수 질환자들도 사용한다. 이 과정에서 임상 시험에서는 알려지지 않았거나 발생 빈도가 극히 드물었던 약들 유해 반응이 발생할 수 있다. 탁월한 효능으로 임상 시험에서 각광을 받아 세계적으로 널리 사용되던 약물이 예기치 못한 유해 반응으로 시중에서 철수되는 사례도 있듯이, 약물 시판 후의 안전성 평가는 약물의 생존에 중요한 역할을 담당한다. 이러한 이유로 모든 약물이 시판되는 동안 안전성 평가를 지속적으로 받아야 한다는 주장에 힘이 실린다. 이와 같이 의약품이 임상 시험을 거쳐 시판 승인이 난 다음에도 계속해서 약물의 안전성을 평가하는 것을 '시판 후 조사'라고 한다.

3. 임상 논문 읽기

지금까지 살펴본 것은 주로 신약 개발을 위한 과정으로서 임상 시험이었다. 그런데 이러한 임상 시험의 결과는 일반적으로 '임상 논문'이라는 형식으로 정리해 발표된다. 지금부터는 임상 논문이 어떻게 구성되며 어떻게 읽어야 하는지 알아보기로 하자.

1) 논문의 종류

논문(Journal article)의 종류는 크게 다음과 같이 나누어 살펴볼 수 있다.

(1) **임상 논문(Clinical trial)**: 임상 시험의 결과를 기술한 논문으로, 우리가 가장 흔히 접하는 논문의 형태다.

(2) **메타 분석(Meta-analysis):** 알고자 하는 사실에 대허 기존에 있는 다수의 임상 결과들을 이용하여 분석한 논문이다. 직접 임상 시험을 진행하지 않고 해당 임상 시험들의 세부 자료를 토대로 진행한다.

(3) **리뷰(Review) 논문:** 한 주제에 대해 연구한 여러 는문들을 정리한 것이다. 어떠한 사실을 주장하고자 하는 목적보다는 공부의 목적으로 사용하기에 좋은 형식이다.

(4) **케이스 리포트(Case report):** 특이한 임상 예를 보고하고 알리기 위한 목적으로 작성한다. 보통 한두 케이스를 짤막한 리포트 형태로 작성하여 학술지나 신문, 저널(journal) 또는 학회를 통해 알린다.

(5) **편집자 논고(Editorial):** 저널에서 사용하는 방식이다. 편집자가 해당 저널에 실린 임상 논문을 살펴보고 간략한 내용과 의견을 싣는다.

2) 저널

앞에서 소개한 논문들의 저자는 자신들의 연구 결과나 주장을 알리기 위해 일반적으로 의학 저널에 자신들의 논문들을 게재하는 방식을 취한다. 연구 내용과 결과들이 모두 저널에 실리는 것은 아니다. 보통 학회에서 포스터나 구연 발표를 통해 논문의 초록(abstract)이 먼저 소개된다. 이후 저널에 실리기까지는 수 개월에서 수 년이 걸리기도 하고, 아예 발표가 되지 않기도 한다. 저널에 실린다는 것 자체가 연구 결과의 가치를 인정받는 것이라고 할 수 있다. 그래서 의학계뿐만 아니라 많은 학문 내지 기술 영역들에서는 많은 저널들이 발행된다. 수많은 종류의 저널들에 대해 그 퀄리티를 평가하는 것은 쉽지가 않은데, 흔히 인정되는 방법으로 먼저 SCI에 등재된 저널인지를 확인하는 것이다. SCI란 학술 정보 전문 민간기관인 '톰슨 사이언티픽'이 해마다 학술적 기여도가 높은 과학기술 분야 학술지를 엄선하여 여기에 게재된 논문의 색인을 수록한 데이터베이스이다. 의학계에서 가장 영향력이 높은 잡지로는 보통 〈NEJM(New England Journal of Medicine)〉 〈Nature〉 〈Cell〉 〈Lancet〉 등을 꼽는다.

3) 임상 논문의 구성

임상 논문은 보통 초록(Abstract), 서론(Introduction), 연구 방법(Method), 결과(Results), 논의(Discussion), 참고문헌(References)으로 구성되어 있다. 각각에 대해서 알아보도록 하자.

(1) **초록:** 임상 시험 논문 전반을 요약한 부분으로, 논문의 맨 앞에 위치한다. 이 부분에는 논문의 저자, 논문 전체를 간략하게 요약한 내용, 서지 사항, 임상 시험의 자금 출처에 대한 정보 등이 포함된다. 임상 시험은 제약회사가 스폰서가 되는 경우가 많다. 이는 모두가 아는 내용이므로 독자에게 객관적 판

단의 기회를 제공하기 위해 연구비 출처를 밝히게 되어 있다. 또한 저자에 대한 설명에서도 제약회사와 관계된 부분을 표시하는 것이 일반적이다.

(2) **서론:** 이 부분에서는 본 연구 시작의 과학적 타당성을 제공하기 위해 기존의 발표 내용들에 대한 리뷰로 시작한다. 기존 논문을 통해 해당 질병이나 과거의 약물 치료 방법, 시험약물의 작용기전과 간단한 요약 내용이 들어간다. 서론에서 밝히는 또 한 가지 중요한 내용은 본 연구를 하는 목적(objective)이다.

(3) **연구 방법:** 시험 방법과 관련된 부분이다. 이 부분에서는 환자군, 연구 디자인, 결과 측정 방법, 통계 분석 방법 등을 명시한다.

(4) **결과:** 방법에 관한 부분이 끝나면, 결과를 확인할 수 있다. 이 부분에서는 먼저 모집된 환자의 정보를 밝히고, 이어서 약물의 효과와 안정성(safety) 결과를 보여준다. 통계 분석 완료 후 결과의 해석에서 시험약과 대조약, 두 약물 간의 차이는 통계적 유의성 및 임상적 유의성의 관점에서 평가된다. 이때 통계적 유의성은 꼭 살펴보아야 한다. 통계적 유의성은 두 약물 간의 차이가 확률로 반영되는 것이다. 이는 유의확률 p값을 통해서 표현되는데, 예를 들어 p값이 0.05 이하라면 시험에서 나타난 두 약물 간의 효과 차이가 사실일 확률이 95% 이상임을 의미한다. p값은 표본의 크기, 두 표본 간의 차이 정도, 데이터가 흩어진 정도에 따라 달라질 수 있다. 보통 p값 0.05를 기준으로 결

과의 유의성을 판단한다.

(5) 논의: 이 부분에서는 연구자가 시험약을 투여함에 따라 측정된 결과가 어떻게 달라지는지, 인과적 관계에 대해 서술하고 결론을 내린다. 일반적으로 인과관계의 입증은 기대했던 효과가 시험약의 투여 때문인지에 대해 연구자의 판단을 필요로 한다. 보통 논의의 마지막 부분에서 연구의 결론을 다시 한 번 정리해 보여준다.

(6) 참고 문헌: 논문의 마지막 부분에는 참고 문헌을 표시한다. 이는 연구자가 논문을 작성하면서 참고했던 문헌들은 모두 표기한다. 일반적으로 저자, 저널명, 발표 연도, 권(volume), 호(issue), 쪽(page) 순으로 표기한다.

Part 3

제약영업 일반

의사는 대부분의 약품 정보를 알고 있지만 기존 약에 새로 추가된 정보, 신약에 대한 정보 등 일정 부분은 제약회사에서 제공하는 정보에 의존한다. 정보의 전달이라는 측면에서 제약영업자와 의사, 보건 의료 전문가 사이의 만남은 충분히 가치 있는 일이다.

　의사는 약품 정보를 대부분 알고 있지만, 기존 약에 새로 추가된 정보나 신약에 대한 정보 등은 제약회사에서 제공하는 정보에 의존한다. 의사가 일반적 경로를 통해 접할 수 있는 정보의 양은 제한되어 있는 데다가 정보에 접근하는 시차가 발생할 수 있기 때문이다. 한 해에도 수많은 약이 출시되고 있으니, 의사들이 일일이 필요한 모든 정보를 찾기는 어렵다. 따라서 제약회사의 영업사원이 전달하는 자사 제품의 정보는 의사에게 매우 유용하다. 정보 전달이라는 측면에서 보자면, 제약회사의 영업자와 의사나 보건 의료 전문가의 만남은 충분히 의미가 있다.

　〈중앙일보 헬스미디어〉 '제약회사 직원 많이 만날수록 의사 처방 건수 는다'라는 2011년 4월 13일자 기사는 제약영업의 현실을 이야기하고 있다. 의사와 제약회사는 데려야 뗄 수 없는 관계이며, 이러한 환경에서 몇몇 문제도 발생할 수 있다.

chapter 1

제약영업

1. 제약영업이란?

1) 제약영업의 구분: ETC & OTC

영업의 관점에서 제품으로 생산·판매되는 약물은 크게 ETC와 OTC로 구분한다. ETC는 Ethical drug의 약자로 '전문의약품'을, OTC는 Over The Counter의 약자로 '일반의약품'을 말한다. ETC는 의사의 처방이 있어야 구매, 복용이 가능한 약을 말한다. ETC을 이해하는 과정에서는 급여의약품과 비급여의약품을 혼동하지 않는 것에 주의해야 한다. 급여, 비급여를 구분하는 것은 의료보험 체제하에서 보험공단이 환자에게 처방된 의약품의 보험 급여를 인정하느냐 여부에 따른 것으로 ETC인지 OTC인지의 구분과는 무관하다. OTC가

용량이나 제형에 따라서 급여 약품에 포함되는 경우도 있다. ETC와 OTC는 급여의약품과 비급여의약품을 구분할 뿐만 아니라, 급여의약품은 환자 부담금이 100%인 것과 아닌 것으로 또 구분된다. 자세한 내용은 제품에 대한 보험 적용 범위를 자세히 살펴봄으로써 숙지해야 한다. 이 책에서 서술하고 설명하는 제약영업은 ETC 영업이 대상이나 OTC와 ETC 양쪽 모두 담당하는 경우도 있다.

우선 ETC 영업을 살펴보자. 의사가 환자의 요청으로 해당 제품을 처방해 주는 경우가 있긴 하지만 한국에서는 일부 품목을 제외하고는 일반적인 상황이 아니다. 진단 및 치료법에 대한 선택과 책임은 의사에게 있으므로 처방 약제에 대한 선택권 또한 기본적으로 의사에게 있다. 따라서 약품의 최종 소비자는 환자이지만, 제품을 선택하는 사람은 의사이다. 이것이 제약영업이 일반 영업과 성격을 달리하는 가장 큰 이유다. 제약영업에서는 의사가 주된 대상자이다. 그러므로 ETC 영업은 의사를 대상으로 제품의 처방 행위를 두고 이루어지는 활동을 지칭한다. 의사를 상대로 하는 영업이 ETC 영업이라고 말할 수도 있다. 따라서 ETC 영업 대상 제품으로 ETC 외에 OTC, 기타 소비재, 의료용품, 진단용품 등이 포함되기도 한다.

OTC는 의사의 처방 없이도 구매가 가능한 약물이다. 환자나 필요한 사람이 직접 약국을 방문하여 해당 제품을 구매한다. 일반 소비재와 판매나 구매 행위가 다르지 않아 보이지만, 그렇지 않다. OTC의 판매할 때, 약사는 소비자에게 약품을 추천하기도 하고 약물 복용에 대한 정보 및 질환에 따른 추가 정보를 제공할 수 있으며, 의무적으로 약물의 안전성과 관련된 주의사항을 알려주어야 한다. 제품의 실제 구매 과정에서 약사의 영향력이 다른 소비재보다 크게 미치는 것이다. 따라서 OTC 영업의 대상은 환자와 일반인뿐만 아니라 약사도 포함된다. 제품 정보에 대한 접근 권한의 차이와 전문적 지식을 요하는 부분들로 인해 약사의 영향력이 더 큰 것이 사실이다.

한국은 OTC의 대중 광고를 허용하고 있지만 ETC의 대중 광고는 아직 허용하고 있지 않다. 대중 광고로 인해 소비자가 제품의 정보에 접근할 수 있는 권한을 가지게 되고 직접 원하는 약품을 고른다면 OTC의 경우처럼 ETC 또한 환자, 즉 소비자의 결정권이 상당히 높아질 가능성이 크다. 따라서 미국처럼 ETC의 대중 광고가 허용되느냐 하는 문제는, 겉으로 드러내 표현하지는 않지만 제약업계의 큰 관심사 중 하나이다. 하지만 상당한 논란을 일으킬 문제이므로 신중하게 접근해야 할 사항이다.

2. 제약영업의 특징

제약영업은 흔히 보험 영업, 자동차 영업과 함께 거론된다. 어떤 사람은 이 세 가지를 영업을 '3대 영업 사업'으로 꼽기도 한다. 물론 다른 분야에도 영업사원들은 존재한다. 하지만 대부분이 기업 대 기업 간의 B2B 형태이거나, 회사 전체에서 영업사원 또는 영업부서가 차지하는 비중이 보험, 자동차, 제약영업보다 상대적으로 작다. 그리고 판매하는 제품에 대한 전문성에도 차이가 있다.

보험, 자동차, 제약은 다른 산업에 비해 전체 회사에서 영업부 인원의 비중이 매우 높으며 일대일 영업이 주를 이루고 있다. 그렇기 때문에 보험, 자동차, 제약 분야에서 영업사원은 매우 중요한 자원이며 영업부에 대한 투자는 회사를 경영하는 데 있어서 중요한 결정 사항 중 하나이다. 많은 회사가 가장 큰 자원인 영업사원의 효율성을 높이기 위해 노력을 하고 있으며, 영업사원들의 질적 향상을 높이기 위한 교육 프로그램이나 동기부여 프로그램들을 운영하고 있다.

영업 관련 3대 산업에 대해, 어떤 영업이 더 힘들고 더 잘났는가를 말하기는 쉽지 않다. 각기 개성과 차별점이 존재하기 때문이다. 보험과 자동차는 불특정 다수를 대상으로 영업을 한다면, 제약은 그와 비교하여 특정 다수를 대상으로 영업을 한다. 보험은 미래의 가치에 대한 영업을 하고, 자동차와 제약은 현재의 가치와 효용성에 대한 영업을 우선적으로 한다. 보험과 제약은 건강 및 생명과 관련이 있는 반면, 자동차는 삶의 질과 관련되어 있다. 또, 보험은 기본적으로 금융이라는 서비스에 기반하며, 제약과 자동차는 제조업에 기반하고 있다는 차이도 있다. 세 가지 영업 영역을 자세히 보면 공통점도 일부 존재하지만 서로의 산업적 특성을 독자적으로 가지고 있다. 이 밖에도 제약영업은 타 영업과 비교하여 독자성과 특수성을 더 많이 가지고 있다. 이에 대해 자세히 살펴보자.

◆ 우선 고객이 전문가 집단이다. 의사, 약사, 간호사 등 영업사원이 만나는 대부분의 고객은 특정 분야의 전문가이며 국가가 공인한 자격증을 갖고 있는 그룹이다. 그만큼 영업사원의 전문성이 요구되는 분야이다.

◆ 영업사원이 판촉 활동을 하는 제품은 건강 및 생명과 관련된 의약품이다. 의약품은 자동차나 보험과 같은 소비재와 달리 인간의 생명과 관련이 있으며, 그만큼 정확한 정보를 전달하는 것이 중요하다.

◆ 보험이나 자동차처럼 직접 판매가 아닌, 간접 거래 형태의 영업이다. 제약영업자가 판촉 활동을 하는 의약품의 최종 소비자는 환자이지만 주 영업 대상은 의사이다.

◆ 신제품이 나오기까지 일정 시간이 걸리기 때문에 시장의 혼란이 비교적 적다. 따라서 상대적으로 쉽게 미래를 예측할 수 있다.

◆ 영업사원에서 주어지는 지역 또는 고객이 있다. 물론 신규라는 개념도 있긴 하지만 기본적으로 영업 활동 구역이 정하진다. 이에 반해 보험이나 자동차 영업자는 전국을 대상으로 영업한다.

◆ 한 번 상품을 판매하고 거래가 끝나는 것이 아니라 고객과 지속적인 접
촉을 통해 판촉 활동을 하는 영업이다. 고객과의 관계가 다른 분야와
비교할 때 더욱 중요하다.

◆ 경쟁 영업사원들과 현장에서 쉽게 접촉할 수 있으며, 고객과의 장기적
관계가 중요한 만큼 경쟁 또한 치열하다.

◆ 한국뿐만 아니라 일반적으로 보건 분야는 공공성의 영역에 속하며 의
약품도 공공재의 성격을 가진다. 아울러 의료보험 체계 안에서, 의약품
비용 실질 지불자로서 정부의 비중이 높다. 즉 국민의 세금과 연관이 있
으므로 다른 분야보다 영업 활동에 제약이 많다.

◆ 보험이나 자동차 영업에 비해 비교적 안정적인 보수를 받는다. 매출에
따른 성과급보다는 기본급 비율이 타 영업에 비해 높은 편이어서 직원
들 간의 월급 차이가 적다.

대략적인 제약영업의 특징을 살펴보았다. 그러나 제약영업을 충분히 이
해하기 위해서는 우리가 일하고 있는 영업 현장, 제약영업과 관련 있는 공
정경쟁규약, 유통 분야 등에 대해서도 알아야 한다. 그럼 왜 제약영업의 프
로세스와 공정경쟁규약과 같은 영업 활동의 규칙, 도매 유통과 같은 지식 등
을 학습해야 할까? 그 이유에 대해 살펴보자.

1) 영업 현장에 대한 이해

제약영업을 시작하게 되면 영업사원에게 특정 지역이나 고객이 주어진다. 다음은 제약영업부서의 영업 담당 운영의 예들이다.

(1) 부산의 중구, 서울의 광진구 등 특정 지역 내의 개원의만을 담당하거나 같은 지역의 개인병원과 준·종합병원을 같이 담당한다.

(2) (1)처럼 지정된 지역에서 특정 종합병원만 담당하고 1, 2차 의료기관은 다른 담당자가 담당한다.

(3) 특정 지역을 세밀하게 담당하기도 한다. 특정 지역 내의 모든 개원의와 약국을 담당하기도 한다. 주어진 지역의 특정 구역 또는 심지어 몇 개의 동 단위만을 담당하는 경우도 있다. 이 경우, 의사를 대상으로 처방과 관련된 판촉 활동을 하며 약국을 상대로 실질적 의약품의 유통 관련 판매 및 수금 활동을 동반한다.

(4) 한 지역 내에서 1, 2, 3차 의료기관❖을 모두 담당하는 형태의 영업 활

❖ 대형 병원으로 환자가 몰리는 것을 방지하고 의료 자원의 효율성을 높이며 중증 환자에 대한 의료 서비스를 보장하기 위하여 의료법상에 정의되어 있는 의료 요양 기관을 1, 2, 3차로 구분하였다. 일반적으로 1차 의료기관은 최초로 보건의료 전문인과 접촉하는 곳으로 의원, 치과의원, 한의원, 조산원, 보건소, 보건지소, 보건진료소, 조산소, 의원급 의료기관을 지칭한다. 2차는 종합병원을 달하며, 3차에는 종합병원 중 500실 이상의 대형 종합병원 및 대학병원 부설 병원이 해당한다.

동을 하는 담당자도 있다.

(5) 제품에 따라 넓은 지역을 담당하기도 한다. 이 경우는 특정 진료과 또는 특정 제품 위주 영업을 하는 담당자가 많다. 특정 진료과를 전문으로 하거나 특정 제품의 '스페셜 팀'이라는 이름으로 활동하기도 한다. 예를 들어 '비뇨기과팀 전문 영업사원'이나 '내과 스페셜 팀 영업사원' 등이다.

고객의 직업은 의사로 동일하지만 그들이 속한 의료기관에 따라 접근 방식은 완전히 달라진다. 또한 각 의료기관과 약국, 관련 부서들에 대해 이해해야 효과적인 영업을 할 수 있다. 예를 들어 2, 3차 의료기관의 경우에는 진료지원 부서 또는 행정 부서에서 의사의 진료나 처방과 관련된 여러 가지 역할을 수행하고 있다. 그러므로 그 분야의 영업사원은 본인이 판촉 활동을 하는 제품과 관련된 의사 고객과의 접촉도 중요하지만, 다른 지원 부서들과의 접촉을 통해 적절한 정보를 수집할 줄 알아야 한다. 제약영업자는 나무가 아닌 숲을 볼 수 있는 안목을 길러야 하며, 이를 위해서는 고객만이 아니라 영업 현장 전체에 대한 이해가 반드시 필요하다.

2) 공정경쟁규약 등 업계를 둘러싼 환경 이해

언론에서는 몇 년을 주기로 제약회사 리베이트와 관련된 소식들을 보도

하곤 한다. 이는 2010년과 2011년에 각종 법이 개정되어 일반인들에게도 많이 알려졌으며, 2012년에서 2013년으로 넘어가는 시기에는 국내 유수의 회사들이 리베이트 제공 업체로 검찰과 경찰의 수사 대상이 되어 우려를 낳았다. 많은 사람들이 언론에 나온 내용을 모르고 있었다기보다 최근 들어 문제가 부각되면서 관심을 갖게 되었을 것이다.

이 문제를 어떻게 이해할 것인가? 다른 사회적 현상들처럼 이 문제 또한 입장에 따라, 어떤 시선으로 바라보느냐에 따라 여러 가지로 해석할 수 있다. 한쪽의 이야기, 언론의 이야기에만 머물지 않고 각 이해 당사자(의료인, 제약회사, 보험당국)의 주장을 모두 살펴보아야 한다. 제약산업도 다른 산업 분야와 마찬가지로 선진화, 국제화하고 있다. 따라서 이러한 현상을 변화의 과정에서 나오는 과도기적 모습으로 바라볼 필요가 있다.

더욱 중요하게 생각해야 할 점은 '이해를 넘어 어떻게 변화에 대처할 것인가' 하는 문제이다. 제약산업에 대한 사회적 요구사항이 변화함에 따라 제약영업을 둘러싼 환경도 많이 변했으며 앞으로 계속될 것이기 때문이다. 제약영업의 특징에서도 언급했듯이 제약영업사원이 판촉 활동을 하는 의약품은 공공재의 성격이 강하기 때문에 여러 가지 제약이 많다. 다른 산업도 정부가 제시하는 규정과 공정거래위원회의 감시 대상 영역이 있지만 제약산업은 자체의 규정(공정경쟁규약)도 있고 국가가 규정에 관여하는 폭이 상대적으로 넓다. 그리고 현재는 제약산업 정책에 대한 관여를 넘어 개별 영업 행위까지 범위가 확대되어 있다. 따라서 제약영업사원은 공정경쟁규약과 관련된 내용을 꼼꼼히 살펴보고 규약에 맞는 행동을 해야 한다. 규약을 넘어선 활동은 영업사원 개인뿐만 아니라 회사 또는 고객을 위험에 빠뜨릴 수 있기 때문이다.

3) 의약품 유통과 도매상

의약품 유통 시장은 보험이나 자동차 영업과 달리 제약회사들이 자체 유통회사를 갖고 운영하는 형태와 제3의 의약품 전문 유통회사들이 유통을 담당하는 형태라는 이중적 구조를 가지고 있다. 또한 전문 유통회사, 즉 도매상은 영세한 의약품 유통 도매상을 포함하여 약 2000여 개가 존재하기 때문에 유통업계도 상당히 어려움이 많다. 이중적이면서 복잡한 의약품 유통구조를 개선하는 것이 국가의 보건복지 관련 정책 중 하나지만, 현재까지도 뚜렷한 해결책을 찾지 못하는 실정이다. 제약 유통구조는 매우 독특하고 이로 인해 발생하는 여러 가지 형태의 현상들이 존재한다. 이를 이해하지 못한다면 영업 계획과 결과에 대한 정확한 이해도 불가능하다.

3. 제약영업인

1) 의약 정보 담당자

자동차 영업 관련 종사자는 자동차 판매사원, 자동차 영업사원, 자동차 판매 딜러, 카 매니저 등으로 불리고 보험 영업 관련자는 보험 상품 판매사원, 보험 영업사원, 보험 설계사 등으로 불린다. 제약영업 관련 종사자는 제약영업사원으로 주로 불리지만 MR이라는 호칭이 더 많이 사용된다. MR은 Medical Representative의 약자로 '의약 정보 담당자'라는 뜻이다. 제약회사들이 참여하여 만들어 사업자를 대변하는 한국제약협회에서는 MR의 정의를 '각 제약회사를 대표하여 자사 의약품에 관한 정보를 수집하여 제공하는 자'라고 정의하고 있다. 이를 좀 더 풀어서 정의하자면, '제약회사를 대표하여 의료, 의약품의 적정한 사용과 보급을 목적으로 의·약사와의 면담을 통해 의약품의 품질, 유효성, 안전성에 관한 정보 전달을 주요 업무로 행하는 자'라는 의미다. 이는 영업사원이라는 꼬리표를 떼고 전문성을 강화하여 기존의 잘못된 영업 관행을 바로잡겠다는 의지의 표현이며, 판매 수금보다는 의료 정보 전달에 무게를 더 두겠다는 뜻이기도 하다. 1990년대에 해외에서 보편적으로 사용되었던 직업 명칭이 2000년대 들어 국내에 도입, 사용되기 시작했다. 한국제약협회는 2002년에 MR 인증제도를 만들어 제약영업자의 기본 능력에 대한 평가 시험도 운영하고 있다.

2) MR의 기능과 역할

　제약회사 영업사원의 역할은 간단해 보일지도 모른다. 그러나 제약영업자는 단순한 판매 행위뿐만 아니라 업계의 특성이나 회사의 필요에 의해 다양한 기능과 역할을 한다.

(1) 정보 제공의 역할: 자사 및 경쟁 제품의 이해를 바탕으로 담당 제품의 특장점을 고객에게 소개한다.

(2) 정보 수집의 역할: 의사, 약사 등 고객을 통하여 제품에 대한 의견, 아이디어, 의약계의 최신 정보뿐만 아니라 경쟁회사의 제품과 마케팅 활동, 시장 상황에 대한 정보도 수집한다.

(3) 마케터 역할: 자사에서 준비한 마케팅 프로그램의 이해와 함께 고객들을 대상으로 직접적인 판촉 활동의 계획 수립 및 실행하는 역할을 한다.

(4) 기타 정보 수집 및 전달 역할: 담당 제품에 불만 사항이나 부작용이 발생하였을 때, 회사에서 운영하는 고객센터 등에서 접수하기도 하지만 영업자가 직접 의·약사에게 제품 관련 불만 사항을 접수하여 회사에 전달하기도 한다. 이와 반대로 제품에 대한 주요 정보의 개정 및 긴급 조치 사항이 있을 경우, 공식적으로 공지를 하는 것 외에 영업자가 의·약사 및 해당 종사자들에게 직접 전달하기도 한다.

(5) 영업사원의 일반적인 역할: 제품의 선정, 주문, 접수, 납품 및 대금 회수 등의 역할 중 일부를 수행한다.

제약영업은 하나의 상품을 팔고 종결하는 행위라기보다는 고객과의 관계 형성 및 유지를 통하여 제품의 지속적인 판매를 위한 과정이라고 이해하는 것이 훨씬 정확하다. MR은 회사의 대표성을 가지고 현장에서 고객을 직접적으로 대면하면서 발생하는 모든 상황에 대한 대처 능력과 해결 능력이 우선시된다. 따라서 업무 내용은 광범위하게 펼쳐져 있으며, MR은 만능인으로서의 능력과 자질이 요구된다.

4. 제약회사

1) 국적에 따른 제약회사의 종류

(1) 국내 제약회사

한국제약협회에 회원사로 가입된 숫자를 기반으로 하면 약 200여 개의 회사가 있다. 여기에 영업조직을 두지 않고 생산과 개발만 전문으로 하는 회사까지 합하면 약 400개쯤으로 추측할 수 있다. 영업의 측면에서 생각한다면 앞의 숫자가 현실적일 것이다. 여기에서 OTC에만 전적으로 의존하는 회사를 제외하면 현장에서 마주치는 제약회사는 100여 개 정도이다.

(2) 다국적 제약회사(Pharmaceutical Multi-national Company)

　2011년 현재 약 45개 정도의 다국적 제약회사들이 국내에 직접 진출해서 영업 활동을 하고 있다. 대표적인 회사로 화이자, 노바티스, GSK, 릴리, 바이엘, 사노피 아벤티스, MSD 등이 있다. 국적별로 보면 미국 15개사, 일본 9개사, 스위스 5개사, 독일 4개사 등이다. 이전까지 다국적 회사는 오리지널 제품을 위주로, 국내사는 제네릭 제품 위주의 영업 및 마케팅을 하는 것으로 구분하였으나 지금은 거의 무의미해졌다. 제네릭 비중을 조금씩 늘려가는 다국적 회사가 많아지고 있으며, 제네릭만을 생산 판매하는 다국적 회사가 직접 국내에 진출하는 경우도 늘어나는 추세다. 반대로 국내 제약회사들도 자체 개발 신약, 라이선스를 취득(license-in)한 오리지널 제품, 다국적 회사와 판매 협력 관계를 구축하여 공동으로 판매하는 제품까지 약품의 매출 구성이 다양해지고 있다.

　다국적 제약사들의 비중은 어떠할까? 국내 생산시설을 두고 있지 않은 다국적 제약사들이 많은 관계로 건강보험심사평가원에 제출된 처방 실적을 기준으로 점유율을 살펴보면, 다국적 제약사들의 처방 청구액 비중은 꾸준히 20% 중반대를 유지하고 있다. 그런데 2012년 일괄 약가 인하 이후 그 비중은 점차 커지는 경향을 보이고 있다. 건강보험심사평가원의 자료에 의하면 2009년 23.6%에서 2010년 24.4%, 2011년 25.4%, 2012년 상반기는 26.1%로 상승한 것을 볼 수 있다. 같은 자료에서 100대 보험 청구 품목을 기준으로 하면 점유율은 50%대(2010년 52.75%)까지 이르는 것도 확인할 수 있다.

　참고로 국내 제약회사가 없는 일부 동남아시아 국가들은 다국적 제약회사

점유율이 필리핀 70%, 말레이시아 89%인 것으로 알려져 있다. 통계 자료에 따라 다른 수치를 보이고 있기는 하지만 다국적 회사의 업계 내 점유율은 이미 상당한 수준에 도달했으며, 보험약가 인하와 외부 규제의 심화로 그 경향은 더욱 거세질 것으로 예상되고 있다.

이제 오리지널과 제네릭의 경쟁이라는 구도로, 극내 제약사와 다국적 제약사의 경쟁관계를 일반화하는 것은 의미가 없다. 이미 국내 주요 제약사들의 MR들은 담당한 제품군 중에서 하나 이상의 오리지널 제품, 혁신 신약을 가지고 있기 때문이다. 그러므로 이제 MR은 오리지널 제품 판매의 노하우, 제네릭 제품 판매의 노하우와 기술이 모두 다 요구되고 있다. 그러므로 각자가 속한 회사의 입장만을 강조할 것이 아니라 경쟁사로서의 다국적 회사, 국내 제약사의 영업 방법과 특징을 잘 살펴보고 자신의 영업 활동에 도입하는 것이 필요한 시대에 접어들었다.

2) 제약회사의 구조

제약회사에 입사하면 신입사원 연수 과정에서 각 부서에 대한 소개를 받게 되므로, 여기서는 간단히 살펴보도록 하겠다.

아래는 일반적인 제약회사의 구조도로, ETC를 중심으로 표현한 것이다. 제약회사의 일반적 조직을 보면 가장 큰 조직이 영업부이며 가장 밀접한 관계를 갖는 곳이 마케팅부이다. 최근에는 새로운 공정경쟁규약❖ 또는 각종 신약 임상 등으로 영업부에서 메디컬부 또는 학술부와의 접촉 빈도가 높아지고 있다. 이외에도 영업부는 회사의 특성에 따라 생산을 담당하는 부서나 영업관리부, 배송팀, 채권관리팀, 교육팀 등 다양한 내부 부서와 서로 업무를 협조하고 있다. 이처럼 영업부와 직접 연관이 있는 조직 외에도 재무부, 인사부, 총무부, 대외협력부, 허가팀 등이 영업에 간접적으로 영향을 미친다. 본사 구조를 가지고 있다면 경영기획, 영업기획 등 정책 생산 부서의 역할과 비중이 크다.

[그림 3-1] 제약회사 구조도

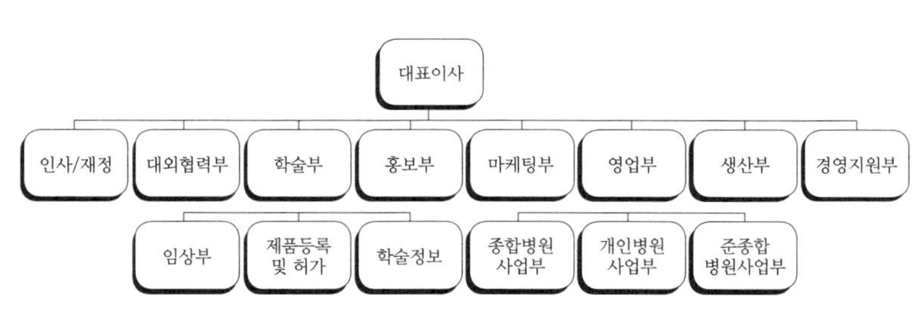

과거에 영업사원은 현장의 고객과 관계를 잘 맺는 것만으로도 충분히 영업을 할 수 있었다. 그런데 요즘은 영업사원이 사내의 주요 부서들과 연락을

❖ 한국제약협회가 공정거래위원회에 제출한 협회 회원사 간 의약품 판촉행위 시의 자율 준수 조항을 담고 있다.

주고받아야 할 일이 더욱 많아지고 있다. 또한 사내의 많은 조직과 연관된 일들이 수시로 일어나기 때문에 회사 조직 내의 소통과 네트워크가 영업의 효율성, 실행가능성을 높이는 데 중요한 부분으로 자리 잡고 있다. 내부 고객들이 존재하는 것이다.

회사 구조와 관련하여, 일부 국내 제약회사와 다국적 제약사에서는 영업과 마케팅을 묶어서 '영업총괄' 또는 '커머셜(commercial) 조직'이라 통칭하며 회사의 핵심으로 규정하는 트렌드가 있다. 따라서 학술부, 메디컬부의 역할이 강화되고 있다. 또 다른 변화는 외부 규제가 심해지면서 MR들이 의·약사 고객들을 대상으로 프로모션을 할 수 있는 행위가 제한된다는 점이다. 따라서 마케팅을 통해 다른 경쟁회사 MR들과의 차별성을 부각하는 것이 쉽지 않게 되자, 학술적 근거와 자료 제공을 통한 고객과의 신뢰 강화나 경쟁에서의 차별을 꾀하고 있다. 이는 EBM(Evidence Based Marketing, 근거중심 마케팅), 메디코 마케팅(Medico-marketing, 학술 마케팅)이라는 개념으로 학술부 주관하의 커머셜 기능이 부각되고 있는 세계적 흐름과도 무관하지 않다.

5. 업계 내 관련 회사

1) 도매상

의약품을 제조물로 본다면 다른 산업군과 비교해, 소량다품종으로 거래되며 또한 거래빈도가 많다는 점을 특징으로 들 수 있다. 문구류 유통과 비슷하다고 이해하면 쉽다. 우리나라에는 현재 1만 2000여 종 이상의 의약품이 생산되고 있다. 이렇게 다양한 의약품들은 매일 전국에 산재한 수만여 개의 의료기관과 약국으로 배송된다. 의약품 도매업체는 일차적으로 다품종 다빈도 배송이 필요한 의약품 유통을 통합하고 전문화하여, 유통에 소요되는 비용을 최소화하는 기능을 수행한다. 의약품 거래에서 도매업체는 다수의 제약업체와 거래하여 다양한 의약품을 구비하는 동시에, 다수의 의료기관과 거래하여 필요로 하는 의약품의 안정성을 유지하면서 즉시 공급할 수 있는 체제를 구축하고 있다.

우리나라의 의약품은 제약회사의 직거래와 도매거래로 나뉘어 유통된다. 유통일원화에 따라 일정 규모 이상은 도매상을 통해 유통되어야 하나, 여러 이유로 직거래도 상존한다. 국내 도매상은 약 2000개로 미국(55개)이나 일본(151개)에 비해 숫자가 많고 구조가 영세하다는 특징을 가지고 있다. 제약영업을 할 때 의약품 도매상과의 직접적인 접촉은 없는 편이다. 회사에 도매 관련 부서가 따로 있어 역할이 구분되기 때문이다. 제품 주문과 배송에 관여할 일도 없다. 하지만 영업사원에게 도매상에 대한 이해는 필수적이다. 그 이유는 다음과 같다.

첫째, 영업 성과인 매출과 관련한 최근의 흐름을 읽을 수 있다. 둘째, 고객의 제품 선정에 도매상의 영향력이 마치는 곳이 있다. 셋째, 영업 과정에서 도매상의 존재에 의해 발생 가능한 변수에 대한 이해와 대처가 가능하다.

현장에서 MR로 활동하다 보면 도매상 영업자들을 직접 만나는 횟수는 적다. 하지만 고객들을 통해서는 간접적으로 접하는 경우가 있다. '처방하고자 하는 의약품을 병원 앞에 있는 약국에 도매상이 공급하길 꺼려서 원활한 수급이 되지 않는다' '도매상으로부터 의료 소모품들을 공급받고 있는데 특정 약품을 함께 구매해야 공급 단가를 낮춰준다고 하니 어쩔 수 없다' '지역 내 총판을 맡고 있는 핵심 도매상이 그 제품의 공급은 안 하겠다고 통보해서 어쩔 수 없이 다른 제품을 처방해야만 한다' '나랑 10년 이상 거래했던 모 제약회사 직원이 이번에 도매상을 개업해서 그 친구와의 관계 때문에 당신네 제품을 사용할 수 없다' 'B도매상을 좀 만나보라. 이번 항생제군 낙찰 도매상인데, 해당 제품의 공급가를 이렇게 제시했다. 납품이 가능한지 회사 내부에서 상의해보고 도매상과 협의하라' 등.

의약 정보 담당자로서의 역할로 축소해서 생각하면 사실 이런 유통 부문까지 신경 쓸 필요가 없을지도 모른다. 회사 내 담당 부서들이 좀 더 많은 역할을 해주기를 바랄 수도 있다. 하지만 어느 부서가 수행하든 간에 경쟁사는 해당 제품의 경쟁력 강화를 위해 도매 유통의 힘을 빌리고 있다. 전쟁에서 패한 장수는 말이 없어야 한다.

지금 정부는 의약품 유통 구조의 선진화와 보험 재정의 안정을 위해 다각도의 계획들을 진행하고 있다. 이 흐름 속에서 대형 제약회사의 출현, 복잡한 유통 구조의 개선, 선진 물류 시스템 도입 등이 거론되고 있다. 결과적으로 영업 상황에도 변화가 일어날 것이다.

2) 다양한 제약영업 관련 회사들

(1) 의약품 물류회사

2000년 스위스의 의약품 전문 물류회사인 쥴릭파마가 한국에서 쥴릭파마코리아(이하 쥴릭)로 사업을 개시하였다. 쥴릭은 선진 물류를 표방한 토털 서비스를 전략으로 내세우고 있는데, 물류 배송에서 수금은 물론 그 밖의 자잘한 업무까지 맡아서 처리해준다. 이른바 제약 업체의 영업사원과 같은 역할을 한다는 점이 다른 물류회사와 차별되는 점이다. 처음 진출 시에는 많은 우려 속에 시작했으며 주로 다국적 회사의 유통을 담당하였으나, 최근에는 국내 제약사와도 협력 관계를 넓혀가고 있다. 미국의 도매상은 20개, 독일 16개, 영국 11개, 일본 144개이다. 영세한 물적 자본과 외부 환경의 변화에 크게 영향을 받는 국내 도매 업체의 상황을 고려한다면 앞으로 쥴릭이 나아갈 방향을 주목할 필요가 있다.

(2) 영업대행 기업

영업대행 기업, 영어로는 CSO(Contract Sales Organization)라고 한다. 영업 부문의 아웃소싱으로 최근 들어 그 활동 반경을 넓히고 있다. 거대 다국적 회사인 퀸타일즈가 한국에 진출한 지 10년이 넘었고, 인벤티브헬스, 맨파워코리아, 유디스인터내셔날 등이 있다.

(3) 의료기기 업체

삼성메디슨, GE코리아 헬스케어, 지멘스, 바이엘, J&J 메디칼, 중외메디칼 등 의료기기 업체가 있다. 수억 원을 호가하는 고가의 MRI부터 혈당측정기까지 판매하는 진단기기 업체, 수술용 실에서부터 로봇 수술기까지 다루는 의료기기 업체 등이 다양한 영역에서 활동하고 있다. 이들은 어느 정도 제약영업과 비슷한 특징을 가진다. 전문적 지식을 가지고 특정 전문가 집단을 주 고객으로 하여 영업 행위를 한다는 점이 그러하며, 그 안에서 엄청난 경쟁을 한다. 이들과 정보를 교류하는 것이 때로는 영업에 큰 도움을 주기도 하므로 유념할 필요가 있다.

이외에도 동물약품, 의약용 시약 등의 업체가 있다. 그리고 도매상 또는 타 사업체에 적을 두고 제약영업 활동을 하는 프리랜서들도 있다.

chapter 2

제약영업의 규칙

1. 기업의 지속적 성장

1) 성장의 의미

1972년 로마 클럽❖은 제1차 보고서인 〈성장의 한계〉에서 현 시대의 환경과 개발에 대해 강한 우려를 표명하면서, '지속 가능한 발전(sustainable development)'이라는 용어를 처음 사용했다. 그로부터 40여 년이 지난 지금 단순히 성장, 발전만을 외치는 이들은 주변에서 많이 사라졌다.

❖ The Club of Rome. 1968년 서유럽을 중심으로 창시한 국제 비영리 연구기관이다. 인류와 미래를 중심으로 보고서를 발간하고 있으며 각국 정부 및 단체의 활동에 많은 영향을 미치고 있다.

기업은 기본적으로 좋은 제품을 생산하고 소비자에게 공급하면서 매출을 올려 이윤을 창출한다는 목적을 갖는다. 그러나 무조건 매출만을 성장시켜 이윤을 극대화한다는 것을 노골적으로 강조하는 회사는 없다. 그보다는 '지속 가능성'이나 '동반 성장'이라는 표현으로 기업의 목적을 말한다. 이런 표현은 경제 부문을 넘어 '지속 가능한 사회' '지속 가능한 생활' 등 사회 영역에까지 발전했으며 기업이 성공하기 위해서는 환경과 발전, 정부와 회사, 사회적 책임과 성장을 동시에 고려해야 한다는 관념을 만들었다. 나 혼자만의 성장이나 발전이 아닌, 사회 여러 부문과 동반자적 성격을 유지해야 진정으로 원하는 성장을 할 수 있다는 것을 보여준다.

한 조사 결과에 따르면 상장 기업의 평균 생존 기간은 12년 6개월이라고 한다. 1970년대에 〈포춘〉지 선정 세계 500대 기업 중 33%에 달하는 165개 기업이 13년 뒤 흔적도 없이 사라졌다. 1995년 국내 100대 기업 중 현재 살아남은 기업은 7개뿐이라고 한다. 현대 비즈니스 업계의 경쟁은 더욱 심화되고 있다. 여기서 다소 어려운 '지속적 성장'이라는 브분을 언급하는 것은 제약업계 또한 여기에서 자유롭지 않기 때문이다.

국내 사례는 아니지만 제약회사가 얼마나 무거운 사회적 책임을 가지고 있는지에 대한 외국 사례 하나를 간단히 소개하겠다. 2009년 9월 미 행정부의 발표에 세상의 이목이 집중되었다. 미국 내 한 제약회사를 대상으로 총 23억 달러의 벌금을 부과한 것이다. 이는 오프라벨❖ 및 불법 판촉 행위에 따른 위반 행위로 한 회사에 벌금을 부과한 사건으로는 당시 역대 최고였다. 통신사 AP는 "정부가 모든 제약회사들에 보내는 경고"라는 글로 이 사건의 의미를 정리하기도 하였다. 사건의 개요와 정부와 제약회사 사이의 벌금 합의 과정과 결과를 보면 제약회사가 고려해야 할 사회적 위치를 충분히 가늠할 수 있다.

의약품은 정부의 시판 허가를 받아 생산·공급할 수 있다. 그 이유는 의약품의 잘못된 사용으로 인한 피해는 국민이 입게 되며 그 영향 또한 막대하기 때문이다. 따라서 정부는 의약품의 생산과 시판 행위를 국가가 관여하고 통제하기를 원한다. 또 정부가 제약회사가 판매하는 약품을 의료보험 체계하에서 처방할 것을 요구한다면, 제약회사의 마케팅 및 영업 행위 또한 법의 테두리 안에서 관리와 감시를 받아야 한다.

2) 신뢰의 유지

제약업은 기업 존속의 중요한 요소로 '신뢰'를 강조한다. 제약회사가 생산하는 의약품이 개인의 건강과 생명에 직접적으로 연관되기 때문이다. 그래서 제약회사들은 책임 의식을 강하게 느끼고 있다. 이는 타 산업군보다 훨씬 더

❖ '허가 범위 초과 사용'이라고 한다. 의약품의 사용에 관한 허가를 받지 않은 제품의 사용, 허가 범위를 초과한 처방을 의미한다. 외국에서는 철저히 감시, 제재하고 있으며 한국에서도 서서히 규제 및 처벌을 강화하고 있는 상황이다.

많은 이해관계자, 이해관계 그룹과 연결되어 있는 관계망 속에서 확인할 수 있다. 제약회사는 최종 소비자인 환자는 물론 주식회사로서 주주, 고용하고 있는 종업원, 주요 고객인 의사와 약사, 전문가 집단 내의 주요 지도자들, 의료보험 제도하에서 정부와도 직접 관련을 맺는다. 아울러 지역 사회, 환자 단체, 과학자 그룹, 도매상을 포함한 연관 기업들, WHO 등 다국적 기관들, 언론, 사회 단체 등도 여러 이유로 제약회사와 이해관계를 가지고 있다. 이들 중 어느 곳에서도 신뢰를 잃어버리는 순간 회사의 경영전략은 큰 차질을 빚게 된다.

[그림 3-1] 신뢰 형성 및 유지

'지속적 성장'과 '신뢰 구축과 유지'라는 두 가지 목적 모두를 이루기 위한 제약회사의 노력은 계속해서 여러 난관에 봉착하고 있다. 제약업을 둘러싼

환경은 혹독하다. 보건복지부는 의료·보건 환경 정비와 관련한 새로운 정책들을 준비, 진행하고 있으며 의료보험 재정의 적자를 해소하고 재원을 확충하기 위해 새로운 법적 규제를 지속적으로 강화하고 있다. 식약청은 허가 사항이나 안전성 관련 모니터링을 확대하고 있으며 오프라벨 프로모션(Off-label promotion)과 관련한 직접 규제도 예고하고 있다. 공정거래위원회는 감시의 날을 세우고 있으며 검찰과 경찰은 업계의 병폐 중 하나인 리베이트를 근절하기 위해 각 회사와 영업사원의 판촉 행위를 조사하고 있다. 국세청도 제약회사들을 압박하기 위해 관계 기관과의 협조를 강화하고 있다.

제약업계는 이러한 외부적 환경의 악화 속에서 자정의 목적으로 공정경쟁규약을 협회 차원에서 준비하여 공정거래위원회의 승인을 받아 시행하고 있으며 내부도 단속하고 있다. 이에 각 회사는 규약에 따른 내부 규정 변경과 모니터링을 강화하고 있다. 이 모든 것이 영업사원의 입장에서는 단순히 활동의 제한을 가져오지만, 회사 입장에서는 업계 전반이 처한 어려움 속에서 변화와 생존을 위한 큰 도전이다.

2. 제약산업 관련 정부 정책

바이오 산업과 함께 제약산업을 국가 차원에서 육성하고 정책적으로 지원할 예정이라는 정부의 방침이 언론을 통해 발표되었다. 미래의 성장 동력으로서뿐만 아니라 지금의 경제 현실에서도 필요한 방침이다. 자국의 제약산업이 미약한 나라는 필요한 모든 약품을 외국에서 수입하거나 다국적 제약회사를 통해 들여오다 보니 국민의 기본권과 관련된 건강·보건 정책을 안정적으로 펼칠 수 없다. 또한 산업적 측면에서도 다국적 제약사의 점유율이 너무 많으면 자국의 제약산업이 발전하기 어렵다. 이에 우리 정부에서는 다른 나라의 사례를 바탕으로 국내 제약산업을 발전시키기 위한 여러 정책을 시행하고 있다. 국가 의료보험 체계를 유지하면서 개원의 확충과 재무 건전성을 유지하기 위한 정책도 병행하고 있다. 종합적으로 보면 정부는 인위적으로 제약산업의 구조 개편을 기획, 실행하고 있다고 봐야 한다. 그러다 보니 제약산업에 많은 변화가 일어나고 있다. 제약회사도 이제 무한 경쟁의 시대에 진입했다.

1) 약제비 적정화 방안

2007년 정부는 약제비 적정화 방안을 시행하였다. 치료의 경제적 가치가 우수한 의약품의 선별 등재, 적정 약가 유지를 위한 협상 절차 도입 및 약가 산정 기준의 합리화, 의약품 품질 강화 및 실거래가 파악을 위한 의약품 유통 투명화, 의약품 적정 사용 유도를 위한 효율적 관리기전 마련을 위해 실시한다는 것이 정부의 발표 내용이다. 내용을 이해하기 위해 다음 몇 가지 용어에 대해 먼저 살펴보겠다.

(1) 포괄적 등재 제도: 우리나라는 포괄적 등재 방식을 채택하고 있다. 그러므로 제약회사가 보험 급여 대상 품목으로 신청을 하면 보험공단은, 첫째 업무 또는 일상생활에 지장이 없는 질환을 대상으로 하는 품목, 둘째 예방을 목적으로 사용하는 품목일 경우를 제외하고는 모두 보험 급여 대상 품목으로 허가하게 된다. 이는 영국, 독일, 일본 등 제약산업 선진국에서도 시행하고 있다.

(2) 선별적 등재 제도: 보험 재정 악화의 주요 요인으로 정부는 약제비 증가를 제시하고 있다. 약제비 증가는 만성 질환자가 늘어남에 따른 사용량 증가 및 처방 경향이 신약을 중심으로 한 고가의 약으로 변한 것이 핵심이라는 견해다. 이에 약물경제학적으로 비용 효과가 확실한 약물을 선별 급여하는 방식으로 기존의 포괄적 등재 제도를 대체하고자 한다.

(3) 기등재 의약품 목록 정비: 기등재 의약품은 선별적 등재 제도의 목록 안에 등재된 약품을 말한다. 기등재 의약품의 목록을 정비한다는 것은 이 목록을 순차적으로 정비한다는 뜻이다. 이를 위해 약가 재평가를 시행하는데 그 방법으로 약물의 경제성 평가 방식을 취하게 된다.

(4) 실거래가 상환제도 강화: '고시가 상환제도' 대신 의약분업 시 도입한 '실거래가 상환제'는 공급가와 보험가, 두 가격 간의 차액 부분을 없애기 위해 고시가 대신 공급가 기준으로 보험 급여를 지급하는 방식이다. 그러나 이는 오히려 제약회사와 의사의 밀착 관계를 확대했다는 비판을 받았다. 이것은 아

래에 설명한 '시장형 실거래가 제도'로 대체되었다.

(5) 실거래가 사후 관리 및 조사: 제약회사와 요양기관의 의약품 실거래 내역을 조사하여 상한금액과 차이가 있으면 상한금액, 즉 보험가를 인하한다는 정책이다.

2) GMP 의무화 제도

GMP는 Good Manufacturing Practice의 약자로, 의약품 제조와 품질 관리를 위한 기준을 말한다. 정부는 이것을 제약회사를 지정하는 필수사항으로 제시하였고 사후 관리를 통하여 행정처분을 할 수 있도록 조치하였다. 참고로 CGMP는 'Current Good Manufacturing Practice'로 미국 FDA의 관리 기준이다. 이 인증을 받은 시설에서 제조된 의약품만이 미국으로 수출할 수 있다.

3) 리베이트 쌍벌제

2010년 11월 28일부터 시행되었으며, 의약품·의료기기 거래와 관련한 불법 리베이트 제공·수수를 근절하고 유통시장 질서를 유지한다는 것이 정부의 의도이다. 종전에는 제약회사가 의료기관이나 약국에 불법 리베이트를 제공해도, 주는 자만 처벌하고 받는 자는 처벌하지 못하는 문제점이 지적되었다. 이를 개선하기 위해 보건복지부가 의료법, 약사법, 의료기기법 개정을 통해 리베이트 쌍벌제를 도입하였다. 처벌 내용으로 제약(도매) 업체로부터 의약품 리베이트를 받은 의사, 약사는 2~12개월의 면허정지 처분을 받도록 하는 조항이 신설되었고, 리베이트를 제공한 제약 업체에 대해서는 적발된 품목에 대해 최대 20%의 약가를 인하하도록 했다.

4) 약가 관련 제도

(1) 신약의 등재 제도: A7 국가(미국, 영국, 독일, 프랑스, 이탈리아, 스위스, 일본)의 약가 중 평균가의 70~80% 수준으로 국내 약가 및 보험가를 책정한다.

(2) 특허 만료 약가 인하: 의약품의 특허가 만료되면 국내에서 제네릭이 출시되는 시점에 해당 특허 의약품의 약가를 바로 20% 인하한다.

(3) 사용량-약가 연계 제도: 전년 대비 사용량이 60% 증가하면 약가를 인하한다.

(4) 리베이트 약가 인하: 리베이트 제공 등 유통 질서 문란 의약품에 대해 보험 약가를 인하한다는 정책이다. 2010년 8월부터 적용하고 있다.

(5) 시장형 실거래가 상환 제도: 일명 '저가구매 인센티브 제도'라고도 한다. 이

제도는 병원이나 약국에서 의약품을 저렴하게 구입하면 상한금액과 구입금액의 차액 중 70%를 해당 의료기관에 제공한다는 내용이다. 이전의 실거래가 상환 제도가 유명무실하게 된 점을 손질하여 병의원이 저가로 구매할 동기를 부여하기 위한 목적으로 2010년 10월부터 시행하고 있다.

(6) 기등재 의약품 일괄 약가 인하: 보험공단 재정이 악화되자, 이에 대처하기 위해 정부가 2011년 11월 입안 예고하고 2012년 4월 보험 등재된 의약품 중 제네릭, 특허 만료 오리지널의 가격을 53.55%로 일괄 인하했다.

5) 제도와 관련된 용어

제약영업사원이 알아야 할 용어들 중 고객이 관심을 갖는 주요 용어에 대해 설명한다.

(1) 의료수가: 진료 및 처방을 받은 후, 건강보험공단과 환자가 의사나 약사 등 의료 서비스 제공자에게 제공하는 돈을 말한다. 매년 건강보험정책 심의위원회에서 결정하며 각 직능, 단체 별 대표가 참여한다. 의료수가는 환자에게 제공되는 서비스의 정도, 서비스 제공자의 소득, 물가상승률 같은 경제지표 등을 토대로 심의하여 결정한다. 매년 이 문제로 의사와 정부, 소비자 단체 간에 힘겨루기가 벌어진다. 행위별 수가제, 포괄적 수가제, 독일형, 프랑스형, 미국형 등 복잡한 문제가 논의된다. 이 문제는 의사 고객들에게 가장 큰 관

심사로 의사들이 정부 정책에 불만을 표하는 가장 근본적 이유 중 하나이다. MR로서 이 문제로 의사 고객들과 대화할 때는, 어떤 의견을 표현하기보다는 고객의 입장에 최대한 동조해주는 것이 제일 좋다.

(2) **의료보험 당연지정제:** 당연지정제란, 대한민국 안에 있는 모든 병원은 건강보험 가입자의 진료를 의무적으로 해야 한다는 제도이다. 건강보험 가입자의 진료를 거부해서는 안 되며, 진료비는 법에 따라 공단과 환자에게 청구해야 한다. 쉽게 이야기하면 대한민국 국민 누구나 건강보험에 가입되어 있으므로, 건강보험 가입자인 국민은 대한민국에 있는 어느 병원에 가서 진료를 받아도 동일한 치료를 받고 동일한 진료비를 지불한다. 물론 병원의 종별이나 특진의 경우는 다르다. 이 사항은 민간 의료보험, 영리 목적의 병원 설립 등과 관련되는 민감한 문제이다. 이것도 의료수가와 동일한 차원에서 대응하는 것이 좋다.

(3) **ETC의 판촉 행위 금지:** 보건의료 전문가가 아닌 사람이 환자를 대상으로 약품 및 치료법에 대해서 직접적으로 설명하는 행위는 의료법으로 금지되어 있다. 또한 환자나 일반인에게 약품과 치료법에 대해 광고하고 판촉 활동을 하는 것을 거의 허용하고 있지 않다. 제약회사 영업사원은 대기실에서 환자의 직접적인 문의, 의사 고객의 요청에 의한 환자 면담 등은 무조건 피해야 한다. 법으로 금지되어 있기도 하지만, 그 환자가 사후에 어떻게 행동할지 알 수 없기 때문이다.

3. 제약영업 관련 각종 규제

1) 의료법, 약사법, 의료기기법 개정 내용

앞에서 언급한 리베이트 쌍벌제에서 설명한 것이 주요 내용이다. 제공가능한 경제적 이익으로는 의료법 등에서 정하고 있는 견본품 제공, 학술대회 지원, 임상 시험 지원 등으로 개정법의 예외로 인정되었다. 2010년 보건복지부가 보도자료에서 밝힌 주요 개정 내용은 다음과 같다.

[표 3-2] 리베이트 쌍벌제

리베이트 쌍벌제 주요내용

① 의사, 약사 등은 제약사 등으로부터 판매촉진의 목적으로 부당한 경제적 이익(복지부령으로 정하는 사항 제외) 취득 금지.
- **대상** 약사, 한약사, 의료진, 의료기관 개설·종사자(법인 대표자 및 종사자 포함)
- **경제적 이익** 금전, 물품, 편익, 노무, 향응, 그 밖의 경제적 이익

② 리베이트 수수자(의사, 약사 등) 및 리베이트 제공자(제약사 등)에 대한 처분 및 처벌 강화

대상	제재종	기존(10.11.28, 전)	개정(10.11.28, 이후)
수수자	행정처분(자격정지)	2개월	1년 이내
	형사처벌	처벌 없음	2년 이하 징역 또는 3천만원 이하 벌금 (취득한 경제적 이익 등을 몰수 추징)
제공자	행정처분(업무정지)	제조(수입)자 1개월~허가취소 의약품도매상: 15일~6개월	현행 유지
	형사처벌	1년 이하 징역 또는 300만원 이하 벌금	2년 이하 징역 또는 3천만원 이하 벌금

출처: 11월 28일부터 리베이트 쌍벌제 시행', 보건복지부 보도자료 2010.11.26

2) 공정거래법

(1) 부당고객 유인 행위: 공정거래법 23조에서는 불공정거래 행위를 금지하고 있다. 이 중 부당고객 유인 행위를 세부 정의하고 있는데 '부당하게 경쟁자의 고객을 자기와 거래하도록 유인하거나 강제하는 행위를 해서는 아니 된다'라고 정하고 있다.

(2) 성립 요건: 부당고객 유인 행위가 이루어졌다고 볼 수 있는 요건들로는 우선 정상적인 거래 관행에 비추어 부당하거나 과대한 이익을 제공하거나, 경쟁자의 고객을 자기와 거래하도록 유인함으로써 공정한 거래를 저해하는 경우가 있다.

사실 공정거래법은 적용 범위가 포괄적이다. 이를 집행하는 공정거래위원회는 회사의 경영 행위와 마케팅 정책을 주로 살피며 위반 여부를 감시해왔다. 그러나 유독 제약업과 관련해서는 영업사원의 개별적 영업 행위에까지 관심을 두고 있다. 규모도 훨씬 크고 위법 사항이 만연해 있는 건설업, 식음료 유통, 주류 유통에 비하면 그 감시는 더욱 심하다. 다행인 것은 어떤 특정 회사, 어떤 특정 지역에만 국한된 것이 아니라는 정도일 것이다.

3) 해외의 법

다국적 회사의 경우에는 한국의 공정거래법뿐만 아니라 해외의 법률에도 영향을 받는다. 본국의 규제 당국은 한국의 법인이 저지른 불공정 행위를 직접 적발하고 처벌할 수는 없지만, 자국에 등록된 법인이 해외 지사에서 부당한 행위로 이익을 취한 점에 대해서는 직접 처벌이 가능한 법을 따로 두고 운영한다. 대표적으로 미국과 영국의 법을 살펴보자.

미국은 '해외부패방지법'을 시행하고 있다. 1977년부터 시행된 이 법은 'FCPA'라고 불리며 뉴욕 증권거래소에 상장된 회사에 적용된다. 외국의 공무원을 대상으로 부정부패 행위를 하지 못하도록 금지하고 있으며, 뇌물이나 대가성 물품의 제공 등을 문제 삼고 있다.

영국은 2010년부터 뇌물수수법(UK Bribery Act)을 시행하고 있다. 이 법은 런던 증권거래소에 상장된 기업이 해외 활동 중 공무원과 일반인에게 뇌물 제공 및 수수를 하지 못하도록 정하고 있다. 영국은 일반인이라는 대상을 따로 언급함으로써 제약회사가 의·약사 또는 사업에 직접적 관계가 있는 고객과의 부정 행위까지 처벌할 수 있도록 했다.

국내에 진출한 대부분의 다국적 제약사는 미국 뉴욕 증권거래소 또는 런던 증권거래소를 통해 상장되어 있으므로 위의 법 중 하나를 적용받는다. 이 법들은 한국 법인이 위법 행위로 인해 적발되었을 경우, 본사도 조사를 받는 법적 근거가 된다. 그러나 다국적 제약사가 가장 우려하는 것은 해외 법인에서의 불공정 행위 및 부정부패 행위로 인해 본사의 이미지 및 신뢰 추락과 함께 주가에 부정적 영향을 미치는 것이다.

4) 공정경쟁규약

시장 자본주의가 먼저 발생하고 발달해온 선진국들은 기업들의 자유로운 시장 진입과 사업 운영, 비즈니스의 자유를 허용하고 있는 반면, 시장질서의 유지를 위하여 강력한 법적 의무도 적용하고 있다. 이를 한국에서는 공정거래위원회 설치, 공정거래법 제정을 통해 실행하고 있다. 또한 선진국들은 법 적용 외에도 사업자 단체에서 마케팅 원칙을 규정하고 개별 회사가 관련된 구체적인 기준을 마련할 시에는 사업자 단체 상급 규정을 참조하도록 권고하고 있다. 이것이 공정경쟁규약이다. 즉 제약업계 내에서 이야기하는 공정 규약이란 한국제약협회 또는 한국다국적의약산업협회❖에서 제정한 뒤 보건복지부 또는 공정거래위원회에서 승인한 '의약품 거래에 관한 공정경쟁규약'을 지칭한다. 다시 말해 협회 회원사 간의 자율 규약이다. 참고로 일본은 세계적으로 유일하게 공정경쟁규약을 '고시' 형태로 법제화하여 시행하고 있다. 공정경쟁규약의 자세한 내용을 여기서 일일이 소개하는 것보다는 필요한 부분이나 의문을 갖게 되는 사항이 있으면, 한국제약협회나 한국다국적의약산업협회 홈페이지를 통해 살펴볼 것을 권한다.

공정경쟁규약을 시행하고 정착하는 과정에서 제약회사는 MR의 역량 강화와 마케팅 정책 강화 전략을 적극 적용하고 있다. 비슷한 효능, 효과를 보이는 제품군 안에서의 경쟁이 이제는 단순히 물적 자원을 얼마나 투여하는가에 따라 결정되지 않기 때문이다. '남들보다 많이'가 아니라 '어떻게'라는

❖ 다국적 제약사와 관련사가 공동 설립 운영하고 있다. 2012년 현재 33개사가 회원사로 등록되어 있다.

방법을 고민하고 개발하면서, 물적 자원뿐만 아니라 동원 가능한 모든 자원을 효율적으로 배치하기 위한 마케팅이나 영업 전략을 수립하는 것이 중요하다. 이런 전략과 그것을 실천하는 실행력이 성과 달성에 직접적으로 연관되어 있다. 그런데 마케팅 정책도 MR이 어떻게 효과적으로 사용하는가에 따라 결과가 달라지기 때문에 결국 MR의 역할이 무엇보다도 중요하다. 제품의 경쟁력과 함께 MR의 역량이 이제 시장에서 직접 평가받는 시대가 왔다고 해도 과언이 아니다. 영업사원 개인의 차원에서는 많은 책임과 함께 기회가 주어진 셈이다.

4. 영업사원의 의무 사항

1) 오프라벨 프로모션 금지

공식적으로는 '허가범위 초과 사용'이라고 사용하지만 업계에서는 '오프라벨 프로모션(Off-label promotion)'으로 통한다. 'label'은 레이블이라고 읽기도 하는데, 국내 신문에서는 오프라벨이라고 부르므로 여기서는 오프라벨로 통일하겠다. 각 단어의 의미를 통해 설명하겠다.

라벨은 식약청이 제품 사용에 관해 어디까지 허가했는지를 나타내는 것이다. 쉽게 설명하자면 제품설명서에 표시된 효능·효과, 용법이나 용량 등이 라벨의 내용이다. 오프라벨이란 라벨에 표시되지 않는 사항, 즉 미허가 제품이나 허가받은 사항을 벗어나는 경우를 뜻한다.

프로모션은 의·약사가 자사의 제품을 처방, 권장, 공급, 투여, 소비하도록 하기 위해 회사가 직접 행하거나 간접적으로 지원하는 모든 활동을 의미한다. 결과적으로는 영업 및 마케팅의 모든 활동을 이른다.

그러므로 오프라벨 프로모션은, 허가받지 않은 제품이나 허가받지 않은 사항을 이용한 영업 판촉 행위를 의미한다. 예를 들어, 발기부전 치료제로만 허가받은 치료제는 데일리 요법에 대한 허가를 받기 전에 해당 요법에 대한 판촉 행위를 할 수 없다.

본 장의 앞부분에서 예시로 든 미국의 한 제약회사에 부과된 천문학적 벌금의 사례가 오프라벨 프로모션에 의한 것이다. 골관절염 치료제를 프로모션하기 위하여 허가받은 라벨 이외의 효능을 담은 광고물을 제작한 것과, 이를 토대로 한 마케팅 정책을 수립하고 사내 영업사원들을 체계적으로 교육한 것이 과징금을 부가하는 근거가 되었다.

국내에서도 '약사법 68조'에는 오프라벨 행위와 그 프로모션을 금지하고 있으며, 이를 위반할 경우, 온라벨(on-label)의 허가를 취소할 수 있다고 명시되어 있다. 국내에서는 아직까지 오프라벨을 적극적으로 관리하지 않고 있다. 단지 과장 광고 등의 적발 사례들이 있을 뿐이다. 그러나 2010년부터 식약청이 오프라벨 현황을 조사하기 시작했으며, 오프라벨 관리체계 마련을 위해 전문가들의 의견을 수렴하기 시작하였다. 한미 FTA 때문이 아니더라도 한국도 오프라벨과 관련한 강력한 법이 적용될 날이 머지않았다.

2) 의약품 유해 사례 보고

약물의 이상 반응이 무엇이며 무엇을 의미하는지는 이미 살펴보았다. 그리고 MR의 역할을 설명하는 과정에서 의약품의 안전성과 관련된 정보 수집과 전달에 대해서도 언급한 바 있다.

자사 제품을 사용한 환자나 임상 시험 피험자, 소비자에게 바람직하지 않은 결과가 나타나는 것을 안전성과 관련된 의약품의 유해 사례라고 한다. 이러한 의약품의 유해 사례가 발생했을 때, 해당 회사는 식약청에 보고할 법적 의무와 윤리적 책임이 있다. 제약회사들은 해당 제품이 야기할 수 있는 더 큰 사태를 미연에 방지하고자, 다양한 유해 사례를 적극적으로 수집하고 관리하기도 한다.

그런 의미에서 각 회사는 소비자나 관련 전문가의 직접적 보고 외에도 영업사원들이 현장에서 접하는 안전성 관련 정보를 수집해 보고하는 제도를 시행하고 있다. 이는 회사와 고객 사이의 신뢰 관계를 구축하고 유지하는 역할을 한다.

이런 제도를 제대로 활용하기 위해 각 회사는 각기 모니터링 범위와 정보 취득 시 행동 요령 및 절차에 대해서는 명시해두고 있다. 따라서 제약영업사원은 회사에서 제시하는 프로세스를 잘 숙지해야 한다. 유해 사례를 보고하는 것은 MR의 의무 사항이다.

제약영업의 고객과 영업 프로세스

1. 의사의 특징 및 이해

1) 의사의 특징

제약영업자가 가장 신경 써야 할 고객은 의사이다. 그러므로 그들에 대해 잘 알아두는 것이 좋다. 의사가 스스로를 어떻게 생각하는지, 또는 어떻게 바라봐 주기를 원하는지 알기 위해 의사들의 특징을 몇 가지로 분류해보도록 하자.

(1) **엘리트 의식:** 의사는 검사나 변호사와 함께 '우리나라에서 제일 머리 좋고 공부 잘하는 사람들'이라는 인식이 있다. 학창 시절부터 남들에 비해 공부를

많이 했으며 수능시험 점수도 높았다. 타인보다 월등하다는 자긍심이 그들 마음 한구석에 자리 잡고 있다. 인정할 것은 인정하는 것도 나쁘지 않다고 생각한다. 의사들의 엘리트 의식은 앞으로도 크게 변하지 않을 것이며, 오히려 심화될 것으로 보인다.

(2) **오피니언 리더:** 직장생활이나 그 밖의 다양한 사회생활을 하다 보면, 어떤 집단 안에 다른 사람들의 사고방식이나 태도, 의견, 행동 등에 강한 영향을 주는 사람이 있다는 것을 알 수 있다. 이처럼 타인의 사고나 행동에 영향력을 행사하는 사람을 '오피니언 리더'라고 한다. 의사 집단과 개인은 사회 전체에서 본인들을 오피니언 리더라고 생각하는 경향이 있다. 이는 앞서 언급한 엘리트 의식의 연장선 상에 있다. 오피니언 리더라는 의식을 가지고 있는 사람들은 일반적으로 자신의 공간에서 발언하기를 좋아하고, 그것에 대해 누군가 동의해주기를 기대한다.

(3) **과학자:** 과학이라는 단어를 설명할 때, '체계적 지식' '검증 가능한' 같은 수식어를 사용한다. 그중 자연과학 분야나 의학은 '과학적 접근 방식'에 '수학적 검증'이라는 단어가 수반된다. 즉 의사는 자신의 전문 분야에 대해 개인적 성향을 떠나서 의과학자의 입장에 선다는 뜻이다. 그들은 본인의 전문 분야에 대한 이야기를 나눌 때, 근거와 객관성을 토대로 논리적으로 설명해야만 이야기에 귀를 기울이고 수긍을 한다. 그 후 자신의 입장에서 판단하고 행동하게 된다.

(4) 교육자: 사실 교육자라기보다는 교수(professor)라는 말이 더 맞을 듯하다. 영업사원이 종합병원이나 대학병원을 담당하면 고객들은 대부분 교수이거나 그 직위를 지향하는 사람들이다. 개원의도 마찬가지이다. 무엇보다 십여 년을 공부했기 때문에 교수와 제자의 관계, 한 교실에서 수학했던 동문 간의 우애 등을 중히 여긴다. 이런 성향이 강한 고객을 대할 때는 항상 배우려고 하는 태도를 보이는 것이 좋다.

(5) 성실한 자세: 의사들은 대부분 열심히 산다. 그 위치에 오르기까지 당연히 치열한 시간을 보냈고 현재도 항상 노력하며 사는 성실한 사람들이다. 대학병원이나 종합병원에서 근무하는 의사들의 스케줄을 보면, '내가 이렇게 열심히 노력하며 살았던가?' 하는 생각이 들 정도다. 개원의 또한 보통 아침 9시부터 오후 7시까지 하루 종일 그 자리에서 같은 자세로 환자를 맞이한다. 야간 진료나 토요일 근무 또는 공휴일 근무도 마다하지 않는 의원들도 주위에는 참으로 많다.

(6) 학생: 머리 좋고 공부 잘하는 사람들이라는 설명이 과거에만 국한되는 것은 아니다. 어느 다른 직업군도 다르지 않겠지만 의사라는 직업은 평생을 공부해야만 '중간'이라도 가는 집단이다. 봄·가을에는 거의 매주 의료학회 및 세미나가 개최된다. 그런 곳에 참석해보면 늘 참가자들로 가득하다. 특히 요즘처럼 인터넷에 의해 정보, 전문 지식들이 일반인들에게까지 널리 실시간으로 공유되는 세상에서 의사라는 전문직이 그 권한을 계속 유지하려면, 더

새로운 기술과 치료방법에 대해 공부해야 한다. 병원을 경영하는 경영자로
서는 더욱 그러하다.

(7) **경영자:** 지금의 사회경제 체제 내에서 경쟁이 없는 분야는 어디에도 없을
것이다. 대학병원이나 큰 종합병원의 의사들도 마찬가지이다. 그들 또한 병
원이라는 직장에서 직위가 올라가고, 보직을 부여받고, 때로는 병원장이 된
다. 이에 따라 자연스럽게 병원이라는 조직을 경영하게 되고, 그들의 행동과
의식에서 '경영'이 중요한 위치를 차지하게 된다. 직접 자신의 이름으로 병원
을 경영하는 개원의는 더 말할 필요도 없다.

이상이 고객으로서 의사를 대하는 MR의 입장에서 생각해본 의사의 특징
이다. 이외에도 여러 특징들이 있다. 고소득자, 권위 의식, 보수적, 남성중심
주의 등. 그러나 이러한 부분은 개인적인 차이가 많고 영업 전략을 실행하는
데 있어 부차적인 것들이라 제외하였다.

2) 의사가 되기까지

(1) **의과대학:** 현행 제도하에서 의사가 되려면, 의과대학에 가는 길과 의학 전
문 대학원에 가는 길이 있다. 2005년부터 의학 전문 대학원에서 첫 신입생을
받으면서 의과대학과 함께 2원화 체계로 운영되고 있다. 여기서는 의과대학
에 대해 알아보자. 대입 시험 이후 의과대학에 입학하면 예과 2년, 본과 4년

총 6년의 학부 과정을 거친다. 그 후 학부 졸업자와 졸업 예정자에게 의사 국가고시(KMLE)를 응시할 수 있는 자격을 부여한다.

(2) 의학 전문 대학원: 석사 이상의 학력을 가진 자를 대상으로 4년제 의학 전문 대학원을 운영하고 있다. 의학 전문 대학원에 입학하기 위해서는 기본적으로 의학대학 입문 검사(MEET, Medical Education Eligibility Test)❖를 통과해야 한다. 의학 전문 대학원, 줄여서 의전원을 졸업하면 일반 의과대학 졸업과 동등한 자격을 부여받는다. 의과대학을 거치면 6년, 의전원을 거치면 8년 만에 의사 시험을 볼 수 있는 자격을 갖게 된다. 의사 국가고시를 통과하면 의사 자격증이 주어진다. 일단 환자를 진료하고 치료할 수 있는 자격이 주어지는 것이다. 일반적으로 이 의사들을 'GP(General Physician)'라고 부른다. 전문의가 아닌 의사는 모두 GP라고 보면 된다.

(3) 인턴(intern) 과정: 보통 1년의 인턴 과정을 거치며, 수련의 과정이라고도 한다. 진료 기관이면서 동시에 교육기관인 의과대학에서 채용한다. 해당 기간 동안 의과대학 내 여러 전문 진료과를 순환 근무하면서 초보 의사로서 경험을 쌓고, 레지던트 과정에 입문할 자격을 얻는다. 일반 회사나 단체의 인턴 과정과 비슷하다고 보면 된다.

❖ 치의학 분야는 치의학대학 입문검사(DEET)를 통과해야 한다.

(4) 레지던트(Resident) 과정: 전공의 과정이다. 매년 대한병원협회는 보건복지부와 의논하여 각 전공별 레지던트 채용 규모를 발표한다. 각 전공별 학회에서 필요 인원을 보건복지부에 건의하면, 보건복지부는 실제 채용을 하는 대한병원협회와 함께 정원을 협의한다. 인턴 정원도 이때 확정된다. 전체 정원이 정해지면, 수련 병원으로 등록된 병원의 상황을 고려하여 전공별 학회가 수련 병원별 레지던트 1년차 정원을 확정한다. 의학 드라마에 나오는 '의국'은 레지던트와 인턴이 생활하는 공간인 동시에 그 집단을 말한다. 전공에 따라 다르지만 일반적으로 전문의 과정은 4년이다. 이 과정을 수료하면 의사협회가 주관하여 실시하는 전문의 자격시험에 응시할 수 있는 자격이 부여된다. 이 과정까지가 의대를 거치면 11년, 의전원을 거치면 13년이 걸린다.

(5) 병역 의무: 대한민국 남성으로서 병역의 의무는 의사에게도 동일하게 부여된다. 의과대학 중 병역 의무를 이행하면 일반인과 동일한 과정을 거친다. 의사 자격을 획득한 이후에는 두 가지 경로가 있다. 두 과정 모두 기간은 3년으로 동일하며 공중보건 의사로 보건소, 보건지소 등에서 근무하거나 군의관으로서의 병역을 수행한다.

(6) 전임의(Fellow): 보통 영어 그대로 '펠로우'라고 부른다. 보다 전문적인 공부를 하기 위해 대형 병원에 남는 연구자를 말한다. 일반적으로 연구를 하기보다는 임상 경험을 쌓아 향후 진로를 잡기 위해 지원하는 경우가 많다. 이 과정 중에 보통 박사 과정에 등록하여 이후 의학박사 학위를 취득한다. 대학

병원이나 대형 병원에 취업하기 위한 필수 과정인 셈이다. 보통 2~3년 정도의 시간이 소요된다. 수요보다 공급이 많아 일부는 월급을 받지 못하고 생활비 정도만 보조를 받는 수준의 무급 펠로우도 존재한다. 펠로우 기간과 함께 병역 의무를 이행하는 경우로 계산하면 짧게는 16년 길게는 19년의 시간이 걸린다.

(7) 의과대학의 교실 제도: 한국에는 의국 제도와 함께 '교실 제도'라는 것이 따로 존재한다. 이 교실 과정에서 석·박사 과정 자격과 학위가 주어진다. 레지던트나 펠로우 과정과 병행하는 것이 일반적이다. 의학박사 자격을 획득하게 되면 드디어 '박사(Ph.D., Physician of Doctor)'라는 용어를 사용할 수 있게 된다. 참고로 M.D.는 Medical Doctor, 즉 의사이다.

전문의가 되기 위해서는 십여 년의 시간, 뛰어난 학습 능력, 끊임없는 노력 그리고 적지 않은 금전적 투자가 필요하다. 의사라는 고객을 이해하는 데 있어서 늘 참고해야 하는 부분이다.

2. 종합병원과 종합병원 의사

1) 종합병원

종합병원이란 100개 이상의 병상을 가진 의료기관을 의미한다. 이 책에서도 이 분류 방식을 따르고자 한다.

심사평가원의 자료에 따르면 2011년 말 현재 상급 종합병원은 전국에 44개 병원, 100병상 이상의 종합병원은 274개가 있다. 참고로 30병상 이상인 의료기관은 약 1671개가 있다. 상급 병원의 수는 거의 변화가 없으나 종합병원은 매년 조금씩 증가하는 추세다. 같은 자료에 의하면 2009년 종합병원은 전체 요양기관의 진료비 중 41.5%를 차지하고 있다. 이 비율은 지난 5년간 큰 변화가 없다. 상급 종합병원은 매년 그 비중이 늘어나고 있는 반면, 일반 종합병원의 비중은 감소하는 추세다. 이런 대형 종합병원으로의 환자 쏠림 현상은 병원 간, 지역 간에 큰 문제로 대두되고 있다. 지금 종합병원의 경영난은 심각한 수준에 도달했다는 것이 일반적인 판단이다. 심사평가원의 자료에 의하면 2009년 한 해 새로 개업한 병원급 이상의 의료기관은 192개이고, 폐업한 의료기관은 122개라고 한다. 이틀마다 한 곳이 개원하고 사흘마다 한 곳이 폐업하는 셈이다.

또한 2009년 대한병원협회가 집계한 병원급의 의료기관 도산율은 6.95%라고 한다. 그중 100병상 이상 200병상 미만인 병원은 2007년 6.4%에서 2009년 10%대까지 육박하였으며, 200병상 이상 300병상 미만은 3%대의 도산율을 보이고 있다. 개인이 설립한 병원의 도산율은 2007년 12%, 2009년 10.5%으로 높다. 이는 대형 종합병원을 제외한 일반 종합병원의 공통적인 문제이며, 해당 병원 구성원 모두의 문제이기도 하므로 담당 영업사원은 이 점을 늘 유의해야 한다.

2) 종합병원 의사

종합병원에 근무하는 의사는 일반 회사처럼 직책을 갖고 있다. 각 직책에 따라 관심 사항과 책임의 범위가 다르니, 이 점은 고객을 이해하는 데 있어 필수 사항이다.

(1) 진료의: 대형 종합병원은 일반적으로 펠로우 급 이상의 전문의가 진료를 본다. 일부 종합병원은 인력 수급 문제로 3~4년차 레지던트가 진료를 보는 경우도 있다.

(2) 진료과장: 해당 진료과마다 과장을 임명하여 그 책임하에 운영한다. 그러나 일부 규모가 작은 종합병원의 경우 전문의들을 모두 개별적으로 진료과장이라고 부르기도 한다. 진료과장은 일반 병원 행정 업무와 함께 진료과 의사들의 진료 스케줄 조정, 과내 예산권, 간호사 등의 업무 배치, 의국원의 선발과 관리 등 주요 업무를 맡는다. 중요한 자리이다 보니 진료과장은 해당 진료과에서 연차순으로 맡는 것이 일반적이나, 예외의 경우가 발생하기도 한다.

의과대학 입학 학번, 전문의 취득 연도, 해당 병원 입사일 등 순서가 섞이는 경우나, 소속 의과대 출신·비출신 문제가 얽혀 있는 경우가 이에 해당된다.

(3) **주임교수**: 대학병원의 경우에는 의과대학 해당 교실의 주임교수가 있다. 예를 들면, 울산대 의과대학 소아청소년과학교실 주임교수가 의과대 부속병원인 서울아산병원, 강릉아산병원, 금강아산병원 등 세 군데 병원의 최고 어른 역할을 한다. 그래서 공식적으로는 진료과장보다 병원 내 권한이 작으나, 실제적인 권력은 더 센 경우가 많다.

(4) **보직 교수**: 보통 진료과장 임무를 수행하고 나면 일부 의사들은 병원의 더 높은 직위의 책임을 맡는 경우가 있다. 진료부장, 기획실장, 약제심의위원(D/C, Drug of Committee) 위원장 등의 경우가 그러하다. 대학 시절의 기억을 떠올려보면 금방 이해할 수 있을 것이다. 영어영문학과의 학과장 위에 문과대 학장이나 입학처장 등이 있다. 그와 비슷한 선상에서의 보직이라고 생각하면 된다.

(5) **원장과 부원장**: 병원 행정 업무의 수장은 병원장이다. 병원에 따라 부원장 제도를 두기도 한다. 병원장을 인선할 때는 원장의 전문과, 출신 의과대학, 병원 내 진료 비중이 큰 전문과 등에 따라 치열한 경쟁이 벌어진다. 이와 관련된 장면은 의학 드라마에서 본 적이 있을 것이라 생각된다. 드라마의 극적 장치나 요소를 제거하고 보면 실제 상황과 비슷한 편이다. 이렇게 경쟁이 치열한

이유는 원장의 전문과와 출신 대학에 따라, 해당 계열 진료과들의 중장기 계획이 어떻게 이루어지느냐 등에 중대한 영향을 미치기 때문이다. 여기서 중장기 계획이란 인력, 장비 등 투자와 관련된 경우가 대부분이다.

(6) 의료원장: 예를 들어 고려대학교 의과대학은 안암병원, 구로병원, 안산병원을 아우르는 고대의료원 체계로 운영하고 있다. 이 경우, 세 병원에 각각 병원장이 있고 고대의료원의 의료원장이 있다. 세브란스병원 계열, 가톨릭 의대 성모병원 계열, 순천향대병원 계열 등도 마찬가지이다. 앞에서 소개한 것처럼 하면 각 병원의 중장기 계획을 실행함에 있어 의료원장의 도움은 절대적이다.

(7) 기타: 개인병원이 아닌 법인으로 소유 형태가 되어 있다면 이사회의 수장인 이사장이 있다. 병원의 실제 주인이라고 할 수 있으니, 권한이 제일 크다. 의사가 아닌 경우가 많으며 이사회에서 선출한다. 대형 종합병원의 경우 의과대학과 관련이 있는 경우가 많으므로, 해당 대학교의 의과대학장 직함을 가지고 있는 경우도 있다. 이사장이 병원 행정이나 과 운영에 관여하는 경우는 극히 드물다.

(8) 의국: 레지던트들이 생활하는 곳이며, 수련 병원 교육 체계상 수련의들을 통칭하는 말이기도 하다. 인턴은 기본적으로 의국 소속원이 아니다. 잠시 해당 의국에서 일정 기간 근무하면서 교육받고 있는 것이라고 생각하면 된다.

의국은 공간적으로 의국원들이 숙식을 하는 곳과 교수를 포함한 의국원 전체가 회의 및 교육을 하는 장소로 분리된다. 의국은 비교적 왕래가 자유로운 곳이었으나 병원 내 도난 사건들이 자주 발생하면서 출입에 제한을 두는 곳이 점점 많아지고 있다. 원래 의국은 단순히 의국원들이 모여 있는 장소를 일컫는 것이 아니라, 해당 진료과의 진료의들과 수련의 전체를 아우르는 집합체를 말한다. 따라서 조직으로서의 규율과 행정적 요소들이 존재한다. 의국장은 진료의 중 최고 연장자나 최고 직위자가 맡고 의국 총무는 진료의 가운데 중간 직위자 중 한 명이 맡는 것이 상례이지만, 그 정도의 규모를 가진 진료과는 그리 흔하지 않다. 그렇기 때문에 의국장이라 하면 보통 레지던트 4년차 중 책임을 맡고 있는 이를 지칭하는 경우가 많다. 병원마다 각기 다르니, 확인해보고 호칭에 조심해야 한다. 규모가 큰 곳에는 의국 비서와 행정 직원이 따로 있어서 의국 및 교수들의 일반 업무를 보조하기도 한다.

3) 종합병원의 구성원

(1) 간호부

① 외래 간호실: 말 그대로 외래 진료실에서 근무한다. 환자의 진료 대기 안내 및 진찰 안내, 진단을 위한 기본 항목들의 기록 및 측정을 주로 하며 그 외에도 많은 일들을 수행한다. 병원에 따라서는 간호사가 아닌 일반 행정 직원을 진료 대기실에 두어 간호사와 업무를 분담시키기도 한다.

② 입원실: 입원 수속을 밟고 입원한 환자의 병실 내 업무를 맡는다. 수간

호사가 책임을 맡고 있다.

(2) 약제부: 2000년부터 시행된 의약분업으로 인해 진료는 병원, 조제는 약국으로 분리되면서 병원 내의 조제 업무가 많이 축소되었다. 지금은 일부 특정 질환, 특정 환자에 대한 외래 조제 업무와 원내에 입원한 환자를 위한 원내 조제, 수술실에 들어가는 특정 의약품의 조제 및 관리를 하고 있다. 하지만 여전히 약제의 선정과 사용에 대해서 막강한 권한을 행사하는 곳도 있다. 약제부 내에 조제과, 약품정보과 등의 부서를 두기도 한다. 이후에 설명할 D/C 과정에서 중요한 역할을 수행한다.

(3) 보험심사팀: 부서 명칭은 병원마다 다를 수 있다. 보험심사평가원의 역할을 병원 내에서 한다고 생각하면 된다. 보험심사 청구 시 문제가 될 처방 내역에 대해 사전 심사하는 기능을 하여 보험 삭감❖의 위험에 대비한다. 심사팀의 주요 구성원은 간호사들이다. 보험심사평가원의 보험심사 기준은 각 지역마다 조금씩 다르다. 타 지역보다 엄격하게 심사하는 곳들이 있는가 하면 병원 심사팀의 심사 기준이 좀 더 엄격한 곳이 있어, 약품의 보험 특성에 따라 보험심사팀이 처방에 많은 장애 요인으로 작용하기도 한다. 그럴 경우

....

❖ 보험심사평가원에서는 의사의 진료에 따른 보험금 지급 심사 청구에 대해, 약품별 지급 범위나 기준을 어겼거나 의사의 과오가 있다고 판단될 경우, 보험금의 지급을 거절하거나 이미 지급된 보험급여액을 환수한다. 수만 원에서 수천만 원에 이르는 경우가 있어 병원을 경영할 때 반드시 고려해야 하는 항목이다. 삭감 발생 시 병원은 재심사 청구를 통해 삭감 여부를 최종 결정하게 된다.

보험심사팀의 해당 질환 담당자를 통해 심사 기준을 확인해야 하며, 타 병원이나 심평원(보험심사평가원)의 일반적 심사 기준에 대해 안내해줄 필요가 있다. 진료 파트, 진료의를 통해 진행할 수도 있으나 제약회사 담당자가 그 역할을 수행할 수도 있다.

(4) 약제 창고: 의약분업 이후, 외래 처방되는 대부분의 제품 수급은 약국의 업무가 되었지만 아직 일부 의약품이나 입원 환자를 위한 원내 구매 품목의 경우에는 약제 창고를 통해 병원 내에 공급된다. MR의 입장에서는 약제 창고를 통한 재고 현황 파악이 중요할 때가 있다. 병원 내 전산 시스템들이 많이 발전하여 이제는 재고가 없어 품절되는 상황은 거의 발생하지 않는다. 그러나 여러 가지 이유로 병원 내의 약품이 품절되면, 처방에 문제가 생겨 진료의가 처방 자체를 바꿀 수도 있다. 경쟁 제품을 처방하는 사례가 늘어날수록, 처방 패턴 자체가 경쟁 제품 위주로 변할 가능성이 높아진다. 원내 항생제 또는 항암제 등을 담당하는 경우에는, 약국과 약제 창고에 있는 재고를 파악해놓는 것이 좋다.

4) 종합병원의 영업 방문 프로세스

앞에서 종합병원의 여러 부서에 대해서 간략히 알아보았다. 지금부터는 종합병원에서 일어나는 업무를 중심으로 담당 MR이 해야 할 일과 고려 사항에 대해 알아보자. 규모가 큰 종합병원을 예로 들어 설명하고자 한다.

제약영업은 일반 제품 판매와 여러 면에서 다르다. 일반 제품의 경우에는 고객을 만나 협상을 거쳐 계약을 체결한 후 판매가 종료된다. 따라서 계약을 하기까지의 과정에 치중해야 한다면, 제약영업은 고객과 지속적으로 관계를 유지하는 것이 더 중요하다. 고객과의 관계를 통해 제품이 지속적으로 판매되고 성장하기 때문이다. 그러므로 고객이나 병원과의 만남은 첫 판매 이후에도 반복적, 연속적으로 이루어진다. MR이 약품을 판매해나가는 과정을 '제약영업 프로세스'라고 부르겠다. 고객을 만날 때마다 매번 동일한 과정을 거치는 것은 아니지만, 모든 단계가 유기적으로 일련의 과정 속에 있다는 것을 강조하고 싶다.

[그림 3-3] 제약영업 프로세스

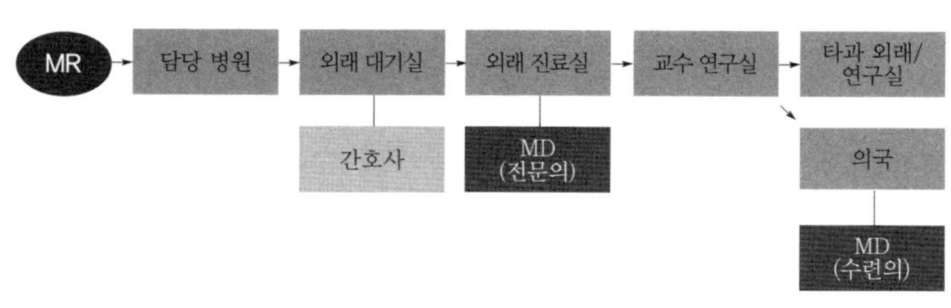

방문 목적과 관계없이 일반적인 프로세스를 살펴보겠다. MR이 병원 내에서 고객을 만나는 장소는 진료실, 연구실, 의국실, 수술실, 또는 검사실 등이다. 진료실에서 만나는 경우부터 시작해보자.

(1) 진료실: 병원이 휴원하거나 진료가 취소되는 등의 특이 사항이 없을 때, 해당 진료과 접수처의 간호사를 통해 고객을 만날 수 있는지 가능성을 타진하는 것으로 고객 면담이 시작된다. 보통 진료시간 시작 전후가 적당하며, 필요에 따라서는 진료 중간에 잠시 볼 수도 있다. 그러나 진료 중간에 고객을 만나는 것은 점점 어려워지고 있다. 게다가 병원 자체에서 제약영업자의 진료실 내 출입을 금지하는 규정을 만드는 곳도 많아졌다. 그렇다고 하더라도 필요하다면 방법을 만들어 고객을 만나는 것이 영업 담당자가 가져야 할 기본적인 자세다.

여기서 고려해야 할 점은 고객과 면담하기 좋은 시간대에 경쟁사의 MR들도 몰린다는 것이다. 과연 그 시간에 누구를 만날 것인가는 전적으로 고객의 선택에 달렸다. 과연 누구를 먼저 만날까? 1순위는 미리 약속을 한 MR이다. 그리고 대부분 본인이 필요로 하거나 유대관계가 깊은 MR을 만난다. 그 다음은 담당 간호사가 어떻게 MR의 방문 목적을 전해주느냐에 달려 있다. 여기에 외래 진료부의 담당 간호사와 친해져야 할 첫 번째 이유가 있다.

담당 간호사는 고객에게 자신이 부탁받은 순서대로 말을 전하지 않는다. 본인이 기억하고 있는 내용이나 전하고 싶은 내용을 먼저 전달한다. 이때 내가 첫 번째 순서가 되려면 담당 간호사와 익숙한 사이가 되어야 한다. 그러려면 호감을 사는 것도 중요하지만 정확한 방문 목적을 이야기하는 것도 중요하다. 간호사가 고객에게 MR의 방문 목적을 제대로 전달할 수 있도록 방문 목적이 명확해야 한다. 단순히 '과장님께 드릴 말씀이 있어서 왔습니다'라든지 '전달 드릴 사항이 있어서 왔습니다'라고 한다면, 간호사들도 불분명하게 대충 전달하고 만다. 또, 간호사가 'A 담당자는 뚜렷한 이유 없이 바쁜 진료 시간에 방문해 시간만 뺏는다'라는 인식을 가지면 면담 부탁을 제대로 전달하지 않기도 한다. 간호사가 임의로 MR과 고객을 만나게 해주었을 경우, 의사에게 '왜 들여보냈느냐'라는 힐책을 들으면, 간호사는 다음부터 그 MR의 진료 중 면담 요청을 스스로 무시하게 된다.

이런 만남은 대부분 고객이 아닌 MR의 필요에 의한 것이다. 약속을 잡지 않고 고객을 만나려면, 평소부터 관계 구축에 노력을 기울여야 한다. 당신의 필요에 의해 고객이 시간을 할애하는 것이라는 점을 유념하라. 사실 진료실에서의 고객 만남은 추천 사항이 아니다. 급할 때, 꼭 필요할 때 사용하는 방법이다.

(2) 연구실: 종합병원에 근무하는 전문의는 대부분 병원 내에 자신만의 공간을 가지고 있다. 그 공간은 교수 연구동의 연구실이 될 수도 있고, 의국 내의 본인 책상이 될 수도 있으며, 진료실 자체가 연구실인 경우도 있다. 이는 진료시간 외에 머무르는 공간이며 자신의 연구를 위한 장소이기도 하다. 본인이 그 장소의 주인이라면 그 장소에서의 시간을 통제할 수 있다. 고객이 개인 비서를 두는 경우를 제외하면, 신입 MR들은 여기에서 첫 고비를 맞는다.

사전 약속 없이 사적인 공간을 방문하는 경우, 문 너머의 상황을 전혀 모른 채 노크를 하여 고객을 불러야 한다. 때로는 노크를 한 후 반응이 없기를 바랄 때도 있다. 쉬우면서도 아주 어려운 순간이다. 특히 오늘의 방문이 고객에게 명확한 이득이 있는지 없는지 확신이 서지 않을 경우에는 더욱 그렇다.

고객 면담을 할 때는 연구실을 방문하는 방법을 추천한다. 고객이 허락만 한다면 충분한 시간이 확보되기 때문이다. 노련한 MR과 그렇지 못한 MR의 보이지 않는 차이는 여기서 발생하게 된다. 노련한 MR은 고객의 스케줄과 업무 패턴이나 피해야 하는 시간을 파악한다. 고객과의 기분 좋은 면담을 위해서는 언제가 최상의 시간인지 알아야 하기 때문이다.

연구실을 방문할 때도 사전 약속을 하는 것이 제일 좋다. 약속 없이 방문하여 짧게 여러 번 만나기보다는 간호사를 통하든 직접 만나든 다음 약속을 잡고 방문하는 것이 효율적이다. 보통 고객들은 바쁜 시간에 만남을 요청하는 담당자는 쉽게 물리치지만 이러이러한 목적으로 만나뵙고자 한다는 식의 약속 요청을 받으면 언제 어떻게 오라는 식으로 답변하게 된다. 심리적으로도 지금 당장 만나기보다는 언제 보자고 약속하는 것이 덜 부담스럽다.

입장을 바꿔서 생각해보자. 지금 당장, 오늘 저녁 무조건 보자는 요청은 이런저런 이유로 거절하기 쉽다. 그러나 언제가 만나기 편한지, 특정한 시간에 만나는 것은 어떤지 등의 질문에는 무조건 거절하기 힘들다. 거절을 하더라도 최소한 마음의 빚을 안게 된다.

가장 일반적인 것은 이메일이나 전화 또는 문자메시지를 통해 언제 만나면 좋을지에 대한 답신을 받고 방문하는 것이다. 초보 MR들은 이렇게 얼굴을 보지 않고 연락하기를 주저하기도 하는데, 고객들도 무턱대고 방문하는 것보다는 사전에 약속을 잡는 편을 선호한다. 전화는 친밀도 여부에 따라 다소 차이가 있을 수 있겠으나 문자메시지나 이메일을 보내는 것을 주저할 필요는 없다. 이외에도 진료실을 방문하거나 메모를 전달하기도 하고, 원내에서 이동 중인 고객을 직접 만나 약속을 잡기도 한다.

다음으로는 누구나 다 알고 있고, 추천하지만 실제로 하기는 어려운 방법을 소개하겠다. 늘 일정 시간에 일정 장소로 방문하는 일관된 행동을 통해 타인의 습관을 만들어내는 경우이다. 나중에 다시 설명하겠지만, 이는 MR이 일정한 패턴을 만들어 자신이 가지고 있는 시간을 효율적이고 효과적으로 사용할 수 있는 아주 유용한 방법이다.

사전 약속을 잡지 않으면, 교수 연구동 입구에서 직접 전화를 하고 방문을 하거나 연구실을 무작정 노크하는 수밖에 없다.

(3) 공용 공간: 자신의 공간이 따로 없고, 연구실을 공동으로 사용하거나 의국실 내에 책상만 있는 경우이다. 앞서 이야기한 연구실 방문과 큰 차이는 없으나, 당연히 고객을 더욱 배려해야 한다. 이런 고객의 경우에는 오히려 진료실에서 만나는 것을 선호하기도 한다. 그러므로 공용 공간에서 면담을 할 때는 방문 목적의 핵심만 전달하고 따로 약속을 잡는 것이 좋다. 특별하게는 수술실, 시술실, 검사실 등에서 만나기도 한다. 이 경우에는 그쪽에 주재하는 간호사나 직원들과도 가까워져야 할 필요가 있다.

이렇듯 MR이 고객과의 만남을 결정하고, 병원 어디든 면담 장소로 사용하기 위해서는 다각적인 시도와 노력이 필요하다. 경쟁자와의 싸움에서 유리한 고지를 점령하기 위해서는 더욱 그러하다. 전략과 무기는 회사에서 공급해 주지만, 그것을 어떻게 활용할 것인지는 현장에 나가 있는 담당자의 몫이다.

그렇다면 방문의 효율성을 높이기 위해서는 무엇이 필요할까? 우선 되도록 많은 루트를 통해 최대한 많은 데이터를 수집하는 것이 중요하다. 그것을 자신의 목적, 즉 방문의 효율성과 엮어서 유용한 정보로 만들어야 한다. 그리고 실천을 통해 정보를 수정하고 업그레이드하면서 자신의 고객만을 위한 지식을 만들어야 한다.

교과서적인 이야기로 들릴 수 있겠지만, 주위를 한번 살펴보라. 직장에서 뛰어난 선배나 팀장들은 이 과정과 방법을 몸으로 체화한 고수들이다. 그들처럼 되려면 시간이 쌓여야 한다. 그 노하우가 당장 필요한 것이더라도 어쩔 수 없다. 점프를 하려면 첫발을 위로 향하는 것이 아니라 아래로 내디뎌야 하는 것처럼 당연한 일이다. 다만, 시행착오를 겪는 기간을 최대한 단축해야 한다.

5) 신약 신청 프로세스

각 종합병원에는 신약심의위원회(DC, Drug Committee)가 있다. 이 위원회의 존재 목적은 이름이 설명하듯 신약을 심의하는 것이다. 담당 약품을 판매하기 위해서는 기본적으로 병원에 그 제품의 사용, 처방과 관련한 등록이 되어 있어야 한다.

이것은 종합병원이나 개인병원 모두 마찬가지이다. 다만 개인병원에서는 원장이, 종합병원에서는 신약심의위원회가 그것을 결정한다. 그런데 신약심의위원회를 통한 처방약제 등재가 여간 어려운 일이 아니다. 이 과정을 어떻게 수행하느냐에 따라 종합병원 담당자의 능력을 평가하는 기준이 된다.

신약심의위원회의 신약 등재 심사 과정은 병원마다 조금씩 다르지만, 일반적인 내용은 크게 다르지 않다. 여기서는 일반적인 내용을 설명하는 한편, 구체적인 병원의 예를 곁들이겠다.

(1) 신약심의위원회: 이 위원회의 위원장이 상당히 큰 권한을 가지고 있다. 위원들은 특정 진료과에 편중되지 않게끔 고르게 구성되는 것이 일반적이다. 이런 구성 때문에 종합병원 담당자에게는 어려움이 생긴다. 본인이 맡은 제품의 주 사용 진료과뿐만 아니라 위원으로 위촉된 다른 과의 의사들까지 만나야 하기 때문이다. 신약심의위원회의 간사는 보통 약제과장이 맡는다. 의약분업 이후 제약영업 담당자들의 약제과에 대한 집중도가 떨어진 것은 사실이다. 그러나 약제과는 병원 내에서 약과 관련한 공식적인 정보를 제공하는 역할을 그대로 유지하고 있다. 평소에 교류가 없는 제약회사의 제품이 신약 심사 과정에서 불이익을 당할 가능성이 전혀 없다고 장담할 수는 없다. 지금 당장 필요성이나 연관성이 없더라도 종합병원 담당자는 장기적 관점에서 약제과를 고객으로 삼아야 한다. 위원들의 임기는 보통 1, 2년이나 간사는 약제과장으로 명시되는 경우가 다반사이다.

(2) 소위원회: '분과위원회'라고도 한다. 항생제 소위원회, 마약 소위원회, 감염위원회 등 그 구성은 병원마다 다르다. 일반적으로 어떤 병원이든 항생제 소위원회 정도는 운영하고 있다. 신약심의위원회가 열리기 전에 해당 분과의 소위원회를 개최하여 해당 제품에 대한 사전 심의를 진행한다. 여기에 해당

하는 제품들은 보통 분과 소위원회를 통과하면 신약심의위원회에서도 특별한 이유가 없는 한 채택된다.

(3) 신약심의위원회 개최: 대형 종합병원들은 매월 또는 두 달 간격, 아니면 분기별로 정규 신약심의위원회(DC)를 개최한다. 물론 일 년에 한두 번 개최하는 곳도 있다. 개최하는 횟수가 적을수록 경쟁도 훨씬 심하다. 그리고 비정기적으로 '응급 DC'를 열기도 한다. 정규 DC의 개최 간격이 큰 병원인 경우, 일 년에 한두 번 정도 응급 DC를 개최해 특정 소수의 약물에 대한 심의를 진행한다. 의료원 체계를 갖추고 있는 병원에서는 중앙약사심의위원회, 즉 '중앙약심'을 따로 두어 운영하는 곳도 있다. 가톨릭대학 계열 병원이나 고려대 의과대학 계열 병원들의 경우가 그렇다. 운영 방식은 각 병원마다 많이 다른데, 몇 개 이상 개별 병원의 신약심의위원회를 통과한 제품만 중앙약심에서 심의하기도 하고, 개별 병원에서 통과된 모든 제품을 대상으로 하는 곳도 있다. 의료원 또는 재단의 힘이 큰 곳들은 전자의 방식을 주로 따른다.

(4) 프로세스: 주요 절차는 다음과 같다.

[그림 3-4] DC 과정

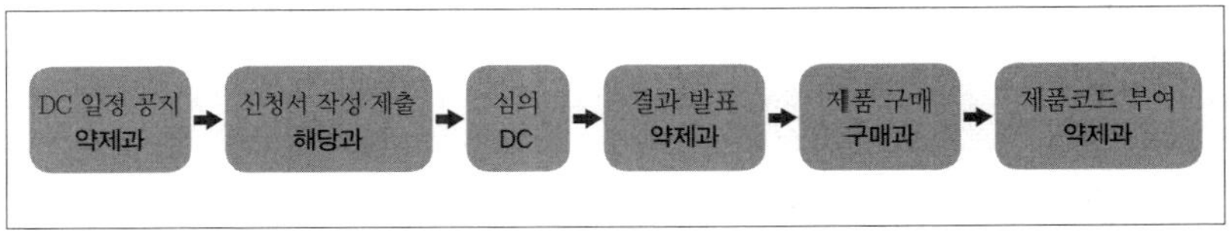

① 일정 공지: 정규 DC라고 해서 날짜가 정해진 경우는 드물다. 서울대 병원은 '몇째 주 특정 요일 심의'라는 심의 날짜와 매월 말 접수 마감이라는 공식 일정을 가지고 있지만, 대부분은 몇 월경에 열린다는 식으로 유동성이 있다. 약제과와 DC 위원장이 논의하여 이번 심의는 언제 할지 날짜를 결정한다. 그러다 보니 언제 정규 DC가 열리는지를 최대한 빨리 알아내는 것이 중요한 사항이 된다. 갑자기 열리는 경우도 있어서 '기습 DC'라고 부르기도 한다.

② 신청서 작성 및 접수: DC 일정이 비정기적이다 보니 신청서 접수 과정도 갑작스럽게 진행되는 경우가 많다. 이 과정이 핵심이다. 병원은 심의 위원회를 두는 것과 마찬가지 이유로 각 진료과의 무분별한 약물 사용 신청을 제한하고 있다. 신청 주체는 의사 개인이 될 수도 있고 해당 전문과가 될 수도 있으나 보통 후자이다. 좀 더 엄격한 곳은 각 전문과별로 신청 가능 품목 수가 정해져 있고, 이것은 해당 전문과에 정해진 수만큼 내부에서 협의해 정하기도 한다. 예를 들어, 호흡기내과의 A라는 교수가 2개의 품목을 신청했다 하더라도 호흡기내과 내부 논의를 통해 품목을 3개로 정하기도 한다. 이렇게 각 전문과에서 품목이 정해지면, 내과 전체에서는 각 과(소화기내과, 신장내과, 호흡기내과, 순환기내과, 내분비내과 등) 가 올린 신청 품목을 다시 5개 정도로 축소한다. 내과처럼 전문의가 수십 명 존재하는 경우에는 신청 자체가 큰 경쟁이 되기도 한다. 이러한 내부 절차가 없다고 하더라도 해당 과에서 어떤 제품을 심의에 제출할

지 정하는 과정이 본 심의보다 훨씬 경쟁이 심하기도 하다. 진료과 내부 협의에서 신약 신청이 좌절된 경우, 다른 과를 통해 우회적으로 신청하는 방법도 있다. 물론 이렇게 다른 방법으로 심의를 통과하면 매출 신장에 어려움이 따를 수도 있다. 그러나 신약으로 선정되지 못하는 것보다 나은 선택으로 여겨진다. 단, 해당 진료과를 통해 신청하지 못해 다른 과를 통해 신청할 경우에는 반드시 사전 양해를 구해야 한다. 신청서 내용은 주로 제약회사가 기입하게 되는데, 그 신청서를 고객에게 전달받아 작성할 때 MR로서 느끼는 성취감은 말로 표현할 수 없다.

③ 심의: 심의가 진행되는 과정에서도 여러 가지 변수들이 발생할 수 있다. 심의 때는 일반적으로 신청한 진료과의 소속 위원이 해당 약물에 대한 신청 사유를 프레젠테이션한다. 이 과정이 원활하게 진행되지 않을 경우, 이 약물에 대해서 모르는 타 심의위원들로부터 부정적 질문과 논의가 이어져 선정 보류 또는 탈락이라는 결과가 초래되기도 한다. 신청 사유가 분명해야 함은 물론이고 설득력이 있어야 하는 것이다. 심의는 보통 분과 소위원회를 거친 약물에 대해 간단한 심의를 진행한 후, 신규 등재하는 약물에 대한 심의 그리고 기존 약물을 대체하여 신청하는 약제의 순서로 진행한다. 기존 약물을 대체(switch)하는 경우에는 대체 대상 약물을 쓰는 전문과가 많을수록 많은 논의와 합의 과정을 거치게 된다. MR의 입장에서 신규 등재와 기존 약물 등재, 즉 경쟁 제품이 될 수도 있는 약물을 대체해서 등재하는 경우를 비교했을 때, 어느 쪽이 매출

신장 목표를 이루는 데 좋은 조건일까? 답은 간단하다. 대체이다.

④ 결과 발표: 결과를 공식적으로 공지하고 발표하는 곳은 드물다. 약제과를 통해 확인을 해야 한다. 성과와는 무관하지만, 회사가 보기에는 심의 결과를 빨리 아는 것도 영업사원의 능력이다. 현실적으로 약제부가 발표하는 날까지 여유롭게 결과를 기다리는 회사 간부는 없다. 심의에 참가한 위원의 입을 통해 듣는 것이 제일 빠르다 보니 심의위원회가 열리는 날에는 각 제약회사의 MR들이 심의 장소 근처에서 대기하는 모습을 어렵지 않게 볼 수 있다. 그러나 보류 등의 판정이 나왔을 경우에는 그 이유와 조건에 대해서 알아야 하므로 약제부 간사를 반드시 통하는 것이 좋다.

⑤ 기타 고려할 사항: 심의가 모두 성공하면 좋겠지만 그럴 수 없는 것이 현실이다. 심의에 통과하는 약품이 있으면 탈락하는 약품도 있는 법이다. 그런데 단순히 약품을 쓰지 않는 것이 아니라, 각 병원별로 탈락 제품에 대해 패널티를 부과하는 곳도 있으니 유념하여야 한다. 신약 심의 탈락 약물은 1년 내 재신청이 불가하거나 아예 재신청 불가로 규정된 곳도 있다. 그러므로 신약을 자주 출시하는 회사의 담당자라면, 이번 심의에 어떤 약에 집중할 것인지 정하는 것도 큰 능력이다. 야구를 예로 들면, 신인 투수를 언제 기용하느냐의 문제로 볼 수 있다. 상대 팀, 경기 일정, 컨디션을 모두 고려해야 한다. 절대적인 에이스가 아니라면 상대

적인 요인에 의해 승패가 갈릴 가능성이 더 커지기 때문이다. 신약 심의를 통과하게 되면 이제 처방 개시일, 즉 처방 전산 코드가 적용되는 날이 다가온다. 전산 코드가 부여되고 처방 입력이 시작되어야 진정한 신약 처방이 시작되었다고 말할 수 있다. 업계에서는 이것을 '랜딩(landing)되었다'고 표현한다. 지금은 그 중요도가 많이 떨어졌지만 여전히 고려해야 할 것이 있다. 기억하기 용이한 처방 코드명 및 처방 코드 다빈도 노출이다. 각 병원에서는 각 약물에 대한 전산 처방 코드를 부여하는 방식이 있다. 보통 성분명 또는 제품명, 약의 제형, 용량 등을 고려해 표현한다. 그리고 종합병원 내 의사들은 약을 호칭할 때, 병원 내 처방 코드로 이야기하는 것에 익숙해져 있다. 그러므로 새로운 약제의 처방 코드를 처방 시점에 얼마나 많이 노출시키고 친숙하게 하느냐가 초기 처방에 적지 않은 영향을 미친다. 담당자의 아이디어로 처방 의사들에게 참신하고 인상적으로 전달하는 광고의 힘은 여전히 유효하다.

6) 제품 매출 확인 프로세스

MR의 영업 성과는 일차적으로 매출의 양으로 나타난다. 정성적 평가도 있을 수 있으나 일단 정량적 평가가 우선이다. 높은 성과를 내기 위해서 많이 팔리는 것이 중요하다면 MR은 어떻게 행동해야 할까?

기본적으로는 현재 얼마만큼의 판매가 이루어졌는지를 알아야 한다. 그리고 더 나아가 고객이 우리 제품을 어느 질환의 어떤 환자에게 어느 정도로 처방하여 현재의 매출이 되는가를 알아야 한다. 그래야만 MR이 성과 향상을 위한 다음 전략과 전술을 구상하고 실천할 수 있다. 이 부분이 제약영업에서 어려운 점이다. 대부분의 분야에서는 판매량 파악이 어렵지 않게 이루어진다. 예를 들어, 자동차나 보험 판매는 계약과 잔금 회수, 보험료 납부로 결정된다. 음료수 판매라면 음식점과 판매 소매상 그리고 자판기별 판매량이 기간별로 나온다. 휴대폰, 가전제품 또한 크게 다르지 않다. 인터넷 판매라고 하더라도, 영업소와 영업사원이 판매량의 파악에 애를 먹을 이유는 없다.

그러나 제약은 그렇지 않다. 판매가 이루어지는 곳은 약국이지만 그 약을 처방한 사람은 의사이므로, 궁극적인 구매자는 의사가 된다. 예를 들어보자. 당신은 신경과를 주 진료과로 삼는 제약영업자이다. 화타병원 앞의 A약국, B약국, C약국의 해당 제품 월 판매량이 100이라고 한다면, 신경과의 판매 기여도는 얼마인가? 아울러 신경과 김 교수의 판매 기여도는 얼마인가? 불행히도 이 사실을 알아낼 방법이 없다는 것이 제약영업의 현실이다. 게다가 어떤 환자들은 병원 앞 약국에서 약을 조제하지 않고 버스 정류소 앞 약국 또는 집 앞 단골 약국에서 구매하기도 한다. 반대로, 다른 병원의 환자가 A약국에서 구매하는 경우도 있다. 이렇듯 약 판매처인 약국을 통해서는 개별 의사의 기간별 판매량은 물론이고 해당 과, 해당 병원의 매출을 구체적으로 조사하는 데 기본적인 어려움이 있다(처방된 것 중 실제 환자가 구매하지 않는 비중도 상당하다. 이 부분까지 고려하는 것은 현실적으로 더더욱 어렵다).

그렇다면 처방 행위자인 의사의 처방량을 중심으로 살펴보는 것은 어떨까? 이것은 더욱 어렵다. 우리나라의 어느 의사, 어느 병원도 공식적으로 자신들의 처방한 내용을 구체적으로 제공하지 않는다. 그러므로 공식적으로 의사 개인별 처방량 또한 알 길이 없다. 그렇다고 해서 전국의 처방전을 모두 모아서 의사별로 분류하는 것은 더더욱 불가능하다.

따라서 공식적이고 정확한 판매량을 담당자별로 알 수 없는 제약회사는 여러 방법을 동원해 판매량을 계산하고 있다. 이를 토대로 담당자별 기간별 판매 평가를 수행한다. 그러나 이는 단지 평가를 위한 방법으로 사용하는 것일 뿐, 고객별 판매량은 아니다. 양 간극을 줄이는 것이 회사의 과제이며 책임이다.

영업 성과를 높이기 위해 매출의 구성 내용을 알려면 어떻게 해야 할까? 우선 처방하는 고객을 통해 직접적으로 들을 수 있다. 그런데 이것이 참으로 난해하다. 예를 들어, 혈압강하제를 처방한 고객이 "나는 주로 만성고혈압 환자보다는 초기 치료를 위해 당신의 제품을 처방하고 있습니다"라고 말했다고 해보자. 이 말을 어떻게 해석해야 할까. '주로'는 어떤 비율, 얼마큼의 양을 말하는 것일까? 고객은 '만성고혈압 환자'를 어떤 기준으로 정의하고 있을까? '초기'라는 말은 병의 증상이 그렇다는 것일까 아니면 초진 환자를 이야기하는 것일까? 난해한 문장이다. 좀 더 구체적으로 추가 질문을 할 수는 있지만 의사들은 구체적인 표현을 피하는 경우가 대부분이다.

의사의 직접적 설명 외에 다른 루트는 없을까? 외래 간호사나 병동 간호사, 의국원, 동료 의사, 연구 논문, 보험심사과, 문전 또는 원내 약국, 전산실 등에 문의할 수 있다. 처방 확인 방법 중 한두 개 길목을 확보하고 있지 않다면 그 담당자는 자신의 활동 결과를 한 달 또는 분기 후에나 알게 된다. 또, 알게 되더라도 막연한 추측을 할 수밖에 없다. 그런데 매출의 구체적 내용을 알게 된 시점에는 이미 어느 정도 시간이 지났으니 그 시간만큼 즉각적이고 효과적인 전술을 구사하지 못한다는 이야기가 된다. 여기에 경쟁자의 행위가 더해지면 그만큼 더 큰 기회비용을 지출하게 되는 것이다. 따라서 처방 확인은 영업 행위만큼이나 중요한 일이다.

3. 준종합병원과 준종합병원 의사

1) 소속에 따른 의사의 차이

대한의사협회 홈페이지에 나와 있는 조직도를 한번 살펴 보자(http://www.kma.org/about/organization.php 대한의사협회조직도). 조직도 산하의 협의회를 보면 '개원의 협의회' '공직의 협의회' '전공의 협의회' '병원의사 협의회'가 있다. 시도 지부 등 지역 모임이 있음에도 불구하고 각 소속에 따른 협의회가 있으며, 의사협회에서도 주요 기구로 인정하고 있다. 다만 병원의사 협의회는 아직 설립되지 않았다고 한다. 현재 약 6만여 명의 봉직의가 있으나 이들의 권익을 대변할 단체는 없는 것이다.

이와 같은 홈페이지는 각 조직의 의사들이 무엇에 관심이 있는지 간접적으로 보여준다. 예를 들어, 개원의 협의회의 홈페이지에는 개원 정보, 일대일 노무 상담, 일대일 개원 상담 등 개원을 하는 데 필요한 정보가 많다. 대한개원의협의회 사이트를 가장 많이 방문하는 의사들은 바로 병원 소속의 봉직의라고 한다. 지금은 이런저런 이유로 병원에 소속되어 있으나, 언젠가 기회가 되고 준비가 되면 바로 개원할 예정이기 때문이다. 그러므로 준종합병원 소속의 봉직의들은 개원의에 더 가깝다고 볼 수 있다.

2) 준종합병원

일부에서는 준종합병원을 '세미병원(semi-hospital)'이라고 부르기도 한다. 준종합병원은 대형 종합병원에 비해 규모가 작으며, 특정 진료과를 중심으로 여러 개의 진료과가 같이 있거나 가까운 지역 내에 대형 종합병원이 없어서 환자들이 자주 찾는 진료과목을 여러 개 개설하여 운영하는 형태의 병원을 말한다. 특히 지방에는 준종합병원의 숫자가 많으며 다양한 의료 서비스를 제공하고 있다. 병상 규모는 30병상 이상 100병상 미만이다.

준종합병원은 종합병원에 비해 병원의 소유 구분이 명확하여, 이사장이나 병원장의 역할과 권한이 막강하다. 그러다 보니 타 의료기관에 비해 병원장의 업무를 지원하는 병원 행정 부서의 역할이 상대적으로 크고, 의사 고객 외에 행정부 직원과의 접촉도 많은 편이다.

대형 종합병원에 비해 규모는 작지만 특정과의 집중도가 높고 지역 내 경쟁이 없는 곳도 있어 영업의 규모가 종합병원보다 더 큰 준종합병원도 많다. 그러므로 규모로만 판단하여 준종합병원을 무시해서는 안 된다.

(1) 원장: 원장은 대부분 치료와 경영을 함께 하는 병원의 주인이지만, 병원의 설립자가 진료를 보지 않는 경우도 있다. 한 명이 원장을 맡는 경우가 대부분이지만, 신경외과나 안과처럼 기본 설비가 많이 들어가고 협업이 필요한 경우에는 공동 원장이 존재하기도 한다. 숫자에 상관없이 원장이 경영자인 것에는 차이가 없다.

일반적으로 준종합병원은 그 지역의 대학병원이나 유명 종합병원에서 상당한 환자들을 보유하고 있던 의사들이 독립해 나와 병원을 설립한 경우가 많다. 병원에 개인 이름이 들어간 곳이 많은 것도 이런 이유 때문이다. 기본적으로 원장을 중심으로 한 충성 고객과 환자들이 많아 진료에는 큰 어려움을 보이지 않으나, 설립 비용과 운영 비용이 막대하므로 거의 모든 병원의 원장들은 경제적 수익에 아주 큰 관심을 보인다. 병원 설립 과정에 도매상이나 브로커가 개입되어 있는 경우도 있다고 한다.

담당 약품이 원장의 진료 분야와 상관없고, 병원 경영과 직접적 관련 없이 외래 처방만 되더라도, 준종합병원에서는 원장을 배제하고 고객을 방문하거나 영업을 하기는 어렵다. 당장은 괜찮다고 하더라도 원장의 직접적인 호출이나 영업상의 필요성이 생길지 모를 일이다. 원장과는 가볍게라도 관계를 만들고, 병원에 방문할 때마다 인사하는 것이 좋다.

(2) **봉직의**: '페이 닥터(pay doctor)'라고도 한다. 대형 종합병원, 대학병원의 의사들도 월급을 받고 일하므로 사전적으로 말하면 봉직의이지만 일반적으로는 준종합병원 또는 종합병원의 의사들만 봉직의라고 한다. 그렇다고 MR이 사용할 수 있는 용어는 아니다. 의사들 사이에서 서로 구분 지을 때 부르는 호칭일 뿐이다. MR은 1내과장, 2신경외과장처럼 고객의 진료과에 과장이라는 직함을 붙여 사용한다. 봉직의는 전문의를 취득하고 대학의 교수직으로 진출하지 않은 의사로서, 개원을 목적으로 경험을 쌓고 자금 마련을 위해 근무하는 경우가 많다. 그러므로 장기적인 유대관계를 쌓기가 어려운 편이다. 대승적 차원에서는 준종합병원의 고객이 개원을 하면, 회사의 주요 고객이 될 수 있으므로 곧 개원해서 병원을 그만둘 것이라고 소홀히 대해서는 안 된다.

(3) **간호사**: 준종합병원에서는 간호사의 비중이 상당히 크다. 해당 병원에서의 경력이 진료과장보다 더 많은 경우도 있어, 병원에 대한 이해나 진료과에 대한 이해도를 높일 때 간호사의 도움을 많이 받는다. 하지만 앞에서 이야기한 바와 같이 간호사는 병원장과 직접적으로 고용-피고용의 관계를 맺고 있으므로, 간호사를 난처하게 할 무리한 부탁이나 접근은 가급적 자제하는 것이 좋다.

3) 방문 프로세스

일반적인 프로세스는 다음과 같다.

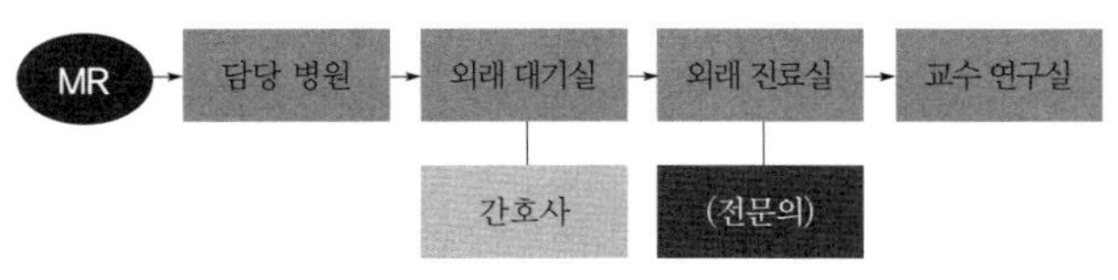

준종합병원의 방문 프로세스는 대기실, 진료실, 과장실을 중심으로 이루어진다. 준종합병원과 종합병원의 방문 프로세스 차이점은 의국이 있느냐, 없느냐 정도다. 일부 준종합병원은 인턴을 고용하고 의국이 설치된 곳도 있다. 또한 파견 형식으로 대형 종합병원에서 전공의들이 나와서 실습하고 교육받는 경우도 있다. 그러나 이 경우, 그들이 처방권을 가지고 있는 사례가 극히 드물고 주요 고객으로 상정하기 어렵기 때문에 다루지 않도록 하겠다.

준종합병원 소속 진료의들은 보통 진료실과 연구실을 같은 공간으로 사용하고 스케줄의 대부분이 진료와 수술로 빡빡하게 짜여 있다. 그러므로 방문은 진료 중이나 점심시간, 진료 후 시간을 이용하는 것이 좋다. 가장 좋은 시간은 점심시간이다. 앞서 설명한 종합병원 소속 의사와의 만남도 점심시간에 가질 것을 추천한다. 진료와 수술 일정들로 인해 바쁜 날이 아니면 보통은 원내의 직원 식당을 이용하기보다는 외부에서 식사하는 것을 선호하므로, 친분이 있다면 함께 점심식사를 하는 것이 서로에게 좋다. 특히 준종합병원의 진료과장들은 나이가 그렇게 많은 편이 아니기 때문에 상호 커뮤니케이션을 하기에 점심시간처럼 서로에게 편안한 시간을 활용하는 것이 더욱 효과적이다. 고객과의 점심 약속을 얼마나 많이 잡느냐가 업무 효율성의 척도라고 할 수도 있다.

일부 준종합병원의 경우 원장을 제외한 일반 봉직의에 대해 제약회사 영업사원의 방문을 제한하는 곳도 있다. 원장들이 일일이 체크할 수는 없지만 간호사나 행정 직원들은 원장에게 고용되어 있기 때문에 제약회사의 방문 정보가 원장에게 전해진다고 보면 된다. 방문이 제한된 곳은 최대한 병원의 내부 규정을 준수하면서 작은 만남으로도 큰 효과를 볼 수 있는 방문과 면담 계획을 준비, 시행해야 한다.

4) 약물 랜딩 과정

랜딩(landing)이란 병원 내 처방 전산 코드를 부여받는 것으로, 처방할 수 있음을 의미한다. 일부에서는 '코딩'이나 '사입했다'라는 용어를 사용하기도 한다.

준종합병원에서 DC를 운영하는 경우는 극히 드물다. 보통 해당 진료과에서 사용하고 싶은 약제가 있으면, 약제과나 구매과에 요청하고 담당 부서에서 심의하여, 전산 코드를 부여하는 절차를 따른다. 간단해 보이지만 사실 어려운 과정이다.

준종합병원에서 약제를 선정할 때, 각 진료과에서 처방의 독립성을 가지는 곳도 있지만 현실적으로 그렇지 않은 곳이 더 많다. 대부분의 경우 약제과나 행정 부서가 신약 선정을 하는 데 큰 권한을 갖는다. 현재 한국의 준종합병원은 경영 환경이 좋지 않고, 경쟁도 심화되어 있다. 앞서 이야기했듯이 병원의 부도율이 10%를 웃돌고 있는 현실에서 병원의 경제적 상황은 아주 민감한 문제일 수밖에 없다. 약품의 구매가 병원의 수입과 밀접한 관계를 가지고 있는 만큼, 경영자로서 약제 선택은 병원의 경영과 관련된 문제이다. 그런데 봉직의인 진료과장은 이 부분에 이해관계가 얽혀 있지 않으므로 경제적 문제는 따지지 않는다. 따라서 경제적 이해관계를 잘 이해하고 있는 약제과가 신약을 선정하는 데 권한을 가지는 것이다.

이런 상황이라면 진료과장을 설득한다고 해도 그것이 바로 신약 신청과 약제 랜딩으로 이어지지 않는다. 이해관계 부서의 협조는 진료과장이 얻을 수도 있으나, 제약회사의 역할도 분명히 있다.

이 밖에도 대부분의 준종합병원과 종합병원을 담당할 때는 해당 병원과 약품 도매상의 관계를 살펴보아야 한다. 우리나라의 유통구조는 도매상을 통한 간접 유통과 직접 납품(업계에서는 '직납'이라고 함)이 혼재되어 있다. 도매상을 통한 유통은 다시 간접 납품('간납'이라고도 함)과 일반 도매로 나뉜다. 간납이란 제약회사의 제품을 특정 병원으로 납품한다는 전제로 도매상이 유통하는 것을 말한다.

예를 들어 A라는 도매상이 B라는 병원의 납품권을 가지고 있는 경우, 제약회사는 B병원의 사용 약제를 A도매상에게 지정 공급하는 것이다. 납품권이란 입찰을 통해서 확보하기도 하지만 도매상이 직접 영업을 뛰어 특정 약품들에 대한 납품권 또는 전체 약품에 대한 납품권을 따는 경우도 많다. 후자에 해당하는 도매상들을 '전납 도매상'이라고 한다.

간납, 전납 도매상과 준종합병원의 경제적 이해관계는 상당히 깊다. 병원의 실제 주인이 그 병원의 전납 도매상을 경영하는 경우도 있다. 그러므로 담당하는 병원 또는 담당하고 있는 제품군에 대한 전납 도매상이 있는 경우, 단순히 진료과만 상대로 영업 행위를 해서는 목적한 바를 이루기가 어렵다.

5) 제품 매출 확인 프로세스

종합병원과 다르지 않으며, 준종합병원에서의 처방 확인 또한 중요하다. 문전 약국을 통해 처방을 확인할 때는 언제든 주의하는 것이 좋다. 처방량 조사는 영업사원의 개인적인 필요에 의해서 확인하는 것임을 항상 잊지 말아야 한다. 오해할 표현이나 문구 사용을 삼가야 한다.

4. 개원가와 원장

1) 의원

흔히들 알고 있는 개인병원을 '의원'이라고 한다. 한두 명의 의사가 경영하는 경우도 있지만 많게는 십여 명이 함께 대표자로 등록하여 경영하는 경우도 있다. 이들은 의사인 동시에 사업자의 역할을 하고 있으므로, 병원 경영에 관심이 높으며 차별화를 위해 부단히 노력한다. 개인병원은 치과나 안과, 산부인과 등 특정 진료과목만 운영하기도 하고 여러 진료과목을 동시에 운영하기도 한다. 보건복지부의 통계에 따르면 치과를 제외하고 전국적으로 약 3만 개의 개인병원이 영업 중이다. 업계에서는 이들을 '개원의'나 '의원'이라고 부르며, 의사 사회에서는 '개원가'라고 통칭하기도 한다.

개인병원은 기본적으로 개인사업자이다. 최근에는 개원의의 형태도 다양해지는 추세다. 동네 어귀에서 혼자 진료를 보는 '김○○ 의원'이 있는가 하면 서울 강남의 성형외과처럼 십여 명의 전문의가 함께하는 의원도 있다. 또 하나이비인후과, 속편한내과, 고운세상피부과, 맨비뇨기과 같은 프랜차이즈 의원도 있다.

소유의 형태로는 2인 이상 공동 소유를 통한 공동 운영, 진료실만 분리되고 이외의 공간은 함께 사용하는 연합 형태의 의원, 1인의 원장 아래 다수의 봉직의를 두는 형태 등이 있다. 이렇게 다양한 의원의 스펙트럼을 일반화하여 이야기하기는 힘들기 때문에 공통되는 부분에 대해서만 설명하겠다.

의약분업 이전, 또는 직후만 하더라도 제약회사 내에서 의원 영업은 매출의 적은 비중을 차지했다. 그래서 2000년대 초까지 각 제약회사의 의원 영업은 종합병원 사업부의 한 부문으로써 운영하였다. 하지만 지금은 대부분 그 특수성이 인정되어 독립 영업부서가 되어 있다. 시장의 규모가 커진 것도 하나의 이유지만, 고객의 성향이 완전히 달라 다른 영업 전략과 기술이 필요하다는 점이 주요 원인이다.

2) 영업 프로세스

개원의는 환자가 언제 찾아올지 모르기 때문에 진료시간 내내 진료실을 지키고 있어야 한다. 그러므로 MR의 방문도 그 시간 안에서 항시적으로 이루어진다. 물론 의원을 방문할 때도 점심시간을 이용하는 것이 가장 좋다. 그러나 잘되는 의원이나 주요 고객일수록 진료 시간에 쉬지 못하고 힘들게 보내므로, 점심시간은 정말 소중한 휴식시간이다. 따라서 서로에게 소중한 시간을 어떻게 하면 윈윈(win-win)하는 방법으로 이용할 것인가에 대한 고민이 필요하다.

(1) 원장: 개원의 형태는 다양하지만 의원에서 절대적 권한이 원장에게 있다는 점은 같다. 따라서 원장을 중심으로 만나고 영업 행위를 해야 결과를 이끌어낼 수 있다.

일반화하기에는 위험성이 있지만, 의원 원장들의 최대 관심사는 수입과 여가 생활이다. 환자를 치료한다는 목적을 달성하려면 병원이 유지되어야 하고, 병원을 유지하려면 당연히 일정한 수입이 있어야 한다. 병원의 발전과 관련되면서 경영에도 도움이 된다면, 개원의 원장들의 관심을 끌 수 있다. 그러므로 의원 고객과 MR 간의 행위가 고객의 수입과 연결되기만 한다면, 실제 내용이 어떻든 간에 고객은 흥미를 느낀다는 사실을 늘 유념하라. 과장해서 말하자면 제품의 실제 내용이 어떤지보다 말을 어떻게 하느냐가 더 중요하다고 할 수 있다. 경쟁 제품 대신 자사 제품을 처방하는 것도, 검사법을 통해 환자를 발굴하는 것도, 반드시 결과는 "원장님, 병원 경영에 반드시 도움이 됩니다"로 연결 지어야 고객의 관심을 끌 수 있다. 다만 한 가지, MR은 제품을 파는 것이 아니라 제품을 통해 고객에게 효용을 느끼게 하고 만족감을 주어야 한다는 점을 강조하고 싶다.

원장들의 두 번째 관심은 '여가 생활'이다. 웬만한 의원의 원장들은 주 6일 근무이고, 아침 9시부터 6시까지 꼬박 진료실에 묶여 있다. 우스갯소리로 세상에서 제일 좋은 직업이 '의원 원장 사모님'이라는 이야기가 있을 정도로 바쁘다. 1인 병원의 경우에는 더욱 그렇다. 그래서 이들은 취미생활, 여행 정보, 맛집 정보 등 여가시간을 알차게 보낼 수 있는 정보에 적극성을 보인다. 고객의 개인 성향에 맞는 여가생활 정보를 제공하면 고객과의 관계 증진에 큰 도움이 된다.

(2) 봉직의: 개인병원의 봉직의는 준종합병원처럼 페이 닥터인 경우와 직책은 부원장이지만 공동원장인 경우가 비슷한 비율로 섞여 있다. 후자의 경우에는 원장과 동일하게 생각하고 영업 관계를 맺어야 한다. 그 정도의 위치면 약물

의 선택권이나 처방의 자유권이 상당히 큰 경우가 많기 때문이다. 단순한 봉직의일 경우에는 원장의 암묵적인 허가 아래 방문과 영업 관계를 지속해야 한다. 이 부분을 간과하면 큰 곤란을 겪을 수 있으니 늘 유념해두어야 한다.

(3) 간호사: 개원가도 요즘은 종합병원처럼 간호사의 중요성이 높아지고 있다. 예전에는 개원가에서 경제적 문제 때문에 간호사 중에서도 간호조무사만을 고용하여 보조 업무 정도의 역할만 부여했다. 그러나 최근에는 종합병원에서 경력을 쌓은 간호사(RN, Registered Nurse)를 고용하기도 하고, '코디네이터'라 부르며 의원 운영의 상당 부분을 일임하기도 한다. 의원 간 경쟁이 치열하다 보니, 단순히 원장 본인의 실력과 서비스만으로는 한계가 있는 데다 환자와 대면 시간이 상대적으로 긴 간호사의 역할이 재평가되고 있기 때문이다. 잘 뽑은 간호사 한 명이 잘되는 병원과 그렇지 않은 병원을 나누는 데 적지 않은 역할을 한다.

MR 또한 의원에서 간호사의 역할이 커졌다는 사실에 관심을 가져야 한다. 간호사를 통해서 고객의 처방에 대한 정보, 영업에 참고가 될 만한 개인 성향에 대한 정보 그리고 경쟁사의 영업 활동과 관련한 정보들도 알게 된다.

의원 영업 담당자는 고객을 방문할 때, 종합병원 담당자에 비해 공간적으로 멀리 떨어져 있는 의원들을 이동해야 한다. 고객과의 방문시간을 늘리고, 방문 대기시간을 줄이는 데 있어서 간호사의 역할은 절대적이다. 오늘 꼭 방문하여 전달할 사항이 있는 날, 고객의 진료 대기실에 십여 명의 환자들이 대기하고 있다면, 1시간 이상을 마냥 기다려야 한다. 이때 간호사의 도움으로 소중한 영업시간 1시간을 아낄 수 있다.

3) 약물의 랜딩

종합병원과 준종합병원의 경우 제품 코드가 생성되었다는 것이나 랜딩했다는 것은 곧 처방을 의미한다. 다시 말해 처방이 시작된다는 말과 같다. 그러나 의원에서의 제품 랜딩은 조금 다르게 살펴보아야 한다. 다음 두 가지 상황은 제품 랜딩이라고 볼 수 없다. 우선, 단순한 제품 코드의 등재는 랜딩과 상관없다. 요즘에는 거의 모든 의원들이 수기 처방 대신 전자 차트와 컴퓨터를 이용하여 처방하고 있다. 따라서 처방 프로그램 상 거의 모든 제품의 코드는 이미 입력되어 있다. 언제라도 처방할 수 있지만, 처방하지 않을 수도 있다는 말이다.

또 환자가 부탁하여 처방한 경우에는 랜딩이라고 할 수 없다. 대형 종합병원이나 지역의 다른 병원에 다니던 환자에게 연속적으로 같은 약품을 처방하는 것이다. 이럴 때는 제품을 랜딩했다, 또는 처방했다고 표현할 수 없다.

고객이 본인의 의지를 가지고 일정 영역에서 제품을 처방해야만 랜딩했다, 처방했다고 할 수 있다. 특히 두 번째 경우를 의사가 처방을 하고 있다고 생각하여 고객인 양 인식하고, 그것을 관리자에게 보고하거나, 특별한 판매 증진 목표 없이 처방 고객인 양 방문하는 것은 나쁜 영업 태도이다.

5. 보건소

앞에서 의사의 교육 과정을 이야기하면서 병역 부문 중 보건소에 대해 잠시 언급했다. 대도시 보건소에 근무하는 의사는 대부분 공무원 신분으로 재직하는 의사들로, 전문의도 있고 일반의도 있다. 진료의 외에도 보건소에는 소장이 있는데 의사 신분이 아닌 경우가 많다. 보건소장은 공무원의 신분으로서 보건소의 행정적 책임을 가지고 있는 사람을 말한다. 따라서 보건소의 진료는 전적으로 봉직의의 책임이다.

예전에는 보건소의 의사가 다른 의사들에 비해 상대적으로 안정적이고 업무가 많지 않아 직업으로 선택하는 경우가 많았다. 그런데 최근에는 국가 의료체계에서 보건소의 역할이 강조되면서 업무 부담이 늘어났다. 또한 그에 상응하는 대우를 받지 못하는 부분이 있어, 보건소 의사의 수급이 원활하지 않다.

대도시를 벗어나면 상황이 조금 달라진다. 보건소의 의사 수요를 충족하고 국가 의료체계로서 보건소와 보건지소를 운영하기 위해, 병역 의무를 이행해야 하는 의사들이 보건소에 배치를 받으면서 새로운 신분이 생겨났다. 이들을 공중보건의, 줄여서 '공보의'라고 부른다. 병역 의무를 수행하면서 일반 행정 영역에 있는 아주 애매한 신분이다. 그러나 이들도 MR의 고객이다. 당연히 처방권을 가지고 있기 때문이다.

방문 프로세스는 일반 개원의 방문과 다를 것이 없다. 다만 진료시간이 상대적으로 짧다는 차이가 있다. 보건소 의사들의 신분은 공무원이다. 공보의도 애매하기는 하나 마찬가지로 생각하고 접근하는 것이 더 좋다. 그런 만큼 영업 활동의 제약 요인이 있으므로 일반 의사를 상대하는 것보다는 상대적으로 조심해야 한다. 보건소의 신약 랜딩은 상대적으로 자유로운 편이다. 보건소 내에서 진료권을 가지고 있는 유일한 사람이 의사이므로 다른 부서에서 관여하는 부분이 작기 때문이다.

보건소 원내에서 사용되는 약제는 국가의 예산체계 내에서 사용되기 때문에 시기적으로 제약을 받는다. 또한 약가도 큰 제약 요인이다. 보건소는 특정 기간을 통해서 예산을 사용해 약제를 구매하기 때문이다. 이 예산에는 총 금액이라는 것이 존재한다. 비싼 약이 포함될수록 예산 내에서 구매할 수 있는 다른 약제의 양이 줄어들게 된다.

보건소에 약을 납품하는 것은 도매상을 이용해야만 한다. 보건소를 대상으로 영업을 하는 지역 내의 도매상이나 도매 영업자가 있기 마련이므로, 회사 내 도매부과 잘 협조하여 입찰 기간 내에 착오 없이 진행될 수 있도록 유의해야 한다.

아울러 요즘은 보건소에서도 일반 진료를 많이 보고 있어, 보건소 원외로 처방되는 약제는 예산의 제약이 없다. 그렇다고 하더라도 보건소를 이용하는 환자들은 경제 상황이 여의치 않은 경우가 있으므로, 상대적으로 비싼 약제의 사용은 위축될 수밖에 없다. 보건소 외래 처방에 대한 영업 경쟁이 치열하기는 하지만, 보건소 공보의들을 대상으로 한 영업 관계는 시간적으로 짧을 수밖에 없어 한계가 많다. 전임자와 후임자의 인수인계 기간을 적극적으로 이용하여 그 제약점을 극복해야 한다.

제약 마케팅의 이해

1. 기업 운영에 있어 마케팅의 의미

마케팅이란 글로벌 시장에서 경쟁 우위를 점하기 위해 선도적인 조직이 사용하고 있는 기업 전략의 핵심이다. 또한 새로운 제품과 서비스 개발을 이끄는 중추적인 동력원이기도 하며, 사업을 실행하는 데 있어서 시작인 동시에 모든 기업 전략의 기초이기도 하다. 이러한 의미에서 마케팅 전략이란 선도적인 기업이 경쟁 기업들로부터 고객을 지속적으로 유지시키는 핵심 기술이라고 할 수 있다. 오늘날 시장 환경인 B2B^(Business to Business, 기업 간의 전자상거래)와 B2C^(Business to Consumer, 기업과 소비자 간의 거래) 모두에서 마케팅은 최첨단 기업뿐만 아니라 오래된 기업들 모두가 새로운 시장을 창출하고 고객을 유인하는 데 필요한 핵심 역량이다.

요즘같이 복잡하고 공격적인 시장 환경에서 기업이 경쟁에서 살아남기 위해서는 기업의 모든 구성원들(특히 마케터들)이 제품 및 서비스의 우수성, 더 나아가서 기업의 생존에 영향을 미칠 수 있는 내·외부적 요인들을 반드시 이해해야 한다. 즉 마케팅은 기업의 목표를 충족시키기 위해 사용자들이 원하는 제품과 서비스를 기획하고 가격을 결정하며, 제품을 유통하는 등의 활동이 상호작용하는 총체적인 시스템이다. 오늘날 마케팅이 점점 더 중요해지는 이유는 다음과 같다.

(1) **인구 통계학적 급격한 변화와 이동:** 소비자들의 나이, 성별, 교육 정도, 소득 등이 다양하다.

(2) **사회·심리학적 변화:** 웰빙에 대한 관심의 증가 등 라이프스타일, 가치, 행동 등이 급변하고 있다.

(3) **새로운 지리학적 요인:** 교통 및 통신 기술의 발달로 지리적 중심 위치에 따른 중심지역과 그 외 지역의 중요도와 지역별 성장률의 차이가 감소했다.

(4) **단위 성장과 실제 성장의 변화:** 시장의 모든 분야가 같은 비율로 성장하는 것은 아니다. 기업은 지속적인 성장을 위해서 경쟁자들과 차별화하고 점유율을 확대할 수 있는 마케팅 전략을 사용해야만 한다. 빠른 기술의 진화로 인해

제약산업도 과거와 같이 제품 차별화가 쉽지 않다.

(5) 글로벌 시장: 글로벌 소비자와 글로벌 경쟁자들의 존재를 인정하고 마케팅에 반영해야 한다.

(6) 기술의 이동: 혁신을 통해 제품과 서비스가 빠르게 발전하고 있을 뿐만 아니라 선진국과 개발도상국 간, 으뜸 기업과 버금 기업 간, 대학과 기업 간 기술 이동도 활발해지고 있다.

(7) 제품 수명주기: 어떤 산업 분야에서는 제품 수명주기가 연 단위에서 월 단위로 바뀌고 있다. 제약산업도 과거에 비해 제품 수명주기가 눈에 띄게 짧아지고 있다.

(8) 경쟁구도 변화와 심화: 경쟁은 전통적, 비전통적 자원들을 통해 더 심화되고 공격적으로 변해가고 있다.

(9) 소비자 욕구의 지속적 변화: 소비자들이 지금 원하는 것과 향후에 원할 것들이 지속적으로 변화하고 있다.

(10) 정부의 규제와 완화: 정부 규제와 완화는 시장의 진입과 철수에 영향을 미치는 중요한 요소다. 정부의 개입은 마케팅에 있어 기회이자 위협으로 다가

오며, 제도의 변경에 의한 산업군 내·외부적 변화의 대처 정도에 따라 성과가 달라질 수 있다. 제약산업의 경우, 정부가 처방 의약품 가격 결정과 판매에 미치는 영향이 크다. 제약 마케팅에서는 정부의 새로운 정책 및 여러 규제에 대해 늘 준비하는 마음을 가져야 한다.

(11) 전자 상거래와 같은 유통의 변화: 사업이 수행되는 방법과 소비자들이 기업과 연결되는 방법상의 변화를 의미한다. 온라인 거래는 시장 세분화에 있어 필수적인 요소로 자리 잡고 있다.

(12) 커뮤니케이션 채널의 복잡성: 최근에 급격히 퍼지고 있는 태블릿 PC나 스마트폰은 기업과 소비자의 커뮤니케이션을 일방향에서 양방향으로 전환하는 혁신을 가져왔다. 이에 따라 소비자와의 커뮤니케이션에 있어 양과 질의 변화는 상상할 수 없을 정도로 다양하고 복잡하게 이루어지고 있다. 이제 많은 환자들이 약물에 대한 정보를 이전보다 쉽게 온라인상에서 구할 수 있게 되었다.

2. 마케팅 부서 및 마케터

제약 마케팅 분야는 국내 제약 시장이 작아 보이는 데다 타 업종에 비해 세계 진출이 늦어지는 바람에 조명을 덜 받고 있다. 그러나 활동 반경이나 향후 발전 가능성을 따져보았을 때 상당히 매력적인 분야임에 틀림없다.

제약산업에서 마케팅이란 초기 개발 단계부터 성숙기 이후까지, 제품의 라이프 사이클(life cycle) 전체를 포함하는 포괄적 의미이다. 국내외의 많은 제약회사들은 다양한 질병을 치료하는 중요한 의약품을 개발하기 위한 연구에 많은 자원을 투자하고 있다. 그리고 다년간의 연구 결과, 양질의 제품이 개발되고 있다.

제품 개발은 마케팅 부서에게 있어, 시장에 제품을 판매하기 위한 최선의 길을 결정해야 한다는 것을 뜻한다. 제약산업의 마케팅은 다른 산업과 달리 최종 사용자와 마케팅 대상이 다르다는 점을 염두에 두고 이루어져야 한다. 무엇보다 의약품을 다루는 만큼 환자의 건강과 생명에 직결된다는 사실에 늘 주의를 기울여야 하며, 이와 같은 특성때문에 다른 산업의 마케팅 활동보다 많은 제약 조건이 있다.

1) 제약 마케팅 부서의 임무

(1) 종류별 질환이나 의사의 처방 습관, 환자 종류에 대해 다양한 정보를 얻기 위해 광범위한 리서치를 시행한다.

(2) 의약품을 론칭하는 과정과 그 전후의 활동을 포함하여 제품을 제대로 관리하기 위한 자세한 전략을 담은 장·단기 마케팅 계획을 개발한다.

(3) 시장, 비주류 제품, 현재의 판매 실적 등을 긴밀히 파악해 새로운 판촉 캠페인을 벌임으로써 변화하는 요구에 신속히 반응한다.

(4) 마케팅 계획의 실천을 위해 학술부, 구매부, 영업부 등 관련 부서와 다양한 협조를 통해 성과를 이끌어낸다.

(5) 각 실천 계획별 주요 성공 지표 등을 관리하며 예산을 효율적으로 관리한다.

(6) 경영자에게 고객의 욕구 변화 및 경쟁 상황 등 시장에 대한 정보를 꾸준히 제공하며, 지속적인 성장을 위한 투자 전략 등을 제안한다.

2) 제약회사 마케터

제약 마케팅은 매스 커뮤니케이션보다는 영업 담당자를 통한 일대일 커뮤니케이션의 비중과 영향력이 더 크다. 따라서 제약영업 담당자는 마케팅에 대해 이해하고 있어야 한다. 그런 의미에서 영업 담당자는 담당지역의 개별 마케터로서의 활동 또한 놓치지 말아야 한다. 영업과 마케팅은 서로 떼려야 뗄 수 없는 분야이기 때문에, 영업 담당자가 향후 마케터로 전직하는 경우도 있다. 제약회사에서 마케터는 보통 일반 영업 담당자 중에서 선출하는 것이 일반적이다. 제약 마케터의 기본 역량에 대해 살펴보자.

(1) 시장과 고객의 요구를 파악하는 직감: 내·외부 환경을 고려하여 시장과 고객이 원하는 바를 파악한다. 파악된 정보를 바탕으로 고객에게 영향을 줄 결정

을 인도하는 데 직감을 잘 활용할 수 있어야 한다.

(2) 기회 요인을 파악하고 성장 계획을 작성하는 능력: 우선순위를 근거로 한 중요한 기회 요인을 파악하고 그것에 맞는 제품 포트폴리오와 브랜드 전략을 만든다. 브랜드를 어떻게 개발하고 효율적으로 성장시키는가에 대해 고민한다. 또한 이익과 가치의 극대화를 위한 전략을 실행하기 위한 실행 계획을 만들어야 한다.

(3) 약제비 지불자인 정부와 제약 관련 법규를 이해하고 대응 전략을 수립하는 능력: 제약 관련 규칙과 다양한 구조, 각 관련 조직의 목적, 이를 접근하기 위한 방법 등을 이해하고 이를 통해 약제비 지불자와 관련 법규를 어떻게 적절히 대응할 것인가에 대한 계획을 수립해야 한다. 각 협상과 계획 속에서 원원 전략을 수립하며, 약제비 지불자가 원하는 바를 파악하여 근거 중심의 자료를 제출할 준비를 해야 한다. 이를 위해 브랜드 캠페인과 임상적 결과물에 대한 통합적 관리 운영이 필요하다.

(4) 브랜드를 성공적으로 관리하는 능력: 브랜드를 지속적이고 과감하게 포지셔닝하고 브랜드 가치를 개발하고 전달하는 능력이 필요하다. 또 고객에게 자사의 브랜드가 고객의 가치와 어떻게 결부되어 있는지에 대해 설명하는 전략 개발을 할 줄 알아야 한다. 브랜드의 라이프 사이클을 극대화하면서 효율적이고 경쟁적으로 브랜드 관리를 할 수 있는 능력이 필요하다.

(5) 실행 능력: 실행 계획과 그 과정을 이해하고 고객이 원하는 바를 제공하기 위해 적절한 채널을 활용하여 전략과 실행 활동들을 구조적이고 통합적으로 조직하는 능력이 필요하다. 또한 성과 지표를 만들어 관리하며, 관련 부서와의 긴밀한 협조를 통해 브랜드 캠페인을 효과적으로 달성할 수 있도록 하는 능력이 중요하다.

(6) 주요 고객 관리 능력: 제약영업과 마찬가지로 마케팅에서도 가장 중요한 고객은 의사라는 전문가 집단이다. 제품의 최종 소비 주체는 환자지만 환자의 삶의 질과 만족을 위해 노력하는 전문가 집단과의 활동이 마케팅의 중요한 수단이 되고 있다. 제약 마케팅 담당자는 각 전문가 집단이 갖고 있는 환자, 질환 및 제품 등에 관한 기본 지식들을 파악해야 하며 이들에게 지속적인 학술 정보를 전달할 수 있는 지식을 쌓아야 한다.

(7) 비즈니스에 대한 안목: 마지막으로 제약 마케터들은 확고한 브랜드 전략과 투자 계획 등을 만들고 이를 내·외부적으로 커뮤니케이션하기 위해 적절한 데이터와 근거를 활용하고 해석할 수 있어야 한다. 또한 각 브랜드 관련 활동들의 평가 지표를 만들고 이를 지속적으로 관리하며, 문제가 되는 것에 대해서는 장·단기 사업 결과를 가져올 수 있는 대안을 만들어 실행할 수 있도록 해야 한다.

3. 제약 마케팅의 주요 개념

1) 고객의 세분화(Segmentation)

고객의 세분화는 마케팅 전략을 수립하는 데 있어 첫 단추와 같은 역할을 한다. 마케터는 고객을 얼마큼 정확히 세분화하는 것이 전략과 메시지를 수립하는 데 있어 필수적인가를 늘 인지하고 있어야 한다. 이 점을 위해, 마케팅 부서는 시장조사를 통해 공통된 요구를 가지는 집단을 알 수 있다. 예를 들면, 폐렴을 앓는 12세 이하의 어린이나 골반염증 질환을 가진 20~40대 여성, 중증 이상의 천식을 앓고 있으며 알레르기 비염 증상을 동반하고 있는 환자 그룹처럼 말이다. 고객 세분화를 통한 목표 고객의 정의는 제품이 현재 판촉 활동을 하는 중인지, 발매하게 될 약인지에 따라 다르게 나타날 수 있다. 또한 고객 세분화는 제품의 성장이 멈추었을 경우 새로운 시장을 찾아 나설 때 사용되기도 한다.

2) 포지셔닝(Positioning)

주요 고객을 세분화하고 나면, 그 집단의 요구 사항을 충족시킬 수 있는 특징을 제품의 장점으로 삼아 의약품을 포지셔닝할 수 있다. 포지셔닝을 할 때는 고객의 마음에 일관되고 명쾌한 브랜드 메시지를 전달하는 것이 가장 중요하다. 전달하려는 메시지의 내용이 많거나 장점만 줄줄이 나열해서는 세분화된 고객에게 효과적이고 지속적인 브랜드 이미지를 구축할 수 없다.

브랜드 이미지는 '효과' '안전성' '환자의 경제적 이익' '치료 스케줄의 간소화' '환자의 순응도 향상' 등 큰 카테고리로 접근할 수 있으며, 더 구체적으로 할 수도 있다. 예를 들어 '짧은 방학 기간, 연휴 기간을 이용하여 적용할 수 있는 치료 방법'이라거나 '약 효과의 발현 시간이 ○○대비 몇 분 단축' 등 세분화된 고객을 대상으로 아주 세밀한 포지셔닝이 가능하다.

제품을 성공적으로 포지셔닝하기 위해서는 고객에 대한 통찰력(insight)이 중요하다. 고객의 마음을 울리는 통찰력을 얻기 위해, 마케터는 끊임없이 고객의 입장에서 생각하고 고객의 행동과 욕구를 탐구하는 데 많은 시간을 할애해야 한다.

3) 대상 고객 설정(Targeting)

제품을 개발하고, 세분화를 마친 후 정해진 포지셔닝을 고객에게 정확히 전달하려면, 타깃이 되는 고객을 정확히 설정하고 분석해야 한다. 마케터들이 재원이나 시간을 낭비하지 않으려면, 특정 제품의 사용을 선호하는 고객을 구분하여 특징을 따로 분석하는 등의 노력을 기울여야 한다.

자원은 항상 제한되어 있다. 이를 효율적으로 활용하기 위해서 표적 고객을 정확히 설정하는 일은 날로 중요해지고 있다. 이 부분은 영업에 있어서의 타깃 설정과 연관되므로 관련 장에서 더욱 자세히 다루도록 하겠다.

4) 시장조사(Market research)

시장조사는 제품이나 서비스의 마케팅과 관련된 문제와 기회에 대한 자료를 체계적으로 수집, 기록, 분석하는 것을 말한다.

(1) 시장조사 설계 과정의 단계

① 문제에 대한 정의: 가능한 한 구체적으로 핵심 문제에 대해 명확하게 정의해야 한다.

② 문제 해결에 대한 가치 산출: 시장조사를 하지 않는다면 기업은 얼마나 많은 손실을 볼 것인가? 마케터는 이 단계에서 집행할 예산의 가치를 설정해야 한다. 만약 마케터가 수치상으로 가치를 나타낼 수 없다면 조사를 수행하는 데 어려움이 있을 것이다.

③ 예산 수립: 예산은 두 번째 단계에서 결정된 가치에 따라 달라진다.

④ 자료 수집 방법의 선택: 조사 과정에서 사용하는 방법은 세 번째 단계인 예산에 따라 달라질 수 있다.

⑤ 측정 도구의 설정: 측정 도구의 예로는 'Yes or No' 질문, 다중 선택 질문, 1~10까지의 스케일 질문 등이 있다.

⑥ 표본 선택: 표본은 모집단의 작은 부분이며, 전체 소비자 집단의 일부이다. 표본 추출은 자료가 통계적으로 타당함을 증명하기 위해 전문적인 방법을 통해 이루어져야 하다.

⑦ 분석 방법의 결정: 예를 들어, 선거 전에 실시하는 조사에서 조사자들은 모든 유권자나 투표할 가능성이 높은 사람들을 대상으로 조사를 실

시하지만 투표 결과는 달라질 수 있다. 마케터는 의사 결정 과정을 위해 정확한 정보를 얻을 수 있는 절차를 밟아야 한다.

[그림 3-6] 시장조사 설계 과정

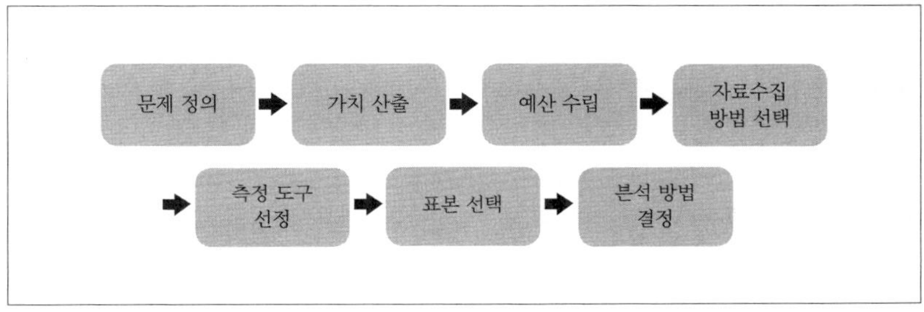

마케터는 1~7단계까지 소요되는 시간과 비용을 계산해야 한다. 또한 프로젝트를 실행하는 조사 전문가들과 자주 만나야 한다. 여기서 정확히 시장조사 대행기관에 시장조사의 목표와 기대치를 설명해주어야 원하는 결과를 얻을 수 있다.

5) 제품의 수명주기(The product life cycle)

제품의 삶은 생명체의 삶과 비슷하다. 제품은 잉태되고 태어나고 자라고 성숙하며 나이가 들고 나중에는 사망한다. 전통적인 제품의 수명주기는 판매와 수익을 y축으로 하는 S자 모양의 곡선 그래프이다. 특히 제약산업에서는 제품의 수명주기가 명확히 나타나며 해당 주기에 맞춘 브랜드 전략도 명확히 구분된다. 그러므로 제품의 수명주기에 대한 이해는 제약 마케터 업무 중 매우 중요한 부분을 차지한다.

신제품 론칭을 준비하는 것은 비행기를 조정하는 것과 비슷하다. 비행기를 정상 궤도에 올리기 위해서는 방대한 자원이 필요하며, 일단 궤도에 이르면 궤도를 유지하는 데는 돈이 덜 든다. 종종 비행기가 운항 궤도를 이탈하기 시작하거나 새로운 방향이 필요한 경우에는 재수정이 필요하다.

(1) 도입기(Introduction)

도입기에 마케팅의 목표는 제품 또는 서비스에 대한 기회를 탐색하는 것이다. 혁신 수용자, 이노베이터들의 구매 선호도를 만족시키기 위해 제한되고 선택적인 유통구조를 설정한다. 시장에의 빠른 도입은 경쟁에서 유리한 위치를 확보하는 데 도움이 된다. 그러므로 마케터는 시장에 대한 투자와 동시에 새로운 기술을 고객들에게 알리는 데 중점을 두어야만 하다. 이 시기에 제품을 처방하는 의사들은 오피니언 리더 중에서도 새로운 것을 써보고자 하는 의사이거나, 임상 시험을 통해 이미 사용해본 사람이다. 가격이 다소 높고 경쟁은 생각보다 심하지 않다.

(2) 성장기(Growth)

성장기에 마케팅의 목표는 초기 고객들의 처방 영역을 확장하는 동시에 그러한 고객을 제품과 서비스의 단골로 전환시키는 것이다. 유통 채널은 고객 기반을 넓히는 데 주로 사용된다. 시장은 급격한 성장을 이미 경험하였고 수익 역시 이미 안정화되기 시작하므로 마케터는 이 시기에 비용을 통제할 수 있다. 성장기에는 많은 의사들이 약품을 처방하기 시작한다. 그러므로 이 시기에 투자비용을 되찾고 이익을 내야 한다. 가격은 아직 높은 편이며 이 시기에 경쟁 제품들이 강하게 반응하기 시작한다.

(3) 성숙기(Maturity)

성숙기에 마케팅의 목표는 시장점유율을 일정하게 유지하고 다시 성장할 수 있는 기반을 마련하는 것이다. 이 시기에는 새로운 고객층이 매우 얇기 때문에 마케터는 가격으로 인한 소모적인 경쟁을 피할 필요가 있다. 시장도 매우 정적으로 변화가 없으므로 가격 인하와 같은 촉진 전략이 시장점유율을 유지할 수 있는 대표적인 전략이라고 할 수 있다. 제약산업의 경우, 성숙기에는 제품에 대하여 잘 알려지고 안정성이 확보되므로 처방을 하지 않던 많은 수의 경쟁자들이 제네릭을 시판한다. 이 시기는 진정한 이윤을 내는 마지막 시기이므로 마케팅 부서는 이 기간을 가능한 한 길게 유지하려고 노력한다. 가격, 새로운 적응증 추가, 새로운 처방자의 발전, 프로모션 종류의 변화와 같은 전략을 개발, 시행한다.

(4) 쇠퇴기(Decline)

쇠퇴기의 마케팅 목표는 제품 또는 서비스의 성장률을 회복하는 것이다. 어떤 마케터들은 새롭고 진보된 전략을 통해 제품 또는 서비스를 다시 출시하기도 한다. 이러한 전략은 마케터가 기존 제품이나 서비스에서 발생하는 수익을 최대화할 수 있고, 기존 고객들이 새로운 제품이나 서비스를 원할 때 이루어진다. 쇠퇴기에 마케터는 핵심 사용자들에게 집중해야 한다. 또한 시장의 규모가 줄어들기 시작하고 경쟁자들이 점차 시장에서 철수하기 때문에 판매·촉진 활동에 소요되는 비용을 줄일 수 있다. 만약 마케터가 쇠퇴기에 적용한 새로운 전략이 고객의 관심을 유발하거나 판매 촉진에 유효하지 않다면 쇠퇴 속도를 저지하는 것이 중요해진다. 이 시기에 프로모션 비용을 낮게 유지하면 제품에는 아직 수익성이 있다. 많은 의사들은 습관적으로 오래된 제품들을 처방한다. 이 단계에서는 일시적인 감소를 쇠퇴기로 오인하지 않도록 주의해야 한다.

제약 마케터들은 약품의 수명주기를 스스로 정의하는 오류를 범하지 말아야 한다. 제품의 수명주기는 제품이 결정하는 것이 아니라 마케터와 경영층, 회사 내부에서 만드는 것이다. '브랜드는 죽지 않는다. 우리가 죽이는 것이다(Brand does not die. We kill it)'라는 표현이 있다. 지금 판매하고 있는 제품이 쇠퇴기라고 정의하는 것은 결국 그 제품의 판촉 활동을 하는 사람들이지, 그 제품이 죽거나 고객이 죽이는 것은 아니다. 그만큼 제품의 수명주기는 제품을 어떻게 정의하느냐, 어떤 전략을 짜느냐에 따라 바뀔 수 있다. 예를 들어 발매 10년이 넘은 제품이라도 아직 도입기라고 판단하면 과감한 투자를 할 수 있는 것이다.

Part 4

제약영업의 과학

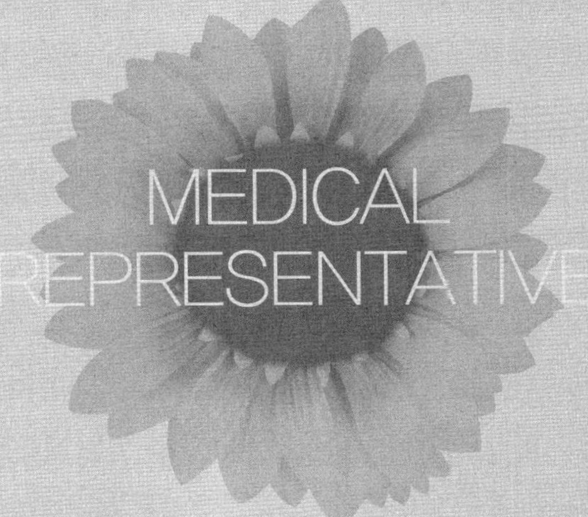

영업은 소질과 감각이 있어야 할까? 주위를 둘러보면 혀를 내두를 정도로 기막힌 영업 성과를 내는 영업맨이나 영업왕이 있다. 서점에 가면 여러 업종에서 타의 추종을 불허하는 성공을 한 영업왕들의 성공 스토리가 담긴 책들이 가득하다. 그런데 안을 들여다보면 그런 책의 주인공 중에서 자신이 정말 영업에 소질이 있다고 말하는 이는 많지 않다.

영업의 과학적 접근

1. 실전 영업

영업을 글로 배운다? 이 말을 의아하게 생각하는 사람들이 많으리라 생각한다. 필자도 그렇게 생각한다. 그렇다고 해서 "영업에 대한 모든 것은 현장에 있다. 그러니 바로 현장에 가서 고객을 만나라. 일단 가라"라고 한다면 너무 무책임하지 않은가. 그렇다면 어떻게 접근해야 실전 영업에 대해 효과적으로 이야기할 수 있을까? 먼저 제약영업의 선배들은 어떻게 '영업'을 정의하는가를 통해서 영업의 실제에 접근해보자.

영업은 흔히 '숫자로 말한다'라는 표현으로 정의할 수 있다. '숫자'란 객관적 표현 방식이다. 누군가 '1'이라고 표현하면 듣는 이는 모두 '1'로 이해한다.

비즈니스 현장에서는 "결과 없는 좋은 과정이란 있을 수 없다"라고 말하기도 한다. 그런데 모두가 지시받고 계획을 세우며 실천하지만, 누구나 똑같은 결과를 이루는 것은 아니다. 여기에서 영업에 대해 하나 덧붙일 말이 있다.

영업은 소질과 감각이 있어야 할까? 주위를 둘러보면 혀를 내두를 정도로 기막힌 영업 성과를 내는 영업맨이나 영업왕이 있다. 서점에 가면 여러 업종에서 타의 추종을 불허하는 성공을 한 영업왕들의 성공 스토리가 담긴 책들이 가득하다. 그런데 안을 들여다보면 그런 책의 주인공 중에서 자신이 정말 영업에 소질이 있다고 말하는 이는 많지 않다. 대부분 쓰라린 실패의 기억을 가지고 있으며, 좋은 멘토를 만나 도움을 받았고, 눈물 나는 도전과 남모르는 성실함에 운이 따랐기에 성공했다는 사례가 더 많다. 주위의 영업팀장이나 영업이사들을 떠올려보라. 그들을 보면 세월이 만들어낸 연륜과 다양한 경험, 기막힌 성공의 기억과 남다른 리더십까지 갖추어 영업에 탁월한 능력을 가진 것처럼 보인다. 그런데 이들이 처음부터 영업에 소질을 가지고 있어서 조직 내에서 두각을 나타낸 것인지, 알고 보면 나와 다를 바 없는 평범한 영업사원 시절을 거쳤는지 살펴보라.

결론적으로 '실전 영업'을 위해서는 '숫자' 중심으로 사고하고, '결과'에 집중하며, 후천적으로 습득한 기술과 경험을 활용해야 한다. 회사에서는 영업사원 모두가 영업왕이 되기를 기대하지 않는다. 그런 구성원으로 이루어진 조직이 잘된다는 확신도 없다. 컴퓨터 천재들로만 이루어진 IT 기업이 있다는 이야기를 들어본 적이 없는 것과 마찬가지이다. 회사에서는 구성원들이 조직에서 제시하는 목표치 또는 그보다 조금 높은 수준을 달성해주길 기대한다. 왜냐하면 영업 전략, 경영 전략, 실천 계획이 모두 그와 같은 가정하에서 수립되어 집행되기 때문이다. 교육 목표, 평가 기준도 다르지 않다. 이번 '제약영업의 과학적 접근'에서는 영업왕이 아닌 누구나 도달할 수 있는 목표 수준으로의 업그레이드를 위해 반드시 한 번씩은 접해야 하고 알아야 하는 내용들로 구성하고자 한다. 이미 그 수준에 도달한 사람은 더 높은 도전을 위한 자기 점검의 시간이 되었으면 한다.

2. 과학적 접근 방법

영업을 마주 보고 이해하며 실천하는 데에는 두 가지 관점이 있다. 이는 사실 영업에만 국한된 것은 아니고 우리가 사회생활을 하면서 접하게 되는 문제나 과제를 수행하는 방법들에 모두 적용된다. '감각적 접근 방법'과 '과학적 접근 방법'이 그것이다. 두 접근 방법은 극명하게 대조되는 것이라서 영화나 소설 같은 곳에서도 자주 목격하게 된다. 특히 스포츠처럼 경쟁이 들어있는 이야기에 잘 들어맞는다.

직관과 감각에 의해 문제를 해석하고 과제를 해결해가는 과정은 다음과 같은 특징이 있다. 첫째, 개인의 성장 과정과 학습을 통해 이루어진 개인의 성향과 주관에 의지한다. 둘째, 남과 공유할 수 없는 경험에 기초한다. 남들도 인정할 만큼의 단계에 올라가기 위해서는 일정한 기간이 필요하며, 대체로 긴 시간이 요구된다. 그런데 자연스럽게 주변 사람들에게 영향을 주기는 하나 구체적으로 가르치기는 어렵다. 그러기 위해서는 다른 사람의 도움을 받아야 한다.

감각적 접근 방법의 단점은 성공이 아닌 실패의 요인을 분석할 방법이 없다는 것이다. 성과의 결과치가 일정하지 않다. 따라서 환경이 조성되지 않는다면 시간적, 경제적 손실을 볼 가능성이 상대적으로 크다. 성공 사례, 요인을 타인과 공유하기 어렵다. 그리고 무시할 수 없는 점이 하나 더 있다. 그 사람이 부재할 경우를 예측할 수가 없다는 것이다.

[표 4-1] 감각적 접근 방법

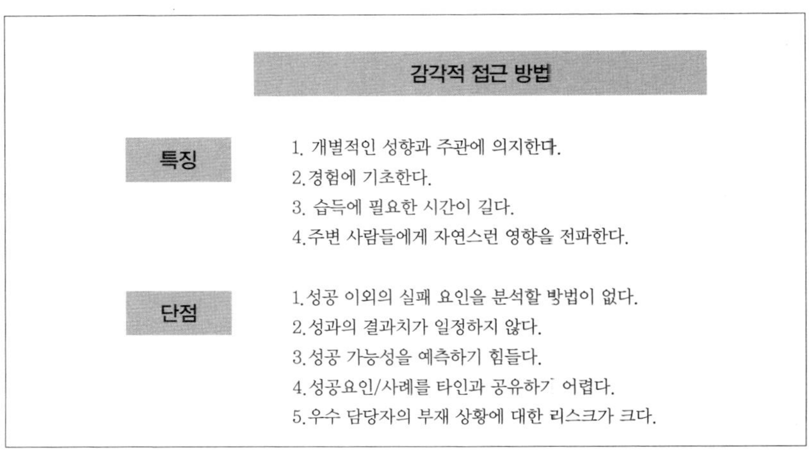

상대적으로 과학적 접근 방식은 경제적, 시간적 낭비를 줄일 수 있으며 원하는 결과 수준을 얻을 가능성을 높인다. 그래서 여러 사람을 성공시키는 데 더욱 효과적이다. 그 이유는 여러 사례, 유사 사례를 통하여 분석한 결과를 기초로 한 기준을 가지고 객관화할 수 있으며, 누구나 수긍할 만한 성공 및 실패 요인을 도출할 수 있기 때문이다. 그리고 분석 결과를 도출하기만 하면 언제든지 교육, 전파할 수 있다. 학습자에게는 시간과 노력만을 요청하면 된다. 과학적 접근 방법은 일반적으로 다음과 같은 프로세스로 이루어진다.

1) Plan

Plan-Do-See의 과학적 접근 방법에 대해서는 굳이 길게 설명하지 않아도 알 만한 내용이기 때문에 크게 시간을 할애하지는 않겠다. Plan, 즉 계획이 무엇이며 얼마나 중요한지에 대해서는 여러분들도 익히 알리라 생각한다. 그런데 아는 것만큼 실천하지 않으니 늘 문제일 것이다. 그래서 아직도 영업 현장에 있는 많은 MR들이 계획에 소홀히 하고 있음을 발견하게 된다. 또한 혹시라도 계획을 고객 방문 계획 정도로 축소해서 생각하지 말기 바란다. 지역 관리 계획, 신규 계획, 제품 확대 계획, 시간 계획, 예산 운영 계획 등 그 범위는 넓다. 그런데 거래처 방문 계획 하나만 놓고 보더라도, 모든 거래처별 방문 계획, 한 달, 한 주의 계획은 고사하고 중요 거래처의 방문 계획, 일일 방문 계획 자체도 정하지 않고 현장에 나오는 MR들이 아직도 존재한다.

계획의 중요성을 알면서도 실천하지 않는 이유는 가지각색이다. "어차피 영업 현장에서는 예상 못 할 일들이 늘 일어나기 마련이지요." "저는 계획을 세우고 진행하려고 하는데 팀장님이나 마케팅에서 갑자기 다른 일을 급하게 지시하는 경우가 많다 보니 이제는 아예 그날 처음 할 일, 꼭 해야 할 일 하나만 정해가지고 나옵니다" "저는 미리 계획을 세우기보다는 고객의 그때그때 반응을 보고 즉각적으로 업무 계획을 세우고 일을 진행하는 방식이 더 좋습니다". 세상에 틀린 말은 그리 많지 않다. 단지 무엇이 더 가능성이 높으냐 효과적이냐에 따라 상대적으로 옳은 말이 있을 뿐이다. 앞서 예를 든 MR들의 이유와 변명이 그러하다. 그런데 언제까지 자신에게 유리한 이유만을 가지고 설명하려고 할 것인가? 자신이 통제할 수 없는 것들과의 싸움, 자기 편의, 자기 변명으로부터 발생한 악순환의 고리를 끊을 사람은 다름 아닌 바로 당신이다.

2) Do

몇 해 전부터 실천, 실행과 관련된 영어 단어로 do, act라는 단어 대신에 execution이라는 단어를 많이 사용하고 있다. 발음이 어려운 것을 보니 실천이 정말 어렵기는 어려운 것 같다. Execution의 의미는 실행을 했느냐, 안 했느냐 하는 Do의 문제가 아니다. 그 수준이어서는 곤란하다. 어떻게 실천했는가의 문제이다. MR이 회사의 대표자로서 충분한 준비를 하였는지, 실행을 위해 적절한 권한을 부여받고 임했는지, 과감하고 즉각적인 실행이었는지, 계획에 의한 것이었는지가 실행에서의 중요한 측면들이다.

3) See

점검은 plan과 마찬가지로 습관의 문제다. 일상적으로 자신의 일들을 점검하고 반성하면서 개선점을 찾는 사람들보다는 어쩔 수 없이 상급자의 요청과 관리를 통해서 점검을 하거나 형식적인 점검을 수행하는 사람들이 더 많은 것이 현실이다. 점검이 반드시 Do 이후에 전반적인 검토를 통해서 이루어지는 것은 아니다. 행위 중간중간 스스로 또는 상대방의 반응에 의한 반작용으로 이루어지는 중간 점검이 있으며, 일정한 형식과 방법을 통해 하는 결과 점검이 있다. 이런 점검 행위가 습관화되어야 한다. 왜냐하면 이를 통해야만 적절한 계획 수립이 가능하기 때문이다. 이처럼 plan-do-see-plan으로 순차적, 발전적으로 진행하는 것이 과학적 접근방식의 가장 중요한 부분이다.

담당지역 중심의 영업

1. 시장

1) 시장의 정의

전통적으로 시장이란 수요자와 공급자가 만나서 거래가 성사되는 물리적 장소를 말한다. 그런데 거래가 다양화되고 온라인 거래가 유행하면서 이러한 물리적인 정의는 의미를 잃게 되었다. 마케팅에서 이야기하는 시장이란 다른 접근 방식을 취한다. 마니아적 취미 활동을 대상으로 한 시장, 10대 여학생들의 휴대폰 액세서리 시장, 주 5일 근무제에 따라 형성된 시장 등 추상적인 목적에 따라 시장을 정의, 구성하게 된다.

MR의 입장에서 지역 및 구역에서의 시장이란, 아주 간단히 말하면 고객이며 고객이 있는 곳이다. 서울시 광진구의 내과 시장, 경상북도 구미시의 항진균제 처방 시장, 대전광역시의 남성수술 시장 등이 그 예다. 아울러 MR이 대상으로 하는 시장은 여러 기준에 따라 추가로 달리 생성시킬 수도 있다. 담당지역 내에서 A제품의 판매 시장은 A제품을 처방하고 있는 고객, 담당지역 내에서 A제품이 포함된 제품군, A제품을 주로 처방하는 전문과 등의 요소와 MR이 시장의 정의를 통해서 수행하고자 하는 목적과 특성에 따라 달리 구성할 수 있다. 이렇게 중복되게 시장에 대해 거듭 설명하는 이유는 MR이 시장의 정의를 어떻게 내리느냐에 따라 영업 전략과 계획이 달라지기 때문이다.

예를 들어 골다공증✥ 치료제의 시장을 정의해보도록 하자. 골형성 자극제는 제외하고 칼슘 제제, 비타민D, 여성 호르몬제, 비스포스포네이트(Bisphosphonate) 제제 등이 치료제 종류이다. 이 중 시장에 자사의 주 1회 복용법(weekly)✥✥의 새로운 비스포스포네이트 제제를 담당하는 MR이 영업 계획을 세우기 위해 시장을 정의하려고 한다.

✥ 뼈의 양이 감소하고 질적인 변화로 인해 뼈의 강도가 약해진 질환이다. 이로 인해 골절이 일어날 가능성이 높다. 주로 내분비내과, 산부인과, 정형외과에서 진단, 진료한다.

✥✥ 용법, 요법 모두 사용이 가능하다. 약물학적 특질들을 이용하여 약물의 효과와 환자의 복용 순응도를 높이기 위해 다양한 복용법을 사용하는 약물들이 있다. 골다공증 치료제 중 하나인 비스포스포네이트 계열 약물의 용법으로는 매일 복용하는 방법, 일주일 또는 한 달 간격으로 복용하는 방법 등이 있다. 6개월에 한 번 주사하는 치료제도 있다.

담당지역 내에서

(1) 나의 기존 고객 중 weekly 용법의 비스포스포네이트 제제를 처방하
고 있는 의사

(2) 현재 weekly 비스포스포네이트 제제를 처방하고 있는 모든 의사

(3) 현재 용법에 상관없이 비스포스포네이트 제제를 처방하는 모든 의사

(4) 현재 골다공증 치료제로 비스포스포네이트 제제뿐만 아니라 칼슘 제
제도 처방하는 의사

(5) 사용하는 치료제 종류와 상관없이 현재 골다공증 진단기기를 가지고
있는 의사 및 병원

(1)에서 (5)까지의 시장은 각기 다른 모습을 띄고 있을 것이다. 그러면 당
연히 영업 계획도 달라진다. 시장의 대상은 담당지역도 되지만, 병원과 고객
도 될 수 있다.

2) 시장 분석

(1) 시장의 크기

기본적으로는 고객 수, 병원 수, 금액에 따른 매출 크기, 수량에 따른 매출
크기 등으로 표현한다. 시장의 크기는 정의하기에 따라 많이 달라진다. 현재
거래하고 있는 고객만을 대상으로 할 수도 있고, 지역 내 처방 가능 고객을 모
두 대상으로 할 수도 있다. 매출 크기도 자사 제품만을 할지, 주요 경쟁 제품

만을 할지, 제품군 전체를 대상으로 할지에 따라 다르다. 보통 MR은 주요 경쟁 제품을 포함한 시장을 주로 대상으로 삼는다. 여기에 외래 또는 원내 처방에 따라, 직납, 간납 등 유통 유형에 따라 추가로 세분해서 나눌 수도 있다.

(2) 변화 분석

시장을 분석하는 주된 방법이다. 기준으로 설정한 기간 대비 제품 매출의 크기, 성장률을 직접적으로 산출하며, 시장 전체의 크기 변화, 마켓 셰어(Market share)의 변화도 대상이다.

① 연속적 분석: 일반적으로 MR에게는 월별 매출 목표가 주어지기 때문에 지난달 대비 매출의 증가, 감소 여부를 파악한다. 월별 분석은 연 목표에 따른 진도율의 의미를 주로 가지며, 영업 활동 및 마케팅 프로모션(Marketing promotion)의 결과를 보기 위해서는 직전 월보다는 1분기 전, 반기 전 판매량과 비교하면서 추이를 주로 보게 된다. 최소 1년 이상 3년 미만의 동일 시장 내 판매 추이를 봄으로써 담당지역의 판매 경향을 읽을 수 있다.

② 기간 분석: 계절별 또는 가격 변동의 특정 이슈에 따라 동기 대비 매출의 증감 여부를 분석한다. 환절기에 주로 판매되는 제품의 판매 비교를 한겨울이나 한여름과 해서는 제대로 된 분석을 할 수 없다. 주로 전년도 동기를 대상으로 한다.

(3) 비율 분석

시장 내에서 대상 제품의 비율을 계산하는 방법이다. 전체 대상 고객 중 거래 고객 비율, 제품군 내에서의 담당 품목의 매출 비율, 즉 마켓 셰어(Market share) 등이다.

(4) 복합 분석

매출의 크기, 비율의 변화를 대상 시장에서만 산출 분석할 수도 있지만 좀 더 큰 지역, 전국과 비교 분석할 수도 있다. 말토 풀어 설명하자면 '이달의 A제품 전국 판매량은 담당자당 평균 5000만 원이 증가하였는데, 나의 지역은 1000만원이 증가하였다'를 놓고 분석할 때, 담당지역의 전국 대비 매출 비중, 담당지역의 전국 대비 제품군 매출 비중, 제품군의 전국 전체 월 성장률 대비 지역의 월 성장률, A제품의 전국 제품군 내 마켓 셰어 대 담당지역의 마켓 셰어 등의 요소를 변수로 두어 계산하는 것이다. 좀 복잡하기는 하나 시장을 분석할 때 한 가지 분석 기준만을 사용하지는 않는다는 정도로 이해하면 된다.

3) 시장 분석의 기본 자료

(1) 고객 수

회사 영업지원 부서 또는 영업기획 부서, 영업관리 부서에서 자체적으로 관리하는 데이터를 일반적으로 사용한다. 비거래 고객까지 아우르는 시장 및

territory 내 전체 고객 수는 보통 MR 본인이 인터넷 검색, 심평원 자료 등을 사용한다. 정확한 데이터는 아니고 추정자료이다. 고객은 크게 전체 고객, 대상 고객, 거래 고객으로 나눈다. 전체 고객이라 함은 기본적으로 회사 제품을 처방해줄 수 있는 고객을 말한다. 원론적으로 이야기하면 의사 자격증을 가지고 있으면 처방권을 가지고 있는 것이므로, 모든 의사가 전체 고객일 수 있다. 그러므로 처방을 해줄 수 있는 의사에 대한 구분은 일반적으로 규정하기 쉽지 않다. 따라서 비슷한 제품들끼리 묶어서 처방 가능 고객, 즉 전체 고객에 대한 기준을 세워야 한다.

대상 고객은 전체 고객 안에서 재선정한다. 대상 고객을 최대한으로 설정하고자 한다면 병원/의사 방문 환자의 구성상 최대 기대 매출이 기준 이하인 곳, 단시일 안에 재거래 여부가 불가능하다고 판단한 거래정지 고객 등을 제외한 고객을 모두 포함한다. 대상 고객에 대한 기준을 너무 높게 그리고 타이트하게 잡아 대상 고객을 최소화하면 기존 고객 수와 차이가 없어 담당지역 중심의 영업(Territory management)을 하는 원래 목표가 사라지게 된다. 높은 기준이란, 현 거래 고객/병원이거나, 여기에 지역에 새로 개원 또는 진료를 보는 고객/병원만을 합한 경우이다. 즉 현재의 비거래처를 모두 대상 고객에서 제외하는 방식이다. 가능한 범위 내에서 느슨한 기준을 마련하도록 노력해야 한다. 과거 거래가 있었던 곳. 전임자가 한 번도 들어가 본 적도 없고 자사 제품 처방 경험이 전혀 없는 곳도 대상에 포함시켜야 한다.

(2) 총 거래처 수(총 고객 수)

고객 단위로 작성할 것을 권장한다. 대상 품목이 내과에서 주로 사용하는 품목이라면 내과 진료를 보는 모든 고객 중 현재 자사의 내과 품목을 쓰는 고객의 수이다.

(3) 거래율

말 그대로 대상 고객 중 현재 거래하고 있는 고객의 비율이다. 즉 '현 거래 고객/전체 대상 고객'이다. 담당 품목 중 최소한 주요 품목별로는 거래율을 산출할 수 있어야 한다. 이 자료와 함께 대상 품목의 시장 전체 크기, 시장점유율을 비교하게 된다. 전문과별로 거래율을 산출해보는 것도 좋다. 전문과별 시장 크기와 비교하여 현 거래율의 높고 낮음을 판단하여 영업 계획에 반영할 수 있기 때문이다.

(4) 거래 가능 고객

현 거래 고객이 아닌 비거래 고객 중에서 현 영업 계획상 거래 가능 고객을 따로 분류하기도 한다. 이런 고객은 영업 계획에 반드시 포함하여 프로모션 및 예산 사용 계획을 세워야 한다.

(5) 매출 자료

자사의 제품별/기간별 매출 자료는 각 회사가 가지고 있는 매출 산출 방식에 따라 다르니 일반적인 것만 살펴보자. 앞서 언급했듯이 제약영업 담당자의 매출 성과를 파악하는 것은 매우 어려운 과제이다. 팀별, 담당자별로 매출을 어느 정도로 발생시켰는지 살피는 것을 '세일즈 트래킹(sales tracking)한다'고 한다. 우선 원내 주문 자료❖와 문전 약국에 직납하는 경우 실적 데이터는 비교적 현실을 반영한다고 할 수 있다. 추가로 도매상 유통 실적을 기반으로 하는 매출 자료로 사용할 수는 있으나 지역적으로 세부화되지도 않고 처방 병원과 조제(구매) 지역의 상이함, 채널❖❖ 간 구분의 어려움 등 단점이 있다. 그리고 도매 자료가 회사의 영업 조직, 즉 팀 또는 담당자의 담당지역에 맞추어 구분되지 않는다는 큰 어려움이 있다. 또한 예전에는 몇몇 제약회사에서 병원이나 의원에서 처방 내역을 출력 또는 복사한 자료를 매출 자료로 포함하기도 하였다. 고객별 처방 현황과 변화를 가장 단기간에 정확히 알 수 있다는 장점이 있기는 하나, 여러 문제점이 많아 지금은 거의 사용하지 않는 것으로 알고 있다. 그래서 몇몇 회사는 아예 외부 마케팅 회사에서 전문적으로 생산, 제공하는 각 제품의 매출 자료를 유료로 구매하여 자사 영업조직의 매출 자료로 사용하기도 한다.

(6) 고객 정보

고객관계 관리(CRM, Customer Relationship Management 또는 Continuous Relationship

----

Marketing)라고 하는 마케팅 기법은 거의 모든 회사에서 사용하고 있다. 그러 므로 고객의 데이터는 기본적으로 회사 데이터를 사용한다. 고객의 정보는 고객명, 병원명, 전공, 출신 학교, 병원 위치, 연락처, 개인 정보 취급에 저촉되 지 않는 한도 내에서의 개인 정보 등이 포함된다. 그런데 각 회사별로 이러한 데이터를 관리하는 데 있어 가장 기본이 되는, 고객과 고객의 위치, 병원명, 연락처 등의 연결이 고객의 이동에 따라 훼손되어 있는 경우가 많다. MR의 조사를 근거로 작성하고 수정, 업데이트를 한다고 하나 제대로 되지 못한다.

이유는 여러 가지가 있을 수 있으나 제일 큰 것은 담당자 차원에서는 해 당 데이터를 굳이 업데이트할 이유가 없다는 것이다. 그래서 회사가 보유하 고 있는 자료의 대부분은 실제 내용과 데이터 간의 불일치 때문에 신뢰 있는 정보로서 기능을 못 한다. 심지어 현재 거래하고 있는 고객에 대해서도 빈번 하게 오류를 발견하게 되는 등 대상 시장 내의 고객 전체 수를 뽑을 때는 사 용할 수 없을 때가 많다. 실제로는 필요할 때마다 MR 개인, 또는 영업팀, 영 업부서 차원에서 특정 기간을 이용해 현재의 고객 데이터를 수집 작성하는 경우가 대부분이다.

정보의 출처는 심평원 자료, 의사회 명부, 학회 명부, 또는 인터넷 검색 등 이다. 그런데 이 자료가 매번 조사할 때마다 다를 뿐만 아니라 매년 동일한 작업을 반복함으로써 비생산적이고 시간과 인력의 소비가 상당하다. 그래 서 대안으로 마케팅 전문회사에서 제공하는 고객 데이터를 회사에서 구매하 기도 한다. 고객 정보를 다룰 때는 유의할 점이 있다. 영업 과정에서 취득하 게 되는 개인의 인적사항 중에는 민감한 데이터들이 포함될 수 있으므로 항상 개인 정보 보호 및 개인 프라이버시 존중을 위한 노력이 필요하다. 회사에서 보유하는 CRM 상의 데이터는 개인정보보호법에서 금지한 내용 이상을 담아서는 안 된다.

(7) 시장 매출 자료

제약 전문 마케팅 회사들의 시장 분석 자료들이 있다. IMS Korea의 DDD 자료, Ubcare의 Ubist(MRx)가 대표적이다. 이 자료는 마케팅에서 사용하는 자료라고 인식하기 쉬운데 사실은 영업부에서 더 효과적으로 사용해야 한다. 경로 중심의 판매(Route sales)가 아닌 담당지역 중심의 판매(Territory management)를 하는 데 있어서 시장 전체 매출 자료는 매우 요긴하게 사용한다. 전체 시장 크기, 시장 내 담당품목의 점유율을 알고 있어야 목표가 현실적인지 아닌지를 파악할 수 있을 뿐만 아니라 더 큰 목표 설정의 근거가 된다. 이 자료들은 회사가 구매해야 이용할 수 있기 때문에 해당되는 MR들을 위해 중요성을 강조하는 정도로 설명을 마치는 것을 이해하기 바란다.

2. 경로 중심 및 담당지역 중심의 영업

1) 경로 중심의 판매(Route sales)

일정한 고객을 방문하면서 제품을 판매하는 방법을 일컫는다. 처음에는 중간 판매상을 경유하지 않고 제조자가 직접 소매상 전체를 대상으로 한다는 개념이었다. 하지만 이제는 일정 고객을 방문하고 주문받고 수금하는 절차가 반복되고, 결과적으로 일정한 동선을 유지하면서 하는 영업 방식을 모두 일컫는다. 제약영업에서 OTC 제품의 판매는 기본적으로 Route sales를 기반으로 하고 있다.

ETC 제품을 기반으로 하는 제약영업은 Route sales❖를 지양한다. 과거 Route sales가 주된 방식이었던 시절도 있었다. 의약분업 이전에는 영업사원에게 각 의원, 병원별 약품 주문과 관리가 주된 업무였을 뿐 아니라 기존 고객 관리만으로도 목표를 수행하는 데 어려움이 없었기 때문이다. 그러나 의약분업 이후, 특히 의원 영업의 경우 고객에게 제품 공급과 그에 따른 수금의 업무가 없어지고, 처방권을 통해 의사 고객 전부가 거래 가능 고객으로 대폭 확대되었다. 그러므로 의약분업 초기, 고객 확보를 위한 신규 전략을 중심으로 둔 시장 확대 전략은 당연했다. 또한 회사들이 고성장 전략을 채택함으로써 공격적인 시장 진입을 시도하였다. 따라서 기존 고객만을 대상으로 하는 비생산적인 Route sales 대신 꾸준히 고객을 확대하고 다양화하는 영업 방식으로의 변화는 당연하다고 하겠다.

특정 품목에 한해서는 현재에도 Route sales가 이루어지고 있고 또한 유

❖ 판매 및 유통 방식에 있어서 Route sales는 경로 중심의 판매, Territory management는 담당지역 중심의 판매를 일컫는다. 각 판매 방식에 대한 자세한 설명은 본문에 기술되어 있으므로 본 책에서는 영어 표기를 그대로 사용하고자 한다.

용하기도 하다. 향정신성 의약품, 마약성 진통제, 마취제, 생물학 제제, 혈액 투석제 등은 취급 전문의나 인가된 곳이 한정되어 있어 Route sales라고 말할 수 있다. 또 지역 내 총판, 도매 영업은 Route sales를 기반으로 한다.

의약분업 시행 10년이 지난 현 시점에서도 고객 확대를 이루지 못하고 기존 고객만을 대상으로 한 제약회사, 담당자가 있기는 하지만 이는 시대적 변화를 수용하지 못한 결과다. 그런데 최근에는 비슷한 규모와 비슷한 제품군을 가지고 있는 회사들과의 경쟁이 심화되고 오리지널 대 제네릭 간의 경쟁도 심해져 기존 고객 지키기에 급급한 Route sales가 다시 도래한 것처럼 보이기도 한다. 그러나 성장의 전략을 채택한 회사, MR이라면 당연히 과거로 회귀하는 방식을 취하지 않을 것이다.

Route sales를 대체하는 개념이 바로 Territory management이다. 우선 개념 정리부터 해보자.

2) 담당지역 중심의 판매(Territory management)

Territory management란 MR에게 담당지역 관리에 있어서 전략적 사고를 요청하는 것이다. 자신이 담당하고 있는 지역 또는 구역의 시장을 정의하며 여러 자료를 이용하여 분석하고, 그 결과를 바탕으로 현재와 미래의 발전적 영업 목표와 계획을 수립하는 과정이다. 이것은 비단 의원 영업 담당자에게만 국한되는 것은 아니다. 대형 종합병원을 담당하고 있는 MR도 현재와 과거의 매출, 고객만이 아니라 병원 전체를 시장이라 생각하고 자신에 맞게끔

재정의 과정을 거쳐야 하는 것은 크게 다르지 않다. Territory management
를 분석, 계획 수립, 집행의 과정으로 구분하여 접근해보자.

(1) Territory 구분

① 전국: 한국의 전체 지역을 말한다. 주로 마케팅과 개발부에서 대상으로
한다. 부문별 사업 계획, 마케팅 계획을 입안할 때 고려한다. 신제품 론
칭, 경쟁품 개발 현황, 보험 가이드라인의 변경, 가격의 변화, 제약회사
별 영업 정책 등이 영향을 미치는 인자이다. 개별 고객들이 전국 지역
에 미치는 영향은 적다. 단, 전공별 주 학회에서는 매년 춘 · 추계 학회
를 개최하고 있다. 여기에서 발표하는 주요 논문들은 해당 제품의 보험
기준과 전체 처방 트렌드에 영향을 미치게 된다. 따라서 주요 논문의 중
요 임상연구 책임자(PI, Principle Investigator)의 영향력은 전국적이다. 또한
학회에서 발표 제정하는 치료 가이드라인의 존재로 인해 학회 내 주요
의사결정권자(KOL, Key Opinion Leader) 역시 전국적인 영향력을 미친다.

② 지역(region): 대단위 지역을 의미한다. 서울시, 경기도, 광주시 정도의 광
역시와 경상북도, 경기도 등의 행정구역으로 이해하면 된다. 마케팅, 영
업팀 또는 영업 담당자의 대상이 된다. 인구 수, 대형 종합병원의 수, 수
도권과의 거리 등 외부 요소들이 영향을 미치고, 그 외 여러 변수들을
고려할 수 있다. 지역 전납 도매상의 유무와 영향력, 지역 시장의 역사
적 특이성에 의해 전국 트렌드와는 다른 세일즈 현황을 보이기도 한다.

지역 내 국립 대학병원과 개원가의 관계가 중요하게 작용하기도 한다. 해당 학교 출신들이 지역 내에 많이 개원하고 있고, 의과대학 전문과별 전공의들이 지역 내 종합병원들에 파견을 많이 나가 있는 경우, 아니면 대학병원과 개원가 간의 공동 연구·학습 등의 이유로 친숙도가 높은 경우, 대학병원의 처방 패턴이 지역의 처방 경향에 영향을 미친다. 그럴 경우, 대학병원 담당자와 지역 담당자의 협업이 필수적이다. 지역별로는 지역 내 의사회의 영향이 있는 곳도 있다. 지역을 대상으로 한 영업 계획 수립 시에는 주로 1년, 분기 단위의 계획을 세운다.

③ 구역(Territory): 중단위 지역을 의미한다. 광역시의 경우 구 이상이며, 도 단위로는 시, 군 이상을 의미한다. 여러 시, 군, 구를 합쳐서 Territory라는 의미를 부여할 수 있으므로, MR의 담당지역 전체로 보아도 무방하다. 영업팀 또는 MR의 대상이다. 구역 내 지역 의사회, 동문 모임 등이 영향을 미칠 수 있다. 기본적으로 연 계획하에 담당자의 품목별, 지역별 계획을 달리 수립한다.

④ Brick: Territory가 구역 또는 구역과 구역의 합이라고 한다면 Brick 은 시, 군, 구 자체를 의미한다. 회사 외부의 제약 마케팅 회사들이 세일즈 데이터를 구분할 때 주로 사용한다. 대도시의 동 단위나 시 단위의 구 단위까지 나누어 분석할 때는 'Nano-Brick'이라는 용어를 사용하기도 한다. 여러 시장 데이터의 공급과 MR의 분석 능력의 향상으로

최근에는 Brick, Nano-Brick을 대상으로 한 영업 전략들을 수립하기도 한다.

(2) 분석

고정된 형태가 아니라 여러 참가자가 존재하는 역동적인 곳이 시장이다. 지역 내 재래시장도 그러하지만 대형 마트들도 크게 다르지 않다. 오늘 간 그곳은 어제의 시장과 다르다. 어제는 2만 원이던 상품이 오늘은 2만 5000원에 1+1 행사 상품이 되어 있고, 어제는 한가했던 정육점이 오늘은 발 디딜 틈 없이 문전성시를 이룬다. 시장의 시간에 따른 이벤트도 신년맞이 행사에서 시작하여 설 연휴 행사를 지나 밸런타인데이 이벤트로, 그리고 이제는 개장 몇 주년 행사를 진행한다. 제약영업은 불특정이 아닌 특정 고객이 있고 담당 지역을 정해주기 때문에 전국구를 대상으로 하는 마케팅이나 타 영업에 비해 훨씬 다양하고 변화무쌍한 상황을 늘 맞이하게 된다. 한 해 십여 개의 신약과 수십 개의 복제약이 허가를 받아 출시하며, 경쟁사의 대규모 투자 내지 노련한 경쟁사 직원의 출현도 있다. 갑작스런 고객의 이동이 MR을 혼란에 빠트리기도 한다. 이런 시장의 분석을 누가 대신해주지 않는다. MR이 스스로 해야 한다.

회사는 기본적으로 MR이 주어진 목표에 대해서 이해하고, 현재의 상황에 대해서 잘 알고 있다고 생각한다. 그래서 MR은 회사나 조직이 원할 때 현재 지역의 목표 대비 진행 정도를 설명할 수 있어야 한다. 그리고 현재의 성과가 이루어진 과정과 이유에 대한 설명도 할 수 있어야 한다. 아울러 앞으로의 성공을 위한 토의도 진행할 수 있으리라 기대된다. 이는 기본적인 요구사항이다. 회사는 더 나아가 MR이 시장을 분석하여, 현재의 자료들 속에서 고객의 처방 경향과 시장의 동향에 대해서 파악해 앞으로의 기회 요인을 파악해서 제출해주기를 기대한다. 분석을 잘하는 우수 MR은 시장의 운동 방향을 파악하고 영업 기회를 파악할 뿐만 아니라 경쟁 상황까지 고려해 영업의 우선순위를 선정, 실천한다. 또한 회사와 조직에게 통찰을 통한 아이디어를 제시하기도 한다. 우수 MR의 이러한 활동은 회사가 기대하는 것 이상의 목표이다.

좀 더 풀어서 말하면, 기본적으로 회사에서 제시한 연, 월 목표가 어느 정도이고 왜 그렇게 부여되었는지를 이해해야 한다. 그런데 이것을 소홀히 하는 MR들도 있다. 목표에 따른 월별 달성률, 현 진도율을 숙지하는 것도 기본이다. 나아가 주요 고객의 매출 현황도 주어진 자료와 문전 약국 자료 등을 토대로 숙지하고 있어야 한다. 좀 더 능숙한 담당자는 고객을 매출에 따라 분류하여 영업 우선순위를 정하고, 경쟁품의 매출 현황 자료를 습득하여 전체적인 처방 잠재력을 파악한다. 우수 MR은 단순히 경쟁품의 파악뿐만 아니라 그들이 취하고 있는 전체적인 전략, 고객에게 한 프로모션의 내용을 파악한 뒤, 방어 및 공격 전략을 위한 분석을 시도한다. 이 정보를 팀원이나 조직 내에서 공유하여 조직적인 대응책 마련을 시작하게끔 한다.

(3) 계획 수립

대부분의 회사 영업조직에서는 MR의 활동을 정량적으로 판단, 평가하기 위한 목표를 할당한다. 매출 목표 얼마, 신규 고객 확보 몇 개처, 신제품 론칭 몇 개처, 그루핑❖에 의한 제품 설명회 몇 회 등이다. 일방적으로 하달되는 경우도 있으나 임원, 마케팅, 영업 관리자들이 기본적으로 협의한 기준을 바탕으로 MR과 협의하는 경우가 점점 보편화되어가고 있다. 이런 정량적 목표에 대한 달성 계획은 그 기준을 초과하는 구체적인 계획으로 이어져야 한다.

모든 영업 계획은 기본적으로 MR 스스로가 작성할 줄 알아야 한다. 위에서는 평가 목표를 제시하고 기준을 마련해줄 뿐 영업 계획까지 만들어주지는 않는다. 그래서 MR은 스스로 계획을 수립하고 계획을 확정하는 데 있어서 참여할 기본 능력과 활동이 필요하다. 숙련된 MR은 전체적인 영업 계획뿐만 아니라 고객별, 제품별 계획을 세부적으로 입안할 줄 알아야 한다. 그리고 각 평가 목표를 수행하기 위해 가능성에 기반하여 방문 계획과 주요 공략 계획을 수립할 줄 알아야 한다. 우수 MR은 자신이 맡고 있는 구역의 투여 대비 결과에 대한 최적화뿐만 아니라 팀이 회사 내의 여러 자원들을 최대한 확보, 활용할 수 있도록 분위기를 만들고 실제로 그렇게 할 수 있도록 기여한다.

이에 대해 자세히 말하자면 다음과 같다. 계획 수립은 기본적으로 거래처별, 제품별 계획이 포함되어야 한다. 또한 세부 활동 계획에 맞추어 예산 및 프로모션 방법 등을 배치하여야 한다. 좀 더 발전된 고습으로는 각 프로모션과 액티비티에 의한 효과를 극대화하기 위해 우선순위와 진행 시기를 효율

❖　grouping. 특정 프로모션을 위하여 대상 고객을 선정, 모으는 과정이다. 예를 들어, 담당지역 내 젊은 내과 의사들 중 위·대장 전문의를 파악하여 그들만을 대상으로 시장조사를 하거나 학술 심포지엄에 초대할 수 있다.

적으로 배치하며, 그에 따른 필요 요소들도 고민한 후 함께 제시할 줄 알아야 한다. 우수 MR들은 회사의 주어진 목표 이 외에도 마케팅 부서, 학술 부서의 협조를 요청, 틈새시장 개발 또는 광역 단위의 마케팅/영업 계획 수립에 도움을 주어야 한다. 그리고 단순한 매출 확대뿐만 아니라 구체적인 마켓 셰어 확대 계획을 제출한다.

(4) 집행

우수 MR은 앞서 이야기한 plan-do-see의 과정을 능숙하게 진행할 줄 알아야 한다. 계획은 Territory를 대상으로 세워야 한다. 스스로 과정에 대한 점검 및 모니터링을 진행한다. 그리고 시장의 상황에 따라 계획을 조정, 재수립하여야 한다.

회사나 조직이 기본적으로 원하는 것은 목표에 맞게 합의하여 수립한 계획에 따라 행동해주는 것이다. 목표 달성을 위해 현재의 기준으로 만들어놓은 계획을 따라주어야 한다. 계획 따로, 행동 따로는 원하는 바가 아니다. 좀 더 요구를 한다면 성과가 목표 이상으로 나왔을 경우 그 원인을 분석할 줄 아는 것이다. 또한 달성하지 못했을 경우에는 무엇이 잘못되었는지 알아내야 한다. 우수 MR이라면 현재에 대한 점검과 계획의 업그레이드뿐만 아니라 좀 더 긴 계획에 대한 의견을 제시할 줄 알아야 한다. 또한 영업부서나 마케팅 부서가 다음 목표나 가능성을 위해 시행하고 있는 다른 계획들에 참여하여 수행한다.

chapter 3

고객 타깃팅(Targeting)

모든 집행 과정은 회사에서 제시한 영업 가이드라인 안에서 이루어져야 한다. 혹 규정을 벗어나거나 판단이 어려운 경우 관리자나 회사의 임원, 해당 부서의 확인을 받고 진행할 수는 있으나 잘못된 판단인 것을 알고도 실행했거나 확인 절차를 무시하고 진행하는 것은 집행 과정에 있어서 가장 중요한 약속을 위반하는 것이다.

마케팅 이론 중 가장 널리 사용되는 것이 '선택과 집중'이다. 한정된 자원으로 최대의 효과를 내기 위해서는 당연한 고민이고 선택이다. 그런데 이것을 모든 분야에 적용하다 보면 큰 오류를 발생시키게 된다. 회사 경영의 입장에서도 시장 성장률과 점유율 기준으로 분류하여 'Star'❖에 집중 투자를 하다 보면 실상 회사의 든든한 자금원 구실을 하는 'Cash cow'의 존재를 놓치게 되는 경우가 종종 발생한다. 성장과 시장 지배력에 있어서는 선택과 집중이 맞지만 회사의 존속, 기회 요인이라는 주요 가치를 위해서는 든든하고 안정적인 바탕이 필수적이다. 이는 조금 눈을 돌려 병원의 경영을 살펴보아도 확인할 수 있다.

예를 들어, 2000년대 초반 전반적으로 국민들의 생활 수준이 향상한 경제 환경의 변화가 일어나고, 의약분업 이후 처방전 공개로 인해 각 병원별 처방의 차별성이 점점 없어지는 상황이 되었다. 병원의 수입면에서도 비급여 치료가 더 유리하다는 상황인식이 더해져 피부과 의원들이 너나없이 피부미용 쪽으로 눈을 돌려 대형 프랜차이즈 병원들이 우후죽순 생겼다. 의대생들 사이에서 피부과 전공이 최고의 인기를 누리던 시절이었다. 제일 임대료가 비싼 지역에서 초호화 인테리어를 한 피부과 병원들이 경쟁을 했다. 그런데 어느 사이엔가 그런 병원들이 하나둘 문을 닫았다는 이야기가 들려왔다. 기본적인 피부 질환 환자들은 피부과 대신 다른 과로 발길을 돌렸으며 병원은 소수의 고객들에 집중하다 보니 경기 침체 등의 외부 요인에 쉽게 흔들렸다. 아울러 새로운 기술과 기계들이 계속해서 쏟아지고 피부미용의 장벽이 낮아지고 없어지면서 경쟁이 치열해져, 결국에는 가격 경쟁에까지 내몰

❖ 경영학, 마케팅 기법 중 BCG matrix에서 나온 용어이다. BCG matrix란 Boston Consulting Group에서 경영 진단을 위하여 사용한 매트릭스(matrix)이다. 해당 사업군의 시장점유율과 산업성장률을 이용하여 4등분으로 구분하여 해당 사업이 어디에 해당되는지 평가한다. Star, Question mark, cash cow, dogs로 구분 정의한다. 'Star'는 해당 사업의 시장 내 상대적 점유율이 높고 산업성장률도 높아 공격적인 마케팅을 주문한다. 'Cash cow'는 상대점유율은 높은 대신 산업성장률은 낮은 사업이다. 대규모 투자 없이도 기본적으로 매출을 유지할 수 있어서 이 사업을 통한 자금 비축을 통해 'Star'나 'Question mark'에 투자할 수 있다.

리면서 설 자리를 잃어버리게 된 것이다. 물론 이것이 모든 병원에 해당되는 일은 아니다.

개원을 하려면 어디가 제일 좋으냐고 물어보면 의원 원장, 의원 담당자들 모두가 답하는 곳이 있다. 시장 어귀, 건물로 치면 1층. 접근성과 유동 인구의 측면에서 바라봐야 한다는 뜻으로 해석할 수 있다. 다른 업종도 마찬가지일 것이다. 기본적으로 환자(고객)가 많은 곳이어야 한다. 그리고 환자가 접근할 수 있어야 한다. 고정 환자(고객)가 확보된 상황에서 병원(담당자)만의 특성을 살리는 방향이 안전성이 더 높다고 할 수 있다. 리스크 매니지먼트의 차원이다. 이제는 제약영업에서도 리스크를 분산(hedge)하면서 성장 전략을 추구하는 시대로 바뀌고 있다. '대마불사(大馬不死, 대마가 살길이 생겨 쉽게 죽지 않는다)' 시대의 종언은 부동산에서뿐만 아니라 제약영업에서도 해당되는 말이 되었다. 더 나은 이해를 위해 마케팅 및 경영에서 이야기하는 세 가지 이론을 잠시 살펴보기로 하자.

1. 신(新) 파레토 전략

1) 파레토 법칙

'파레토 법칙(Pareto's Law)'이라는 것이 있다. 자신이 재배하던 콩밭에서 전체 콩 수확량의 80%가 20%의 콩깍지에서 나오는 것을 경험적으로 알게 된

이탈리아의 경제학자 빌프레도 파레토가 유럽 제국의 소득 분포에 대한 연구 결과로 "이탈리아 인구의 20%가 이탈리아 전체 부의 80%를 가지고 있다"고 주장하면서 유래하였다. 이제는 너무나 유명해서 일반 상식이 되었다. '80대20 법칙'이라고도 한다. 정리하면 '전체 결과의 80%가 전체 원인의 20%에서 일어나는 현상'을 가리킨다. 이를 비즈니스와 연관하여 적용하면 다음과 같은 것들이 있다.

◆ 매출의 80%는 20%의 고객이 만들어낸다.
◆ 매출의 80%는 20%의 상품이 만들어낸다.
◆ 매출의 80%는 20%의 사원이 만들어낸다.
◆ 제품 클레임(claim)의 80%는 20%의 고객이 만들어낸다.

실생활과 연관해 사용된 예도 있다. 다음은 위키백과에 소개된 내용이다.

◆ 수신되는 이메일의 20%만 필요하고 나머지 80%는 스팸 메일이다.
◆ 통화한 사람 중 20%와의 통화시간이 총 통화시간의 80%를 차지한다.
◆ 즐겨 입는 옷의 80%는 옷장에 걸린 옷의 20%에 불과하다.
◆ 전체 주가상승률의 80%는 상승 기간의 20%의 기간에 발생한다.
◆ 20%의 운전자가 전체 교통위반의 80%를 차지한다.
◆ 20%의 범죄자가 80%의 범죄를 저지른다.
◆ 성과의 80%는 근무시간 중 집중력을 발휘한 20%의 시간에 이뤄진다.

◆ 두뇌의 20%가 문제의 80%를 푼다.

◆ 운동선수 중 20%가 전체 상금의 80%를 싹쓸이한다.

최근에는 80대20이 아니라 90대10이라는 말도 사용한다. 파레토 법칙을 제약영업과 연관 지어 적용해보면 역시나 잘 들어맞는다. 전체 고객의 20%가 매출의 80% 가까이를 차지한다. 그래서 '파레도 매니지먼트(Pareto management)'라고 하여 그 20%를 주요 고객으로 분류하여 시간과 예산을 투자하기도 한다. 그런데 일부에서는 이를 잘못 해석, 적용하는 경우도 발생한다. 나머지 80%의 고객을 무시하는 것이다. 이에 다해서는 이후에 다시 언급하도록 하겠다.

2) 롱테일 이론

2004년 미국의 인터넷 비즈니스 잡지 〈와이어드〉의 크리스 앤더슨 편집장이 자신의 잡지에 소개한 이론이다. 20세기 중·후반에는 파레토의 법칙이 비즈니스계에 영향을 미쳐 커다란 영향력을 행사했다. 그런데 20세기 말에는 인터넷과 디지털이라는 신개념으로 인해 커다란 패러다임의 변화가 일어났다. 이 변화가 21세기 비즈니스의 지형도를 크게 타꾸어놓았다는 것은 주지의 사실이다. 그리고 변화된 비즈니스계에서 파레토 법칙만으로 설명하기 곤란한 문제들이 발생하였다. 인터넷 서점 아마존이 그 예다. 오프라인 서점에서는 80대20 법칙이 적용된다. 따라서 80%의 매출을 일으키는 20%에 집중하여, '잘 팔리는 책을 어떻게 효율적으로 진열, 구비하는가'라는 마케팅이 필수였다. 그러나 아마존은 구비, 진열 가능한 책의 수가 무한대에 가까우므로, 80대20 법칙을 무조건적으로 적용할 필요가 없었다. 아마존닷컴에서는 1년에 단 몇 권밖에 팔리지 않는 전문서적이나 희귀본, 대중 트렌드에서 벗어난 '그렇고 그런' 책들의 판매량을 모두 합하면 앞서 20%의 책보다 더 많은 매출을 올리게 되는 상황이 발생하였다.

이러한 사례는 단지 아마존뿐만 아니라 많은 온라인 쇼핑몰에서 찾아볼 수 있다. 인터넷의 발달로 개별 고객과 커뮤니케이션하는 비용 감소, 온라인 쇼핑을 통해 상품 진열 비용 및 재고 관리 비용의 제로화 등을 통해 굳이 나머지 고객들을 버릴 필요가 없어지게 된 것이다. 이 과정에서 기존의 파레토 법칙에 정면으로 도전하고 나온 것이 롱테일 이론이다. 정리하면 '롱테일 이론'은 파레토 법칙과 반대되는 개념으로 80%의 비핵심 다수가 20%의 핵심 소수보다 더 뛰어난 가치를 창출하는 현상을 의미한다. 짓궂게도 이를 '역파레토 법칙'이라고 말하기도 한다. 참고로 테일(tail), 즉 꼬리라는 단어를 사용한 것은 매출량이 많은 것이 머리, 그 반대가 꼬리이기 때문이라고 한다.

3) 포트폴리오 전략

포트폴리오(portfolio)는 원래 서류가방, 자료철이라는 의미였는데 1900년대 중반 '포트폴리오의 선택'이라는 논문에서 처음 사용된 뒤, 주로 투자론의 관점에서 하나의 자산에 투자하지 않고 주식, 채권, 부동산 등 둘 이상의 자산에 분산 투자할 경우 그 투자 대상을 총칭하는 개념으로 사용하고 있다. 포트폴리오 전략이란 잠재된 위험 요인을 고려하여 각종 자원의 투자를 분산함으로써 위험을 분산시키는 전략이다. 요즘은 인생의 포트폴리오 등 확대된 개념으로도 널리 사용하고 있다.

시장의 성장률이 높고, 확고한 지배자가 없었던 지난 제약산업의 환경 아래에서는 파레토 법칙에 입각한 선택과 집중이 큰 효과를 만들어냈다. 각 회사나 담당자 차원에서도 전체 시장과 고객을 이끌고 가는 수고를 하기보다는 상대적으로 손쉬운 일부 고객, 기존 고객만을 중심으로 한 정책을 주로 사용하였다. 그러다 보니 더더욱 시장의 각종 통계는 80대20 법칙을 입증하는 결과를 보여주었다. 의약분업 이후 급속도로 성장한 의원 시장은 더욱 그랬다.

그런데 쏟아져 나온 블록버스터 급 제품들의 특허가 만료되고 대형 제네릭이 시장에 론칭되었던 2000년대 중반을 넘어서면서 제품군별로 시장의 성장률이 점점 줄어드는 상황이 발생하였다. 또한 자유롭게 다양한 마케팅 정책을 수립하고 시행할 수 있었던 환경이, 정부의 적극적인 보험 재정 안정 대책과 제약산업 개편 의지가 더해지면서 많이 악화되어 적극적이고 대대적인 마케팅을 펼칠 수 없는 상황이 조성되었다. 이에 각 회사에서는 자신들의 제품 라인업을 재평가, 재편성하게 되었고 그에 맞는 영업, 마케팅 전략을 도입하게 되었다. 매출의 확대만이 목적이 아니라 수익성의 유지라는 목적이 더해진 것이다.

물론 MR 차원에서는 회사의 중장기 전략과 달리 지금 당장의 1, 2년만을 바라볼 수밖에 없다. 그리고 현재의 영업 목표 달성을 위해 선택과 집중의 전략을 사용해야 할지도 모른다. 그래도 회사의 영업 전략 변경과 MR 개인의 앞으로의 영업 경력, 개인 역량 개발을 고려한다면 선택과 집중의 전략과 함께 롱테일 이론과 포트폴리오 전략을 참고할 줄 알아야 한다.

2. 고객 선정

자원이 무한대이고 광범위한 대상을 상대로 적절한 정보 전달 채널이 구축되어 있다면 고객을 향한 마케팅과 영업은 비차별 전략에 근거하여 진행할 수 있다. 그러나 과일과 같은 생필품이 아닌 이상 불가능한 일이다. 현대 마케팅 이론에서 비차별적 전략을 추천하는 업종은 거의 없다. 차별화/집중화 전략을 모든 영역에서 사용하고 있다. 쌀, 아파트 같은 의식주에 해당되는 제품들도 도입해서 사용한 지 오래되었다. 제약영업의 목적은 지속적인 매출 창출을 위한 우수 고객의 확보다. 그런데 제약영업의 고객은 한 번의 계약으로 성립된다기보다 회사와 영업사원의 지속적인 활동과 신뢰 구축을 통해서만 형성된다. 장기적이고 지속적인 활동과 꾸준한 매출 창출이 반드시 필요하므로, 제한된 자원의 조건을 고려한 마케팅과 영업 활동의 효율성은 중요한 과제가 아닐 수 없다.

고객 선정은 Territory management라는 개념 아래에서 접근 가능성과 시장 크기에 따라 고객을 일차적으로 분류하고, 활용 가능한 자원을 고려하여 목표 고객을 선정하는 작업을 하게 된다.

1) 일반적인 고객 분류 방식

(1) 전문과별 분류

내과(소화기, 순환기, 내분비), 비뇨기과, 소아과, 이비인후과, 안과, 산부인과, 일반외과, 정형외과, 성형외과, 흉부외과, 신경외과, 피부과, 재활의학과, 신경과, 정신과… 등 전공 분야를 기본으로 나누고 진료과목을 참조한다. 가장 기본적인 분류 방법이다.

(2) 매출별 분류

매출의 크기에 따라 분류하며 보통 A, B, C Group으로 호칭한다. 담당품목 전체의 매출, 주요 제품의 매출 등 기준을 세분화할 수 있다. 매출 크기의 대상은 전체 제품군일 수도 있고, 주요 제품군 또는 주요 제품을 기준으로 분류할 수도 있다. 전체 제품군을 대상으로 할 경우, 분류는 가능하나 사업부 영업 전략에 따른 타깃팅과 개인별 영업 전략을 짤 때 다시 분류해야 하는 번거로움이 생긴다. 그리고 매출의 크기라 하면 보통 매출 금액을 말한다. 현재 고객당 자사 A제품의 한 달 매출액을 기준으로 한다. 그런데 보통 매출의 크기에 매출 잠재력을 추가한 분류를 더 많이 사용한다. 여기서도 추가한 분류법을 예로 들어 다시 설명하겠다.

(3) 친밀도에 따른 분류

자주 사용하지 않는 분류 방법이기는 하나 친밀도 또는 호감 여부로 그루핑
한다. 부분적으로 신규 대상처 선정, 신제품 론칭 전 기초 시장조사 등의 목
적으로 사용한다.

(4) 처방 패턴에 따른 분류

절대적 매출 기준이 아닌 제품에 대한 선호도, 시장 전체 크기에 대한 상대적
매출의 크기에 따른 분류법이다. 제품군의 전체 처방량 중 자사 제품의 처방
비율로 계산해도 비슷한 결과가 나온다. 주 사용 그룹, 일부 사용 그룹, 처방
시도 그룹 또는 경쟁 제품 사용 그룹, 미사용 그룹 등으로 나눈다. 마케팅에서
포지셔닝(positioning)이라는 개념하에서 대상군을 나눌 때 즐겨 사용한다.

(5) 프로젝트에 따른 분류

신약 론칭을 예로 들면, 신제품 소개 그룹, 임상 내용 이해 그룹, 신뢰 형성
그룹, 론칭 약속 그룹, 론칭 그룹 등 프로젝트의 성격에 따라 그루핑을 할 수
있다.

2) 세분화(Segmentation)

MR에게는 담당구역 내지 병원이 주어진다. 그렇지만 MR은 주어진 지역
과 병원 그대로를 대상으로 영업 활동을 해서는 안 된다. 지역과 병원을 시

장으로 상정하고 우리의 목표와 필요에 따라 시장을 재정의해야 하기 때문이다. 이는 앞서 Territory management에서 중점적으로 다루었던 문제다. 이를 좀 더 구체적으로 접근한 것이 세분화(Segmentation)이다. 이것은 시장을 하나의 덩어리가 아닌 정의에 따라 세분화된 여러 시장들의 합으로 보는 관점이다.

시장을 정의하고 그 기준을 중심으로 고객을 분류하면 각 기준에 따라 고객은 그룹으로 나뉘게 된다. 이러한 그룹화의 장점으로는

(1) 회사 또는 MR이 효율적이면서도 수익이 높아질 수 있는 고객군을 중심으로 인력, 예산, 프로세스를 집중할 수 있다.

(2) 같은 기준으로 분류된 고객의 공통적인 니즈를 중심으로 제품 및 서비스를 최적화하여 디자인해 성과 향상의 가능성을 높일 수 있다.

(3) 잠재된 고객의 신규 또는 발전 기회를 발굴할 수 있다.

(4) 본사와 MR 단위의 전략과 계획을 일치시킴으로써 마케팅 효율성을 극대화할 수 있다.

Segmentation의 일반적 과정은 첫째 세분화의 명확한 목표 설정과, 둘째 세분화의 주요 기준 선별, 셋째 데이터 수집 및 분석, 넷째 매트릭스 작성 및 검증, 다섯째 분류에 따른 타깃팅 완료의 순서로 진행한다. 이 중 다섯째 단계는 잠시 뒤 타깃팅(targeting)에서 다루기로 하겠다. 유념할 것은 여기서 분석 및 조사 대상은 Territory 또는 시장에 속한 전체 고객의 데이터라는 것이다.

현 거래 고객만 해당하는 것은 아니다.

[그림 4-2] Segmentation 과정

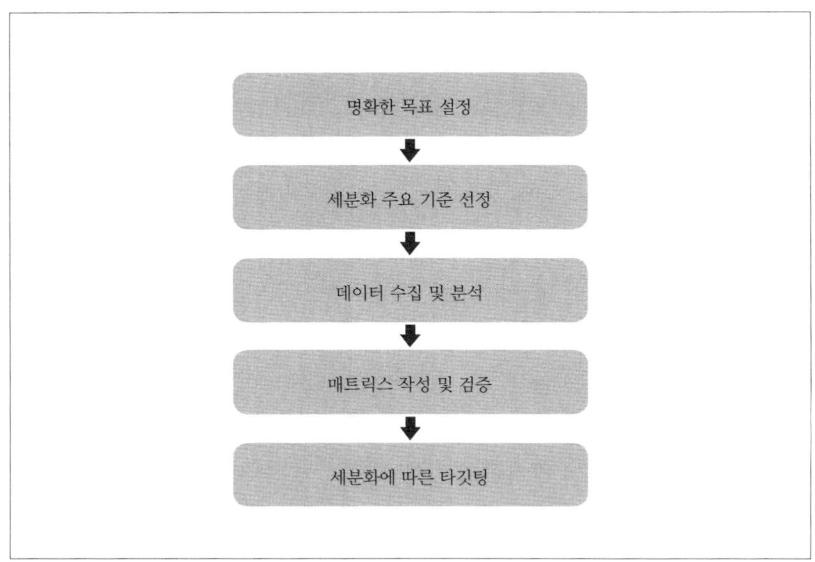

지금부터는 전립선비대증 치료제를 예로 들어서 Segmentation에 이은 고객 타깃팅을 하고자 한다. 전립선비대증 치료제에 대한 간단히 정보를 주자면, 전립선비대증은 남성 중장년층에게 주로 나타나며 대체로 연령에 비례하는 진행성 질환❖이다. 대략적인 유별률은 50대에 50%, 60대에 60% 선이다. 전립선 비대로 인한 증상은 빈뇨, 절박뇨, 야간뇨, 잔뇨감 등이다. 주요 치료제

....

❖   질환의 진단 이후에 시간이 지남에 따라 질환의 정도가 점점 악화되는 질환을 말한다.

는 신경 근육의 이완을 통해 증상의 호전을 보이는 알파 차단제와 전립선의 크기를 직접적으로 줄여주는 5A-Redutase Inhibitor(5ARI) 계열 약물이 있다. 여기서는 간단히 전자를 '알파 차단제' 후자를 '안드로겐 억제제'로 부르겠다. 그밖에 수술 치료도 있다. 예를 들어 설명하고자 하는 제품은 안드로겐 억제제이다. 전립선비대증의 주요 진료과는 비뇨기과이며, 중장년에서 높은 유병률을 보이기 때문에 심혈관, 당뇨 등 만성 질환 환자가 많은 내과와 가정의학과, 일반의에서의 처방도 많은 편이다. 이 모든 과를 대상으로 하겠다.

(1) 세분화의 목표 설정

회사에서는 기존에 우선순위에서 밀려 있던 남성 비뇨기과 시장에 대한 투자를 결정하고 그 일환으로 현재 출시되어 있는 안드로겐 억제제에 대한 재투자를 결정하였다. 이는 앞으로 나올 발기부전 치료제, 과민성 방광❖❖ 치료제에 대한 준비 작업이기도 하다. 회사는 제품의 올해 매출 목표를 재조정한 후, 올해의 목표로 고객에 대한 전반적인 분석과 처방 고객 확대를 선정, 제시했다. 그러므로 세분화의 목적은 투자를 집중할 고객에 대한 선정이다. 잠정적으로 세운 고객 타깃팅은 수술 치료보다는 투약에 의한 치료를 선호하고 새로운 약제에 대한 거부감이 적으며 앞으로 충성 고객이 될 가능성이 많은 고객의 선정이다.

❖❖ 방광이 너무 예민하여 방광의 수축이 자신의 의지와는 상관없이 일어 남으로써 발생하며 빈뇨, 절박뇨 등이 대표적인 증상이다. 중장년 여성에게서 자주 발생한다.

(2) 세분화 기준 설정/데이터 수집

세분화의 기준을 현재의 자사 제품 매출액과 처방 잠재력의 두 항목으로 정하려고 한다. 현재의 자사 제품 매출액을 정한 이유는 기존 처방 고객을 대상으로 접근 및 투자를 하여 기존의 영업이 약간 소극적이었다는 평가를 받는 자사 이미지를 제고해야 타 고객으로의 확대가 가능하기 때문이다. 그리고 처방 잠재력은 후발 주자로서 매출 성장을 위해서는 현재 전립선비대증 환자가 많은 고객이 필요하기 때문에 선정했다.

처방 잠재력에 대해 잠시 살펴보자. Capacity, 줄여서 Capa라는 용어를 사용하거나 Potency라고도 한다. 미묘한 차이는 있으나 혼용하여 사용한다. 여기서는 Potency라는 용어를 사용하겠다. 전립선비대증의 시장 크기, 즉 고객별 포텐시(Potency)는 안드로겐 억제제와 알파 차단제 처방 환자의 숫자를 자사 제품으로 모두 처방했을 때의 매출 금액으로 계산할 수 있다. 즉 경구용 치료제의 전체 크기다. 아니면 여기에 수술 치료를 받는 환자를 더할 수도 있고, 전립선비대증으로 진단받은 환자를 모두 더할 수도 있다. 아니면 마케팅의 개념으로 접근하면 대상 고객의 일일 방문 환자의 연령별 환자 수에 유병률을 곱한 수로 나온 예상 환자 수를 계산해볼 수도 있다.

영업부에서는 보통 제일 먼저 계산한 방법, 즉 진단받고 비슷한 치료법으로 처방을 받은 환자 수를 사용한다. 정리하면, 전립선비대증 경구용 치료제 처방 환자 수 × 제품 가격이 처방 Potency이다. 이를 다른 고객과 비교 데이터로 사용할 경우에는 군이 제품 가격을 곱하지 않고 환자 수만으로 비교 표현한다. 환자 수를 아는 방법 중 제일 정확한 것은 처방 데이터를 통하는 것이다. 물론 경쟁 제품까지 포함한 데이터여야 한다. 보통 처방 건수와 처방 일수, 금액으로 표현되어 데이터가 나오므로 환자 수를 계산할 수 있다. 이것 이 제일 정확하기는 하나 공식적으로는 구할 수 없는 자료이다. 하지만 정확 하지는 않으나 비슷한 데이터는 구할 수 있다. 직접 물어보는 것이다. 한 달 에 전립선비대증 치료로 얼마큼을 처방하는지에 대한 질문에는 답을 잘 안 해주지만, 하루에 몇 명의 환자에게 경구제로 처방하는가에 대해서는 비교 적 쉽게 답을 해준다. 외래 간호사에게도 같은 질문을 해서 서로 비교하면 대 략적인 숫자가 나오게 된다.

다시 말하지만 데이터의 수집 및 분석 대상은 담당 Territory 또는 병원 관 련 고객 전부다. 기존 고객에 몇몇 고객을 추가하는 것으로 작성할 것 같으면 세분화 및 타깃팅의 의미가 없다. 우선, 남성 비뇨기과 환자를 진료하는 모든 비뇨기과 닥터의 프로파일을 앞에 두고 폐업, 이동, 수술 중심 치료 고객 등 객관적 기준의 제외 고객을 뺀 모든 고객을 1차 대상 고객으로 선정한다. 다 음으로, 여기에 내과 계열 원장이나 봉직의도 포함시킨다. 그러고 나서 기존 의 매출 데이터 및 마케팅 회사의 시장 데이터를 참그해서 추가로 고객을 제 외한다. 이를 '스크리닝(Screening)한다'고 표현한다. 이후 선정된 고객을 대상 으로 비교적 자세한 데이터를 수집해서 세분화할 준비를 한다.

(3) 매트릭스 작성

시각화를 통한 이해를 위하여 매트릭스를 사용한다. X축에는 매출액을, Y축에는 처방 potency를 두고 각 거래처 및 전체 대상처를 X, Y 교차점에 표시한다. 그리고 나서 세분화의 기준을 정한다. 매출액의 기준점을 잡는 방법은 여러 가지이다. 보통 처방 대상과의 전국 평균인 경우가 많다. potency의 경우에도 전국 평균, 지역 평균 데이터를 사용하면 된다. 이 정도의 자료는 회사의 마케팅 부서에서 가지고 있다.

(4) 세분화 매트릭스 검증/완성

X축과 Y축을 기준점으로 옮겨 교차시키면, 자연스럽게 4분위로 나뉘는 매트릭스가 완성된다. 여기서 주의해야 할 것은 결과에 대해서 반드시 검증해야 한다는 것이다. 앞서 언급했듯이 제약 시장에서도 파레토 법칙은 유효하다. 이것은 병원, 의원 및 매출, Potency 모두에 적용된다. 의료보험 청구액에 대해서도 파레토 법칙이 성립하는 것을 확인하였다. 그러므로 각 매트릭스 각 4분위의 고객별 비율 역시 파레토 법칙에 따르게 되어 있다. 즉 월 매출액이 많고 처방 Potency가 큰 고객은 전체 대상 고객의 많아야 20% 정도가 되어야 한다. 매트릭스가 이런 경향성을 보이지 않으면 1) 담당 Territory/병원의 전체 대상처 수가 절대적으로 적은 경우, 2) 대상처 수는 많으나 데이터를 조사한 거래처 수가 소수인 경우, 3) 세분하기 위한 기준 데이터가 잘못된 경우, 4) 매출, Potency 기초 자료가 잘못된 경우가 아닌지 살펴보아야 한다. 1) 의 경우는 Segmentation을 할 필요가 없는 경우이다. 2),

4)의 경우에는 다시 조사해야 하고, 3)의 경우에는 기준점을 조정해야 한다. 완성된 매트릭스에 따른 각 그룹에 대해서 알아보겠다.

[그림 4-3] 거래처 매트릭스

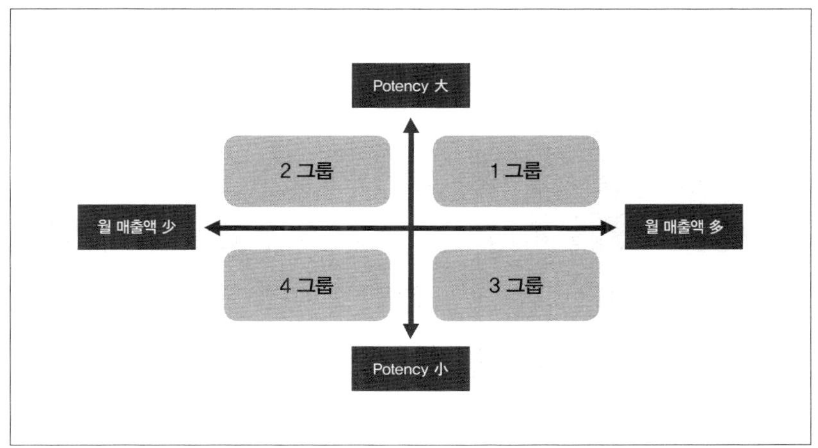

① 1그룹: 1그룹은 매출도 크고 Potency도 큰 고객이다. 즉 현재도 우량 고객이며 성장 가능성이 남아 있는 고객이다. 그리고 누가 봐도 공략 대상이다. 예를 들어 설명하면, 기본적으로 일일 외래환자가 많은 고객이며 비뇨기과 전문의일 가능성이 높다. 우리 회사에 대한 호감도 좋고 전립선비대증 치료제에 대한 이해력도 높다. 따라서 큰 매출 상승을 기대하고 있으며 가능성이 많은 고객이다. 그런데 이 그룹 안에서도 좀 더 구체적으로 생각해봐야 할 것이 있다. Y축에 가까운 고객은 우리에게도 우량 고객이고 경쟁사에게도 우량 고객이다. 큰 잠재력을 가지고

있으면서 어느 한 제품, 아니 우리 제품을 집중적으로 처방의 대상으로 삼고 있지 않은 고객이다. 이런 고객은 양 사에게 모두 주요 고객이다. 그것이 인위적 판단에 따른 결과인지 약제와 관련된 이유가 있는 것인지는 꼭 살펴보아야 할 문제이다. 그리고 이런 고객은 Key Opinion Leader이면서 각 제약회사의 영업 정책, MR의 영업 계획들을 알 수 있는 정보 통로가 된다.

② 2그룹: 2그룹은 현재 매출은 작으나 Potency가 큰 고객이다. 점유율이 낮고 앞으로 성장 기대를 크게 해도 되는 고객이다. 경쟁사 입장에서는 우량 고객인데 아쉽게도 우리에게는 그렇지 않다. 우리 제품을 선별적으로 사용하고 있다면 제품에 대한 이해가 부족한 경우일 수도 있다. 전자든 후자든 간에 매출 상승의 여력은 많으므로 구체적 목적 설정과 좋은 계획을 바탕으로 한 노력이 집중되어야 한다. 주의할 점은 제품이나 MR의 노력 여하에 상관없이 매출의 변동이 없을 고객이 존재한다는 사실이다. 우리 제품의 장점으로 처방은 하기는 하나 주 처방 제품으로 상정하지 않는 이유가 다른 곳에 있는 경우다. 경쟁사와 특수한 관계가 있다면 거래를 할 때 약간의 주의가 필요하다. 많은 노력과 투자에도 불구하고 매출 상승은 기대할 수 없으며 오히려 활동 정보만 고스란히 경쟁 MR에게 흘러갈 수 있기 때문이다.

③ 3그룹: 현재 매출은 크나 Potency는 크지 않은 고객이다. 현재 우리에

게는 우량 고객이나 앞으로 성장을 기대하기는 어려운 고객이다. 단골 고객이라면 로열티 측면에서는 최우수 고객이 된다. 그런데 이 3그룹이 간단하지 않다. 든든한 후원자와 담당자를 제일 힘들게 하는 고객이 상존하는 그룹이기 때문이다. 투자와 노력에 비례하지 않는 성과의 명암이다. 적은 노력으로도 일정 정도의 매출을 기대할 수 있지만, 반대로 매출은 늘 변함이 없는데 최상의 투자와 노력을 요하는 고객이 있다. 그런데 이 그룹에 속하는 고객이 후자인 경우, 생산성과는 상관없이 노력과 투자를 결정하는 경우가 대부분이다. 오랜 기간 충성고객이었기 때문에 그 고객의 제안이나 요구를 거절하기가 여간 어려운 일이 아니다. 그 고객과는 현재 담당 MR뿐만 아니라 타 담당자, 팀장, 영업임원과도 일정 정도의 네트워크를 가지고 있을 가능성도 크다. 따라서 이 그룹에서는 고객의 개인적 성향에 따라 고객 관리 측면에서 아주 큰 차이를 보이게 된다.

④ 4그룹: 매출도 적고 Potency도 작은 고객이다. 여기에는 비거래처가 대부분을 차지한다. 지금 매출 목표 달성에 부족한 부분들이 있다면 이 그룹에 대한 관심도 가져야 하나 그러기가 쉽지 않다. 단, 주의할 점은 이 분류의 세분화 기준을 명확히 적용했는지 살펴봐야 한다. 회복할 수 없는 영업상의 잘못으로 거래가 끊긴 고객, 방문의 기회를 실기하여 비거래처로 남아 있는 고객, 방문하기 까다로운 고객 등 다른 이유로 이 4그룹으로 편성된 고객은 없는지 살펴야 한다. 각 그룹 안에서 비거래

처 또는 거래 불가로 다시 분류할 수는 있으나 단순히 거래할 수 없다는 이유로 4그룹에 포함시켜버리면 고객 타깃팅의 장점을 잃어버리게 된다. 또한 회사의 잠재 고객으로서 여러 마케팅 또는 프로모션에도 제외되어 기회 자체를 상실하게 된다. 특히 객관적인 판단 근거 없이 전임자가 방문하지 않았거나 꺼려했다는 이유에 의한 것이라면 곤란하다. 고객 선정에 뺄셈의 대상이 하나하나 많아지기 시작하면 영업사원의 가장 큰 양성 종양인 '핑계'가 자라기 시작하는 것이다.

3) 타깃팅

지금부터는 고객 선정의 다음 단계인 타깃팅을 하고자 한다. 세분화를 통한 매트릭스의 검증이 끝나면, 각 영역에 대한 정의를 내리고 타깃팅을 해야 한다.

① 1그룹은 매출 확대 및 신제품 론칭 그룹이다. 우리 제품에 대한 인지도와 이해가 높으니 시간과 자원의 투자를 통한 기존 제품의 매출 확대 전략을 바로 적용할 수 있다. 또한 앞으로 나올 두 개의 신제품 론칭을 위한 협조와 주도적 역할을 요청할 고객으로 우선 선정한다. 신제품에 대한 소개, PMS(Post Marketing Surveillance, 시판 후 조사)❖ 시행 시 우선 제안

❖ 이 책 'Part 2. 제약영업의 기초' 중 3장 '임상에 대한 이해'를 참조하라.

처, 동료 의사에게 소개 부탁 및 홍보를 부탁할 것이다.

② 2그룹은 점유율 확대 및 신규 우선 그룹이다. 안드로겐 억제제에 대한 이해를 도모하고 경쟁 제품 대비 특징과 이점에 대한 집중 디테일을 시도해야 한다. 또한 현재 처방이 없거나 있다고 하더라도 고객 본인이 특정 부문에서만 필요해서 사용하는 고객이라면 향후 우리 회사의 우량 고객이 될 수 있도록 해야 한다. 현 매출보다는 미래를 위한 투자가 필요한 곳이다.

③ 3그룹은 신제품 론칭 및 매출 유지 그룹이다. 지금까지 우리 제품을 지지한 고객이기 때문에 지속적인 관심과 신제품 론칭 시에 도움을 요청할 그룹이다. 많은 투자보다는 현재의 수준을 유지하는 방향으로 목표를 설정하여야 한다.

④ 4그룹은 데이터를 다시 수집하고 재분석이 필요한 그룹이다. 혹 데이터의 잘못이 없는지 살펴본 후 다시 분석할 대상으로 남겨둔다.

3. 대상 고객 선정 바로 하기

담당자가 소화할 수 있는 고객은 유한하다. 앞서 예를 든 1그룹, 2그룹은 특별한 케이스를 제외하고는 한 달에 3, 4회 이상은 만나야 한다. 지난달의 방문 내용을 분석해보니 이런저런 이유로 1, 2그룹의 고객 중 한 달에 한 번도 못 만난 고객이 있다고 가정해보자. 그런데 그 고객을 경쟁사 담당자는 3, 4회 만났다. 그런데 당신이 그 고객을 못 만난 이유가 자신의 시간과 예산을 다른 불필요한 고객과의 일에 소비했기 때문이라면, 이 상황은 정말 안타까운 일이 된다. 불필요하거나 비효율적 자원의 소비는 소중한 고객의 이탈로 돌아올 수 있다. 이를 성과 측면으로 표현하면, 매출 성장의 기회를 잃어버린 것이다. 그러므로 고객 선정에는 제약이 따른다.

1) 고객 선정의 제약 사항

(1) 월 가능 방문 수(Call capacity)

타깃팅을 위한 고려 조건 중 하나는 Call capacity❖이다. Call Capacity란 MR이 주어진 근무 일수에 할 수 있는 정상적인 총 방문 횟수이다. 하루에 MR이 평균적으로 11Call을 한다고 가정하고, 한 달 영업 일수가 16일이면

❖ 이에 대한 설명은 이후 '영업 방문 계획 작성과 시간 활용'의 항목에서 더 자세히 다룬다. Call은 MR이 고객을 방문하는 행위를 말한다.

한 달 총 가용 Call 수는 176회가 된다. 이 숫자가 평균임을 유념해주기 바란다. MR의 컨디션이나 방문 동선의 적절함, 방문 대기시간의 길고 짧음, 예상치 않은 이슈 발생 등에 따라 15명의 고객을 만나는 날이 있는 반면 4, 5명의 고객을 만난 날도 있다. 목표를 높게 잡는 것도 중요하나 현실을 충분히 고려해야 한다. 지난달에 실제로 몇 번의 방문이 있었는지 계산해보고 계획 수립 시 참조하여 적용해야 한다.

(2) 거래율

대상 고객 중 목적을 가지고 지속적인 방문을 하는 고객의 비율이다. 위 그루핑 내용 중 1그룹과 2그룹을 모두 고객으로 할 수 있다면 그것만큼 좋은 일은 없다. 하지만 현실은 그렇지 못하다. 일반적으로 1그룹은 100% 거래를 목적으로 하며, 2그룹은 80% 이상 거래를 한다면 상당히 좋은 상황을 만드는 것이다. 1, 2그룹의 현 거래율과 목표 거래율을 한번 계산해보기 바란다.

(3) 고객별 방문 빈도(Call frequency)

전체 방문 고객을 대상으로 고객당 월 평균 방문 횟수를 구하고, 그룹별로 한 달에 해당 그룹의 고객을 몇 번 방문하는지 계산해 통계 처리한다. 획일적 목표로 제시한다기보다는 방문을 최적화하고 방문 결과에 대한 분석을 할 때 유용한 통계 방법이다. 보통 1, 2그룹은 월 평균 3, 4회, 3그룹은 월 평균 2회, 4그룹 중 타깃 고객은 1회 방문을 권장한다.

2) 대상 고객 선정 시 유의사항

영역별 정의를 내린 뒤 고객별 방문 빈도를 고려한 대상고객 선정은 전적으로 담당자의 몫이다. 과욕은 삼가야 한다. 고객의 숫자를 무한정으로 잡을 수는 없다. 그렇게 되면 계획과 행동이 어긋나게 되어 목표한 수준을 달성할 수 없다. 실행의 측면을 무시한 계획의 일방적인 추진은 역으로 기존 영업 성과를 저해할 수도 있다. 또한 담당자 스스로 쉽게 포기할 수도 있다.

(1) 1, 2그룹만으로 타깃팅을 할 수는 없다

1, 2그룹만으로 고객 선정이 끝났다면 다시 한 번 영역별 정의를 확인해야 한다. 이때 이번 장의 처음에 소개한 오류가 발생한다. 파레토 법칙만을 중시한 영업 계획과 활동이 그것이다. 3그룹의 충실한 고객이 유지되지 않는 상황에서 달성되지 않은 가능성의 고객만을 대상으로 하여 담당자의 모든 활동이 집중된다면 목표 달성의 측면에서 큰 위험을 내포하게 된다. 리스크 매니지먼트를 해야 한다. MR은 언제나 오늘의 매출도 소중하게 생각해야 한다.

(2) 고객별 매출 감소 및 거래 중지도 고려해야 한다

영업을 하다 보면 일반적인 상황을 벗어난 비상식적인 일들도 발생한다. 고객별로 세일즈 트래킹(Sales tracking)이 잘 안 되는 제약영업의 상황 아래에서 펼쳐지는 웃지 못할 일이 발생하기도 한다. 담당지역 내에서 분명히 담당 제품의 처방이 일어나고 있으나, 어느 병원에서 어느 정도의 수준으로 나오고 있는지, 어느 의사가 처방하고 있는지 모르는 매출이 존재하는 경우가 있다. 그러다 보니 실제 처방 고객이 아님에도 불구하고 각종 판촉 행위를 수행하는 일이 있으며, 때로는 이를 알면서도 받아들이는 고객이 생긴다. 또 실제 처방량에 비해 훨씬 더 과장된 매출로 포장된 고객이 존재하기도 한다. 아울러 실제 매출 및 예상 매출에 비해 과도한 요청을 하거나 담당자의 시간과 노력을 많이 할애해야 하는 고객이 있다. 즉 다른 고객에게 가야 할 영업 자원이 비생산적으로 낭비되고 있는 것이다.

버려야 할 곳은 버려야 한다. 영업이라는 것이 그래서 되냐는 사람도 있을 것이다. 물론 과거에는 '손님이 왕'이라는 말이 상식처럼 쓰였다. 그런데 이 말이 곧이곧대로 쓰이는 곳이 어디에 있는가? 엄격하고 유한한 예산과 자원 안에서 합리적인 선택을 해야 한다. 그리고 기존 고객에 대한 재평가와 재분류를 통해 새로운 고객과 대안적인 매출을 만들기 위한 노력하는 것이 영업 담당자 본인의 발전에 훨씬 더 큰 도움이 된다.

(3) 영향력이라는 항목을 포함해야 하는 것도 현실이다

이 부분은 조금 난해하다. 이미 매트릭스상으로는 그루핑을 했지만 타깃팅에 의한 최종 그루핑을 위해서는 우선순위의 기준을 하나둘 추가해야만 한다. 아주 단순한 예로 축구 국가대표를 선정할 때의 상황을 떠올려보면 쉽다. 골 횟수, 골 성공률, 볼 점유시간, 패스 성공률, 가로채기, 도움 주기 등 수치로 바로 나오는 각종 항목 중 한두 항목의 절대값으로 순위를 세워 포지션별 대표를 뽑는 것이 맞는가? 우리가 앞에서 했던 방식에 의해 골 성공률과 경기당 뛴 거리 항목 두 가지로 공격수를 뽑는다면 상위 1, 2, 3위를 무조건

뽑아야 한다. 공격수로 배정할 수 있는 숫자가 6이라면 6위까지일 것이다. 그런데 그런 식으로 선수를 선발하지는 않는다. 순위가 절대 기준이 되지만 계량화가 안 되는 요소에 의한 선발이 1, 2명 정도 있을 수밖에 없다. 경기 경험, 리더십, 팀워크 등이 그것이다. '기록의 스포츠'라고 하는 야구의 국가대표 선발도 마찬가지이다.

고객 중에도 주요 고객 모임의 리더라든지, 동문회나 주변 동료들에게 큰 영향력을 미치는 사람들이 있다. 또한 현재 환자는 없으나 그 지역 주요 대학의 주임교수 또는 진료과장을 막 마치고 개원했거나 제자의 병원에 와 있는 경우도 있다. 많은 영향력을 행사하거나 아니면 그 존재를 무시할 수 없는 고객들에 대한 관계 유지 역시 고객 타깃팅에서 고려해야 한다.

MR 모두가 고객 선정 타깃팅을 한다. 일반적인 분류법에 기초하기도 하며, 전임자에게 인계받은 고객에 충실하기도 하며, 영업팀장의 그때그때 지시에 따라서, 또는 그 해 마케팅의 프로그램에 따라 나누어 선정하기도 한다. 그런데 이런 분류가 담당자에게 어떠한 의미가 있으며 분류를 통해 어떤 이점을 갖게 되는 것일까? 영업지원 부서나 마케팅 부서에서 제시하는 기준에 따른 고객 분류는 마켓 세분화(Segmentation)에 따른 고객 분류이지 고객 타깃팅은 아니다. 이슈에 따른 분류는 프로모션을 위한 그루핑이지 고객 타깃팅이 아니다. 그리고 한 해 영업 계획을 위해 작성한 거래처별/고객별 매출 신장 계획에 따른 분류는 실적 달성 산출과 계획 발표를 위한 것이지 고객 타깃팅은 아니다. 올해 100만 원 매출 신장 목표 그룹의 고객들 사이에 무슨 공통점이 있겠는가?

세분화는 목표가 분명해야 한다. 그리고 세분화의 기준이 불명확하거나 그룹별 목표가 정해지지 않으면 타깃팅은 아주 무의미하게 되고 혼란만 가중시키게 된다. 또한 단순히 고객을 선정, 타깃팅한다는 것 자체가 목표는 아니다. 자신의 능력, 자원의 한계를 고려하여 목표에 부합하는 고객 분류 기준의 설정과 그에 따라 고객을 선정하는 것이 중요하다. 이런 한계 요소와 목표를 모두 고려하고 MR 개인의 영업 계획에 준하여 대상 고객을 선정하는 것이 올바른 대상 고객 선정 방법(Right targeting)이다.

Part 5

영업의 실제

MEDICAL
REPRESENTATIVE

한 조사 결과에 따르면, 계획한 Call 중 절반 정도만이 단순한 인사 교환이 아닌 고객과의 대화로 이어졌고, 20% 미만으로 계획한 내용 모두를 수행했고, 단지 14%의 Call만이 유효했다고 한다. 당신의 경우는 아닌가? 하루 십여 명의 영업사원이 방문하는 고객의 입장에서는 모든 담당자를 동등하게 대하지 않는다.

방문 계획 및 결과 분석

1. 방문 영업의 딜레마

유익하고 많은 정보의 전달, 잦은 방문과 디테일기 바로 영업 성과로 이어진다면 얼마나 좋을까? 여기서 영업의 현실을 잠시 살펴보자.

(1) 현실 1: 스마트폰이 이렇게까지 빨리 피처폰을 대체하면서 주류를 차지할지 예상한 사람이 얼마나 될까? 트위터, 페이스북 등 소셜 네트워크 서비스가 한국에서도 이렇게 맹위를 떨칠 줄 예상하며 준비한 사람은 또 얼마나 될까? IT 혁명을 이야기한 21세기 초가 먼 옛날 이야기라도 된 듯 세상은 또 이만큼 변해버린 것이다. 인터넷, 아이폰, SNS에 의하 변화된 사회 현상 중 하

나가 정보의 홍수다. 이제 사람들은 정말 너무도 다양하고 많은 정보들에 휩싸여 있다. 무엇이 중요한지, 무엇이 나에게 필요한지 기준을 잡지 않는다면 정보 소화기계가 탈이 나 체해도 매일 체할 정도다.

아주 오래된 책에서 인용을 하나 하려고 한다. 1982년에 출간해 당시에 큰 반향을 일으킨 《메가트렌드》라는 책이 있다. 미래학자인 존 나이스비트(John Naisbitt)가 앞으로 다가올 세계에 대해 조망한 책이다. 이 책 내용 중 다음과 같은 글이 있다. "우리 주위에 있는 모든 정보원인 신문, 잡지, 방송, 책, 대화 등에서 얻어지는 메시지는 하루 평균 2400개에 달한다. (…) 우리는 이 2400개의 메시지와 경쟁을 하는 것과 같다."

자, 여기서 우리라 함은 바로 여러분, MR이다. 뒤에서 여러 번 강조할 테지만, 충분히 준비하고 계획하지 않은 메시지, 고객의 니즈와 동떨어진 메시지는 그냥 그런 수천 개의 의미 없는 메시지 중 하나가 될 것이다. 그렇지 않더라도 이제 MR은 그 수천 개의 메시지와 경쟁을 하여야 한다. 30여 년 전에 이 정도였으니, 지금은? 더 바빠진 세상, 1인 다역을 해야 하는 멀티플레이어의 세상에서 얼마나 더 심해졌을 것인가?

(2) **현실 2:** 다음의 글을 한번 보자. '한 회사가 일주일에 한 번씩 신문에 광고를 13주 연속으로 게재했다고 한다. 13주의 광고가 나간 후 실시한 조사에 의하면, 조사 대상자의 63%가 광고를 기억하고 있었다. 한 달 후 실시한 조사에서는 32%가, 6주가 지나 실시한 조사에서는 21%가 광고를 기억하고 있

었다. 이는 광고가 나가고 6주 후에는 광고를 본 사람 10명 중 2명 정도만 광고를 기억하고 있다는 것이다.'

인간은 원래 망각의 동물이다. 망각의 작용이 없다면 사람은 살 수 없다고 한다. 오감을 통해 전달받은 모든 신호를 모두 기억 체계에 넣고, 또 그중에 의미가 부여된 코드화된 기억까지 더해진다면 사람은 정상적인 삶을 영위할 수 없을 것이다. 아무리 망각이라는 것이 사람이 가지는 어쩔 수 없는 자기 방어 기제라고 할지라도, 앞의 글에서 보듯 13주 연속 한 주도 빼놓지 않고 전달된 광고가 단 6주 후면 20%만이 기억한다는 사실은 가슴 아픈 현실이다. 동일한 강도로 지속적으로 전달되는 메시지는 수신자의 방어에 의해 걸러질 수밖에 없다. 아주 각인시킬 만큼 큰 자극이 될 당근을 자주 많이 제시할 수 없다는 것도 현실이고, 고객이 우리의 메시지를 망각하는 것도 어쩔 수 없는 현실의 벽임을 인정해야만 한다.

(3) **현실 3**: 월요일부터 금요일까지 5일의 시간이 온전히 당신에게 주어졌다. 그래서 당신은 밀린 방문, 긴급하지 않았지만 중요한 일들을 수행하겠다는 굳은 결심을 한다. 5일 동안 하루에 14명의 고객을 방문할 것이라고 계획하였다. 70Call이다. 일주일이 지난 뒤 한 주의 방문 내용을 세부적으로 따져보자. 1) 70Call 중 거래처에 실제 도달한 것은 몇 건인가? 2) 70Call 중 고객을 만난 것은 몇 건인가? 3) 70Call 중 비즈니스 대화를 했다고 할 수 있는 것은 몇 건인가? 4) 70Call 중 자신이 준비했던 것을 다 말해 나름 만족한 것은 몇건인가? 5) 70Call 중 고객의 반응까지 이끌어내 성공했다고 할 수 있

는 것은 몇 건인가?

한 조사 결과에 따르면, 계획한 Call 중 절반 정도만이 단순한 인사 교환이 아닌 고객과의 대화로 이어졌고, 20% 미만으로 계획한 내용 모두를 수행했고, 단지 14%의 Call만이 유효했다고 한다. 당신의 경우는 아닌가? 하루 십여 명의 영업사원이 방문하는 고객의 입장에서는 모든 담당자를 동등하게 대하지 않는다. 당연한 이야기이다.

(4) 현실 4: 앞서 이야기한 세 가지 현실은 슬픈 현실이었다. 지금 이야기하는 현실은 슬픔을 넘어 암울한 미래에 대한 이야기이다. 비효율적인 이 세 가지 현실 중 그 어떤 것도 앞으로 더 좋아지거나 개선될 것은 없다는 사실이 우리를 더욱 힘들게 만든다. 현대인들은 더 많은 정보의 홍수 속에서 살게 될 것이며 우리 고객도 예외는 아니다. 정보 전달자인 제약회사, 영업 담당자의 활동은 더 많아질 것이니 고객은 많은 정보들을 이제 더 까다롭고 높은 기준으로 선별할 것이다. 그리고 우리 고객은 여전히 망각 중이며, 기억해야 할 것을 더 잘 기억하기 위해 나머지는 가차 없이 버릴 것이다. 마지막으로, 여러분은 더 많은 경쟁자와 함께 고객의 강화된 개인 시간 보호의 장벽 앞에서 1분이라도 더 확보하기 위해서 경쟁하고 노력할 것이다. 실감이 나지 않는가? 여러분이 고객의 입장이 되는 상황을 떠올려보기 바란다. 휴대폰, 대출, 신용카드, 자동차, 자동차보험, 생명보험, 기초 화장품 등의 관련 메시지와 영업사원을 여러분은 어떻게 대하고 있는가?

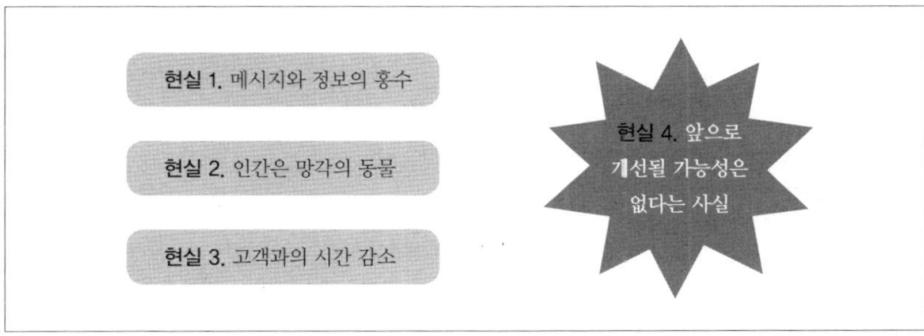

2. SFA

이윤을 추구하는 회사가 현대 비즈니스 사회의 치열한 경쟁 속에서 경쟁력을 확보하는 방법 중 하나는 안정된 고객을 얼마나 확보하느냐 하는 것이다. 특히 제약업의 경우에는 영업이 차지하는 판매 기여도가 거의 대부분이며 환자가 아닌 처방권을 가진 의사가 절대적인 역할을 하기 때문에 더욱 그렇다. 최근에는 기존의 매출 확대 중심의 경영 전략에서 이익을 많이 창출해 주는 우량 고객 확보 쪽으로 목표를 바꾸고 있는 회사들도 많이 눈에 띈다. 제약회사는 다른 업종보다 우선해서 우수고객, 우호고객에게 차별화된 서비스를 제공하여 충성도 높은 고객으로 유도하는 영업/마케팅 시스템을 도입해 사용하고 있다. 이 시스템을 가리켜 '고객관계관리(CRM, Customer Relationship Management)' 시스템이라고 한다.

CRM 시스템과 함께 영업 활동의 효율성을 높이기 위한 방법으로 SFA 시스템을 사용하고 있다. SFA란 Sales Force Automation의 약자로 정보기술을 활용하여 고객의 각종 정보와 영업사원의 과거 접촉 이력 사항을 같이 데이터베이스화^(연동, 병렬)하고 영업사원의 고객 면담 시에 도움을 주는 기능 등을 제공하는 총괄적인 영업 지원 시스템이다. SFA 시스템을 통해 MR들은 일정한 기준에 의해 고객 정보를 수집하고, 이를 바탕으로 고객의 특성을 이해하며, 고객별로 효율적인 영업 방문 계획을 수립할 수 있다. 그리고 개별 영업 담당자를 넘어 영업 조직의 입장에서는 고객에 대한 정확한 정보를 입수하고 관리할 수 있게 된다. 관리자 및 영업 조직에서는 수집된 고객 정보를 활용하여 고객을 분류 타깃팅하여 영업 결과로 나온 데이터와 함께 분석해 이후 영업 전략 수정 및 수립에 반영할 수도 있다.

일반 고객 정보 및 고객 관계 시 만들어진 정보는 결코 MR 개인만의 정보여서는 안 된다. 이는 회사의 중요한 자산이다. 이런 관점에서 보면 제약회사에서도 이제 SFA 시스템은 필수적 요소가 되었다. SFA 도입의 이유를 좀 더 자세히 살펴보자.

1) SFA 도입의 이유

(1) 우선 고객과 영업사원의 관계에서 영업사원의 고객 방문 횟수와 친밀도는 매출에 큰 영향을 미친다는 사실에 주목하자. 따라서 영업사원은

정해진 시간 내에 더 많은 고객을 방문하고, 업무시간 중에서 고객 접촉시간을 증대해야 한다. 고객과의 시간을 늘리기 위해서는 이동시간, 내근시간, 고객 대기시간 등 비효율적인 영업 외 시간을 줄이고, 고객 접점을 높이기 위하여 계획적인 고객 방문 활동이 이루어져야 한다.

(2) 고객에 대한 정보는 영업 활동의 바탕이 되어야 한다. 고객의 니즈, 직접적 요구 사항에 대한 파악을 바탕으로 영업 계획이 수립되어야 면담 중에 일어나는 여러 상황들에 효과적인 대응을 할 수 있다. 그러므로 고객의 정보에 대한 기록 및 관리는 영업 성과 향상을 위한 필요 요소이다.

(3) 소수의 고객만을 대상으로 한 루트 세일즈가 아닌 Territory management의 도입으로 이제 영업 관리자는 담당자의 영업 활동에 대한 파악이 쉽지 않게 되었다. 예전까지는 목표 및 업무만을 하달하고 수행 결과에 대해서 단순히 평가하고 지적했다. 그리고 예산 투여와 고정 고객 관리만으로도 팀 활동을 파악할 수 있었다. 그러나 이제는 그렇게 단순히 파악할 수 있는 상황이 아니다. 또한 그런 제한된 정보로는 업무의 효율성은커녕 팀의 영업 활동 관리와 계획 검증도 할 수가 없다. 따라서 MR 각각의 고객 방문 내용과 결과가 필요하게 되었다.

(4) 마지막으로 영업 관리자는 단순한 관리를 넘어서서 MR 각자의 생산성 향상을 위해 담당자별 영업 기회를 발굴하고, 미리 계획된 영업 계

획이 잘 진행되고 있는지 알고 있어야 한다. 이를 바탕으로 MR의 영업 활동 결과에 대해서 원인을 분석하고, 팔로우 업(follow up)하며 피드백을 주어 좀 더 효과적인 다음 계획과 재설정에 대해 코칭해야만 한다. 담당자별 개별 코치가 되기 위해서도 SFA 자료는 큰 도움이 된다.

2) SFA 도입에 따라 기대되는 효과

(1) 영업 생산성이 향상된다. 전적으로 MR 개인의 노력과 역량에 기대었던 기존의 현장 영업에 대해 조직적 협조를 기대할 수 있게 된다. SFA 시스템에 의해 일정한 양식과 요소들로서 기록된 MR의 정보는 통합, 공유됨으로써 팀 및 조직 차원의 효과적인 영업 전략 수립과 개별 코칭에 유용하게 활용, 운영될 수 있다. 또한 담당자 개인의 차원에서 정리하고 분석했던 활동 내용과 결과를 시스템적으로 팔로우 업함으로써 스스로 좀 더 효율적이고 생산적인 영업 활동을 기획해볼 수 있는 환경을 제공한다. 따라서 스스로 발견하지 못했고 주위에서는 알지 못했던 자신의 단점이나 부족한 부분을 알게 되어 바로 적용할 수 있는 기회를 부여한다. 이러한 결과로 업무의 효율성을 늘리고 결과적으로 생산성 향상을 도모할 수 있다.

(2) 고객 관리의 효율성이 증대된다. 고객별 프로필, 취향, 성향에 따라 특별한 프로모션을 기획할 때, 개인의 기억과 개인적으로 기록했던 자료

에 근거하여 준비하던 것을 시스템을 통해 용이하게 분류, 적용할 수 있게 한다. 그리고 회사 차원의 동일 포맷과 시스템에 기록된 데이터 베이스는 통합 관리됨으로써 회사 차원에서의 고객 관리가 가능해진 다. 또한 담당자의 부재, 인수인계, 신입사원의 배치 등에 따라 소요되 었던 고객의 기본 정보에 대한 이해 부족 시간이 단축되어 연속적인 프로모션이 가능하다.

(3) 업무의 효율성이 기대된다. 영업 현장에서 실시간으로 이루어지는 활 동 등에 필요하거나 참고할 자료들에 대해서 미리 SFA 시스템 상의 배치를 통해 편리하게 활용할 수 있게 된다. 이 부분을 마케팅 또는 영 업부 차원에서 미리 고객의 등급 및 성향에 따라 정보를 분류, 체계화 하여 제공하면 현장의 활용도를 더 높일 수 있다. 또 이렇게 활용된 자 료의 결과를 분석하면 제품에 대한 고객 정보, 영업 자료에 대한 활용 정도 등을 분석하여 이후 제품 개선 및 영업 활동 전반의 향상을 위해 사용할 수 있다.

SFA 시스템의 도입 정도, 기간, 활용 정도는 각 회사마다 다르므로 동일 한 수준의 기대는 섣부르다. 그리고 시스템 도입의 효과와 이유에 대해서도 아직 MR 수준에서의 합의와 동의가 부족한 경우도 분명 있을 것이다. 이 부 분에 대해서 마음조차 열려고 하지 않는 MR이 아직 많다고 본다. 회사의 이 야기라는 것이다.

SFA 시스템의 정착을 위해서는 MR의 참여와 관심 그리고 MR 개개인의 시간 투여와 노력이 필수적이다. 이 부분이 충족되지 못한 몇몇 회사에서는 이 시스템 도입 시기에 필요 데이터들을 충분히 확보하지 못해 흐지부지되는 경우도 있었다. 그러다 보니 기대했던 시스템의 효율성을 느껴보지도 못하고 시간과 비용만 허비한 꼴이 되어버렸다.

반대로, 이제 초기의 투자 기간이 지난 회사들은 축적된 자료를 활용하여 영업 매출, 경쟁사 처방 자료 등과 일차적으로 매칭하고 마케팅부, 학술부 등 영업 활동과 관련된 부분들을 통합적으로 관리 운영하는 시스템으로까지 발전을 모색하고 있다.

회사의 입장에서는 고객과의 장기적인 영업 활동을 위해서 도입한 SFA 시스템이다. 담당자 차원에서도 회사에 대한 오너십(ownership, 주인의식)과 본인의 커리어 향상(career development)을 위하여 긍정적이고 발전적 시각으로 시스템을 이해하고 활용하는 자세가 필요하다.

3. 영업 방문 계획(Pre-call planning)

'현장에 답이 있다' '고객은 영업사원의 머리가 아닌 현장에 있다'. 우스갯소리로 "놀아도 현장에서 놀아라"라는 이야기가 있다. 그런데 이런 식의 이야기 속에서 우리는 가끔 중요한 것 하나를 무시한다. 그것은 바로 '준비'다. 현장의 중요성은 몇 번을 강조해도 모자란다. 하지만 그 현장은 아무에게나 기회와 결과를 제공하지 않는다는 사실을 잊어서는 안 된다. 기초 지식과 셀링 스킬, 노하우와 활용가능한 정책들의 준비만을 이야기하는 것은 아니다. 앞에서 이미 살펴본 대로, 우리가 원하는 시간, 우리가 원하는 상태로 고객은 현장에 있지 않기 때문에 단 한 번의 고객과의 만남도 중요시하고 그 시간을 허투루 사용하지 않도록 만반의 준비를 해야 한다. 현장의 중요성에 대한 강조로 영업 방문에 있어서 방문 계획이 가장 관심을 적게 받는 것은 안타까운 현실이다. 회사의 영업 정책, 가격, 회사 및 제품의 인지도가 비슷하다는 가정 아래, 고객이 원하는 영업사원은 고객의 요구사항을 바탕으로 제품을 소개하고, 고객의 성향에 맞추어 영업 정책을 안내해줄 수 있는, 잘 준비된 사람이다.

다음의 말을 가슴 깊이 새겨두기를 바란다. "계획을 적절하게 수립하지 못하면 실패를 계획하는 것이다." 이 말을 다시 말하면, 영업 방문 목적의 성공적 성취의 가능성을 높이는 것은 무엇인가? 영업 방문 계획을 수립하는 것이다. 그렇다면 영업 방문 계획을 수립할 때 요청되는 것은 무엇일까? 아래 세 가지 기준으로 말하겠다.

첫째, 고객과 지속적인 영업 관계를 맺기 위해 고객을 그만큼 잘 알고 있는가? 둘째, 구체적이고 실현가능한 고객별 영업 목표가 있는가? 셋째, 당신은 영업 방문의 모든 일정을 통제, 관리하는가? 이제부터 하나씩 살펴보겠다.

1) 지속적인 영업 관계를 위해 고객을 잘 알고 있는가?

'통찰'이라는 말을 알고 있는가? 영어로 insight라고 한다. 많이 들어보았을 거라고 생각한다. 이 말은 두 가지 의미를 모두 고려해야 한다. 한 사물이나 문제에 대해 통찰한다는 의미와 함께 그러하기 위한 능력이다. 통찰과 통찰력을 혼용하여 사용하는 경우가 많으며 필자도 그렇게 사용할 예정이다. 그러면 통찰력이란 무엇인가요? '직관'과 대별되는 말로 설명하면 쉬울 듯하다. '직관'이란 감각 기관을 통하여 외부 사물과 문제에 대해 구체적 지식을 얻는 것이며 아직 연상, 추리, 경험에 기반한 조합, 적용 등의 사유 작용을 거치기 전을 일컫는다. 그렇다면 '통찰'이란 직관 이상으로 사물이나 문제를 꿰뚫어보는 것을 말한다. 사물을 인지하는 것 이상의 이해를, 문제를 인식하는 이상의 해결을 전제로 한 핵심을 알아차리는 것이 바로 통찰이다. 고객을 잘 알고 있는가에 대해 말할 때, 우리는 고객을 '통찰력 있게 바라보고 있는가'라는 관점에서 접근해야만 한다.

그럼 고객을 알고 있다는 것에 대해 수준별로 나누어 살펴보도록 하자.

① 1단계: 가장 기본적인 수준이다. MR인 당신은 고객의 우리 제품 처방 여부, 처방 경험, 현재 제품 및 회사에 대한 선호 여부 등은 알고 있어야 한다. 그리고 고객이 해당 제품의 용법, 용량, 효과/효능에 대해서 어느 정도 알고 있는지에 대해 막연히 '그럴 것이다'가 아닌 확인된 정보도 필요하다. 또한 기본적인 진료 스케줄과 고객이 방문을 꺼리는 시간 정도는 알고 있어야 한다.

② 2단계: 한 발짝 더 나아가 고객이 현재 우리 제품을 어떤 환자에게 어떤 식으로 처방하고 있는지에 대한 정보를 습득해야 한다. 또한 경쟁 제품과 비교하여 우리 제품의 장점과 단점을 어떤 식으로 알고 있으며 이해하고 있는지 알고 있어야 한다. 고객의 취향 정도는 알고 있어야 한다.

③ 3단계: 우수한 MR의 수준이다. 당신은 고객이 현재의 처방 패턴을 만들고 유지하는 데 영향을 미친 긍정적 부정적 요소들이 무엇인지 그리고 가장 영향을 주는 것은 무엇인지 알고 있어야 한다. 이것을 통해 공략할 부분, 방어할 부분을 도출할 수 있어야 한다. 또한 고객의 정보를 업데이트하기 위해 꾸준히 살펴보고 활용 가능한 쿠분을 끄집어내야 한다.

1단계와 2단계의 시작을 위해서는 단순한 정보의 습득과 나열만으로도 가능하다. 그러나 2단계 과정을 완수하고 3단계로 가기 위해서는 정보를 분석하는 과정 중에 통찰력을 필요로 한다. 통찰을 하기 위해서 필요한 것은 무엇일까? 가장 기본적으로는 애정과 관심이다. 단 한 번의 만남으로, 한 개의 정보만으로 고객을 파악할 수는 없다. 예를 들어 당신의 연애 경험을 한번 떠올려보자. 한눈에 반한 운명적 사랑 말고, 일반적인 연애를 보면 관심과 노력에 비례하는 것이 연애의 성공 가능성이다. 그렇다고 시간과 만남의 횟수가 모든 것을 해결해주는 것은 아니다. 그러면 좋은 친구 이상으로 가기 힘들다. 특별한 계기가 없는 한 그렇다. 그래서 애인으로 만들어야겠다는, 아니 고객을 위한 구체적인 목표가 필요하다.

다음 단계로 가기 전에 한 가지 당부의 말을 하고자 한다. 이번 항목의 제목을 고객을 잘 알고 있는가와 함께 '지속적인 영업 관계를 위함'이라고 명시했다. 고객의 약점, 고객과 나와의 학연, 지연 같은 특수 관계 정보는 거래의 시작이나 목표 달성에 부가적 도움은 될 수 있으나, 지속적인 영업 관계를 맺고 장기적인 성공을 위한 모든 것이 될 수는 없다. 쉽게 얻은 것은 그만큼 쉽게 잃을 수 있다는 사실을 항상 유념해두어야 한다.

2) 구체적이고 실현 가능한 영업 목표가 있는가?

(1) 우리는 고객에게 모두 동일한 목표를 부여해서 계획을 잡지는 않는다.

현재까지의 영업 관계나 기대 수준에 맞추어 각기 다른 목표를 부여한다. 우리는 그렇게 하기 위한 기초 작업으로 고객을 분류하고 그루핑하고, 타깃팅한다. 고객별 영업 계획은 그 바탕 위에 세워진다. 그렇다면 방문 계획도 고객별 영업 목표에 따른 꾸준한 실현 계획이어야 한다. 방문 계획은 영업 계획과 목표 달성을 위해 어떻게 구성해야 할까? 답은 SMART한 영업 목표 및 방문 계획이라고 말할 수 있다.

(2) SMART

'영업 방문의 생산성을 높여 방문 성과를 극대화하라' '시간과 노력을 투자하여 결과를 극대화할 수 있는 계획을 수립하라.' 영업 구호로 적당해 보이는 문장들이다. 그런데 좋은 계획과 성과를 극대화하라는 목표를 성취하기 위해

서는 똑똑하면서 영리해야 한다. 이게 무슨 말일까? 이것은 영어로 SMART
와 WISE를 말한다. WISE란 Willpower, Initiative, Stamina, Enthusiasm
의 약자로, 풀어보면 1) 목표를 달성하겠다는 강력한 의지, 2) 목표를 달성하
는 과정에서 양보하지 않으면서 주도적으로 이끌어나가겠다는 결심, 3) 힘든
과정을 쭉 끝까지 밀고 나가는 성실성과 일관성, 4) 그리고 이 모두를 긍정적
이고 도전적으로 수행하는 열정이다. 꼭 영업이 아니더라도 우리 일상생활
과 사회생활에 필요한 에너지이자 자세로서 추천할 용어다. 그럼 SMART하
다는 것은 무엇을 의미할까? 방문 목표/계획 수립에는 SMART라는 기준이
필요하다. 아래에 자세히 설명하였다.

① Specific: 구체적이어야 한다. 절차와 내용뿐만 아니라 여러분이 세
  운 목표에 대한 구체성, 이번 방문을 통해 만들어야 하는 결과에 대
  한 설명도 구체적이어야 한다는 것이다. 계획을 떠나서 여러분은 MR
  로서 활동할 때 자신이 하고 있는 일, 계획한 일, 또는 실패한 사례 등
  을 구체적으로 표현하는 것에 익숙해져야 하며 그렇게 하기 위해 노
  력해야 한다.

② Measurable: 측정이 가능해야 한다. 정성적 독표와 결과도 중요하지만
  우리의 영업은 정량적 목표가 늘 우선한다. 달성 여부를 판단하기 위한
  기준을 꼭 제시해야 한다. 그리고 현재 어느 정도 달성했는지, 또 진행
  되고 있는지 측정할 수 있는 바로미터가 있어야 한다.

③ Action-oriented: 무엇을 할 것인가에 초점을 맞추어야 한다. '이러한 상황이 조성된다면' 등의 기대에 기반한다든지, 까다로운 시행 조건이 나열되고 비중을 많이 차지하는 계획은 오히려 행동을 저해한다. 지금 당장 해야 할 일, 앞으로 할 일 등 일과 행동을 앞에 세워야 한다.

④ Relevant/Realistic: 현실성이 있어야 한다. 도전할 수 있는, 누구나 수긍할 수 있는 계획이어야 한다. 그렇다고 그냥 성취되는 목표여서는 더욱 안 된다. 보여주기는 좋으나 너무 높은 목표여서도 곤란하다. 고객의 분류가 객관적인 기준으로 이루어진만큼 고객의 향후 목표는 누가 보아도 인정할 수 있는 수준이어야 한다. 도전적 목표의 수립은 동기를 유발한다.

현실성을 위해서는 상위의 영업 목표와도 부합하는지 살펴보아야 한다(align). 자신이 속한 영업 조직의 목표, 영업팀의 목표, 그리고 자신의 영업 목표 범위 안에서 크게 벗어나지 말아야 한다. 회사와 영업부 전체로는 기존의 영업 관행을 벗어나 새로운 영업 방식의 확립과 실천을 중요한 영업 과제로 제시를 했는데, 그것에 벗어나는 영업 계획을 세운다면 자신의 권한을 크게 벗어나는 것이 된다. 뿐만 아니라 조직의 도움을 바랄 수 없게 된다. 이런 예가 아니더라도 MR의 목표와 계획은 영업부/마케팅의 목표, 계획과 일관성을 가져야 조직적 도움을 기대할 수 있다.

⑤ Time-limited/Timely: 기한을 정해두어야 한다. 아울러 기한 안에 할 수 있고 이룰 수 있는 계획들이어야 한다. 계획 수립 시, 중간 보고 시, 계획 수정 시에도 항상 정량적 진도율과 함께 마무리하는 시점을 명시해서 보여주는 것이 필요하다.

(3) 수준별 접근

SMART한 목표 수립 과정에서도 MR의 수준에 따른 차이가 있다.

① 1단계: 고객 타깃팅을 통해 선정한 고객 모두를 대상으로 한다. 가능한 한 모든 고객을 대상으로 주요 제품별로 계획을 세우도록 노력해야 한다. 그리고 그 목표는 고객에게 구체적이고 도전적인 기대 수준을 제시하는 것이어야 한다.

② 2단계: 과거의 방문 결과에 기반해야 하며 고객과의 관계에서 과거의 히스토리(history)가 반영되어 있어야 한다. 필요하면 팀 동료나 팀장의 도움을 적극적으로 요청해 연속성을 가질 수 있는 계획을 준비해야 한다.

③ 3단계: 우수 MR은 통찰을 통해 알게 된 고객의 정보에 기반하여 계획하며 결과 창출을 위해 효과적으로 이용할 수 있는 수단들을 포함시킨다. 또한 계획의 진행 정도를 모니터링할 수 있어야 하며 팀의 협조를

적극적으로 이용해야 한다. 작은 것이라도 많은 성공 사례를 만들어내는 일은 정말 중요하다. 우연의 결과, 운 또는 다른 사람의 노력에 의해 얻어진 결과보다는 작은 성적일지라도 계획에 따른 실행의 결과로 얻어진 나만의 것이 이후에 더욱 생산적인 영업 활동을 낳게 된다. 또한 다른 동료들에게도 도움이 될 수 있다.

3) 영업 방문의 모든 것을 통제 관리하고 있는가?

애드리브가 좋은 개그맨, 어떤 게스트에게서도 적극적인 참여와 동감을 이끌어내는 능숙한 진행자, 어떤 돌발 상황에서도 자신의 역할을 잊지 않는 프로페셔널 엔터테이너들이 있다. TV의 중요한 황금 시간대의 예능 프로그램을 진행하고 고액의 출연료가 그 증거인 사람들이다. 그런 사람들이 하루아침에 나타났고, 천부적 재능에 의한 것이라고 말하는 사람은 이제 별로 없다. 단역으로 보냈던 수많은 시간, 다른 재능인을 본받고자 열심히 연구했던 노력들, 한 시간을 위해서 그 몇 배의 시간을 쏟는 열정이 있어야 가능한 일임을 모두들 알 것이다.

그런데 한 가지 사실을 여기에 덧붙여야 한다. '가능한 모든 상황을 가정하고, 통제 가능한 수단을 최대한 확보해야 하며, 혼자가 아닌 팀으로서 준비한다'이다. 하나의 개그 코너가 무대에 올라가기 위해서는 대학로 등에서의 수많은 시연과 관객의 반응을 거쳐야만 한다. 마찬가지로 우리는 주어진 시간 안에 결과를 극대화하기 위해 영업 방문 단계 모두를 통제하고 관리해야 한다.

(1) 수준별 접근

① 1단계: 이 단계에서 MR은 영업부와 마케팅부가 기본적으로 제공하는 영업 수단, 판촉물을 어떤 고객에게 언제 사용할 것인가를 계획해야 한다. 주요 메시지가 무엇인지 확인하고 활용할 수 있도록 숙지, 암기해야 한다.

② 2단계: 오프닝, 메시지, 클로징뿐만 아니라 대화 중에 나올 가능성이 높은 질문과 우려 등에 대해서 준비해야 한다. 또한 좋은 결과를 얻기 위해 고객 이외에 여러 루트를 통해 획득한 정보를 활용할 수 있어야 한다.

③ 3단계: 우수 MR은 준비한 세부 계획의 성공 확률을 높이기 위해 개인 연습과 상호 연습을 병행한다. 그래서 영업 방문 시에 어떤 상황에서도 자신감을 잃지 않고 준비된 모습을 보일 수 있어야 한다. 또한 우연히 마주하게 된 고객과도 그 시간을 효율적으로 사용할 수 있어야 한다. 마지막으로 자신의 방문 계획 중에 팀장, 마케팅 등 활용 가능한 외부의 도움을 적절하게 포함시켜 성과를 높인다.

지금까지 방문 계획 수립(Pre-call planning)에 대해 알아보았다. 여기서 다시 한 번 확인할 부분이 있다. 영업은 Plan-Do-See의 프로세스를 통한 과학적 접근 방식에 기반하고 있어야 한다는 것이다. 단순히 감이나 임기응변으로의 진행하는 것을 지양해야 한다. 그런데 이 과학적 접근 방식의 프로세스는 한 방향만으로의 진행을 의미하는 순서적 접근이 아니다. See 이후 다시 Plan으로 돌아가는 순차적이면서도 점증적인 방향이다. 완벽한 방문 계획을 수립하기 위해 지나치게 많은 정보를 수집하고, 필요 이상의 노력과 시간을 투자해 분석하거나, 보기 좋고 칭찬받기 위해 너무 세부적이고 화려한 계획 수립에 치중해서는 안 된다. 과유불급(過猶不及), Plan-Do-See는 각각의 비중이 이러이러하다라고 말할 성질의 것이 아니다. 서로 조화롭게 구성되어야 한다. 계획 짜기에 너무 많은 노력과 시간을 투자하지 않기를 바란다. 물론 계획 수립이라는 과정을 한 번도 수행해본 적이 없는 MR이라면 처음에는 어쩔 수 없이 많은 시간이 필요할 수도 있다

4. 방문 결과 분석(Post-call analysis)

앞서 방문 계획 수립의 마지막 설명에서 언급한 대로 Plan-Do-See는 한 방향으로의 순서적 접근이 아니다. 영업이란 것 자체가 상호작용을 바탕으로 한 유기적 관계이듯이 영업 방문도 반복과 연속성이라는 속성을 지닌 유기적 결합물이다. 이런 의미에서 방문 결과 분석은 영업의 지속성을 유지하는 데 큰 도움을 준다. 방문 계획 수립 시 수집 가능한 모든 정보를 기반으로 통찰을 통해 얻어진 목표를 설정하였듯이 여러분이 지금 고객과의 방문을 통해 얻은 정보는 다시 계획을 풍부하고 효율적인 내용으로 채울 수 있

는 기회를 제공한다.

방문의 결과는 고객이 설문을 작성하거나 직접 결과를 설명해주는 것이 아니므로 다음과 같은 질문을 스스로 하는 방법으로 진행하기를 추천한다.

(1) 확실하고 분명한 성과가 있었는가?

(2) 방문 과정 중에 나온 방문 목표에 관한 내용은 있었는가? 고객이 표현했는가? 아니면 내가 직접적으로 표현했는가?

(3) 새롭게 추가되거나 변경된 고객에 대한 정보는 무엇인가?

(4) 고객의 니즈가 표현되었는가? 구체적으로 무엇이었는가?

(5) 고객의 우려 사항은 있었는가? 목표 달성을 위해 반드시 제거해야 할 문제인가?

(6) 경쟁 제품 또는 시장에 대한 추가 정보는 무엇인가?

방문 계획을 기준으로 한 평가도 해야 한다. SMART하게 작성된 계획에 기초하여 수행한다.

(1) 이번 방문 목표를 달성하였는가?

(2) 방문 스킬 5단계, 즉 오프닝-니즈 탐색-디테일-거절의 대처-클로징 중 잘한 부분과 그 내용은 무엇인가?

(3) 방문 스킬 5단계 중 하지 못한 부분은 무엇이며 그 이유는 무엇인가?

(4) 준비한 영업 도구, 판촉물, 핵심 메시지의 사용은 어떠했는가?

마지막으로 향후에 고려해야 할 부분에 대해 기록해야 한다.

(1) 다음 방문 약속을 했는가?

(2) 약속의 내용과 지켜야 할 타임라인(Time Line)은 언제인가?

(3) 약속 수행 이상으로 할 수 있는 것이 있는가?

(4) 팀 동료나 팀장, 다른 부서에 전달할 내용은 없는가?

(5) 다음 방문을 위해 현재 나의 부족한 부분은 무엇이며, 개선 가능한 것
인가?

(6) 다른 사람의 도움을 받을 것은 없는가?

지금 소개한 방문 결과 분석은 매 방문 이후 수행할 수도 있고 가능한 시
간에 몇 건의 방문을 모아서 할 수도 있다. 또한 모든 방문을 분석할 수도 있
고 계획된 방문만 할 수도 있다. 그리고 모든 항목을 기록하거나 점검할 필
요도 없다. 면담의 성격, 진행된 정도에 따라 결과로서 남겨야 할 것은 달라
질 수밖에 없다. 어떤 경우에는 체크리스트를 한 번 훑어보는 것만으로도 충
분할 때가 있다.

그런데 방문 결과 분석이 아니더라도 방문 후에 꼭 해야 할 일들이 있다.
너무 기본적인 부분이라 실수라고 할 수도 있으나 중요성을 간과해서 생기
는 일들이 있다. 약속, 고객의 질문/요청 등에 대한 기록은 반드시 직후에 해

야 한다. 인간은 망각의 동물이다. 또한 그 공간과 상황을 벗어나면 의미가 변해버리는 단어들이 있다. 고객의 질문, 요청, 약속 등을 공간과 시간이 많이 달라진 상황에서 정리하려고 하면 부정확한 표현으로 정리될 가능성이 커진다. 한국어 중에 그런 단어들이 많은 것도 한 이유이다. 다음에 보았을 때도 정확히 떠올려야 한다. 중의적, 비유적, 간접적 표현을 구체적 단어, 직접적 표현으로 바꾸어 기록해야 한다. 관리자나 다른 부서의 도움을 요청하기 위해서도 필요한 작업이다.

타임라인이 명확한 약속은 본인의 일정표 상에 반영해야 한다. 모호한 경우는 팀장이나 동료들의 도움으로 타임라인을 잡아 이 역시 일정표에 반영해야 한다. 면담 중 발생한 타 부서, 동료에게 전달할 내용은 바로 구두로 전하거나 문자메시지라도 전달해두어야 한다. 한 번의 실수를 만회하기 위해 고생했던 기억들이 누구에게나 있을 것이다.

고객 면담의 과정

1. 커뮤니케이션(Communication)

현대인은 하루 종일 누군가를 만나고 헤어지는 과정을 겪는다. 이 과정 속에서 수많은 사람들과 관계를 만들어나간다. 도대체 우리는 일생 동안 몇 명의 상대를 만나고 인간관계를 맺는 것일까? 한 문화인류학자가 각 직업에 따른 인간관계의 숫자를 계산해보았다. 그 학자의 주장에 따르면, 일반인은 평생 250명과 관계를 만들기 위해 그 몇 배의 사람을 만나야 한다고 한다. 그런 이유 때문인지, 유명한 미국의 자동차 판매왕 조 지라드는 '250법칙'이라고 하는 철학을 바탕으로 영업을 했다고 한다. 한 명의 고객을 만들면 그와 인간관계를 갖고 있는 250명이 잠재 고객이 된다는 것이다. 그래서 한 사람의 고객을 고객 250명의 무게로 대해야 한다는 것이 그의 주장이다.

사람을 만난다는 것은 단순히 누군가와 마주한다는 것에 그치지 않는다. 우리는 사람들을 만나는 과정에서 끊임없이 대화하고 상대를 향해 신호를 보내고 인지하고 해석하는 과정을 반복한다. 이것이 '커뮤니케이션'이라고 불리는 행위이다. 현대 사회에서, 그리고 우리네 인생에서 이제 커뮤니케이션 능력은 개인의 성공 척도가 되었다고 해도 과언이 아니다.

그렇다면 커뮤니케이션의 능력을 갖기 위해서는 어떻게 해야 할까? 커뮤니케이션 능력이 천부적이거나 이미 어릴 때 확정된다고 보는 견해들도 있다. 그러나 필자는 그런 주장이 많은 사람들이 현재의 상태를 쉽게 수긍하고 현실을 받아들이려는 이유로서 기능한다고 생각한다. 커뮤니케이션 능력은 결코 선천적인 것이 아니다. 우리 주위에서 볼 수 있는 '스피치 학원' '목소리 컨설팅' 'ㅇㅇㅇ의 성공 스피치' 등이 단지 상술인 것만은 아니다. 커뮤니케이션 능력은 연습으로 향상시킬 수 있으며, 일정 정도 습득해야 할 기술이 있고, 또 누구나 습득할 수 있다.

사회생활에서 커뮤니케이션 능력에 대한 요구는 더욱더 커지고 있다. 국내 회사들의 경우에는 잘 볼 수 없지만, 외국계 회사 채용 공고의 요구사항을 보면 거의 대부분 'good communication'이 포함되어 있다. 커뮤니케이션을 중요한 능력이라고 보며 이를 습득한 사람이 회사 발전에 필수적이라고 인식하기 때문이다.

영업사원에게 커뮤니케이션이 중요한 이유는 대인관계가 직장 내 사회적 관계에서 중요한 요소이기도 하지만, 무엇보다 늘 고객을 상대하기 때문이다. 제약회사에서 영업사원의 하루는 결국 직장 상사를, 동료를, 업무 관계자를 그리고 영업 고객을 만나는 행위의 연속이다.

Communication이라는 단어는 공통, 공유라는 의미를 지닌 라틴어 communis에서 유래했다고 한다. 커뮤니케이션이란 상징을 통하여 서로 간에 메시지를 전달하고 공통된 의미를 형성하면서 나, 너, 서로에게 특정한 영향을 미치는 과정이다. 어떻게 보면 과정으로서의 영업과 비슷한 맥락으로 읽힌다. 목적을 지닌 의미를 전달하기 위해 가장 좋은 내용을 포함하고 가장 효과적인 전달 방법을 통하도록 한다. 그리고 전달된 의미를 통해서 상대방의 동의와 행동 유발을 요청하고 확인하는 과정이다. 내용이 무엇이냐에 따라 영업 그 자체가 될 수도 있다고 본다. 영업 방문 시에 이루어지는 다양한 사례들을 공부하기 위해 커뮤니케이션에 대해서 잠시 살펴보도록 하자.

1) 커뮤니케이션의 요소

커뮤니케이션은 '대화의 내용' '태도' '표정' '목소리 상태' 이 네 가지 요소로 구성되어 있다. 이 네 가지 요소 중 가장 큰 비중을 차지하는 것은 무엇일까? 대화의 내용이 가장 중요하다고 생각하기 쉽다. 그러나 미국의 사회심리학자 앨버트 메라비언의 연구에 따르면 사람 간 커뮤니케이션에서 내용보다 중요한 것은 말투와 목소리라고 한다. 각 요소별 비중을 보면 '내용'은 단지 8%였고, 표정 35%, 태도 20%였다. 말투와 목소리의 비중은 38%에 달했다. 조금 다른 통계이지만 국내 한 취업 포털 사이트에서 1128명의 남녀를 대상으로 '당신은 이성의 어떤 점에 가장 두근거리는가?'라는 질문을 조사한 결과도 비슷하다. 응답자의 가장 많은 비율인 44.4%가 '목소리'라고 대답했다고 한다. 외모보다 목소리가 상대의 감성을 자극할 수 있다는 사실은 커뮤니케이션에서 말투와 목소리의 중요성을 다시금 확인시켜준다. 이 네 요소 중 내용을 제외한 나머지를 '비언어적 요소'라고 하다.

2) 비언어적 커뮤니케이션

비언어적 커뮤니케이션의 대표적인 것은 몸짓이다. 인류사에서 몸짓으로 하는 초기 형태의 의사소통 방식은 지금도 일상의 대화에서 여전히 사용하고 있다. 말로 하는 커뮤니케이션에는 사실상 손동작과 얼굴 표정, 몸짓이 늘 함께하기 마련이다. 이런 요소들은 말의 의미를 정확하게 해석하는 데 도움을 주고, 시각적 뉘앙스를 수반함으로써 대화를 더 풍부하게 한다. 비언어적 커뮤니케이션은 일반적으로 생물학적으로 공유된 신호체계를 가지고 있으며, 자연발생적인 것이 특징이다. 그리고 어떤 것을 상징하기도 하지만 대화, 상대에 따라 반사적으로 신호를 주기 위함이 더 크다. 그렇기 때문에 비언어적 커뮤니케이션을 익히고 사용하기 위해서 일반적인 기술 전달 체계보다는 연습과 경험 속에서 습득하는 전달 방식을 취하게 된다.

좀 더 자세히 비언어적 커뮤니케이션의 요소를 살펴보면 1) 옷, 화장, 소지품을 포함하는 외모, 2) 목소리의 질, 톤, 악센트, 사투리 등의 준언어 요소, 3) 자세, 몸짓, 표정, 시선, 스킨십의 동작, 4) 대화 공간, 가구 배치, 좌석 위치 등의 공간, 5) 확보된 시간, 공식/비공식 시간 등의 시간, 마지막으로 침묵도 역할을 한다. 이들을 하나하나 알아보기보다는 중요성에 대해 강조하는 것으로 정리하겠다.

3) 대화의 기법

대화를 설명하는 여러 기법 중에 '1-2-3 전법'이라는 것이 있다. '1분간 말하고, 2분간 경청하며, 3번 이상 맞장구를 쳐준다'는 것이다. 이 중 맞장구는 나중에 살펴보기로 하고 말하기와 듣기에 대해서 먼저 살펴보도록 하겠다.

(1) 말하기: '나' 전달법, '너' 전달법이라는 말하기 화법에 대해서 들어본 적이 있을 것이다. 일반적으로 '나' 전달법을 업무적 대화에서는 추천하고 있다. 특히 고객과의 대화에서는 더더욱 그러하다.

① '나' 전달법: '나'를 주어로 하여 상대방의 행동에 대한 자신의 생각이

나 감정을 표현하는 대화방식이다. PMS 작성 제출이 늦어진 고객에게 다음과 같은 '나' 전달법을 사용할 수 있다. "저희가 의뢰한 ○○ 연구에 대한 PMS의 제출 기일이 경과되어 회사에서는 염려를 하고 있습니다. 교수님, 언제 제출 가능하다고 말씀을 드릴까요?" '나' 전달법의 구성은 '사실-나의 감정-구체적인 바람'으로 되어 있다. 상대방에게 나의 입장과 감정을 전달함으로써 상호 이해를 도울 수 있다. 상대방에게는 개방적이고 솔직하다는 느낌을 전달하게 되며, 결과적으로 상대에게 자발적으로 당면한 문제를 해결했으면 하는 의도를 지니게 된다. '너' 전달법과 비교해보자.

② '너' 전달법: '너'를 주어로 하여 상대방의 행동을 표현하는 대화방식이다. 앞의 상황을 예로 들면, "교수님이 ○○ 연구에 대한 PMS 제출 기일을 경과하셔서, 다른 참가 교수님들에 대한 연구비 지급이 늦어지고 있습니다. 언제 제출 가능하십니까?" 상대방에게 문제가 있다는 직접적 표현을 통해 비난과 강요의 느낌을 전달하게 된다. 그러면 보통 상대방은 변명하거나 저항하는 경우도 있다.

(2) 듣기: 좀 더 적극적 표현으로 '경청'이라는 단어를 주로 사용한다. 이왕 익힐 거라면 '적극적 경청'이라는 표현이 더 좋겠다. 적극적 경청을 하는 목적은 상대방이 자신의 문제에 대한 대화를 지속하도톡 촉진하고, 상대방과의 신뢰성 있는 관계 형성에 도움을 주며, 상대방이 처한 문제 상황에서의 생각

이나 감정들을 정확히 파악할 수 있도록 도움을 주는 것이다. 적극적 경청을 한다는 것은 상대방의 감정과 내용을 '수용'하는 것이지 그것이 옳다고 '동의'하는 것은 아니다. 그리고 적극적 경청 자체가 문제를 해결하는 것은 아니다. 하지만 문제를 정의하고 해결책을 모색하기 위해서는 필수적인 행위이다. 경청을 하는 기법에도 여러 가지가 있다.

① 중립: 상대방의 말에 흥미를 갖고 있으며 경청하고 있다는 사실을 전달함으로써 상대방이 말을 계속할 수 있도록 한다. "예, 그렇군요" "일리가 있는 말씀입니다" "좋은 의견이네요."

② 환언: 경청을 넘어 상대방이 말하고자 하는 바를 이해하고 있음을 보여주기 위함이다. 상대방 말의 의미가 무엇이며, 말하는 바를 정확히 이해하고 있는지 확인하고 때로는 상대에게 고려해야 할 문제의 다른 측면을 이해시킴으로써 상대를 고무하기도 한다. "제가 이해하는 당신의 말은…" "만약 …한 사례가 있다면 당신은 어떻게 하겠는지요?" "…라는 표현으로도 이해할 수 있겠습니다."

③ 질문: 논의 내용을 요약하여 집중할 수 있게 하기 위해서, 상대가 말하는 바를 정확하게 이해하는지 확인하기 위해서 사용한다. "…에 대해서 더 자세히 말씀해주실 수 있을까요?" "그 말은 …한 의미로 하신 말씀인가요?"

④ 요약: 논의를 한두 주제로 집중할 수 있게 하기 위해서, 또는 새로운 주제나 이슈를 논의하기 위한 전환의 목적으로 사용한다. "…이 당신이 말씀하신 요지군요?" "제가 당신의 말씀을 요약하자면 …이군요" "당신이 말씀하신 것은 …로 이해했습니다. 다른 말씀은 없으신지요?"

⑤ 감정 확인: 상대가 주제에 대해 어떻게 느끼고 있는지, 아니면 자신이 이해하고 있는 바를 표현하기 위해 사용한다. "아, 당신은 그 문제에 관해 …하게 느끼신다는 말씀이군요" "말씀을 들으니… 때문에 일할 기분이 들지 않는다는 말이죠?"

적극적 경청을 할 때 자신이 이해하는 바를 질문이나 요약을 통해 말하는 방법 외에 대화를 통해 느끼는 감정을 표현하는 것도 좋은 방법이 된다. 때로는 말하는 화자가 대화 중에 느끼는 감정에 대해서 표현하는 것이 상대방에게 안정과 신뢰를 느끼게 해주기도 한다. 그런데 경청을 할 때 해서는 안 될 것들이 있다. 말 끊기, 갑작스러운 화제 변경, 잦은 시선의 변경, 상대의 시선을 흐트러뜨리는 불필요한 동작, 지루해하기 등이다.

이 장에서 커뮤니케이션의 모든 것을 다룰 수는 없다. 관련 책들을 이용해 필요한 내용을 더 찾아보기를 바란다. 다만 다음의 내용들은 꼭 유념해야 한다.

첫째, 누구나 커뮤니케이션에 대해서 잘 이해하고 있으며 방법과 요령을 잘 알고 있다는 착각에서 벗어나야 한다. 영업을 위한 커뮤니케이션에서는 더욱 그러하다. 일상의 대화 능력과 커뮤니케이션 능력은 별개이다.

둘째, 비언어적 커뮤니케이션의 중요성을 다시 한 번 각인하기 바란다. 주위에 보면 이 부분을 간과하는 사람들이 많다. 어차피 다른 것들이 더 중요하다고 생각하는 것이다. 즉 프로모션, 잦은 만남, 가격 등 상호간의 직접적 이해관계들이 중요한 것이지 커뮤니케이션, 그중에서도 비언어적 요소들은 전혀 중요하지 않다고 생각하기 쉽다. 그러나 방금 언급한 것들을 전달하고 이루는 과정들도 커뮤니케이션으로 이루어진다. '말 한마디로 천 냥 빚을 갚는다' '이왕이면 다홍치마'라는 말을 거론하지 않더라도 말투, 자세, 외모에 투자하는 것은 분명 남는 장사이다. 비언어적 커뮤니케이션에 대해 무관심하다라는 말은 '비언어적 커뮤니케이션을 모른다' '나는 그것을 잘하지 못한다'라는 의미로 해석된다.

셋째, 성과 달성을 위해 고객과의 커뮤니케이션 스킬 및 능력 개발은 정말 중요하다. 그런데 커뮤니케이션이 단지 영업적 목적을 위해 중요한 것만은 아니다. 고객을 대상으로 익힌 스킬을 직장생활, 사회생활에서도 사용하기를 바란다. 또한 집단 내의 커뮤니케이션에도 관심을 가져주기를 바란다.

마지막으로, 말하기, 경청을 통해 원활한 커뮤니케이션을 수행하고 난 후, 성공적인 커뮤니케이션이었다는 판단은 자신의 주장이나 의견에 상대방이

“예”라고 대답했을 때가 아니다. 가장 이상적인 것은 내가 전달하고자 했던 내용이 상대방의 입에서 나올 때이다. 잘 듣고, 말하는 것으로 영업 방문의 의미를 찾을 수도 있지만, 더 중요한 것은 마지막 순간에 고객의 동의를 구하고 행동을 요청하며 확답을 받는 것이다. 목표를 잃지 않기 바란다.

2. 비즈니스 대화

현대 마케팅 이론에서 고객은 더 이상 '상품'을 사는 게 아니라는 것은 주지의 사실이다. 그 상품이 가지고 있는 '효용' 또는 구매/사용하면서 얻게 되는 '만족'을 사는 것이다. 더 나아가 '가치'나 다른 선택에 따른 '기회비용'으로까지 해석하는 경우도 있다. 그래서 상품의 가격도 구매자의 사용에 따른 편의성과 우수성에 기인하는 것이 아니라 만족도에 기인하게 된다. 비즈니스 세계에서는 이 사실을 항상 잊어서는 안 된다. 영업 담당자라면 이 사실을 통해서 고객의 관점이 얼마나 중요한지 늘 유념해야 하다. 우리의 제품이 우수하기 때문에, 우리 제품이 오리지널이면서 유일 품목이기 때문에 고객이 구매할 것이라는 생각은 비현실적이다.

비즈니스 대화의 핵심은 고객의 입장이다. 고객이 현재 가지고 있는 '문제'에 초점을 맞추어야 하며, 고객이 가지고 있는 숨은 '욕구'에 맞춘 제품의 장점을 대화에 포함시켜야 한다. 그래서 비즈니스 대화, MR의 고객과의 커뮤니케이션은 문제를 해결하는 방식의 대화를 지향한다.

그럼 비즈니스 대화 중에서도 의사를 대상으로 한 제약영업의 대화에서는 다른 부분이 무엇일까? 의사는 기본적으로 존중받기를 원하고 근거와 사실을 중심으로 대화하기를 원한다. 그리고 모든 문제 해결의 주체이며 책임은 의사이므로 그들이 주인공이 될 수 있게끔 표현해야 하다.

한 가지 사실을 더 이야기하자면, 고객인 의사는 진료를 통한 진단과 치료가 본업인 사람들이다. 하루 종일 또는 진료시간 내내 본인에게 도움을 요청하는 환자들과 씨름을 한다. 제약회사 MR의 방문은 환자의 방문과 달라야 한다. 인상 쓰고 있어서 '미안하고', 나는 문제를 해결할 지식과 방법을 '모르고', 그래서 당신의 '도움'이 필요하다는 환자식 접근은 피해야 한다. 시간을 할애해서 나를 만나주어 고맙고, 난 당신이 가지고 있을지 모를 문제와 욕구를 같이 해소할 의지와 방법을 가지고 있고, 그래서 내가 제안할 테니 당신은 선택과 결정만 하면 된다는 식의 접근이 필요하다. 아픈 환자가 아니라 건강하고 긍정적이며 나와 공감을 같이할 MR의 방문을 원하며, 그런 MR에게는 기꺼이 자신의 공간과 시간을 할애할 수 있도록 의사에게 이미지를 심어주어야 한다. 늘 징징거리며 아쉬운 소리나 하고, 부탁만 하는 MR의 방문을 원하고 좋아하는 고객은 없다. 그런 어프로치가 필요한 순간은 따로 있다.

3. 셀링 스킬의 5단계

모든 영업 분야에서는 방문 성과를 높이고 목적의 달성 가능성을 높이기 위하여 셀링 스킬을 개발, 교육하고 있다. 내용은 영업 고수들의 노하우, 심리학, 경영학 등 관련 학문의 연구 성과 그리고 타 영업직에 대한 벤치마킹 결과까지 더해진 핵심 기술, 실전 기술이다. 이는 신입 영업사원 연수 과정에서 필수 코스이다. 이미 접한 적이 있다면 이 장을 통해 다시 한 번 확인해보는 시간이 되기를 바란다. 또한 실제 영업 과정에서 셀링 스킬의 중요성을 알게 되어 세부 방법에 대한 궁금증이 생긴 경우라면 집중해서 보기 바란다.

일반적으로 제약 업종에서는 6단계 또는 7단계로 나누어서 교육 과정을 구성한다. 그런데 우리는 이미 영업 방문 계획 작성과 방문 결과 분석에 대해서는 전 장에서 따로 나누어 학습을 진행했다. 그러므로 오늘은 5단계로 나누어 접근하도록 하겠다. 실습을 포함한 워크숍 과정으로는 최소 2일의 시간이 필요한 내용이다. 여기서는 소개하는 것이 중심이니 연습과 심화 학습은 회사 내 교육담당 부서나 주위 동료들의 도움을 받는 것이 좋겠다.

그리고 한 가지 미리 말하자면, 이 5단계 모델은 가장 이상적인 모델이라기보다는 모든 것을 담고 있는 것이다. 한 번의 방문에서 성립될 수도 있고, 여러 번 나누어 이루어질 수도 있다. 또한 중간에 한두 과정만으로 이루어지는 경우도 있다. 따라서 형식에 치우치기보다는 단계별 핵심에 대해 익히는 데 주안점을 두는 시간이 되기를 바란다.

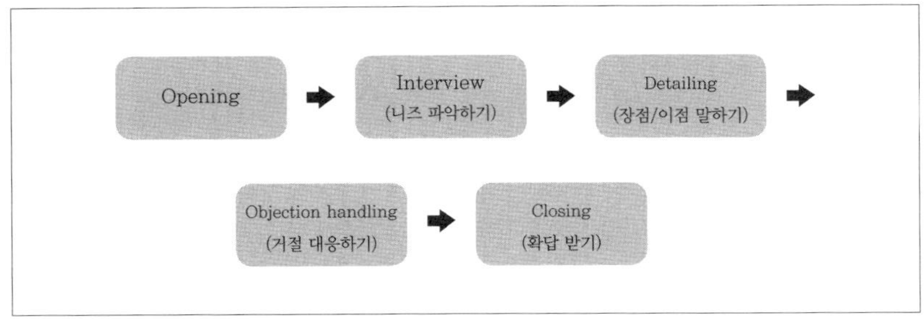

1) 오프닝(Opening)

우선 한 가지 짚고 넘어갈 것이 있다. 심리학에서 '초두 효과'라는 말이 있다. 먼저 입력된 정보가 나중의 것보다 더 강한 영향력을 발휘한다는 것인데, 이는 기존 고객과의 만남에서도 중요하게 생각해야 하다. 어제 만나고 오늘 만나도 고객을 방문한 여러분은 첫인상을 좋게 하는 것에 게을리하면 안 된다. 0.3초 내지 1초 안에 결정되는 첫인상과 관련된 것은 여러 가지이다. 외모, 복장, 자세, 목소리, 인사 등이다. 이 중 외모나 자세에 대한 부분은 나중에 다시 한 번 다루도록 하겠다.

약속된 만남이나 요청에 의한 만남이 아닌 경우, 즉 영업사원의 필요에 의해 고객을 방문한 경우에 첫인사 멘트로 무엇이 좋을까? 편지를 써도, 축하 카드를 적어도, 블로그에 글을 올릴 때도 사람들이 가장 걱정하는 것 중 하나가 첫 문장이다. 그런데 모두들 정작 중요한 것을 잊고 있다. 앞서 살펴보았듯이 커뮤니케이션에서는 말의 내용보다 말투나 목소리가 더 중요하다. 그러므로 내용에 너무 많은 신경을 쓸 필요는 없다.

가장 적당한 인사말은 환기시킬 수 있는 내용을 사용하는 것이다. 고객과 면담하기 위해 들어가기 전 간호사나 접수 행정 직원을 통해서 고객의 최근 정보나 현재의 컨디션 등을 확인해서 고객을 중심에 둔 인사말을 사용하기를 추천한다. 인사말을 통해 담당자의 신뢰감, 자신감, 친근감을 다시 한 번 확인해줄 수 있다면 더없이 좋다. 그런데 인사말을 오프닝과 구별하여 생각하기 바란다. 인사말은 영업 방문 목적 달성을 위한 오프닝의 일부분이다.

인사말로 면담을 시작할 분위기가 형성되었다면 구체적인 내용으로 들어가기 위한 오프닝을 해야 한다. 오프닝 때 고려해야 할 점은 다음과 같다.

① 오늘 방문 목적 중 일부에 대해 언급한다.
② 이전 방문 내용과 연결 지을 수 있다면 좋다.
③ 오늘 방문을 통해 고객이 얻게 될 이익이 있다면 언급한다.
④ 다음 단계로 진행하기 위해 자연스럽게 고객의 동의를 얻는다.
⑤ 제품과 관련된 약물, 질병, 환자에 대한 화제를 통해 고객과 공감대를 형성한다.
⑥ 긍정적인 관심을 유도한다.

2) 인터뷰(linterview, 니즈 파악)

앞서 커뮤니케이션에 관해 설명할 때 대화의 기법으로서 말하기와 경청에 대해 살펴보았다. 이번 인터뷰 단계에서는 말하기 중에서도 질문, 경청이 핵심이다.

(1) 질문하기

질문에는 두 가지 종류가 있다.

① 개방형 질문: 응답자가 할 수 있는 응답의 형태에 제약을 가하지 않고 자유롭게 대답할 수 있도록 하는 질문 방법이다. 고객의 상황, 문제, 필요 등에 대한 일반적일 정보를 탐색하고자 할 때 사용한다. 질문자가 경계를 정하지 않아 다양한 응답이 가능하며 기대 이상의 내용이 포함된 답변을 들을 수 있다. 또한 응답자의 자세하고 구체적인 설명을 기대할 수 있다. 대답이 불명확한 경우에도 자연스럽게 재질문을 통해 구체화할 수 있으므로 오해를 제거하는 데 도움이 되며 친밀감을 높일 수 있다. 관계 형성 및 신뢰를 위한 질문, 정보 획득을 위한 질문, 의사 결정을 묻는 질문 등으로 사용한다. 단점으로는 질문자가 원하는 주제, 표현 범위에서 벗어나 답변 내용이 모호해지고 해석의 불일치와 잘못된 판단이 이루어질 수 있다는 것이다. 응답자가 핵심을 벗어나서 긴 이야기를 할 수도 있으며, 답을 회피할 가능성도 많다.

② 폐쇄형 질문: 질문자가 응답할 내용을 제시해놓고 "예" "아니오" 또는 매우 특정한 답을 유도하는 방법이다. 특정한 요구를 하거나 이해를 명백히 해야 하는 사항에 대한 확인, 특정 정보 수집에 사용한다. 단점으로 응답자가 성실히 응답하지 않고 단답형으로 끊어 답할 수 있다. 아울러 응답자의 의견을 반영할 수 없다. 본인이 진짜로 답하고 싶었던 응답 대신에 주어진 답 안에서 대답을 하게 되는 경우도 있음을 유념해야 한다. 질문자가 질문 문장 배열에 따라 답을 유도하고 있다는 인상을 줄 수 있다는 것 또한 단점이다. 질문의 틀에 갇히므로 폐쇄형 질문을 할 때는 준비를 많이 해야 한다.

비즈니스 대화에서 질문하기란 '핵심 질문하기' '통찰력 있는 질문하기'이다. 고객의 요구, 문제 등에 대한 통찰력을 발휘하고, 의견에 대한 정보를 수집하고, 새로운 정보에 대한 인식과 요구가 가능하도록 해야 한다.

(2) 경청하기

일반적인 경청의 방법에 대해서는 이미 앞에서 살펴보았다. 비즈니스 대화에서는 적극적 경청을 요한다. 적극적 경청이란 이해하려는 의도를 가지고 경청하는 것이다. 그래서 '공감적 경청' '냉철한 경청'이라고도 한다. 말하는 사람의 관점에서, 같은 인식의 수준에서 감정적 동의를 하면서 경청한다는 자세를 보여야 한다. 그리고 대화의 초점을 계속해서 유지하고 응답자의 적극적 참여를 독려하는 스킬을 필요로 한다. 그래서 이 부분 역시 훈련이 필요하다. 간단하게는 다음의 사항을 유념하는 것만으로도 가능하다. '나는 고객의 니즈 파악을 위해 집중하고 있는가?' '나는 고객의 적극적인 참여를 독려하는가?' '방해하고 있지는 않은가?' 적극적 경청은 여러분이 다시 통찰력 있는 질문을 하여 목표에 접근하기 위한 것이며, 고객의 니즈를 파악하고 확인하는 과정으로서 본질적인 의미가 있다.

3) 디테일링(Detailing, 장점/이점 말하기)

이제 본격적으로 고객에게 '왜 이 대화에 집중해야 하는지' '왜 우리 제품을 사용해야 하는지'에 대해서 이야기하는 단계이다. 이 부분에서는 핵심 메시지를 전달한다. 그리고 제품의 특징을, 앞서 인터뷰 단계에서 파악한 니즈를 바탕으로 고객이 얻게 될 이점으로 전환하여 표현한다. 이때 효과적인 도구들을 사용해야 한다.

그런데 이점이란 무엇인가? 이것은 비교 대상에 비해서 특정 지을 만한 차이점이다. 제품에 대한 사실 내지 특성을 말한다. 장점이란 advantage, 고객의 관심사와 욕구를 충족시켜주는 것이다. 이것을 대화 상대자를 중심으로 직접적으로 표현하는 것을 이점, benefit이라고 한다. 예를 들어보면, 다음과 같다.

(1) **특징 말하기**: "개량 신약인 저희 발기부전 치료제는 PDE5 inhibitor로서

발기 시간은 30분 이내, 강직도는 플레시보에 비교하여 몇 % 유의한 차이를 보였으며, 대표적인 부작용은 안면 홍조, 두통으로서 각각 1%, 0.2%의 발현율을 보였습니다."

(2) 장점 말하기: "저희 발기부전 치료제는 기존 제품들에 비해 빠른 발기와 낮은 부작용 발현율을 ○○ 임상 시험을 통해서 입증하였습니다."

(3) 이점 말하기: "저희 발기부전 치료제는 기존 치료제의 높은 부작용에 대한 우려 때문에 반복적 처방과 사용을 주저하시는 과장님과 환자들에게 낮은 부작용이라는 장점을 통해 적극적 치료를 다시 시작하실 수 있는 기회를 제공합니다."

'특징으로 말하고 이점으로 판매하라'가 이 단계에서 핵심 키워드이다. 고객을 중심으로 한 이점뿐만 아니라 환자에게 초점을 맞춘 이점을 이야기하는 것도 중요하다. 다음을 기억하기 바란다.

첫째, 사실과 증거로서 근거를 제시해야 한다. 둘째, 이점에 대해 고객 스스로 타 제품과 비교할 수 있도록 해야 한다. 셋째, 구체적 환자 또는 사례를 가지고 이야기를 나누는 것이 가장 효과적이다. 넷째, 구두가 아닌 시각적 도구를 사용하는 것이 효과적이다. 다섯째, 고객의 동의를 구하는 과정을 포함시켜야 효과적이다.

4) 반대 처리(Objection Handling, 거절 대응하기)

고객은 거절할 권리가 있다. 그것은 MR들이 100% 그대로 받아들여야 한다. 그리고 고객은 어떤 방식으로든 거절의 의사를 표현한다. 직접적으로 '싫다'라고 표현하기도 하고, 명함을 쓰레기통에 넣기도 하고, 전화를 일방적으로 끊기도 하고, 말없이 등을 밀어 문밖으로 내보내기도 한다. MR은 일단 고객의 거절 표현을 접하면 무슨 뜻인지부터 파악해야 한다.

'효과가 없다'라는 말은 1) 정말로 그 제품은 치료 효과가 없다, 2) 기대하는 만큼의 효과를 발휘하지 못한다, 3) 경쟁 치료제에 비해 치료 효과가 약하다, 4) 환자가 지불해야 하는 비용 대비 효과가 약하다 등 여러 가지로 해석할 수 있다.

고객이 말없이 등을 떠밀어 내보내면 1) 당신을 만나기 싫다, 2) 약속 없이 오면 누구라도 만나지 않는다, 3) 나는 지금 다른 일로 이미 지쳐 있다, 4) 중요한 손님이 있거나 중요한 약속이 바로 대기하고 있다 등 여러 가지의 상황과 해석이 있을 수 있다. 고객은 언제라도 거절할 수 있으나 그 뜻은 표현 그대로가 아니라는 것을 명심하시기 바란다.

(1) 거절에 대한 반응

고객이 거절을 표현했을 때 영업사원의 일반적인 1차 반응은 세 가지이다.
① 고객의 거절에 위축되어 순순히 물러난다.

② 일단 무시하고 준비한 것을 이야기한다.

③ 고객의 거절 의사를 귀담아 듣고 고객의 의도가 무엇인지 가볍게 확인한다.

여러분은 어떻게 대응했는지 한번 기억을 더듬어 보기 바란다. 고객이 거절 의사를 표현하면 담당자는 어떤 식으로든 그 거절에 대한 대응을 해야 한다.

(2) 거절에 대한 잘못된 대응 방식

다음으로는 고객이 거절을 표현했을 때 잘못된 대응 방식에 대해 알아보자.

① 고객과 논쟁을 벌이는 경우가 있다.

② 일단 반박하거나 MR 입장에서 반대 의견을 내는 경우이다.

③ 일단 준비한 결론부터 내리고 난 이후, 고객의 거절에 대해 관심을 갖고 대응한다.

④ 고객의 책임으로 화살을 돌리는 경우이다.

⑤ 모면하기 위한 합리화나 말 바꾸기를 시도한다.

⑥ 감정적 표현을 한다.

위에 열거한 여섯 가지의 방식 중 어떤 것이 되었든 간에 MR은 잘못했을 뿐만 아니라 아주 비경제적인 선택을 했다. 고객의 거절 이유를 정확히 알 수 있는 기회를 놓쳤기 때문에 시간을 거꾸로 돌리지 않는 한 어려운 길에 들어서게 된 것이다.

(3) 거절 대응 단계

고객의 거절이 있었을 때, 담당자가 행동해야 할 바람직한 대응 절차에 대해 알아보자.

[그림 5-3] 고객의 거절 대응 절차

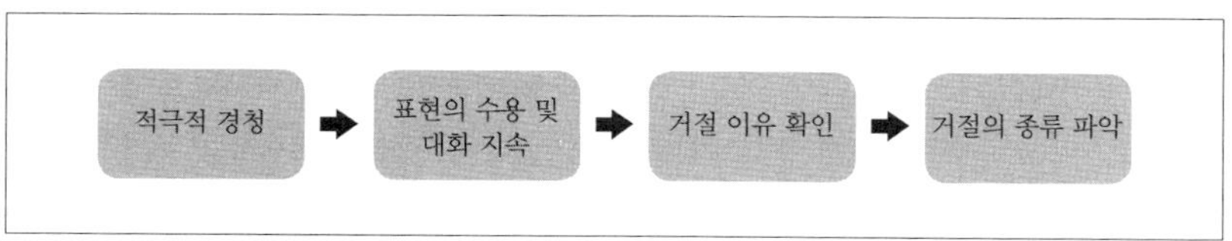

① 적극적 경청: 고객의 말이 사실과 다르고 논리에 맞지 않거나 전혀 엉뚱한 이야기를 한다고 해도 맞장구를 쳐주면서 끝까지 들어주어야 한다.

② 수용 및 대화 지속: 고객의 거절에는 이유가 있다. 어떠한 거절의 표현이든지 이유 없는 거절이란 없다. 그 이유를 알아야 한다. '이유가 무엇일까?' 고객의 반대에 적극성을 가지고 임해야 한다. 그리고 "잘못 생각하시는 겁니다" "제 말을 오해하시는 겁니다"라는 표현은 하지 않는 것이 좋다. 사람은 누구나 말을 하고 싶어하고, 인정받고 싶어한다. 그런데 인정을 받지 못하면 자신이 무시당했다는 느낌을 받게 된다. 이유를 알기 위해서는 대화를 계속 이어나가야 한다. 고객의 반대 의견을 이해했음을 표현해주는 것이 좋다. "과장님의 입장을 충분히 이해합니다" "중요한 부분을 말씀해주셨습니다" "말씀하신 그 부분에 대해서는 저희

도 익히 알고 있습니다" 등으로 표현한다.

③ 거절 이유 확인: 질문을 통해 확인하는 방법이 최선이다. 고객의 반대 이유를 구체화하는 질문이 필요한데 "그렇게 생각하신 이유가 무엇인지 말씀해주실 수 있겠습니까?"라는 직접적인 표현보다는 "그럼 어떤 부분을 더 원하시는 것인지 여쭤봐도 되겠습니까?"라는 식으로 고객은 현재 충분히 가치 있는 이유로 거절하고 있다는 느낌의 표현을 하는 것이 더 좋다. 또는 "만약 그 문제만 해결되면 결정하실 수 있으십니까?"라면서 고객이 진짜 거절한 것인지 확인할 수도 있다. 고객이 주저하거나 회피하려고 하면 MR인 여러분은 "아니면 다른 이유가 있으신 겁니까?"라고 물어 거절의 사유를 밝히기 위해 노력해야 한다.

5) 거절의 종류 파악

(1) 오해: 잘못된 사실에 기초한 오해에서 비롯된다. 주위 사람들로부터 안 좋은 평을 들었을 수도 있다. 아니면 오늘의 주제나 제품에 대한 것이 아니라 고객이 과거에 다른 경험을 통해 얻은 일종의 편견에서 비롯된 것일 수도 있다. 이럴 경우, 일단 고객의 반대를 정중히 받아들여야 한다. MR의 제안에 수긍할 의사가 없는 것은 아니므로 시간을 두고 오해와 편견을 씻어내기 위해 노력만 한다면 좋은 결과가 나올 가능성이 크다.

(2) 무관심: 특별한 이유가 없으면서 반대하거나 자신의 실제 경험이 아닌 소문에 영향을 받아 거절하는 경우이다. 또는 담당자의 의견에 응하기 싫거나 지금은 관심이 없을 때 거짓으로 핑계를 대고 거절하는 경우이다. 무관심에 의한 거절은 가장 다루기 힘든 상황이다. 여기서 MR의 개인 능력과 준비 정도가 발휘된다. 일단 고객과의 대화나 관계의 끈을 이어나갈 수 있는 실마리를 만들어내는 것이 중요하다. 누구나 수긍할 만한 제안이나 관심거리를 화제로 등장시키면 좋다. 그래서 아주 작은 부분부터 고객의 관심을 끌어내야 한다.

(3) 의심: 제안에 관심은 있으나 결정에 확신이 서지 않을 때 보이는 반응이다. 목적한 목표에 근접했지만 성급하게 이끌어나가면 안 된다. 고객이 망설이는 이유에 대해 질문을 통해 재확인을 하고 만족하는 부분도 재확인하여야 한다. 고객이 갖게 되는 이점에 대해 확인해줄 수 있는 방법을 찾는 것도 좋다.

(4) 불만: 이 경우에는 고객의 다른 니즈를 빨리 찾거나 파악한 니즈를 해결하는 방식으로 접근해야 한다. 고객의 선택으로 지금의 결점보다 상대적으로 더 큰 이점을 갖게 된다는 것을 알려주어야 한다. 또는 단기적으로 안게 되는 어려움 대신 이후에 함께하게 될 큰 결과에 집중하도록 유도해야 한다. 아니면 내용에 따라서는 고객의 반대 의견을 오히려 구매 동기로 바꿀 수 있다. "우리 병원을 찾는 사람 중에는 그렇게 비싼 비용이 드는 치료법을 찾는 고객이 적다"라며 고객이 거절할 경우 "그렇다면 더욱 이 치료법을 지금 당장 그 고객들에게 사용해보시기 바랍니다. VIP 손님이 왔을 경우, 치료 경험이

없어서 그 고객을 다른 병원으로 가시라고 권유할 수는 없지 않겠습니까?"라는 식의 반론이 가능하다. 고객이 결정을 할 동기를 만들어주고 고객이 갖게 될 이점을 곁들여주어야 한다.

(5) 면담의 잘못으로 인한 거절: 고객의 반대에 대하여 MR이 효과적으로 대응하지 못하면 고객은 애초의 반대 이유가 아닌 담당자에 대한 불신으로 결정을 안 하는 경우가 있다. 이것이 가장 우려되는 경우이다. 잘못한 것이 있을 때에는 바로 잘못을 시인하고 화제를 바꾸거나 다음의 방문을 기약해야 한다. 신뢰를 먼저 획득한 후에야 고객과 상담을 진행할 수 있다.

6) 대화 도중 유의할 사항

고객과의 대화 도중 난관에 부딪혔다면 다음의 사항을 유념하여 대처해야 한다.

(1) 고객의 반대를 구체적으로 확인해야 한다.

(2) 고객이 반대하는 내용에 대해 고객의 입장과 감정을 인정하고 공감을 나타낸다.

(3) 고객이 이해할 수 있는 이유를 제시한다. 그 순간 바로 제시할 수 없다면 당신이 생각한 해결책(약속)이나 대안 등을 제공한다.

(4) 고객의 반대를 다루는 과정을 제품의 장점, 이점을 부각시키는 기회로 활용한다.

7) 클로징(Closing, 확답 받기)

고객 접점, 결정의 순간, 바로 이 클로징 부분이 Moments Of Truth(MOT)❖의 순간이다. 이 클로징 단계에 들어서기 위해 당신은 여러 번 방문했고, 몇 개의 과정을 거쳐왔다. 이제 마지막 과정을 살펴보자.

오늘 방문 내용에 대해 요약하고 과정 중에 서로 접근한 내용에 대해서 고객의 동의를 요청 또는 확인한다. 그리고 고객의 처방이나 구매 의사에 대한 신호를 캐치한다. 고객은 언어적 요소와 비언어적 요소로, 당신이 준비한 오늘의 방문 목적에 대해서 긍정의 신호를 보낼 수 있다. 언어적 표현으로는 1) 직접적으로 샘플의 요청 또는 구매 의사 표현, 2) 담당자가 방문 목적에 대해 직접적 동의를 구하는 질문에 대한 답변이 있다. 예를 들면 "교수님께서 오늘 하신 말씀으로는 새로 업그레이드된 혈당 강화제가 반드시 필요하고, 저희의 제품이 그러하며, 교수님의 환자에게 꼭 필요하시다는 것이군요. 그런가요?" 하는 식의 표현에 대한 답이다. 3) 의견에 대한 적극적 동감이다. "제 환자는 분명 궤양 치료제의 장기 투여에 대해 불만을 가지고 있습니다. 짧은 치료기간이 치료 효과를 높인다는 것에 동의합니다."

비언어적 표현으로는 얼굴 표정과 태도, 몸짓 등 보디 랭귀지가 있다. 어떻게 표현하든 간에, 여러분은 그 신호를 잘 캐치하여야 한다.

❖ '진실의 순간', 약어인 MOT로 주로 쓰인다. 스페인 투우 용어로서 투우사가 소의 급소를 찌르게 되는 아주 결정적 순간을 지칭한다고 한다. 이를 마케팅 및 고객 서비스 분야에서 고객과 회사, 고객과 영업(상담)사원 사이에서 가장 가치 있는 시간으로 정의하면서 강조하고 있다.

지금부터는 구체적이고 명확한 요청을 해야만 한다. 사실 이 부분에서 많은 MR들이 이 과정을 적절히 수행하지 못한다. 여기서 소개하는 방문 스킬의 여러 단계 중 필자는 인터뷰 단계의 '통찰력 있는 질문하기'와 이 확약 부문이 제일 중요한 것이라고 생각한다.

다른 업종의 영업사원 중 크게 성공한 분들의 공통점을 바로 이 부분에서 찾을 수 있다. 그들 중 상당수가 고객을 만나면 그들의 이야기를 들어주기만 하면 된다고 이야기한다. 하지만 필자는 그들이 이렇게 주장하는 데에는 중요한 전제가 있다고 본다. 고객이 계속해서 이야기하게끔 하는 것은 경청에 앞서 통찰력 있는 질문이 선행했기 때문이며, 경청 중 고객의 니즈를 파악하여 고객이 계속해서 오늘 방문 목적의 범위 안에서 이야기할 수 있게 하였기 때문이다. 그리고 면담의 마지막 순간에 자신 있게 계약서 또는 구매 의뢰서를 탁자 위에 올려놓을 뿐 아니라, 막연히 선택을 하게 하기보다는 영업 담당자가 특정한 선택을 요청하였을 것이다. 이를 요약한 말이 "나는 그들의 이야기를 가만히 앉아 들어주었을 뿐이며, 나오기 전에 계약서의 서명란에 사인을 하도록 했을 뿐이야"이다.

확약 요청 및 결정하기는 주저할 부분이 아니다. 앞의 단계가 성실히 수행되었다면 자신감을 가지고 결정을 요청할 수 있다. 긍정적 신호가 오면, 누구에게 처방을 할 것이며, 어느 정도 처방할 것인가를 결정하게 해야 한다. 구체적으로 MR이 고객에게 요청하는 것이 더 좋은 방법이다. "오늘부터라도 치료비용보다는 검증되고 효과가 더 우수한 제품을 필요로 하는 위궤양 환자를 대상으로 초진 환자에게 처방을 먼저 시작해주시기 바랍니다” 라고 말한다.

이후 고객의 처방을 위해 필요한 정보를 제공하거나 약속을 하는 것이 좋다. 제품의 카탈로그, 환자에게 필요한 질환 설명 시트나 제품 사용설명서 등의 전달을 약속하거나 향후 계획된 심포지엄 등의 초대를 약속하거나 일정을 다음 방문 때 알려주겠다는 식의 말들이 덧붙여질수록 더욱 좋다. 더 나아가 타 병원의 처방 사례를 전달할 수 있도록 점심 약속을 요청하는 것도 좋은 방법이다.

클로징의 단계에서는 어느 단계보다도 신뢰성 있고 명확하게 표현해야 한다. 그리고 MR이 이 과정을 주도해야 한다. 아울러 결론에 대한 당신의 신념을 표현, 강조하는 것이 좋다. 고객의 선택이나 결정이 흔들리지 않도록 MR이 자신 있는 모습을 보여야 한다.

고객이 간혹 클로징 단계에서 부정적인 신호를 보내는 때가 있다. 이 경우에는 앞서 살펴본 네 번째 단계인 반대 처리(Objection Handling)와 마찬가지로 한다. 우선은 잘 알아채는 것이 중요하다. 고객은 어떠한 신호를 보낸다면 그것을 인지하기 위해 계속해서 탐색해야 한다. 고객의 니즈가 충족되었다고 판단했는데 갑작스런 상황이 발생했을 때에는, 오늘 만남에서 부족했거나 이견을 보인 부분에 대해서 확인해야 한다. 이후 성공이든 실패든 어느 경우에도 이후 방문 목적을 빨리 설정하고 고객에게 설명을 한 후 방문 약속을 받는 것으로 마무리하는 것이 좋다. 끝까지 바른 자세와 행동은 필수이다. 흥분하거나 당황하고 있다는 것을 표현하지 않아야 한다. 계약서의 잉크가 마르기

전까지는 정중히 행동하는 것이 올바른 태도이다.

구매나 처방 결정 단계까지 가려는 목적이 아닌 면담이었다 할지라도 방문을 마치고 나오는 순간, 제품의 핵심 메시지를 던지는 것을 게을리하지 않기를 마지막으로 요청한다. 고객에 대한 제품의 노출 횟수는 많으면 많을수록 좋다. 어렵게 잡은 면담시간에도 예외는 없다.

오늘 클로징까지는 가지는 않았어도 오늘 면담 중에 나왔던 것 중 최소 한 제품, 최대 두 제품 정도의 노출을 해야 한다. 아니면 고객과의 관계에 있어 가장 중요한 제품의 킬링 메시지(Killing message)❖를 언급하면서 나오라. 이미 여러 차례 전달하였다고 생각하는가? 다음과 같은 사실을 스스로에게 확인해보기를 바란다. 고객이 메시지나 제품에 대해 지겨워하기보다는 담당자가 먼저 지겨워하거나 귀찮아하는지도 모른다. 오히려 고객은 이미 잊어버렸기 때문에 같은 메시지를 새롭게 들을 가능성이 더 크다.

❖ 한두 문장으로 이루어진 제품의 핵심 메시지다. 제품의 차별화된 고유성을 표현하는 문장이 주로 사용되지만, 세부적인 마케팅 단계까지 진행된 제품에 대해서는 고객의 유형에 다른 핵심 메시지를 각각 구별해 준비하기도 한다. 심화된 마케팅 전술 중에는 이 킬링 메시지를 중심으로 이루어지는 경우도 있다. 그런 관점에서는 효과적인 메시지 산출이 아주 중요한 과제가 된다.

고객 유형별 대화

1. 빙산의 일각

빙산의 90%는 물에 잠겨 있고 약 10% 정도만 수면 밖으로 보인다. 이를 비유적으로 표현하여 실체의 대부분은 보이지 않고 매우 작은 일부분만 노출되는 현상을 일컫는 말이 '빙산의 일각'이다. 일상적인 용어가 되어버린 빙산에 대한 이야기는 이제 '빙산 이론'으로 경영학, 마케팅, 커뮤니케이션, HR 등에서 광범위하게 사용하고 있다. 마케팅 이론의 중요한 개념인 포지셔닝(positioning), 세분화(segmentation), 깊은 통찰력(deep insight) 등은 모두 빙산 이론에 기반을 두고 있다.

제약영업에서 사용되는 빙산의 일각이라는 관점은 크게 두 가지 이유에서 필요하다. 우선 고객은 자신의 니즈를 충분히 표현하지 않는다는 점(자신의 니즈와 필요성이 무엇인지 모른다는 점까지 포함), 고객의 불만 뒤에는 다른 이유가 있다는 점이다. 제약 마케팅에서는 이 점을 적극적으로 고려한 성공 사례가 있다.

현재는 효과적인 항진균제가 개발되고 여러 제형과 용법으로 발전되어 일반 손발 무좀뿐만 아니라 발톱 무좀까지 치료 영역이 넓어져 적극적인 치료를 하고 있다. 하지만 1990년대 초반에만 해도 치료제는 개발되었으나 발톱 무좀은 유독 그 유병률에 비해 매출이 크지 않았다. 따라서 적절한 시장도 형성되어 있지 않았다. 해당 질환을 진료하는 의사들은 공통되게 '우리 병원에는 환자가 없다'고 말했다. 여러 전략에도 불구하고 매출의 확대가 어렵다고 느낀 관련 제약회사는 '왜 그럴까?'라는 질문 속에서 환자들이 발톱 문제 치료에 대해 어떻게 생각하는지에 대한 설문조사를 시작하였다.

모아진 환자들의 답변을 분류해보니 다음과 같았다. '발톱 문제는 병이 아니다' '발톱 문제를 개선하기 위해 내가 할 일은 없다' '이 문제로 상의했던 사람이 없다'와 같이 '발톱 문제를 사람들에게 드러내어 말하고 개선할 생각이 없다'는 생각과 '내 문제이지 다른 사람에게는 중요한 일이 아니다' '손톱도 아닌 발톱의 문제 아닌가, 손톱이라면 치료하겠다' '병원에 가야 할 문제라도 바로 가지는 않겠다'와 같은 '발톱 무좀은 꼭 치료해야 할 질환이 아니다'라는 인식으로 분류할 수 있었다. 결국 이 이야기를 종합하여 통찰력 있게 정리하면 환자의 심리 저 안쪽에 흐르는 발톱 문제에 대한 인식은 '내가 왜 발톱 문제를 의사에게 이야기해야 하는가?'였다. 이런 의식을 가지고 있으니 당연히 환자는 병원에서 발톱 무좀에 대해 이야기하지 않았고, 의사는 해당 환자가 없다고 말했던 것이다.

이에 항진균제 회사는 발톱 무좀에 대한 항진균제의 치료 효과를 알리는 영업 대신 다른 전략을 사용하게 되었다. 피부과 의사들을 대상으로 '환자의 발톱 무좀 유병률 조사'라는 이름으로 병원을 찾는 모든 환자의 발을 검사하는 프로그램을 시작한 것이다. 그리고 대기실 안에 발톱 무좀이 타 부위로 전파된다는 사실을 알리는 패널을 설치하고 간단한 치료법을 소개하는 환자용 질환 소개 책자를 제작, 비치하였다. 지금은 무좀을 치료하는 병원에서 흔히 볼 수 있는 풍경이 그때 시작된 것이다. 자신이 가지고 있는 불만을 인정하지 않으려 하고 이야기하지 않는 환자들을 제약 마케팅을 통해 치료의 영역으로 끌어들인 훌륭한 사례다. 이것이 보이지 않는 바닷속 빙산을 빼놓고 빙산을 이야기할 수 없는 이유인 것이다.

1984년 〈하버드 비즈니스리뷰〉에 발표된 자료를 보면, 고객은 불만이 생겼을 경우 어떻게 행동하는지 나와 있다. 8%의 고객이 직접 고객센터에 말하며, 23%의 고객은 주변 사람에게 불평하는 정도로 그친다. 69%의 고객은 불만 사항이 생겼어도 불평을 제기하지 않는다. 제약영업의 고객은 이와 다를까? 이 통계 숫자에서 크게 벗어나지 않으리라 생각한다. 수많은 면담 과정을 통해서도 뭔가 진전이 없다면, 이 고객은 뭔가 불만이 있는데 표현하지 않는다는 생각을 해야 한다.

　영업의 달인들은 이렇게 표현한다. "고객은 반드시 불만이 있어야 해. 그리고 나랑 고객 사이에 뭔가 문제가 발생해야 그것을 해결하는 과정에서 관계도 형성되고 거래가 생기는 것이지. 고객과의 문제가 발생했다고 해서 걱정하지 마. 이제 너의 영업이 시작된 거니까." 고객의 불만을 듣고 해결을 준비하고 방문하고 설득하고 또 다른 불만이 생기면 그에 맞는 준비를 하고 방문하는 과정이 고객 면담을 위한 셀링 스킬의 각 단계 흐름이다. 고객과 나 사이에 조그만 문제들을 발견해내기 바란다.

2. 고객의 유형

　회사에서 직원을 관리하는 방식으로 채찍과 당근만 있으면 된다고 말했던 시절이 있다. 당시에는 정확한 평가와 상벌의 적용, 임금 및 복리후생의 제공이 직원 관리의 핵심이었다. 그런데 이제는 그것으로 충분하지 않다고 판단하여 다양한 교육 프로그램을 준비하고 제공한다. 그리고 경제적 이익 중심이었던 데서 벗어나 복리후생의 변화, 문화 프로그램의 도입, 멘토제 운영, 직장 내 심리 상담실 운영, 자기 계발 프로그램 제공 등 직원들을 대상으로 다양한 프로그램을 운영하고 있다. 또한 관리자들을 대상으로 한 교육 프로그램에는 직원의 성향에 따른 맞춤 리더십을 요청하는 콘텐츠가 꼭 포함되어 있다. 이러한 변화가 생긴 이유는 다양하고 개성 넘치는 직원들을 대상으로 한 프로그램이 준비, 운영되어야 우수한 인재가 확보되고 그들이 회사의 발전을 책임지기 때문이다.

이를 고객에게 적용해도 똑같은 이야기가 된다. 우량 고객과의 지속적이고 발전적인 영업 관계 확충이 제약영업의 성과를 좌우한다. 그러므로 우리도 고객에게 최선의 서비스를 제공해야 한다.

고객의 다양한 니즈를 파악하고자 노력하며, 고객의 성격에 따라 차별화된 적절한 대응 방식을 취해야 한다. 우리가 영업 현장에서 만나는 고객은 다양하다. 일단 면담 과정에서 반응하는 고객들을 간단히 분류해보고 응대 방식을 살펴보도록 하겠다.

1) 성격에 따른 분류와 응대 방식

(1) **급한 성격:** 고객이 알고자 하는 것을 명확히 알아차렸다면, 핵심을 위주로 신속하게 설명하고 행동하는 모습을 보여주어야 한다. 귀납적 방법이 아닌 연역적 방법이 효과적이다. 장황하게 말하기보다는 핵심만 강조하여 설명한다.

(2) **느긋한 성격:** 결정을 해놓고도 구매나 시행에 시간을 많이 소비하는 고객이다. 고객이 결심했다고 생각되면 자신감을 갖고 확실하게 권고하고 행동

을 요청하는 것이 좋다.

(3) 내성적인 성격: 고객의 성격에 맞추어 조용하고 침착하게 대응한다. 고객의 의견을 충분히 들어보는 것이 중요하다. 그러므로 질문을 다양하게 사용하면서 고객이 말을 하게끔 해야 한다.

(4) 의심이 많은 성격: '왜?'라는 직접적 질문은 필요 없다. 고객이 가지는 의심에 집중해야 한다. 고객을 설득하기 위해서는 명확하고 자신 있는 설명이 필요하다.

(5) 우유부단한 성격: 필요 없는 고민과 고려로 결정을 늦추는 고객이다. 여러 방면의 제안과 공격을 통해서 고객이 반응하는 순간을 포착한 후, 그 부분에 집중하여 빠른 결정을 유도해야 한다.

2) 행동 유형에 따른 분류와 응대 방식

MR의 제안에 대해 고객이 반응하는 행동 유형에 따른 분류이다.

(1) 자기 중심형: 결단력이 있고 엄격하며 자기의 주장을 강하게 펼치므로 MR의 얘기를 들어주는 것보다 요구를 많이 하는 고객이다. 이런 부류의 고객은 자신의 행동과 결정에 도움을 주는 사람에게 호감을 갖고 있으므로, 결정을 위

한 요점만을 제시하고 결정 단계는 고객에게 일임하고 기다리는 것이 좋다.

(2) 사실 분석형: 사실과 정확성에 가치를 두는 고객이다. 고집이 셀 수 있으며 신중하고 비판적이다. 검증된 다양한 자료와 증거를 제시하는 사람에게 긍정적인 태도를 보이므로 충실한 자료 준비와 사실 위주의 설명을 필요로 한다.

(3) 의사 표현형: 이런 고객은 열성적, 충동적, 사교적이며 예측하기가 힘들다. 그리고 말하기를 좋아한다. 제일 먼저 고려해야 할 점은 고객이 흥미를 계속해서 유지하도록 하는 것이다. 고객에게 부분적으로 꼼꼼한 검토를 요구하면 자신이 관심을 표현한 것에 대해 싫증을 낼 수 있으므로 신중하게 대해야 한다. 말을 하기보다는 적절한 질문을 통해 고객이 주제를 크게 벗어나지 않는 범위 내에서 말을 하게끔 해야 한다.

(4) 유순한 형: 수동적이며 변덕스럽고 내성적인 고객일 가능성이 많으며, MR과의 면담 내용에 대해 우호적이기도 하다. 고객의 의견에 대해 반론이나 반박은 극히 자제해야 한다. MR을 편안하고 친근하게 여길 수 있는 자세와 태도 유지가 중요하며, 그럼으로써 고객의 긍정적인 반응을 끌어낼 수 있다.

3) 의사 표현 형태에 따른 분류와 응대 방식

(1) 동의와 설득이 쉽고 결정까지 빨리 하는 고객: 이런 고객은 많지 않지만 가끔 현장에서 보게 된다. 이런 고객의 경우 경쟁사의 거래 관계, 선배들에게 과

거 히스토리에 대해 한번 확인해보는 것이 좋다. 큰 규모의 결정은 잠시 미뤄두는 것이 좋다.

(2) 본인의 생각을 거침없이 말하는 고객: 상대방에 대한 배려보다는 자신의 위치를 이용해 주장과 요구를 말하는 고객이다. 자존심과 자아의식이 강하다. 이런 고객은 MR이 인내력을 갖고 응대해서 거래를 시작하면 의외로 기대 이상의 결과를 가져올 수 있다.

(3) 일단 반대하고 끊임없이 반대 이유를 만드는 고객: 자기 자신에 대한 자부심과 콤플렉스가 강한 고객이다. 꼭 영업상 필요한 고객이라면 존중하는 태도를 적극적으로 표현하고 고객을 우대해야 한다. 긍정의 사인을 받을 때까지 인내하며 유지해야 한다.

(4) 의사 표현보다는 생각에 집중하는 고객: 신중하지만 판단력이 부족한 사람으로 MR이 주장과 함께 결론을 내리는 편이 좋다.

(5) 말을 과장되게 하는 고객: 자신의 콤플렉스를 감추그 있는 사람이므로 고객의 말 중 어디까지가 진의인지 잘 파악하는 것이 급선무이다. 말을 하기보다는 자료와 판촉 도구를 중심으로 표현하는 것이 좋다.

(6) 수려하고 유창하게 말하는 고객: 자신을 과시하는 타입이다. 변명이나 반론보

다는 질문과 설득 화법으로 응대하면 좋다.

(7) 비유를 잘하고 전문 용어를 자주 사용하는 고객: 대체로 논리 정연하고 머리가 좋은 타입이다. 적극적으로 인정을 해야 한다. 이런 경우 MR은 적극성을 띄고 논리적인 화법으로 고객을 설득해도 된다.

(8) 듣기보다는 MR의 말을 끊고 자신의 말만 하는 고객: 대부분 이기적인 성격의 소유자이므로 고객과의 기본적인 관계를 증진시키는 방향으로 시간과 노력을 많이 해야 한다. 충분한 친밀도(rapport)가 형성된 후 주장을 하거나 고객에게 바라는 행동을 요청해 목적한 바를 이루어야 한다.

(9) 주제를 자주 벗어나고 횡설수설하는 고객: 주의력이 산만하고 깊은 사고력이 부족한 사람이다. MR이 주도권을 가지고 이야기를 계속해서 진행하는 것이 좋다.

(10) 빈정거리며 MR의 자존심을 건드리는 고객: 친구 사이의 경험에 비추어보아도 이런 고객은 오히려 열등감과 허영심이 강한 경우가 많다. 그러므로 고객의 자존심과 프라이버시를 존중해주면서 응대하면 좋다.

(11) 동의를 잘하는 고객: 사교성이 강한 타입이다. 많은 MR을 만나고 거래하는 고객일 수 있다. MR이 고객의 동의에 사로잡혀 흥분하거나 말을 많이 하는

것은 삼가야 한다.

(12) 같은 말을 계속 되풀이하는 고객: 귀찮다고 고객의 반복되는 이야기에 쉽게 동의하거나 동조해서는 안 된다. 주제를 압축하고 요점을 정리해가면서 고객의 동의와 확인을 밟는 과정을 성실히 수행해야 설득력을 높일 수 있다.

일반적으로 사람은 태어나서 성장 과정을 거쳐 현재에 이르기까지 자기 나름의 독특한 요인과 환경에 의해 일정한 방식의 행동을 선택적으로 취하게 된다. 그것은 점점 하나의 일관된 방식과 경향성을 갖게 되어 자신이 일하거나 생활하는 환경에서 아주 편안하고 자연스럽게 태도와 행동을 취하게 된다. 이것을 한 사람의 행동 패턴 또는 행동 스타일, 행동 유형이라고 말한다. 지금까지 행동 유형에 대해서 설명하고 해석하고자 한 많은 연구가 있어왔다.

MBTI, DISC, 애니어그램 등이 대표적인데, 그중에서 DISC에 관해 간단히 소개하고자 한다. 미국의 윌리엄 마스턴(William Moulton Marston) 박사에 따르면 인간은 환경을 어떻게 인식하고, 환경 속에서 자기 개인의 힘을 어떻게 인식하느냐에 따라 네 가지 형태로 행동하게 된다고 한다. 즉 주도형, 사교형, 안정형, 신중형 네 가지로 분류하였다. 그리고 이 이론을 DISC라고 부르는데, Dominance, Influence, Steadiness, Conscientiousness의 첫 글자를 딴 용어이다.

DISC에 대한 이해는 고객에 대한 새로운 관점을 제공하기 위해서 필요하다. 더불어 고객의 다양한 니즈에 대한 정확한 이해를 돕는다. 사실 이 내용은 최소한 하루 정도의 투자가 필요한 부분이다. 여기서는 여러분의 관심을 이끌어내고 동기 유발을 위한 소개 정도로 생각하면 될 듯하다. 추가로 필요한 부분은 회사 내 프로그램, 각종 동영상 자료, 심리학 프로그램 수강 등을 권한다. 한 번 익혀서 사용해보면 팀 생활, 부부생활, 자녀 교육, 사회생활에 다양하게 응용할 수 있다.

chapter 4

고객의 니즈별 행동

자동차 메이커 포르쉐, 차에 관심이 없는 사람이라도 한번쯤은 들어봤을 이름이다. 그렇다면 '포르쉐 익스클루시브 Porsche Exclusive' 프로그램은? 1986년부터 포르쉐가 도입하여 운영하고 있는 고객 맞춤형 프로그램이다. 이 프로그램을 기반으로 포르쉐는 오너의 취향에 갖는 디자인을 위한 개인별 맞춤형 서비스부터 각종 성능을 향상시킨 차별화된 한정판을 생산하고 있다. 포르쉐 911 모델의 경우에는 구매자가 선택할 옵션 사항이 무려 200여 가지라고 한다. 각 사항별 선택 사항까지 고려하면 엄청난 일이다. 외관 색상만 하더라도 800가지 중에서 선택하게 되어 있다고 한다. 이 정도니 "전 세계에 내 차와 똑같은 포르쉐는 한 대로 없다"고 호언하는 이유를 이해하게 된다. 포르쉐 홈페이지에 들어가 익스클루시브 프로그램에 관한 설명 글을 한

번 보기 바란다. 한국 사이트의 글을 그대로 가져왔다.

해당 사이트의 다음 글에 주목해보자.

◆ 고객 여러분 자신과 여러분의 특별한 소망과 요구를 무엇보다 중요하게 생각합니다.

◆ 포르쉐는 모든 고객님께 개인별 지원 서비스와 전문가의 조언을 제공합니다. 기다리지 마십시오.

◆ 고객 센터에서는 맞춤 개조가 무슨 뜻인지 제대로 보여드립니다.

◆ 포르쉐가 고객의 꿈을 실현하는 과정을 현장에서 직접 확인하십시오.

◆ 포르쉐 익스클루시브라면 당연히 그래야 합니다.

'포르쉐' 대신에 'MR'을 대입한 후 고객을 향한 생각을 한 번쯤 해보는 시간을 잠시 갖는 것도 좋을 것 같다.

1. 고객의 니즈

　"저는 차가 필요합니다"와 "저는 차를 가지기를 원합니다"를 좀 더 완성된 문장으로 다시 표현해보자. "저희 가족은 제가 매일 트럭을 몰고 저 물건들을 팔고 와야 생활이 가능합니다. 그런데 어제 세금 체납으로 차를 압류당했습니다. 저는 차가 필요합니다." "저는 매일 버스를 타고 출퇴근을 합니다. 매일은 아니지만 많은 승객들 사이에서 출근을 하는 날은 하루 종일 기운이 없습니다. 저는 차를 가지기를 원합니다." 앞서 문장을 영어로 하면 "I need a car"이고, 후자는 "I want a car" 정도가 될 것이다. need와 want에서 어떤 차이를 보았는가?

(1) Need: 보통 '필요'로 번역하며, 명사로 사용할 때는 복수형인 needs(니즈)라고 말한다. 니즈란 사람이 생활하는 데 있어서 필요한 어떤 것이 없는, 박탈당한 '상태'에서 비롯되며, 이 빈 상태를 채울 것이 필요하다는 것을 나타낸다. 배가 고픈 상태에서 배고픔의 해소, 프랑스에 가서 불어를 모를 때 의사소통의 필요 등을 말하는 것이다.

(2) **Want:** 보통 '원한다'로 번역하며, 명사로는 복수형인 wants를 사용한다. wants란 위에서 설명한 니즈를 만족시키는 특정한 무엇을 원하는 것을 지칭한다. 배고픔의 해소를 위해 빵을, 의사소통을 위해 중국어가 아닌 프랑스어를 원하는 것이다. 즉 대상이 명확해진다. 참고로 마케팅에서는 여기에 demand까지 포함하여 구별하고 있다. "I demand a car"로 표현할 경우, 조건과 의지가 충족되어 차를 구매하려는 욕구가 구체화되었음을 의미한다. 그래서 마케팅에서는 고객들의 단순한 니즈를 demand로 착각하여 시장 규모를 착각하지 않아야 함을 강조한다. 또한 니즈를 demand로 변환시키기 위한 것이 마케팅의 역할이라고 본다. 자, 이것은 참고 사항이었다.

1) 욕구에 관한 이론적 측면

앞서 니즈는 박탈된 상태, 즉 결핍을 의미한다고 했다. 이 결핍을 해소하려는 과정에서 생리적이고 심리적인 충동이 일어나게 되는데, 이를 motive, motivation이라고 한다. 한글로는 '동기'라고 한다. 20세기 초 심리학자들은 'needs→ motivation→ 특정 사고 내지 행동'이라는 공식 속에서 인간의 심리를 파악하고자 노력했다. 대표적인 심리학자가 프로이트이다. 어떤 개인이 특정한 사고나 행동을 할 경우, 그 동기는 무엇이며 무엇이 동기부여를 했는지 알아야 정확하게 그의 행동과 사고를 이해할 수 있다는 것이다. 또 달리 표현하면 사람들의 행동의 원인에는 항상 욕구라는 것이 존재하며, 그것을 충족시키기 위해 인간은 행동을 한다고도 할 수 있다. 그래서 니즈는 필요와 함께 욕구로도 해석할 수 있다.

욕구는 세 가지로 바라볼 수 있다. 첫째, 욕구는 인간의 활동을 활성화하는 주된 인자이다. 둘째, 욕구는 행동의 방향을 설정하고 목표를 지향하도록 인간의 행동을 충동질한다. 셋째, 욕구는 인간의 행동을 유지, 지속시키는 힘이다. 이런 의미에서 경영학에서도 심리학에서 시작된 욕구 이론을 경영 기법, 마케팅 기법, 영업 기법에 도입해 사용하게 되었다.

(1) 매슬로의 5단계 욕구 이론

에이브러햄 매슬로(Abraham Maslow)의 욕구단계론(Need Hierarchy Theory)은 익히 알고 있으리라 생각한다. 이 이론은 고등학교 사회 시간, 대학 교양 시간을 통해 참으로 많은 분야에서 인용하고 있다. 7단계로 표현하기도 하지만 학습을 위한 수업 시간은 아니니 여러분의 기억을 되살리기 위해서 5단계로 간단히 살펴보겠다.

① 생리적 욕구: 음식, 물, 공기, 성, 수면과 같이 기본적 생존에 필요한 욕구이다.

② 안전의 욕구: 자신의 인생에서 육체적 안전을 포함한 보호와 안정을 구하고자 하는 욕구이다.

③ 사회적 욕구: 타인과의 애정 및 친교를 향한 욕구, 조직에 속하고자 하는 욕구이다.

④ 존경의 욕구: 위신, 자존, 지배 및 명성을 포함해 타인보다 상대적으로

높은 지위를 성취하려는 욕구이다.

⑤ 자아실현의 욕구: 가치 세계를 알고, 이해하고, 체계화하고 자신의 가능
성을 최대화하려는 욕구이다.

매슬로는 이 5단계의 욕구 이론을 주장하면서, 단계별로 욕구가 채워지며
한 번 만족한 욕구는 이후 동기 요인으로 작용하지 않는다고 하였다. 달리 이
야기하면 한 단계의 욕구가 해소되면 이후 단계로 단순히 이동한다는 것이
다. 사실 이 부분에 대해서는 이후 많은 공격을 받았다. 그래서 요즘에는 매
슬로의 5단계 욕구이론은, '각 개인에게는 이런 다양한 욕구들이 존재한다.
저차원의 욕구(생리적 욕구, 안전의 욕구)의 항목일 경우 그 해소의 필요성은 훨씬
더 강하다'라는 정도로 소개하는 데 인용하고 있다.

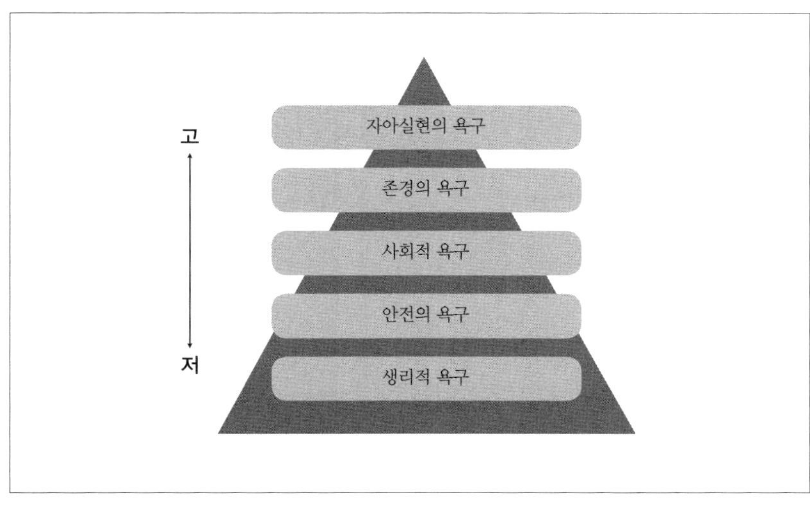

(2) 맥클랜드의 표출욕구 이론

맥클랜드(David Clarence McClelland)는 모든 개인은 사회적 존재이기 때문에 인간의 성격 및 욕구를 이해하기 위해서는 개인의 행동에 영향을 미치는 환경 요인에 대한 고려가 매우 중요하다고 주장한다. 이 이론의 특징은 개인의 욕구는 환경과의 상호작용을 통해 후천적으로 획득된다는 것이다. 그리고 소수의 몇 개로 한정할 수 없는 매우 다양한 욕구가 존재한다는 것을 인정한다. 또한 순차적으로 만족시켜야 하는 개념에서의 단계가 존재하지 않으며, 어떤 한 시점에서 다양한 욕구가 동시에 존재하고 또 활성화될 수 있다고 한다. 그래서 개인의 욕구는 학습화 과정에서 욕구가 형성된 뒤 잠재해 있다가 주위 환경이나 조건이 충족될 때 표출된다는 것이다. 맥클랜드는 성취 욕구, 친화 욕구, 권력 욕구에 대한 연구를 중점으로 진행하였다.

① 성취 욕구: 누구나 인정하는 높은 기준을 경쟁을 통해 취득하려는 욕구이다. 목표한 결과를 남보다 먼저 획득하려 하고, 성공을 위해서 노력하며, 문제 해결에 책임을 지고 누구보다 앞서서 진행한다.

② 친화 욕구: 타인과 관계를 맺고, 이를 계속해서 유지하는 등 주위의 사람들과 다정하고 따뜻한 관계를 갖고자 하는 욕구이다. 끊임없이 타인으로부터의 인정을 원하고 자신의 행동을 재확인받으려 한다. 사귐과 소속감, 집단에서의 역할 등을 중시한다.

③ 권력 욕구: 타인을 통제하고, 타인의 행동에 영향을 미치고, 타인에 대한 책임을 지고 싶어하는 욕구이다. 여기서 타인은 꼭 한 개인을 의미하는 것이 아니라 대상으로서의 모든 것을 의미한다.

이번 장에서 우리는 고객의 다양한 니즈와 욕구에 대해 알아보고, 그것이 의미하는 바를 이해하고자 한다. 나아가서 그것을 충족할 방법들에 대해서도 모색하고자 한다. 앞서 소개한 매슬로나 맥클랜드의 욕구 이론은 우리가 진행할 내용들을 이해하는 데 이론적인 기초를 제공할 것이다.

2. 고객의 다양한 니즈

지금부터 고객의 위치에 따른 욕구들은 무엇이 있는지 한번 살펴보고자 한다. 고객의 니즈를 아래 일곱 가지 분류로 나누어보았다.

1) 경제생활인으로서의 욕구

(1) 개인 차원에서의 직접적 경제적 이익: 이 부분은 제약영업에만 존재하는 특수 상황이다. 제품을 구입하는 명목상의 구매자는 환자임에도 불구하고 처방권을 보유함으로써 실질적인 구매를 좌지우지할 수 있는 의사가 중간에 존재

한다. 이 특수한 관계 속에서 매출을 발생시키는 본인들의 행위와 관련한 적절한 경제적 이익을 요구하는 고객이 존재하는 것은 어찌 보면 자연스러운 것일 수도 있다. 몇몇 고객은 제품 처방을 한 본인과 제약회사와의 관계에서 직접적인 금전적 이익을 원한다.

이는 금전적 이익이 부수적으로 수반되는 관계를 원하는 것도 포함한다. 이러한 니즈는 많은 제약과 위험성을 동반하고 있다. 직접적 이득을 제공하던 시절은 이미 지나갔고, 간접적인 경제적 이익은 공정경쟁규약 안에서 행위를 지정하고 있으며, 이외의 것은 시행하는 제약회사 또는 담당자의 책임 있는 판단을 요한다. 그 외에 비공식적으로 담당자와 고객이 사업관계를 맺거나, 주식이나 부동산 등 경제 정보의 교환을 통한 이익을 추구하기도 하지만 추천할 수 없는 관계이다.

(2) 자녀 교육: 30, 40대 고객들의 경우 자녀 교육 문제, 진로 및 생활 문제에 대한 고민이 가장 많다. 자녀의 부진한 학습 능력에 대한 관심은 다른 직업군에 있는 사람들보다 더 심하다고 할 수도 있다. 이 부분에 대한 정보나 조언에 목말라 있는 것이 사실이다.

(3) 유용한 정보: 이름 붙이기가 좀 난해한 부분이다. 한 시대를 살아가는 생활인으로서 챙겨야 하거나 최소한 남들이 사고하고 행동하는 것에 대한 기본적인 이해가 필요하다. 각종 ○○데이, 부부의 날, 노동자의 날 등 시대적 상황에 따라 부각되는 일정들이 있다. 또한 최신 유행하는 드라마, 가장 첨단

의 기술과 조류들 그리고 유행어같이 알아서 나쁘지 않은 것들이면서 모르면 화제에서 뒤처지게 되는 것들도 있다. 그 밖에 월드컵, 올림픽 같은 전 국민적 행사도 있다. 본인의 의사나 취향과는 상관없으나 필요한 정보의 습득과 참여 등에 대한 욕구도 있다.

2) 경영인으로서의 욕구

개원의나 병원의 주요 보직을 가지고 있는 고객들은 경영자로서의 책임감이 막중하다. 그 역할에서 오는 니즈는 사업적 책임감이다. 개원가 원장이든 봉직의든 간에 병원 경영상 이익이 되는 선택과 행동에 더욱 적극적이게 된다.

(1) 마진에 따른 이익의 정도. 저가 구매 인센티브제 등

(2) 의료보험에 따른 불이익 방지. 보험 삭감, 진단, 검사 활용

(3) 비보험 치료법에 의한 이익의 추구. 진단서 비용 등

(4) 생산성을 높이는 시스템. 보험회사 대응, 처방 프로그램

(5) 직원 관리상 필요한 지식과 노하우. 노무 관리, 코디네이터의 고용, 간호사 구인

(6) 병원 경영 노하우. 고객 응대 방법, 진료 대기실의 운영 방법, 타 병원 사례

(7) 정확히 알아야 하는 새로운 정부의 각종 의료 정책. 총액수가제, 차등수가제 등

(8) 병원 확장, 이전. 프랜차이즈 정보, 동업의 경영학 등

3) 일반인으로서의 욕구

일반적으로서 고객들의 업무 강도는 그 어느 업종보다 세다. 그래서 "중이 제 머리 못 깎는다"는 말이 있듯이 의사들도 스스로를 챙기지는 못한다. 다른 이들처럼 가장 가까운 가족의 염려나 조언보다는 제3자의 관심과 정보에 더 비중을 둔다. 또한 병원이라는 공간, 의료인 중심의 사회적 네트워크, 의사라는 신분의 제약으로 인해 타 정보에 대한 노출 또는 습득의 경로가 일반인에 비해 적거나 좁은 편이다.

(1) 건강: 사회 대부분의 경제인들과 마찬가지로 의사들도 몸이 전 재산인 경우가 많다. 음료수 한 개, 군것질거리 하나에도 고객의 건강에 대한 관심이 표현되어 있어야 한다.

(2) 휴식: 고객에게 제일 하고 싶은 것이 무엇이냐고 질문했더니 1, 2등의 대답이 휴식이었다. 그런데 막상 하루 이틀 쉰다고 해도 어떻게 휴식을 취해야 할지 방법을 모르는 고객이 대부분이다.

(3) 스트레스: 고객들이 술, 담배를 많이 하는 이유다. 제약회사 직원과의 면담도 일종의 스트레스로 작용한다.

(4) **취미:** 기타 다른 업종 종사자들도 마찬가지이지만 취미생활 자체를 못하는 고객들도 많다. 취미생활의 소개, 취미 정보의 교류, 같은 취미생활로의 안내 등에 관심이 많다.

(5) **종교:** 정치랑 비슷한 측면이 많은 항목이다. 경청, 참여, 동감 등 여러 방법이 있다.

4) 학습자로서의 욕구

의사들은 영원한 학습자이다. 특히 동료 의사들과 비교한 상대적 능력에 늘 신경을 쓴다. 새로운 치료 및 검사 방법, 새로운 약제나 기구에 대한 소식, 가격 정보 등에도 민감하다. 병원 경영을 위한 벤치마킹도 이에 해당한다.

5) 명예와 관련된 욕구

이 부분은 아주 민감한 사항을 포함하고 있다. 직접적이고 구체적으로 표현할 수 있는 권위, 감투에 대한 욕구 이외에도 의사 고객들의 심리에는 사회적 위치, 명예에 대한 욕구가 늘 함께한다. 따라서 주위의 시선에 민감하다. 전문가로서의 인정, 고학력자로서의 자부심, 높은 경쟁 속 승리자로서의 이해와 존경을 원한다. 돈과 명예를 모두 추구한다고 보는 것이 정확할 것이다. 의사들이 속해 있는 대표적인 모임에 대해서 알아보자.

(1) 의사회: 의사회비 납부율이 절반에도 못 미치는 것을 봐서, 의사 대부분은 이 단체에 대한 참여 의식이 부족하고 적극적이지 않은 것처럼 보일 수 있다. 하지만 실상은 그렇지 않은 경우가 더 많다. 왜냐하면 의사회는 직능 단체이면서 그들을 대변하는 이익 단체이기 때문이다. 그리고 내부적으로 정치적 입장에 따라 의견 차이와 경쟁이 존재하기 때문에 고객 중 주요 간부가 있을 경우, 발언과 행동에 신경을 써야 한다. 종류로는 대한의사협회의 지역 조직으로, 개원가를 중심으로 한 각 지역 의사회가 있다. 종합병원 의사들은 병원 의사협의회에 소속되어 있다. 개원가는 지역의사회 조직과 함께 전공별로도 전국 및 지역 조직들이 구성되어 있다. 예를 들어 대한개원내과의사회, 대한 정형외과개원의협의회 등이다.

(2) 학회: 대학교수 출신의 개원가 일부 원장들은 의사회보다 학회에 더 많은 관심을 보이고 참여하나 주로 종합병원 의사들의 주된 관심사이다. 학회 이사진으로 활동하거나 각종 위원회에 속하여 학회의 공적 업무를 수행한다. 인적 교류들도 그 안에서 주로 하는 편이다. 출신 학교보다는 어디에서 전공의 수련을 했는지가 중요한 관계의 끈이다.

박사과정을 수료한 교실 소속도 중요하다. 각 대학병원의 주임교수 중 이사장으로 진출하는 경우가 많기 때문에 그러할 경우 해당 교실의 박사과정 동기, 동료들 간의 교류가 많게 된다.

6) 인간관계(네트워크)에 관한 욕구

의사들은 진료 공간과 집을 벗어나기 힘들기 때문에 새로운 인적 네트워크를 만드는 데 한계를 많이 느낀다. 그리고 의사라는 신분적 특성 또는 여러 이유로 느슨해진 기존의 관계들에 대한 복구의 의지가 잘 관찰되지는 않는다. 하지만 남성 고객의 대부분은 어디엔가 소속되고, 네트워크를 유지하는 것에 많은 관심과 함께 필요를 느끼고 있다는 것도 엄연한 사실이다.

기본적으로는 의사회, 전공의 동기 모임 등 자신과 관련된 네트워크 안에서 벗어나 있는 고객은 새로운 인적 네트워크에 대한 참여, 기존에 관계가 느슨해진 고객은 재참여하는 방법들에 대한 도움을 필요로 한다.

7) 오피니언 리더로서의 욕구

정치에 관심이 많고 활동적으로 참여하는 고객들이 있다. 앞서 종교와 마찬가지로 담당자는 그와 같은 욕구를 인정하고 동감을 하되 신중한 처신이 중요하다. 또한 종교 활동 차원이나 기타 단체를 통한 자원봉사에 열성적인 고객들도 있다. 봉사를 삶의 중요한 항목으로 두는 이들이다.

3. 신뢰 구축의 준비와 유지

1) 신뢰 구축의 준비

병원에 오는 환자들은 기침이 심해서, 다리 통증이 있어서, 또는 다른 병원의 치료나 서비스에 불만이 있어서 등의 이유로 찾아온다. 그러므로 병원을 찾는 환자들의 니즈는 명확하다. 그런데 정말 그렇다고 생각하는가? 제약영업의 고객인 의사들은 환자들을 이와 같은 표면적 이유에만 국한해서 대하지 않는다. 증상에만 머물지 않는다는 이야기이다. 병의 원인은 무엇이며, 병을 지금까지 치료하지 않았던 이유는 무엇인가 등, 호소하는 증상에만 집중하지 않고 다른 병은 없는지에도 1차적으로 관심을 갖는다. 그리고 이 병의 치료에 있어 환자가 가진 니즈가 단순히 병의 치료인가? 경제적 상황을 고려한 병의 관리인가? 친절한 의료 서비스에 대한 기대인가? 하는 2차적 수준까지 발전시킨다. 이렇게 처음 병원을 찾은 환자를 대할 때 이루어지는 과정과 관련하여 의사들이 공통적으로 이야기하는 가장 중요한 요소가 있다. 우선 환자의 신뢰를 얻어야 한다는 것이다.

의사를 믿지 않으면 병원의 최첨단 시설도, 호텔급 서비스도, 대학교수 출신의 노하우와 치료 기술도 다 소용이 없다고 말한다. 그리고 신뢰를 쌓지 못한 환자는 곧 자신의 치료에 실망하며 다른 의사를 찾아간다고 한다. 신뢰를 쌓은 후, 의사는 환자의 병(질환)을 가운데 두고 환자의 다른 니즈는 없는지 추가로 살핀다. 이를 토대로 해서 치료 성공률을 높일 수 있는 타이트한 치료 스케줄로 고객을 리드할 것인지, 저가의 장기 치료로 고객의 자기 관리에 중점을 둘 것인지, 치료 외에 다른 서비스로 만족감을 높일 것인지 결정한다고 한다. 병원의 고객 접대도 이 정도이다.

의사와 환자의 관계에서와 마찬가지로, 기본적 신뢰가 구축되지 않은 상황에서 고객의 니즈 찾기는 소용없는 일이다. MR인 여러분에 대한 신뢰와 회사 또는 기존 담당자와의 신뢰가 형성되어 있어야 고객과의 니즈를 중심으로 한 관계 형성에 성공할 수 있다. 다음으로 중요한 것은, 제품을 중심으로 고객을 만나러 온 MR임을 잊지 않아야 한다는 점이다. "그 담당자, 사람 참 좋아" "당신의 다른 부탁이라면 내가 꼭 들어줄 텐데." 고객의 이런 말은 전혀 소용이 없다. 간혹 고맙다는 이야기를 들으러 다니거나, 친구 사귀러, 네트워크를 만들러 다니는 MR이 있다. 그래서 지금부터는 '제품을 중심으로 한 신뢰 구축'에 대해서 말하고자 한다. 결론부터 이야기하면, 담당 제품, 경쟁 제품, 해당 질환 그리고 고객에 대한 정보를 기반으로 한 접근이 신뢰 구축의 시작이다.

(1) **담당 제품으로 신뢰 구축**: MR에게 있어 제일 중심이 되어야 할 것은 역시 제품이다. 다시 한 번 강조하지만 단순히 훌륭한 '판매사원'이 되기 위해서 직업적 특성에 대한 이해, 본인의 책임에 대한 이해, 기업가 정신의 함양 등은 그렇게 절대적으로 필요하지 않다. 적절한 판매 기술을 바탕으로 타고난 소질 중 장점을 발전시키고 남들보다 조금 더 부지런하면 된다. 프로 세일즈맨만을 목표로 하여 과거 영업왕들의 판매 노하우를 배우는 것이 훨씬 자신

에게 도움이 된다. 많은 고객을 대상으로 그리고 중장기적인 판매를 고려하는 활동도 무의미하다. 자신의 판매 스타일에 맞는 고객만을 선별하여 일명 '몰빵'이라고 표현하는 특정의 고객에게만 집중 투자를 하는 방식을 사용하면 매출에 실질적인 도움이 된다. 즉 단기적 성과 달성에 좀 더 효율적인 방법을 사용할 수 있다.

그런데 제약영업은 그렇지가 않다. 기본급을 확 줄이고 성과급 중심으로 가면 프로 세일즈맨을 중심으로 단기적인 영업 성과를 달성할 수 있음을 왜 모르겠는가? 그리고 지금 당장 영업적 소질을 보이지 않으면 바로 담당자를 교체하고 인센티브를 당근으로 하여 수많은 영업사원을 뽑아 영업 현장에 투입하면 투자 대비 소득이 더 높으리라는 것을 제약회사가 모를 리 없다. 제약영업은 단기 매출 향상에 좀 더 효율적인 방식이 있다는 것을 알면서도 에둘러 가는 방식을 택한다. 최대한 우량 고객을 많이 확보하여 지속적 성과를 창출하고자 하는 것이다. 이런 방법을 선택한 이유는 이미 여러 방식으로 설명했다. 제약영업사원으로서 고객과의 신뢰 구축을 위해서는 기본적으로 아래에 제시한 만큼의 담당제품에 대한 준비는 하고 있어야 한다.

① 적응증, 용법, 용량, 안전성 데이터
② 임상 시험 정보, 보험 가이드 등 고객이 납득할 만한 근거
③ 효과적 판촉을 위한 판촉 도구 등 제품에 대한 장점을 잘 전달할 수 있는 준비

(2) 경쟁 제품에 대한 정보: 담당제품을 판매하는 데 있어서 경쟁 제품에 대한 지

식은 필수다. 또한 담당시장에서 영업하는 주요 경쟁사는 어디이며, 그에 관한 정보는 필요한 만큼 있는지 확인해야 한다. 여러분은 주요 경쟁 제품의 주요 강점과 약점은 무엇인지 알고 있는가? 시기적절하게 계획을 성공시키기 위해 경쟁사가 추진하는 영업/마케팅 전략은 무엇인지 아는가? 그리고 경쟁사의 그것은 얼마나 성공적으로 고객들에게 어필하고 있는지 아는가? 이 질문에 답할 준비가 되어 있어야 한다.

(3) 질환에 대한 지식: 다음 세 가지 질문에 "예"라고 대답할 만큼 준비를 하자.

① 당신은 고객과 제품 및 질환에 대해 이야기할 때 전문 용어를 사용하면서 이야기할 수 있는가?

② 당신의 질환에 대한 지식은 고객에게 인정받을 수 있는 수준인가?

③ 당신은 관련 질환 정보에 대한 치료법, 보험 정보 등 자료를 최신의 것으로 업데이트하고 있는가?

(4) 고객과의 관계 정도: 다음 질문에도 답할 수 있어야 하며 해답을 가지고 있어야 한다.

① 고객뿐만 아니라 기타 관련 인물에 대한 필요한 정보를 가지고 있는가?

② 당신은 현재 어디에서 고객의 관련 정보를 얻고 있는가?

③ 고객과의 대화나 관계 증진은 상호작용을 기반으로 이루어지는 것이다. 이 과정은 늘 일어나며 변화무쌍하다. 당신은 이 과정 중 고객의 니즈를 정확히 파악하고 그에 따라 영업 방식을 변화시킬 수 있는 관련

기술과 능력을 습득했는가?

2) 신뢰의 유지

신뢰의 유지는 다른 것이 아니다. 왜 신뢰를 구축했는지에 대해 물으면 된다. 고객과 구축한 신뢰를 바탕으로 우리의 목표, 즉 제품 판매를 지속적으로 일으키는 것이다. 기본적인 신뢰를 구축했다고 생각한다면 이제부터는 우선, 고객 정보에 대한 최근 데이터를 유지해야 한다. 이를 기반으로 처방 데이터를 함께 분석하여 현재 고객의 행동 경향, 이유, 동기 등을 끄집어낸다. 그리고 다음 계획에 반영하여 목표와 이후의 메시지를 최적화한다. 이를 좀 더 자세히 설명하겠다.

(1) 고객이 관심 있어 하는 질환이나 분야에 대한 정보를 끊임없이 입수해 업데이트하고 전달한다. 이때 단순한 정코 전달뿐만 아니라 고객에게 이점으로 다가갈 수 있는 방법들에 대해서 먼저 고민하고 고객과 나누어야 한다.

(2) 제품을 중심으로 고객과 상호간에 형성할 수 있는 목표가 있는지 확인하고 이를 활용해야 한다. 고객과 파트너십을 형성해 이것을 관계 형성과 발전의 주요 과제로 삼아야 한다.

(3) 제품과 질환에 관한 고객의 니즈를 해결하기 위한 담당자의 의지를 보여주어야 한다. 이는 말과 실천 모두를 말한다.

4. 고객 니즈 해결을 통한 가치 있는 영업 활동

국어사전에 있는 '가치'의 첫 번째 정의는 '사물이 가지고 있는 쓸모'이다. 여기서 사물이라 하지 않고 '재화'나 '서비스'라는 단어를 사용하면 제약영업자의 입장에서 생각해봐야 할 대상이 된다. '재화나 서비스가 가지고 있는 쓸모.' 그런데 가치란 재화와 서비스에 내재하기보다는 외재한다고 보는 것이 맞다. 이것이 우리가 고려해야 할 첫 번째 특성이다. 신형 휴대폰을 구매할 때 '장시간 쓸 수 있는 배터리' 같은 기능적 차이가 중요한 것이 아니라 이를 통한 편리성에서 구매자는 가치를 찾는다는 것이다. 이는 앞서 특징과 이점을 소개하면서 설명한 내용이기도 하다. 둘째로, 가치는 주관적이며 욕망을 충족한다는 의미에서 상대적이라는 것이다. 어떤 욕구/욕망을 해결하기 위해 유일하거나 절대적인 해결책이 반드시 필요한 것은 아니다. 상품 구매의 이유로 제시했던 '효용' '만족감' 등의 표현과 비슷한 의미로 가치라는 용어를 사용할 수 있다. 이 두 가지 특성을 통해 MR이 하는 활동은 고객의 특성에 맞추어 욕구 해소/해결을 위한 재화나 서비스를 제공하는 것이다. 그러므로 이것은 곧 '고객에게 가치를 부여하는 활동'이라고 해석할 수도 있다.

가치를 부여하는 활동은, 고객은 니즈를 갖고 있다고 인정하는 데서부터 시작한다. 그리고 욕구는 주관적이라는 사실도 알아야 한다. 아니, 필요하다면 고객에게 니즈를 만들어주어야 한다. 의사는 우리 제품을 구매하는 고객이다. 즉 제품을 구매하고 있다. 따라서 1) 제품과 연관된 욕구가 있다, 2) 고객 본인의 욕구가 있다, 3) 표현 못 하거나 아직 드러나지 않은 니즈도 있다,

4) 현 단계에서 스스로 충족하지 못한 욕구들이 있다, 5) 누군가 욕구를 충족시켜준다면 만족하고 감사할 것이다. 이 다섯 가지 사항을 유기적으로 연결시켜 곰곰이 생각해보라. 우리는 제약영업의 고객인 의사를 대상으로 고민하고 영업에 관해 설명하였지만, 결국은 현대 마케팅 및 영업 전략의 공통된 모습을 그려냈다. 그러므로 이미 검증된 부인할 수 없는 중요한 사실 하나를 여러분은 받아들여야 한다. 고객을 향한 활동의 가장 기본적인 사실은 '니즈를 가지고 있지 않은 고객은 없다'는 것이다.

그러므로 고객의 니즈를 찾고 해결하고자 하는 담당자여야 한다. 경쟁자들도 또한 그럴 것이다. 다행히 고객의 니즈는 단 하나가 아니며, 하나의 니즈가 다른 모든 니즈를 좌우하지도 않는다. 또한 반드시 선행하는 충족시켜야 할 욕구가 있으며 그 이후에 다른 욕구로 넘어가는 것도 아니다. 우리 고객의 요구는 다양하며 각기 상대적인 가치를 가지고 있다. 그래서 찾아보고 노력만 한다면 여러분은 고객의 여러 욕구 중 하나를 충족시켜주는 해결사가 될 수 있다. 그리고 좀 더 노력을 하면 여러 해결사 중에서도 더 신뢰받는 존재가 될 수 있다. 그런 해결사를 고객은 찾는다. 고객이 찾는 담당자는 결국 갑과 을의 관계가 아닌 파트너십의 출발점이 된다. 고객이 원하는 가치를 만들고 전달하는 담당자가 고객과 윈-윈 하는 관계를 만들 수 있다.

Part 6

영업의 확장

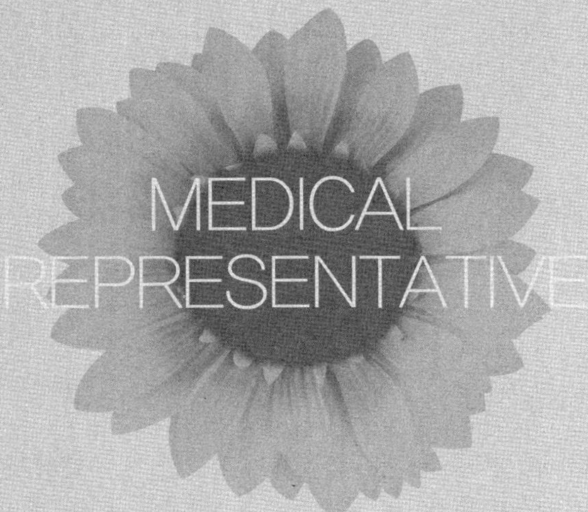

2010년 김연아 선수가 올림픽 금메달을 따고 사상 첫 '커리어 그랜드슬램'을 달성한 뒤 긴 휴식을 취하는 동안 전 시즌을 소화했던 일본의 아사다 마오 선수는 그랑프리 파이널 진출에 실패했다. 그 후 가진 인터뷰에서 아사다 마오는 자신이 슬럼프에 빠져 있으며 그 원인은 '라이벌의 부재'라고 했다.

자원 활용하기

1. 자원의 종류

중학교 교과서에 나오는 '자원의 활용'의 내용을 한번 참조해보자. "개인, 가족의 욕구나 목표 달성을 위한 수단"을 '가정 자원'이라고 정의하고 있다. 가정 자원은 크게 세 가지로 나누는데 인적 자원, 물적 자원, 공공 자원이다. 이 중에서 인적 자원을 설명한 내용을 함께 살펴보자.

1) 인적 자원

사람과 관련된 모든 것이다. 특징으로는 첫째, 사람들은 모두 인적 자원을 가지고 있다. 둘째, 다른 물질적 자원과는 달리 우리의 개발 노력에 따라 증대된다. 셋째, 다른 자원의 효용성을 증대시킨다. 그러므로 인적 자원의 활용과 사용은 자원 활용에 있어서 아주 중요하다. 인적 자원은 다시 개인적 자원과 대인적 자원으로 나눈다.

(1) 개인적 자원: 능력, 흥미, 지능, 태도, 창의력, 에너지, 시간 등

(2) 대인적 자원: 서로 간의 긍정적인 상호작용에 의해 형성되는 것으로 협동심, 친밀감, 믿음, 원활한 의사소통 등. 원만한 가정생활과 사회생활에 중요함.

2) 한정된 자원을 효율적으로 활용하는 법

(1) 자원을 충분히 사용하되 낭비하지 말아야 한다.

(2) 특성을 알고 이용하여 자원의 효용을 증대시켜야 한다.

(3) 잠재적인 자원에 대한 인식과 평가를 확장해야 한다.

(4) 가지고 있는 자원을 보호해야 한다.

(5) 자원을 균형 있게 사용해야 한다.

(6) 자원이 불충분할 경우 인적 자원을 개발하여 사용할 수 있다.

(7) 대안적인 자원 사용을 연구한다. 대체 자원을 이야기한다.

마지막으로 가정 자원의 효용성은 "동일한 물건이라도 용도를 모르거나 사용되지 않으면 자원이 되지 않는다"라고 설명하고 있다.

이번 장의 제목은 '자원 활용하기'이다. 중학교 수업 시간이라고 한다면 이번 단원의 목표는 자원의 종류와 특징에 대해 알아보고 한정된 자원을 잘 활용하는 법을 익히는 것이 될 것이다. 위에 언급된 대로 용도를 모르거나 사용되지 않으면 자원으로서의 효용성은 없다.

보험 또는 자동차 영업과 비교해보자. 이것은 소득과 관련돼 있다. 보험 또는 자동차 영업사원의 소득 구성은 일반적으로 성과급 위주다. 기본급이 적고 계약 건수에 따라, 계약 내용에 따라, 계약 유지에 따라 지급되는 수당이 많은 구조다. 억대 연봉자가 많고 수억 원의 수입을 올리는 영업사원의 탄생이 가능한 이유다. 제약영업과 비교하면 상당히 부러운 일이다.

그런데 속내를 들춰보면 꼭 그렇지만은 않다는 것을 쉽게 알 수 있다. 필자가 개인적으로 아는 억대 연봉의 보험 영업사원은 자신의 수입 중 30~40%를 비용으로 쓰고 있다고 한다. 교통비, 식비는 말할 것도 없고 노트북, 바인더, 고객 증정용 다이어리 등의 구매 비용, 고객 또는 고객 자녀 선물값, 고객 대상 편지 발송 비용 등 거의 모든 지출 비용을 자신의 소득 안에서 해결한다. 그래서 업무 초기, 비용을 제외한 실제 소득은 좋지 않았다고 한다. 하지만 현재는 비용을 쓰고 남는 소득에 대해 만족하고 있다고 했다. 소득이 늘어난 점도 있으나 고정 지출 외의 가변 지출 부분이 작아졌기 때문이다. 비용

지출이라고 생각하면 아끼고 아껴야 할 부분이다. 하지만 생각을 달리 해보면 볼펜 한 자루, 고객과의 커피 한 잔 값이 모두 계약 후 돌아오게 될 소득을 위한 투자인 셈이다. 투자와 성과 그리고 수입이 연결된 구조다.

그들은 고객과의 만남을 귀중하게 생각한다. 이것은 어느 영업 분야나 같을 것이다. 그런데 단순히 생각할 것은 아니다. 수억 원의 연봉을 받는 지인은 이제 영업이 능숙해져서 통계를 내보면 계약을 성사시킨 고객은 평균 2회 정도 만났고, 5명의 고객을 소개받으면 그중 최소한 한 명은 성공한다고 한다. 이렇게 일주일에 세 건의 계약 성사를 한다. 그러니 한 명의 고객이라도 더 만나는 것이 계약 건수를 높이는 방법인 것이다. 아니, 바로 소득과 연결되는 것이다. 그러므로 이제 그 보험 영업사원의 24시간 운영 계획은 한 명의 고객이라도 더 만나기 위한 준비와 면담을 최우선으로 선정해놓는다. 이런 관점에서 제약영업은 어떠한가? 그리고 제약영업의 조건은 어떠한가? 이와 많이 다른가? 그렇지 않다. 시간과 돈의 효율적 운용, 효과적 사용이라는 과제는 영업사원 모두에게 적용된다.

2. 시간 활용

"자신 앞에 주어진 시간과 독특한 관계를 맺으며 학문 연구와 도덕적 자기 삶의 완성에 몰두했던 한 과학자의 기이하고도, 아름다운 삶을 조명한 책. 치밀한 취재와 저자 그라닌의 풍성한 사유, 빼어난 문장력이 잘 어우러진 이 책은 1974년 처음 출간되었을 당시 소련 지식인들은 물론 유럽과 중국 등 세계 여러 나라의 독자들을 사로잡았다. 또 초판 발행 30년이 지난 현재까지 증쇄를 거듭하며 각국 학자와 기업인들이 주목해서 읽고 토론하는, 시간 관련 중요 텍스트가 되었다."

인터넷 서점 YES24에 게시된 어떤 책에 대한 소개글이다. 책 제목은 《시간을 정복한 남자, 류비세프》이다.

책에서 소개하는 류비세프는 구 소련의 과학자다. 훌륭한 성과를 남긴 과학자이기는 하나, 일반인에게까지 이름을 알린 것은 그가 1916년부터 1972년 죽을 때까지 무려 56년간의 자기의 모든 시간을 철저히 계획하고 관리, 기록, 통계 처리하고 평가하였다는 사실 때문이다. 책의 저자에 따르면 류비세프는 "철저한 시간관리와 왕성한 지적 호기심으로 신이 인간에게 부여한 가능성의 최대치를 사용하고자 했다"고 한다. 자세히 이야기하자면 56년 동안 독서 몇 시간, 연구 몇 시간, 집필 몇 시간 등의 업무 기록뿐만 아니라, 누구에게 편지 쓰는 데 몇 시간, 계획했던 일을 중단하고 쉰 몇 시간 등을 모두 기록했다. 그리고 이렇게 기록한 시간의 종류를 나누어서 월, 년 단위로 통계를 내고 평가했다는 것이다. 그 내용을 보면 입을 다물지 못할 정도다.

그는 시간을 관리하는 데 몇 가지 원칙을 두고 있었다. 1) 의무적인 일은 맡지 않는다, 2) 시간에 쫓기는 일은 맡지 않는다, 3) 피로를 느끼면 바로 일을 중단하고 휴식한다, 4) 열 시간 정도 충분히 잠을 잔다, 5) 힘든 일과 즐거운 일을 적당히 섞어서 한다. 여러분들도 참고할 만한 것들이 있을 것이다. 여기서 이 과학자를 소개하는 이유는 류비세프가 왜 이렇게까지 시간을 철저히 기록 관리했는지에 대해 스스로 내린 결론을 여러분에게 말하기 위함이다. 그는 그 까닭을 "시간을 여유롭게 쓰기 위해 시간을 체크했다"고 말했다.

1) 시간의 관리

스티븐 코비 박사의 《성공하는 사람들의 7가지 습관》이라는 책이 있다. 이제는 서점에서 코너 하나를 확실히 차지하고 있는 '자기계발서'들 사이에서 쉽게 발견할 수 있는 책이다. 이 책의 한국어 1판이 나온 것은 1994년, 그 후 수많은 자기계발서들이 나왔고 현 시점에서도 엄청나게 쏟아져 나오고 있는데 15년 전 책이라니! 너무 옛날 책이라고 생각할 수 있다. 그러나 《성공하는 사람들의 7가지 습관》은 아직도 수많은 자기계발서에서 꾸준히 인용되면서 그 가치를 인정받고 있다. 그 책에서 주장하는 '성공'을 위해 요구하는 생활습관이 있다.

◆ 습관 1. 자신의 삶을 주도하라. 〔개인 비전의 원칙〕

◆ 습관 2. 끝을 생각하며 시작하라. 〔개인 리더십의 원칙〕

◆ 습관 3. 소중한 것을 먼저 하라. 〔개인 관리의 원칙〕

   - 긴급성과 중요성에 의한 시간관리 매트릭스

◆ 습관 4. 승-승을 생각하라. 〔대인관계 리더십의 원칙〕

◆ 습관 5. 먼저 이해하고 다음에 이해시켜라. 〔공감적 커뮤니케이션의 원칙〕

◆ 습관 6. 시너지를 내라. 〔생산적 협조의 원칙〕

◆ 습관 7. 끊임없이 쇄신하라. 〔균형적인 자기 쇄신의 원칙〕

이 중 습관 3. '소중한 것을 먼저 하라'에서 언급한 시간관리 매트릭스에 대해서 소개하고자 한다. 제약영업은 물론 지금 하고 있는 많은 일들에 바로 적용 가능할 뿐만 아니라 아주 유용하다.

(1) 시간관리 매트릭스: 시간관리 매트릭스란 '긴급함'과 '중요함'의 두 가지 기준에 의해 네 개의 영역으로 나눈 표에 자신의 할 일들을 적는 것이다. 즉 긴급하고 중요한 일은 제1 영역에, 긴급하지는 않지만 중요한 일은 제2 영역에, 긴급하지만 중요하지 않은 일은 제3 영역에, 긴급하지도 중요하지도 않은 일은 제4 영역에 적는다. 일반적으로 네 영역을 일정하게 두어도 상관없지만, 긴급하고 중요한 일이 다른 일보다 많거나 아니더라도 강조해야 하므로 제1 영역의 크기를 더 크게, 색을 표시해두는 것이 효율적이다.

	긴급함	긴급하지 않음
중요함	제1 영역 긴급하고 중요한 일	제2 영역 긴급하지는 않지만 중요한 일
중요하지 않음	제3 영역 긴급하지만 중요하지 않은 일	제4 영역 긴급하지도 중요하지도 않은 일

① 제1 영역: 긴급하고 중요한 일이다. 개인의 안전과 생명에 관한 일이 무조건 최우선일 것이다. 물론 이것을 소홀히 생각하며 지내는 것이 현대인이기도 하다. 업무와 관련해 생각해보면, 마감이 정해져 있는 업무, 고객 클레임이 발생한 일의 처리 등이 있다. 이 영역에 속하는 업무에 대해서는 업무의 몰입도를 높이고 성과를 완수하는 것뿐만 아니라 좋은 성과를 내기 위해 노력해야 한다. 하지만 이 영역의 일이 너무 많으면 좋지 않다는 것을 유념해야 한다. 사전에 대책을 세우고 계획적으로 처리하여 이 영역의 일을 최대한 제2영역에 있도록 해야 한다. 시간을 두고 주의 깊게 처리해야 할 중요한 일을 긴급하게 진행하다 망치는 사례는 쉽게 찾을 수 있다.

② 제2 영역: 긴급하지 않지만 중요한 일이다. 일정 기한 내에 처리해야 할 중요할 일이다. 보통은 중장기적인 일이 해당된다. '건강 유지' 같은 문제가 가장 적당할 것 같다. 인간관계, 네트워크 형성도 포함되고 자기계발, 리더십 함양 등도 해당된다. 여기서 중요한 점은 이 영역의 일들이 중요하다는 사실이다. 긴급한 일들만 강조하다 보면 정작 중요한 일들을 소홀히 하기 쉽다. 스스로 계속해서 점검하고 꾸준히 노력하는 자세가 요구된다.

③ 제3 영역: 긴급하기는 하지만 중요하지는 않은 일이다. 지금 당장 해결해야 할 일이다. 갑작스러운 방문, 수많은 문의/확인 전화, 중복되는 회

의, 보고서, 필요 이상의 모임 참가, 술자리 등이 해당한다. 보통 "오늘 엄청 바빴어. 그런데 뭘 했나 생각해보면 특별한 것이 없고 나에게 남은 것도 없이 그냥 바빴던 것 같아"라는 이야기를 한다면 오늘 한 모든 일이 제3영역의 일이다. '버림의 경제학'을 도입하거나, 위임이라는 방식을 통해 업무나 일을 분산시키는 것도 한 방법이다.

④ 제4 영역: 긴급하지도 중요하지도 않은 일이다. 부연 설명이 필요하지는 않으리라 생각한다. 이 영역의 일이 없을 수는 없다. 특히 보는 관점에 따라 나에게는 중요하지 않은 일이 타인에게는 그렇지 않은 경우도 있으니 판단을 할 때 조심해야 한다. 그리고 삶의 활력을 불어넣기 위한 쉼의 시간은 꼭 필요하다. 이 영역의 일이 너무 많은 비중을 차지하면 안 된다는 것도 확인할 필요가 있다.

시간관리 매트릭스는 개념적으로 이해하기가 그리 어렵지 않다. 주어진 기준에 따라 기록하다 보면 영역별로 구분할 수 있다. 그런데 실상은 그리 간단하지 않다. 중요한지, 급한지 판단하는 것이 쉬운 일은 아니다.

그럴 때에는 자신의 목표가 무엇인지 다시 한 번 생각하고 점검해보는 것이 좋다. 좀 더 효율적이기 위해서는 객관적으로 자신을 바라볼 수 있는 주위 동료의 조언을 들어보는 것도 좋다. 그리고 무엇보다 중요한 것은 이것을 본인이 직접 작성한다는 것이다. 스스로의 업무 효율을 높이기 위함이지 누구에게 보여주거나 점검받기 위한 것이 아님을 명심해야 한다. 또한 영역 구분에 집중하고 그것을 준수하기 위해 너무 많은 노력을 한다면 오히려 역효과를 불러올 수가 있다. 유연하게 수시로 변경하고 적용하면서 이용하는 도구로 사용하는 것이 좋다.

2) 제약영업에서의 시간

(1) 워킹데이/워킹타임(Working day/Working time)

영어로 표현해서 그렇지 내용은 간단하다. 근무일과 근무시간이다. 일 년은 365일이다. 하지만 영업과 관련해서는 달력의 날이 아니라 근무일을 기준으로 이야기한다. 그래서 한 달은 30일이 아니라 20여 일이다. 그러므로 영업사원은 월급을 계산하는 30일이 아니라, 자신이 근무하는 20여 일을 기준으로 업무의 전체량을 파악하고 업무 계획을 세워야 한다.

워킹데이는 365일 중에, 토·일요일을 포함한 휴일과 법정 휴일을 제외한다. 그리고 휴가일, 사용한 연차 휴가, 병가, 그 외 근무하지 않는 노동절, 선거일, 창립기념일 등도 제외한다.

혹자는 휴일에도 근무를 하니 며칠의 휴일은 워킹데이로 잡아야 한다고 주장할 수도 있다. 휴일에 개최된 당뇨학회 때 자사 제품의 홍보를 위한 제품 홍보 부스의 도우미 참여, 회사 주최 휴일 심포지엄 행사 참여 등의 업무가 그것이다. 틀린 주장은 아닌 것처럼 들린다. 그러나 필자의 생각은 다르다. 앞서 예를 든 업무들은 부가적인 업무이고 좀 더 나은 결과를 기대하기 위한 투자의 하나이다. MR에게 주어진 업무일이라고 생각하면 안 된다. 앞의 주장을 받아들이게 되면, 휴일의 근무시간을 전체 근무시간으로 상정하여 자신의 전체 업무량을 배분하는 오류를 범하게 된다. 그렇다면 그것은 주중에 할 일을 휴일로 늘려 잡는 비효율적인 계획이 될 수 있다. 아니, 그렇게 계획을 짜게 될 것이다. 휴일 근무는 휴일 근무일 뿐이다.

휴일 근무 없이 어떻게 목표 달성을 할 수 있느냐고 따지는 분도 있다. 그렇다면 회사에서 부여한 목표치는 휴일 근무를 이미 고려한 것이다. 이것은 영업의 영역에서 논할 부분이 아니라 그 회사의 영업 전략, 인력 활용 전략과 관련된 영역이므로 본 책의 대상이 아니다. 일반적으로 주중 근무를 자신의 계획대로 100% 수행하고 휴일 근무를 하는 MR에게는 계획된 목표를 초과한 결과가 있어야 한다. 부가적인 것과 기본적인 것을 혼동해서는 안 된다. 토요일도 근무? 그 토요일에 기본적으로 자료 정리, 회의 등의 일정이 잡혀 있다면 그 시간은 근무일이다.

워킹타임은 날짜가 아닌 시간으로 계산한 것이다. 하루 8시간 근무를 기본으로 한다. 점심시간에도 근무를 하니 그 시간도 잡아주어야 할까? 앞의 휴일 근무와 동일한 기준이다. 근무시간이 아니다. 토요일 근무시간이 4시간이면 워킹데이 1일로 잡지 않고 0.5일, 워킹타임으로 4시간을 잡는다.

(2) 필드데이/필드타임(Field day/Field time)

영업일, 영업시간이다. 영업사원에게 중요한 것은 이 개념이다. 고객을 만나는 시간, 고객을 만나러 가는 시간, 대기하는 시간, 고객을 만나기 위해 준비하는 시간이 영업일, 필드데이다. 워킹데이에서 각종 교육시간, 정기/비정기 회의시간, 영업부 전체 행사 등을 일단 먼저 제외한다. 그리고 회사에서 기본적으로 요구하는 내근시간을 제외한다. 여기에 포함되는 것은 비용 정산, 주문/수금 처리, 보고 자료 준비에 관련된 시간들이다. 크게 보면 고객과 관련 없는 시간이 있을 리 없지만 좀 더 엄밀한 의미에서 고객과 관련된 시간만을 필드데이, 필드 타임으로 계산한다.

업무의 필요, 불필요를 떠나 지금 당장 필드타임을 빼앗는 시간들을 평균으로 계산해봐야 한다. 그런 다음 워킹타임에서 제외해보자. 그러면 이제 MR의 필드타임이 나온다. 필자의 경험상 필드데이는 한 달에 17일을 전후한다. 이것을 조금이라도 늘리기 위해 아침 7시 업무 시작 또는 퇴근 후 업무시간 활용 등의 방법을 사용한다. 그런데도 실제로 일주일, 한 달이 지나고 다시 계산해보면 17일이 안 된다. 그러다 보니 통계 숫자만 본 상급 관리자들은 절대적 영업일수를 늘리겠다는 단순한 생각을 바탕으로 제일 만만하게 거론할 수 있는 회사 교육시간을 놓고, '많네' '불필요하네' 하며 불만을 이야기한다. 그 다음 불만 대상이 회의, 본사 임원 및 마케팅부의 방문 등이다.

3) 현장 영업시간 확보하기

업무와 관련된 시간 계산을 해보자. 이를 토대로 절대적 업무시간의 활용에 대해서 알아보도록 하겠다. 한 달 평균 17일을 전후한 시간을 영업에 투자할 수가 있다. 한 달을 4주로 나누면 4주하고 몇 시간이 되는 시간이다. 충분하지 않은 시간이다. 그래도 어떤 식으로든 절대시간은 확보해두어야 한다. 몇 번을 양보해도 16일 이상은 현장에 근무하는 필드데이여야 한다. 매일 출근해서 11시에 사무실에서 나오면 이미 일주일에 10시간을 소모하는 것이다. 퇴근까지 사무실로 하다 보면 더 많은 시간을 허비하게 된다. 그래서 요즘 거의 모든 회사에서는 현장 출근, 현장 퇴근을 권장한다. 출근은 하되 퇴근은 현장 퇴근을 시행하는 회사도 있다. 어떤 방법이든 간에 사무실 출퇴근의 장점과 대비해 현장에서의 시간이 부족하다는 공감대는 형성된 것 같다.

일부 다국적 회사에서는 아예 영업 담당자의 책상이 없이 회의 공간만 있는 경우도 있다. 영업팀장 책상조차 없는 곳도 있다. 그런 회사들이 영업 성과 달성을 위한 과제로 제시하는 것은 'MR은 필드타임 90% 이상, 팀장은 80% 이상'이다. 여기서 90%, 80%라고 하는 것은 워킹타임 대비이다. 현장 출퇴근은 기본이다. 내부 교육시간, 본부 회의시간을 고려하면 일반 내근 업무시간은 주 1시간, 회의시간은 주 2시간 정도여야 필드타임 90%라는 목표를 겨우 달성할 수 있다. 그것을 뒷받침하기 위해서 연초 계획된 교육 외에는 추가 교육 금지, 내근 업무를 줄이기 위해 불필요한 본사의 일방적 업무 지시를 금지한다. '팀 회의는 2주일에 한 번, 2시간 이내로 진행하고, 회의 주제는 미리 공지해야 한다' 등의 세부적인 지시가 따른다. 아울러 MR 개인적으로는 앞서 이야기한 근무시간 전 출근, 퇴근 후 근무 등의 방법을 사용하게 된다.

지금까지 설명한 것은 조직 차원에서의 현장 근무시간 늘리기이며 절대적 시간의 확보에 대한 것이다. 다음은 상대적 의미에서의 시간 확보 방법에 대해서 알아보자. 하루 8시간이 주어져도 그 시간을 활용하는 방법은 다양하다. 이는 인생에서도, 일반적 사회생활에서도 마찬가지이다. 일반적으로 업무를 방해하는 요소는 참으로 다양하다. '전화' '직장 동료들과의 잡담' '졸음' '피곤' '과도한 회식' '개인 취미생활' '인터넷' '개인 및 가족의 걱정거리' 등 우리가 업무 중 다른 일로 소비하는 시간은 참으로 많다. 최근에 한 조사에 의하면 흡연자의 경우 '흡연' 때문에 하루에 1시간을 소비한다고 한다.

2011년 취업 포털 사이트인 '잡코리아'에서 직장인들을 대상으로 하루 업무시간을 조사한 결과가 있다. 업무 집중에 대한 조사 결과로 "무엇이 업무 집중을 방해합니까?"라는 질문에 '졸음과 피곤'이 43.6%로 가장 많았다. 뒤이어 '상사의 매우 급한 지시(24.2%)' '개인적 고민 및 문제(13.0%)' 등이 있었다. 같은 조사의 내용을 더 살펴보면 "어느 시간대가 가장 집중력이 높습니까? 어느 요일입니까?"라는 항목도 있었다. 조사 결과는 오전 9~11시, 월요일이 가장 높은 답변이 나왔다. 생산성이 가장 높은 시간일 것이다. 여기서 이 모든 것을 다루지는 않겠다. 이것들을 어떻게 통제할 것인가의 문제는 대형 서점에 나와 있는 관련 서적을 통해 알아볼 수 있다. 여기서는 업무의 효율성 측면에서 상대적 업무시간 늘리기에 대해서 알아보자.

(1) 근무지 이동시간: 병의원 담당자 중 의원 담당자들에게 가장 기본적인 항목

이다. 병원 담당자의 경우도 예외는 아닌 사항이다. 고객 방문 시 동선의 최적화. 이것을 구성하는 요소는 고객 간 거리, 고객 중 집중된 장소, 요일별/시간별 교통 흐름 그리고 주차장 상황이 있다.

(2) 대기시간: 모든 담당자들에게 해당되는 과제이다. 검사/수술 등 고객 스케줄, 요일별/시간별 환자 수, 간호사와의 친숙도 등이 좌우한다. 대기시간을 적절히 사용할 수도 있다. 그러나 핵심은 대기시간을 얼마나 줄일 수 있는가다.

(3) 시간에 따른 업무의 집중도: 위의 조사 결과에서 보듯이 업무의 집중도는 개인적인 차이를 보인다. 어떤 요일이 더 고객을 만나기 편한가, 그리고 MR 본인은 어떤 요일에 일반적으로 현장 근무시간을 최대한 확보할 수 있는가의 문제이며, 세부적으로는 점심시간 전후의 시간, 오후 3, 4시경의 시간, 거래처 퇴근시간 등의 활용에서 집중도의 차이를 보인다. 이동시간, 대기시간, 집중시간의 활용은 담당지역/병원, 고객의 특성에 따라 천차만별이다. 그러니 통일된 기준을 제시하기가 어렵다. 그렇다고 해서 제각각 관리를 맡길 수 없는 문제이기도 한다. 각 기준별로 자신의 지난 2주간의 고객 방문 현황을 면밀히 살펴보기 바란다. 이것은 머릿속으로만 해서는 안 된다. 종이 위에 기록하면서 쭉 나열한 상태에서 활동 내역의 배열을 달리 해보면서 1시간을 아끼기 위한 노력을 하여야 한다. 1시간 일찍 출근하는 것보다 더 생산적인 문제 해결 방식이다.

4) 일반 업무시간 줄이기

쉽게 생각해서 업무시간 외 근무하기가 정답은 아니다. 본인의 업무 스타일에 문제는 없는지 살펴봐야 한다. 앞서 소개한 시간관리 매트릭스도 유용한 방법 중의 하나이다. 우선은 정기적인 업무들 중에서 업무의 우선순위를 잘 책정하는 것이 중요하다. 그 다음으로는 긴급한 일을 최대한 줄이는 것이 방법이다. 그런데 대부분은 반대로 하는 경우가 많다. 업무와 관련해서 객관적으로 분류했을 때 긴급하면서도 중요한 일이거나 긴급한 일을 이런저런 핑계로 미루거나 제대로 수행하지 않는 경우가 다반사이다. 긴급하면서도 중요한 일에 대해서 늘 늦게 제출하거나 제대로 작성하지 않는 경우, 전체의 일정을 늦추게 되는 것은 차치하고라도 자료를 취합하는 입장과 보는 입장에서는 그 담당자의 것을 더 꼼꼼히, 엄격한 기준에서 다루게 되는 것을 알아야 한다.

일반 내근 업무는 전체 인원이 모두 완성되어야 끝이 나는 경우가 대부분이므로, 후배나 팀원 중 그렇게 업무 처리를 하는 동료가 있다면 미리미리 재촉을 해야 한다. 그리고 긴급하나 중요하지 않은 경우의 일도 미리미리 해두면 다른 시간을 활용해서라도 해야만 하는 제1영역의 업무량과 소요시간을 줄일 수 있다. 주위를 둘러보면 별로 중요하지도 않은 일을 데드라인이 닥쳐서 근무지에서 사무실로 급하게 들어와 처리하는 MR을 자주 목격하게 된다. 이런 담당자일수록 늘 열심히 일하고 근무 외 시간까지 활용하는 것 같지만 늘 시간에 쫓기는 타입일 가능성이 크다.

이외에도 영업시간 활용과 관련하여 MR의 적극적인 행동을 요청하는 것이 있다. 우선 고객 방문 계획 수립이다. 이는 다른 장에서 자세히 배울 내용이므로 여기서는 조금만 언급하도록 하겠다. 영업 방문을 하다 보면 방문 후 뒤늦은 후회를 할 때가 있다. 오늘 정작 내가 목적했던 방문 내용을 수행하지 못했거나, 한 가지를 빼놓고 수행했다거나, 현장에서 바로 해결할 수 있는 일을 미처 하지 않았거나 해서 비효율적으로 면담시간을 허비한 경우들이다. 이런 경우를 다음에 또 방문할 거리가 생겨서 좋다고 생각하는 것은 너무 낙천적이거나 목적의식이 부족한 것 중 하나이다. 영업 방문 계획의 수립은 한편으로 앞에서 언급한 이동시간, 대기시간을 고려한 효율적 업무시간 관리에도 도움을 준다. 업무의 내용에 따라 고객과의 면담 필요시간을 책정하면 그 일들을 중심으로 먼저 고객 방문 일정과 동선을 구성할 수 있다.

다음으로는 활동 계획 및 결과 보고하기와 관련된 것이다. 어떤 업무를 하더라도 현대인에게 있어 전화는 문명의 이기이면서 동시에 방해 요소인 것이 사실이다. 갑작스러운 전화가 업무의 집중도를 떨어트릴 뿐만 아니라, 업무를 방해하기도 한다. 오죽하면 어떤 회사에서는 특정 시간을 업무 집중시간으로 두고 고객 관련 전화를 빼고는 사내 전화를 못 쓰게 하는 지시를 내리겠는가?

영업과 전화에 관해 선배들이 알려주는 방법이 하나 있다. 팀장과 팀 차석에게 미리미리 전화를 많이 하라는 것이다. 갑작스러운 일의 대부분은 팀장이나 선배에게서 비롯되는 것이 많다. 자신의 활동 계획에 대해서 매일 시간이 되는 대로 선(先) 보고를 함으로써 상대방에게서 같은 문의 전화가 오지 않게 하는 것이 좋다.

부가적으로는 잦은 통화로 팀의 상황, 팀장의 스케줄과 영업 본부의 향후 일정들에 대한 정보 업데이트를 할 수 있다. 고객의 최근 정보를 바탕으로 영업 방문 계획을 작성하듯이 팀, 팀장, 본부 관련 정보의 업데이트로 자신의 업무 계획에 반영, 적용할 수 있다. 수요일 저녁으로 회식 일정이 바뀔 가능성이 커졌다고 했을 때, 목요일 오전에 보고할 내용은 수요일 이전에 미리 작성해두는 식이다.

3. 예산 활용

1) 영업부 예산

영업 담당자와 관련된 예산 중에서 마케팅 예산은 A&P, Advertisement & Promotion 비용이라 하여 따로 관리된다. 마케팅 PM이 예산의 사용권과 승인권을 가지고 있다. 주로 마케팅 프로모션용 프로그램과 연결되어 있으니 아래에서 다시 다루도록 하겠다. 회사 규정 내에 영업부에서 사용 가능한 예산의 종류에 대해 선배나 팀장을 통해서 자세히 파악해두어야 한다. 주위에서 간혹 정말로 몰라서 자신이 사용 가능한 예산을 사용하지 못하는 담당자를 보는 경우가 종종 있다.

　예산 사용과 관련하여 네 가지 유형의 영업사원이 있다. 1) 예산을 덜 사용하고 매출 목표를 98% 달성한 담당자, 2) 예산을 초과해서 쓰고 매출 목표를 98% 달성한 담당자, 3) 예산은 덜 쓰고 매출 목표를 초과하여 102% 달성한 담당자, 4) 예산을 초과 사용하고 목표를 초과하여 102% 달성한 담당자. 영업부 임원이나 사업부장의 입장에서는 어떤 담당자를 선호할까? 당연히 3)의 담당자이다. 다음 선호 순서는 어떻게 될까? 4)의 담당자이다. 여전히 매출 목표 달성이 영업부에 있어서 최우선 목표이다. 그런데 1), 2)의 담당자 중 누가 더 잘한 것인지에 대해서는 의견이 좀 나뉜다. 필자는 1)의 담당자가 제일 못한 담당자라고 생각한다. 우선 생각하면 1)의 담당자가 예산을 더 사용했거나 예산이 사용되는 액티비티를 몇 개 더 시행했다면 결과는 어떻게 될 것인가? 하는 의문이 들기 때문이다. 그리고 다음으로 2)의 담당자는 계획을 수립하고 의욕적으로 일을 진행했으나 결과는 이루어내지 못했구나 하는 안타까움이 있기 때문이다. 아울러 2)의 담당자가 사용한 예산은 지금 당장의 결과를 만들어내지 못했으나 고객에게 사용된 것이다. 회사 금고에 남은 돈을 재정부에서는 좋아할지 모르나 영업부 입장에서는 의미가 별로 없다.

　예산 사용과 관련하여 유의해야 할 세 가지 사항이 있다.

　(1) 투명하게 사용해야 한다. 팀장이나 마케팅부에 보고된 내용과 실제 집행된 내역이 같아야 한다. 공과 사의 구별, 공금의 중요성은 사회생활

내내 지켜나가야 할 철칙이다. 경우에 따라서는 고객에게 직접 MR이 사용하고 회사가 투자하는 유·무형의 예산을 설명해야 할 때도 있다. 이때도 역시 투명성이 뒷받침되어야 한다.

(2) 정확한 보고가 중요하다. 구체적이지 않은 예산 계획, 마구잡이식 사업 선정 및 집행, 꼼꼼하지 않은 결산. 이것은 정부 기관에 대한 감사 결과가 아니다. 영업 현장에서의 사용과 사용할 예산에 대한 권한과 책임 중 상당히 많은 부분이 현장 MR에게 있다. 회사의 지역 대표자인 MR에게 제약영업은 많은 권한을 부여하고 위임하고 있다. 실제로 여느 영업 분야에 비해서 담당자의 예산 사용 권한이 큰 것은 사실이다. 그 권한에 걸맞게 책임의식을 가지고 결정, 집행할 뿐만 아니라 팀장과 예산 부서에 성실한 보고 의무를 수행해야 한다.

(3) 예산 사용과 영업 결과에 대한 팔로우 업(follow up)의 중요성을 더 높여야 한다. '비용은 비용이고 결과는 결과다'라는 식의 사고는 영업 성적에서뿐만 아니라 본인의 경력 관리에도 전혀 도움이 되지 않는다. 비용과 결과의 상관관계를 잘 파악하고 평가한 담당자는 팀장이나 임원으로 올라가서 활동할 때, 그 능력이 발휘된다. 또는 다른 직업이나 사업을 할 때도 도움이 된다. 이 부분에 대해 심사숙고하기 바란다.

조금 다른 시선으로 바라보면, 일개 담당자의 직위에서, 자신이 주도해서 작성한 계획에 따라, 그리고 회사의 마케팅 부서에서 준비해준 프로그램을 성실히 수행하면서 회사의 돈으로 고객과 관계를 맺고 영업 행위를 할 수 있는 직업군은 그리 많지 않다. 그리고 목표를 달성하지 못했다 해도 다시 도전할 기회가 주어진다. 그리고 기본적인 룰만 따르면 책임질 일도 없다. 제약영업사원의 이야기이다. 영업팀장이 되면 더 큰 매출 목표와 예산을 운용하게 되고 팀을 관리 운영하면서 리더십도 배양하게 된다. 이런 사회 교육의 장은 그리 많은 사람들에게 제공되는 것이 아니다. 예산 사용에 대한 팔로우 업, 즉 결과에 대한 비용 분석은 담당자의 영업력 향상에 큰 도움을 준다.

공정경쟁규약이 네거티브 시스템에서 포지티브 시스템으로 변경되어 규약 내에서 허용하는 경제적 이익이 명시되었다. 아울러 영업부 예산의 경우, 회사별 허용 범위와 사용 분야가 회사의 정책과 규정에 따라 큰 차이를 보이고 있다. 그러므로 MR은 자신이 사용 가능한 범위가 어디까지인지에 대해 자세히 알아보고 예산 사용에 각별한 주의를 기울여야 한다.

4. 마케팅 프로그램 활용

회사 조직상 마케팅부의 역할과 기능이 조금씩 다르므로 여기서는 일반적인 내용만을 기술하기로 한다. 마케팅부는 일반적으로 한 해 단위로 마케팅 전략과 계획을 제출, 승인받게 되며 분기별, 제품별 세부 계획을 작성, 시행한다. 그 내용 중에는 마케팅 단독 계획과 영업부와 함께 시행하는 프로그램들이 존재한다. 마케팅부의 독자적인 계획도 영업부와 무관한 일이란 없기는 하지만 그 부분에 대해서는 일단 제외하기로 한다. 오늘의 초점은 마케팅부가 영업부와 함께하는 프로그램, 영업부에 요청하는 액티비티(activity)를 중심으로 다루도록 하겠다.

1) 광고/홍보 관련

OTC 제품의 일반 광고나 회사 홍보를 위한 광고는 커뮤니케이션부, 광고부, 홍보부 등에서 관리를 한다. 반면 의 · 약학 전문가를 대상으로 한 학회나 의사회 등의 행사와 관련한 홍보 비용은 마케팅에서 관리하는 것이 일반적이다. 부스 전시, 인터넷 배너 광고, 행사 후원 등이 모두 해당한다.

광고 관련 예산이 예전에는 여유가 있었고, 관련 규제 조항도 없었기 때문에 영업부의 필요에 따라 마케팅 부서에서는 집행만 해주던 때도 있었다. 하지만 지금은 공정경쟁규약에서 광고 홍보 관련 항목을 지정하고 구체적인 횟수와 금액까지 명시하고 있다. 그러다 보니 회사에서도 마케팅 예산 중 이 부분의 예산을 많이 확보해주기보다는 조금씩 축소하는 경향이 많다. 그러나 고객의 입장에서는 광고 관련 제약회사의 협조를 예전과 동일하게 요청하고 있고 때로는 더 많은 협조를 구하기도 한다. 왜냐하면 공정경쟁규약상 비용에 제한을 두었고 학술행사 전체 비용 중 협찬과 후원비의 비중을 아예 못 박아두었기 때문이다.

영업부 입장에서는 제한된 광고 부문 예산을 자신의 고객을 위해 사용하기 위해 미리 준비해야 한다. 더군다나 광고 후원은 앞서 이야기했듯이 공정경쟁규약에 의해 구체적으로 제한되어 있을 뿐만 아니라 일부 항목은 사전에 신고하도록 규정되어 있기 때문이다.❖

그러므로 담당자나 팀의 입장에서는 고객이나 단체의 요청이 예상되면 지원의 성격을 빨리 파악하고 규약상의 절차를 정확히 파악한 뒤 고객이 적법하게 미리 신청할 수 있도록 안내를 해야 한다. 또한 이 사실을 마케팅부와 협의하여 도움을 요청하여야 한다. 후원하는 데 전혀 문제가 없는 사항인데 절차상에 있는 규정을 따르지 않아 광고 활동 기회를 잃게 된다면, 고객을 탓할 문제가 아니라 적절하게 안내를 안 한 영업부의 잘못이 더 크다.

❖ 〈의약품 거래에 관한 공정경쟁규약〉 중, "제15조(전시 및 광고) 1항. 회원사는 보건의료 전문가를 대상으로 의약품 관련 각종 지식과 경험을 널리 알림으로써 의약학적 지식을 확대 보급하고 환자의 이익을 극대화하기 위한 목적으로 전시 또는 광고를 실시할 수 있다. 단, 회원사는 전시 또는 광고의 실시 내역을 협회에서 정한 양식에 따라 분기별로 협회에 신고하여야 한다." 여기서 회원사는 한국제약협회 또는 한국다국적의약산업협회 소속 제약회사를 지칭한다. 공정경쟁규약은 협회 회원사 간의 내부 규제 장치이다. 단, 공정위는 이를 토대로 모든 제약회사의 영업 활동의 적법성, 적절성을 판단할 기준으로 사용한다. 같은 규정 "제8조(학술대회 개최 운영 지원) 2항. 회원사가 국내 학술대회를 지원하고자 하는 경우에는 다음 각호의 절차에 따른다. 2항의 1. 제1항의 기관 단체가 협회에서 정한 양식상에 학술대회명, 학술대회 개요, 지원요청 금액 등을 기재하고 구체적인 학술대회 계획서, 소요예산안 등 부속서류를 첨부하여 협회에 지원요청을 한다." 이어지는 조항에서는 이후의 절차에 대해서 기술하고 있다. 따라서 광고 홍보의 지원 중 일부는 지원받고자 하는 단체의 사전 지원 요청과 함께 진행되어야만 한다. 더 자세한 것은 회사 내 관련 부서를 통해 확인하여야 한다.

2) 자사 제품설명회

자사 제품설명회는 개별 요양기관을 대상으로 한 제품설명회, 다수의 요양기관을 대상으로 한 제품설명회, 숙박이 인정되는 자사 제품설명회가 있다. 프로그램의 성격에 따라서는 전국 규모의 심포지엄, 광역 단위별 심포지엄, 지역 소규모 심포지엄으로 나눌 수도 있다.

(1) 요양기관을 대상으로 하는 자사 제품설명회

각 회사별로 공정경쟁규약의 적용 방식에 따라 시행 주체가 많이 다를 수 있으니, 여기서는 마케팅 예산으로 시행하는 것을 대상으로 하겠다. 마케팅에서 이 부분의 예산을 상정할 때에는 전체 분기별, 연 전체 예산을 책정하는 것이 일반적이다. 내부 마케팅 부서장의 승인하에 결정한다. 따라서 시행에 대한 조건들이 있으며 일종의 시행 가이드라인이 존재한다. 이 조건에 대한 이해는 당연히 기본이다. 조건에 해당되지 않는데 무조건 지원을 요청하는 것은 한 번은 가능할 수도 있겠으나 반복적으로 요청한다면 어려울 것이다. 대부분 협회에 사전 신고하는 행사가 많으므로 미리 그루핑하여 마케팅부에 시행 사실을 알리는 것이 마케팅 지원하에 행사를 하기 위해 잊지 말아야 할 사항이다.

(2) 심포지엄

영업부에서는 매번 똑같은 심포지엄을 왜 그리 많이 개최하나 생각할 수도 있으나 마케팅부에는 많은 고민과 노력이 들어가는 프로모션 행사이다.

그리고 고객들 중에는 이 프로그램을 통해 많은 것을 얻어 가는 사람도 있는 것이 사실이다. 학회나 각급의 의사회 차원의 각종 연수 강좌에서는 주로 대학의 교수들이 연구 결과에 대한 내용을 중심으로 개원가나 진료 현장과는 현실감이 조금 먼 이야기를 하는 경우가 많다. 또 궁금한 것이 있어도 잘 질의하지 못하는 경우가 있다. 그러나 제약회사가 주최하는 심포지엄에서는 특정 제품이 주로 주제가 되기는 하나 실제 진료 공간에서 바로 활용할 수 있는 내용이 좀 더 많이 포함된다. 또한 질의와 응답이 더 자유롭다. 그래서 의외로 고객 관리나 정보 전달 차원에서 큰 효과를 보기도 한다. 그러므로 MR의 입장에서는 여러 고객들에게 행사에 대해 잘 설명하여 참석토록 하는 것이 중요하다.

마케팅부에서 진행하는 심포지엄은 마케팅의 큰 프로그램 중 하나이다. 많은 참석자가 참석하는 것 자체가 일단 좋다. 그중에 주요 고객들이 많이 포함되면 심포지엄의 분위기도 살아나게 되고 결과적으로 더 좋은 효과를 발휘할 수 있어 마케팅 부서에서는 되도록 많은 참석을 원한다. 마케팅부가 심포지엄을 준비, 진행할 때 부정적 의사를 표현하는 담당자가 있기 마련이다. 이유는 여러 가지가 있을 수 있겠으나 주최자의 입장에서는 적극 활용하고 많은 참석을 유도하는 담당자에 대해 감사히 생각하고, 그 MR을 좋아하게 되는 것은 당연한 일이다. 행사에 적극적으로 참여하고 도움이 되는 것을 무기로, 다른 프로모션이나 예산에서 마케팅 부서의 협조를 직접적으로 요청할 수도 있다.

심포지엄의 효과적 측면은 분명히 있다. 성과 창출의 가능성이 열려 있는 곳이라고 하는 것이 더 맞을 듯하다. 자신의 고객을 한 명이라도 더 참석하도록 유도하기 위해 MR의 차원에서 할 수 있는 일 중 하나가 자신이 담당하는 지역을 대상으로 한 심포지엄, 좀 더 접근이 편리한 장소에서의 심포지엄 개최 요청이다. 물론 마케팅부에서 개최 및 장소에 대한 결정권과 계획을 가지고 있는 것은 사실이다. 하지만 모든 일에서 꼭 정해져 있는 것이란 사실 그렇게 많지 않다. 광역 대도시에서만 개최해야 한다거나, 특정 지역 내 어느 장소에서만 진행해야 한다고 규정한 것은 없다. 목적과 명분만 만들어 제시할 수 있다면 고객들이 더 많이, 더 쉽게 참석할 수 있는 곳에서 소규모 심포지엄을 개최할 수 있다. 아울러 MR의 입장에서 주도적으로 지역 심포지엄 준비에 참여하면, 경험도 얻게 되고 준비 과정에서 고객을 더 많이 이해하고 관계를 증진시킬 기회도 얻게 된다. 물론 마케팅 부서와의 관계도 마찬가지이다. 이런 경험을 해본 MR과 안 해본 MR의 차이는 엄청나다.

3) 시판 후 조사(PMS, Post Marketing Surveillance)

PMS는 법적 의무사항이다. 그런데 지금은 정부의 부정적 시각으로 인해 시행 케이스의 규모가 많이 축소되었다. 개원가나 중소병원 담당자에게 해당되는 케이스가 거의 없는 것이 현실이다. 본인 거래처에 일정 케이스가 이미 주어졌다면 MR은 이후에 추가 시행 여부에 관심을 가져야 한다. 전국을 대상으로 PMS나 관련 조사를 시행하다 보면 반드시 약속된 계약 건수를 못하는 담당자/고객이 있기 마련이다. 그렇게 되면 그 계약 건수는 사전에 먼저 신청한 사람의 몫이 될 가능성이 크다. PMS는 고객에게 제품 사용의 기회를 제공한다는 측면에서 여러 이점이 있다.

4) 각종 후원

광고나 부스 전시 같은 홍보성 협조 말고 학회나 병원 차원에서 진행하는 행사에 대한 공식 후원도 가능하다. 이런 사항에 더해서는 마케팅 부서나 해당 부서에서 가지고 있는 가이드라인과 조건이 있다. 또 예외 규정이라는 것도 있다. 규정에 '반드시'라는 용어가 쓰여 있지 않다면 해석의 차이에 따라 다른 적용이 가능하다는 말이기도 하다. 그러므로 담당고객 또는 병원과 관련된 행사에서 그 조건을 찾아내는 것은 MR의 능력이 된다.

5. 판촉 도구 활용

부여된 목표를 수행하기 위해, 아니 좋은 성과를 달성하고자 하는 MR에게 주어진 총과 칼은 특장점을 가진 제품과 영업 툴이라고 할 수 있다. 분명 고객에게 관심을 유발할 수 있는 제품이 있어야 한다. 아울러 고객의 관심을 처방으로 유인할 수 있는 마케팅 및 영업 프로그램이 있어야 한다. 그런데 이 둘은 모두 그 자체로 완성된 형태가 아니다. 우선은 고객을 찾아야 하며, 고객의 니즈가 있어야 하고, 니즈에 부합하는 제품과 프로그램의 특징을 연결하여 고객에게 돌아가는 이점이 있어야 한다. 그리고 마지막으로 고객의 결심과 행동을 이끌어내는 담당자의 뛰어난 협상 스킬과 확인 과정이 있어야 완성이 된다. 이 과정을 수행하는 것이 MR이다. 그런데 이 과정에서 좀 더 수월하게 고객의 관심과 니즈 발굴에 도움을 주는 것이 바로 판촉 도구다. MR이 빈손으로 고객을 만나지 않게 하기 위한 것이 아니라 목적을 수행하는 데 효과를 극대화하기 위해 쓰이는 것이다. 그러므로 판촉 도구는 목표에 부합하도록 적절한 타이밍에 사용해야 의미가 있다. 판촉 도구는 그럴 목적으로 기획, 제작된다.

판촉 도구는 크게 두 가지 종류로 나눌 수 있다. 고객을 대상으로 사용하는 것과 담당자 본인의 업무 효율을 높이기 위해 사용하는 도구다. 여기서는 전자를 중심으로 말하고자 한다. 후자는 업무 도구로 의미를 축소할 수도 있다. 물론 최근 스마트폰 및 아이패드 등 태블릿 기기 등의 활용도가 높아져 간단히 규정지을 문제는 아니다. 특히 예전에는 노트북의 공급으로 많은 업무의 효율성을 높이고자 노력했던 적이 있었다. 처음 도입을 시도했던 회사들의 영업사원이 보여준 초창기의 모습은 고객들에게 큰 반향을 불러 일으켰다. 단순한 영업사원에서 MR로 진화한 것을 극명하게 표현한 일종의 사건이었다. 노트북을 활용한 일대일 프레젠테이션이 등장하였고, 이에 힘입어 MR이 전문가인 의사 고객들을 모시고 정식 프레젠테이션을 하는 수준까지 발전하게 되었다.

그런데 이제 노트북 수준의 활동은 더 이상 흥미를 끌지도, 효과를 보장하지도 않게 되었다. 이제 무엇을 사용하는가보다는 고객에게 특화되고 세련된 내용을 요구하고 있다. 업무 도구보다는 고객과의 협상 과정에서 사용되는 여러 도구들에 대해서 알아보자.

1) 판촉 도구의 기대 효과

(1) 시청각 도구를 활용하면 언어로 표현하는 것보다 좀 더 극적으로 강하게 전달할 수 있다. 사람은 각 개인의 특성에 따라 말, 글, 소리, 그림 또는 복합적 상징 중 특별히 잘 인식하는 요소가 각기 다르다.

(2) 시청각 도구는 언어로 표현하지 못하거나 부족한 부분을 보충해 완성시켜준다. 잘 정리된 도표와 정밀하게 디자인된 주장과 의견은 고객을 효과적으로 이해시킨다.

(3) 고객의 시선과 흥미를 면담의 목적에 집중시키거나 주의를 환기시킨다. 방문 목적과 핵심에서 벗어나지 않아야 한다.

(4) 말의 내용에 대한 근거를 보여줌으로써 객관성을 확보하고 내용에 신뢰를 얻는다. 근거에 대한 의심은 의·약사들의 공통적인 특성이다.

(5) 백 마디 말보다 하나의 판촉 도구를 사용한 설명이 더 유효할 수 있다. 특히 디테일 시간을 단축시켜준다. 방문 목적과 말하고자 하는 것을 먼저 말하고, 시간이 허락된다면 보충 설명하거나 고객에게 질문하는 것이 훨씬 효과적이다.

(6) 계획하고 준비된 모습을 통해 신뢰와 열정을 표현한다. 오늘 방문한 그저 그런 십여 명의 영업 담당자 중 하나가 아니라, 무언가 하나를 확실해 보여주고 전달하고 간 누구누구 MR이 되어야 한다.

2) 판촉 도구 사용 시 주의사항

(1) 정확히 사용해야 한다. 판촉 도구는 고유의 사용 목적이 있다. 그 점을 잘 이해해야 한다. 잘못된 상황에서의 사용은 실수 이상으로 고객에게 불신을 줄 수 있음을 유념해야 한다.

(2) 확실한 준비가 필요하다. 판촉 도구를 허둥지둥 찾거나 준비가 덜 된 모습은 고객에게 준비성이 부족하다는 것을 넘어서 담당자가 본인을 중요한 고객으로 인식하지 않는다는 인상을 심어줄 수 있다.

(3) 불필요한 사용을 자제해야 한다. 고객의 니즈나 필요가 없는데 사용하는 경우, 역효과도 생길 수 있다. 안전성에 관심 없는 고객에게 안전

성에 문제없다는 것을 강조하기 위해 관련 판촉 도구를 사용하면 고객에게 불필요한 관심을 유도한 셈이 된다. '요즘 그 제품의 안전성과 관련해서 이슈들이 있어 나에게 이야기하는 것인가? 뭐지?' 하는 의혹을 심을 수도 있다.

(4) 사용 기한이 있는 것이 있다. 제품설명서의 경우는 특히 주의해야 한다. 병원의 약제과나 기본을 중시하는 성향의 고객은 업데이트가 안 된 자료에 대해 문제를 삼는 경우도 있다.

(5) 판촉 도구는 고객을 위한 것이다. 고객이 볼 수 있도록 올바른 방향을 유지하고, 집중해야 할 곳을 정확히 안내하고, 충분히 볼 수 있도록 여유를 주어야 한다. 본인의 설명을 위해 잠시 참고할 요량으로 꺼내 보고 바로 제자리로 넣는다거나, 고객이 불편한 자세로 보게 하거나, 어디를 봐야 하는지 말로만 설명하는 경우가 있다. 그리고 설명이 끝나면 바로 덮어버리거나 그냥 쑥 내미는 경우도 있다. 이런 경우 모두 판촉 도구를 제대로 활용했다고 보기 힘들다.

(6) 판촉 도구는 소중히 다루어야 한다. 아무런 설명도 없이 "새로 나온 브로셔입니다" "언제 시간 나면 보시기 바랍니다"라는 멘트와 함께 던져진 판촉 도구를, 고객이 정말 볼 것이라고 기대하는 MR은 망상가이다. 어떤 고객이 제약회사의 한 영업 이사에게 했다는 말이 생각난다. "우

리가 무슨 쓰레기장도 아니고, 찾아오는 담당자마다 브로셔니 논문이
니 하는 것들을 주고 가는데, 이건 그냥 휙 던져주고 가는 수준이에요.
우리가 그것을 왜 대신 버려줘야 하는지 모르겠습니다. 담당자들에게
그렇게 교육시킵니까?" 낯 뜨거운 일이 아닐 수 없다. 명함이 버려지거
나 받은 자리에 그대로 둔 채 일어서는 고객을 접한 적이 있는가? 그
기억을 떠올려보자. 당신의 이름이 새겨진 명함이 선거철에 마구 뿌려
대는 후보자의 명함 같은 것이 아니라면, 판촉 도구는 당신의 명함이
라고 생각해야 한다.

3) 판촉 도구의 종류

　판촉 도구는 마케팅부에서 연 계획에 따라 제작한 것과 영업부의 요청으
로 만들어진 것이 있다. 예전에는 담당자 개인이 제작하기도 했으나 약사법
등의 법적 제제가 강화되어 이제는 거의 불가능하다고 봐야 한다. 그리고 본
사 차원의 전략적이고 계획적인 판촉 도구의 활용을 위해 지금은 개인 차원
의 제작을 금지하는 회사들도 많다. 그러므로 이미 제작된 판촉 도구를 중심
으로 준비를 해야 한다. 그런데 예전에 제작되었던 판촉물들의 활용은 조금
등한시하는 경향이 있다. 마케팅 부서에서도 꼭 새로운 것을 만들어야 한다
는 일종의 강박관념에서 새 판촉물을 제작한다. 기존 제작물 중에서 활용 가
치가 있는 것들도 검토해야 한다.

(1) **명함**: 고객은 필요한 것이 있으면 자료를 찾아보거나 검색을 하지 않는다. 고객 입장에서는 전화로 물어보거나 방문을 요청하면 될 일이다. 고객에게, 그리고 담당 간호사에게 명함을 전달하라. 자주 전달하는 것도 괜찮다. 명함의 기재 내용이 변경되면 꼭 고객에게 알려주어야 한다. 그리고 고객의 명함철뿐만 아니라 휴대폰 주소록에 연락처가 저장되는 MR이 되기를 바란다.

(2) **샘플**: '시공품'이라고도 한다. 아무런 설명도 없이 "이번에 샘플이 나와서 고객님을 위해 준비했습니다" 정도로 전달하고 있는 것은 아닌가? 전달 목적, 관련된 설명, 판촉용 핵심 메시지의 전달은 필수이다. 공정경쟁규약에서는 시공품을 보건의료 전문가에게 제공이 허용된 경제적 이익의 하나로 간주한다. 따라서 시공품의 정의와 전달 제한 사항이 있으니 참고해야 한다.

(3) **브로셔**: '팸플릿'이라고도 한다. 가장 일반적으로 사용하는 제품 설명 자료이다. 제품의 효능/효과, 안전성 등에 대한 기본 정보와 함께 주요 특징의 소개와 관련 근거들이 표현되어 있다. 기본적으로 지니고 있으면서 MR의 정보 숙지용으로, 고객 디테일용으로 사용한다.

(4) **리플릿**: 특정 주제 하나를 소개할 목적이나 제품의 제품설명서 기재사항 변경 고지를 위한 목적으로 제작한 간략한 양식의 브로셔이다. 기본적으로 제품에 대한 일반적인 수준의 이해를 하고 있거나 처방 경험을 가진 기존 고객을 중심으로 사용한다. 정확한 제작 목적과 주요 메시지 숙지를 하여 정

확히 사용해야 한다. 리플릿의 경우에는 예상되는 질문에 대한 준비가 꼭 필요하다.

(5) 임상 논문집: 제품 디테일 내용에 근거가 되는 임상 논문들을 모아놓은 형태이다. 분량도 많을 뿐 아니라 고객이 모든 논문에 관심을 가지는 것이 아니므로 전달용이라기보다는 소개용으로 주로 사용한다. 고객이 필요로 할 경우, 요구 사항을 다시 확인한 뒤 다음 방문 시 해당되는 내용과 하이라이트를 곁들여 가져다주는 것도 한 방법이다.

(6) 논문 복사본: 주요 논문의 사본이다. 회사가 공식적으로 전달하는 모든 임상 논문이나 저널은 모두 저작권자로부터 사용을 승인받은 것이다. 개인적인 사용 목적으로 복사는 가능하나 상업적 목적으로 사본을 사용하는 것은 금지되어 있다. 이를 구분해야 한다.

브로셔, 리플릿, 임상 논문집, 논문 복사본은 이제 개인이 제작할 수 없다. 그렇다고 꼭 원본 그대로 사용하라는 이야기는 아니다. 내용에 변화를 주는 것이 아니라면, 본인이 사용하기 편하도록, 아니면 고객에게 전달하고자 하는 핵심적인 사항을 하이라이트하는 것은 가능하다.

추가로 조그마한 부분의 주의를 요청한다. 논문집, 복사본 등 임상 논문을 판촉 도구로 사용할 때 MR은 제품의 장점 또는 주장하는 바를 주로 강조하게 된다. 그것은 좋으나 안전성 부분에 대한 내용 숙지는 기본적으로 해야 한다. 별로 궁금하지 않더라도 짓궂게 그냥 안전성에 대해 물어보는 고객도 있다. 안전성을 제품의 약점이라고 생각하는 경향이 있기 때문이다. 그런데 이때 제대로 대답을 하지 못한다면 안정성의 문제가 바로 약점이 되어버리는 것이다. 제품뿐만 아니라 담당자까지 포함해서. 효능·효과는 각종 색과 함께 강한 어조로 정확하게 표현하면서 용법, 용량, 가격, 안전성과 관련해서는 그렇지 못하다면 이미 고객에게는 제품의 특장점이 의미가 반감되거나 무의미하게 된다. 의사라는 특성상 고객은 효능·효과와 안전성을 늘 균형 있게 사고하기 때문이다.

(7) 진료 도움용 도구: 환자 진료 시 사용할 수 있는 도구들을 판촉용으로 제작한 것이다. 각종 인체 및 장기의 모형이나 그림, 질환 진단용 설문지, 복용 설명서 등이다. 그리고 볼펜, 포스트잇 등도 이에 속한다. 고객에게 제품명을 각인시키고 진료 시 도움을 주는 용도이다. 이미 다양한 종류로 나와 있으나 고객의 필요에 맞춘 도구의 제작을 해당 부서에 요청해 만드는 것도 필요하다.

(8) 환자용 질환 소개 책자 또는 브로셔: 환자들을 대상으로 제작되며 질환에 대한 소개 및 치료법에 대한 소개를 통해 고객의 진료에 간접적으로 도움을 주고 환자 발굴을 목적으로 한다.

(9) 시청각 자료: 고객의 이해도를 한층 높이거나, 일반적 도구로 설명이나 설

득이 힘든 주제를 다룰 때 제작, 전달한다. 애니메이션, 각종 동영상, 학회 발표 동영상 등을 보통 디지털 매체에 담아 전달, 사용한다.

(10) 선물성 판촉물: 일차적인 목적은 고객의 진료 행위나 환자 편의용 판촉물이기는 하나 이차적으로 고객에게 소용이 되는 것들이다. 고객이 자주 사용하는 물품을 통해 브랜드의 노출을 목적으로 한다.

팀 단위 활동

1. 따로 또 같이

'캡차(CAPTCHA, Completely Automated Public Turing test to tell Computers and Humans Apart)'를 아는가? 인터넷의 특정 사이트에 회원으로 가입하거나 인터넷을 통한 구매 절차에서 본인임을 인증하기 위해 사용하는 보안 프로그램의 일종이다. 가입 및 구매를 원하는 사용자가 실제 인간인지 컴퓨터 프로그램인지를 구별하기 위해 사용되는 방법으로, 인간은 구별할 수 있지만 컴퓨터는 구별하기 힘들게 의도적으로 비틀어놓은 글자나 그림을 주고, 거기에 쓰어 있는 내용을 물어보는 방법이 흔히 사용된다. 그런데 이 캡차는 매일 약 2억 개 정도 이용된다고 한다. 하나의 캡차당 10초가 걸린다고 하면 전 세계적으로 하루에 약 50만 시간을 이 캡차 문자열을 입력하는 데 사용하고 있는 것이다. 헉, 50만 시간!

　자, 그러면 '리캡차(reCAPTCHA)'에 대해서 들어본 적이 있는가? 캡차에서는 아무 단어나 그냥 보여주지만, 리캡차에서는 의미는 있지만 철자는 정확치 않은 단어들을 보여준다. 두 단어를 보여주는데 처음 단어는 철자가 정확한 단어이며, 두 번째 단어는 철자가 맞을 수도 있고 틀릴 수도 있다. 사실 우리는 여기에 관해 기술적인 내용까지는 알 필요가 없다. 그런데 이 리캡차라는 기술을 오래된 책과 문서들의 디지털화에 이용한다고 한다. 디지털 문명 이전에 발간된 여러 문서들을 현재 여러 기관과 정부에서 디지털화하고 있는데, 일일이 타이핑하거나 스캔하는 과정에서 오류를 잡아내는 것이 오히려 시간이 더 많이 걸리는 작업이라고 한다. 그래서 한 혁신적 아이디어 제출자에 의해서 이 오류를 수정하고 바로잡는 과정을 전 세계 인터넷 이용자들의 50만 시간을 이용해 해결하려는 시도를 하게 되었다. 리캡차를 통해서 매일 1억 개 정도의 단어가 디지털화되고 연간 약 250만 권의 책이 디지털화된다고 한다. 단지 일반 사용자들이 가입과 구매 인증에 사용하는 10초의 시간으로 말이다. 이는 집단 지성의 대표적인 예로 많이 소개되고 있다.

　여기서 집단 지성에 관해 소개하는 이유는 '협업' 또는 '시너지 효과'를 말하기 위해서다. 시너지 효과(Synergy effect)란 '상승 효과'라는 말로 번역되는데, 영업 및 마케팅 수단을 잘 결합하여 1+1 이상의 효과를 발휘할 때를 주로 예로 든다. 그런데 필자는 이를 영업 활동에만 적용해서 사용할 때는 '따로 또

같이'라는 용어가 더 적당하다고 생각한다. 우선 협업이라고 하면, 공통의 목표를 향한 참여자들의 공동 활동을 의미하지만, 그 결과로 이루어지는 팀과 참여자에게 미치는 영향에 대한 설명으로는 부족하다. 그리고 시너지 효과는 각 활동 요소의 분업, 유기적 결합에 의한 부가적인 성과를 설명하기에는 적당한 용어이다. 그러나 각 활동의 주체이며 회사의 대표자인 MR 고유의 활동까지 설명하기에는 부적당하다. 각자의 목표와 팀 목표, 회사의 목표를 향한 제약영업인의 활동으로 '따로 또 같이'라는 표현을 사용하는 이유다.

2. 팀장

이제 영업팀장❖의 역할에 대해서 살펴보도록 하자. 넓은 의미에서 팀장도 MR에게는 고객이다. 제약영업사원의 활동시간과 내용 중 상당시간이 팀장 또는 팀과 함께하는 것이다. 그렇다고 단순히 동료라거나 상관이라고 하기에는 충분하지 않다. 왜냐하면 MR은 일차적으로는 고객과 좋은 영업 성과를 만들어야 하고, 이차적으로는 이것을 팀장에게 확인받고, 때로는 인정받아야 하기 때문이다. 팀장을 대상으로 내 활동을 제대로 인정받고 내가 원하는 방향

❖ 회사의 조직체계에 따라서 여러 직책명으로 불린다. 영업팀장, 지점장, 영업소장, DSM(District Sales Manager) 등. 영어식 표현인 First Line Sales Manager가 그 위치와 역할을 가장 잘 표현하고 있다.

으로 관계를 만들어가야 할 필요성이 있다. 그러므로 그들을 고객으로 생각하는 것이 생산적인 관계의 정립을 가져온다고 본다. 팀장, 그들이 무엇을 하고 있으며, 어떤 역할이 부여되었는지 아는 것도 그리 나쁘지 않을 것 같다.

1) 팀장의 직무와 업무

업종을 구분하지 않고 회사의 각 구성원에게는 소속 부서와 직급에 따라 R&R(Role and Responsibilities, 역할과 책임)이 주어진다. 영업팀장에게 주어진 일반적인 R&R에 대해서 알아보자.

(1) 영업/마케팅 목표 달성: 세부적으로는 아래와 같다.

① 판매·수금 목표 달성: 담당자별로 공정하고 합리적인 목표를 책정하며 목표 달성을 위한 정책 수립과 모니터링 역할을 수행한다.

② 정책, 전략 목표 전달: 회사, 사업부, 팀, MR의 일관된 영업 활동을 위하여 연결고리 역할을 한다.

③ 정책 집행과 방향 관리/감독: 제출된 계획대로 진행하고 있는지 관리 감독할 책임이 있다.

④ 기회의 포착과 발굴: 팀 전체, 담당자별 매출 자료의 분석을 통해 추가 판매 여력을 살펴보고 매출 확대를 위한 기회를 발굴해야 한다.

(2) 팀 관리: 이 부분도 세분하여 살펴보겠다.

① 선발과 배치: 유능한 인재를 발굴하기 위한 노력을 기울이며, 업무 배치의 책임이 있다.

② 평가: 평가 지표에 따른 목표 수행 정도를 일상적으로 평가하며, 달성을 위한 독려를 해야 한다.

③ 영업 스킬 교육: 세일즈 증대를 위한 방법의 제시와 지도 역할을 수행해야 한다. 교육받은 각종 스킬을 숙달시키며 현장에서의 사용을 지시해야 한다.

④ 팀 회의 주재 및 팀워크 형성: 팀의 공동 목표 달성을 위한 팀워크 형성에 노력해야 하며, 팀 회의를 통해 서로의 발전을 독려해야 한다.

(3) 사업부와의 관계: 팀장은 회사와 사업부 내 최일선의 관리자로서 아래와 같은 일을 해야 한다.

① 공식적인 회사 및 사업 부서의 보고 의무를 수행해야 한다. 또한 회사에서 요구하는 일반 업무를 팀원들이 성실히 진행하도록 관리, 감독하며 승인의 책임이 있다.

② 영업 담당자들이 현장 영업 활동을 통해서 알게 된 시장 정보와 경쟁사 관련 정보를 사업부 및 마케팅부에 보고하여야 한다.

③ 목표 달성을 위해 효과적인 담당지역을 편성, 배치하여야 하며 추가적인 필요가 있을 경우에는 팀원의 추가 요청을 해야 한다.

④ 업무를 위해 제공된 회사 비품이나 영업 판촉 도구의 관리 및 활용의 책임이 있다.

(4) 리더십 발휘

① 팀장으로서 팀원의 존경을 받는 관리자의 모습을 보여야 한다.

② 팀의 결속을 유지해야 하며 팀 내 갈등을 방지하고, 갈등 발생 시에는 합리적인 해결을 위해 노력해야 한다.

③ 팀원의 고충 사항과 고민을 먼저 상담하며 필요한 경우 상급 관리자에게 보고하여 해결될 수 있도록 노력해야 한다. 아울러 팀원의 장점을 지속적으로 상급 관리자에게 알려주고 팀원의 승진이나 포상을 위해 노력해야 한다.

(5) 고객 관리

영업팀장에게는 관리해야 하는 고객이 직접 주어지기도 하고 그러지 않기도 하다. 직접적으로 담당하는 고객이 없다고 하더라도 팀 내 주요 고객을 팀원과 함께 방문하고 관계를 증진시키는 데 앞장서야 한다. 그리고 회사의 광역지역 대표자로서 역할을 성실히 수행해야 한다.

(6) 인재 개발

팀원의 현재 역량을 개발할 수 있도록 교육 및 훈련 프로그램을 작성·운영해야 하며, 팀원 각자의 중장기 목표 달성을 위한 상담 및 자문 역할도 해야 한다.

영업팀장은 이제 제약회사에서 제일 바쁜 직책이 되었다. 기본적인 목표관리, 인사관리, 업무관리의 영역을 넘어서 교육, 상담, 인재 선발, 위험 관리 등의 책임을 맡고 있다. 그러면서 더 기본적으로는 팀원들과 함께 현장에서 영업 성과를 향상시키기 위해 발로 뛰고 있다.

팀장을 어떻게 업무적으로 활용할 수 있느냐는 MR에게 있어서 중요한 과제이다. 그렇다고 무작정 떼를 쓰거나 사고를 쳐서 책임을 전가하는 방식은 안 된다. 담당지역 및 목표의 배정에서부터 영업 계획 수립, 영업 활동 관리, 평가, 자원 배분 등의 기본적 업무는 물론이거니와 고객 방문, 코칭에 대한 팀장의 힘을 최대한 MR에게 집중할 수 있도록 요청하고 함께하도록 해야 한다. 특히 영업 2, 3년차 새내기 영업사원은 팀장의 활용 정도에 따라 성패가 좌우되기도 한다. 팀장과 MR이 함께 하는 많은 일 그 가운데서, 코칭과 동행 방문에 대해 좀 더 알아보고자 한다. 여러분의 역량 개발과 관련이 있는 항목이기 때문이다.

2) 코칭

팀장이 회사에서 부여한 권한을 바탕으로 명령과 통제 방식을 사용하는 리더십은 이제 과거의 유물로 취급받고 있다. 그리고 매뉴얼과 업무에 집중하는 관리로서의 리더십도 추천되지 않는다. 현대의 영업팀장에게는 관리자의 역할 위에 코치로서의 능력도 요구하고 있다. 코칭을 정의하는 가장 중요한 단어는 역량, 성과 향상, 프로세스이다. 즉 잠재적 역량을 가지고 있는 개인의 성과 향상을 위해 목표에 따른 전략을 수립하고, 구체적인 행동을 요청하고 피드백을 행하는 지속적인 프로세스가 코칭이다. 좀 더 쉽게 이해하기 위하여 비슷한 어휘들과 구분해보도록 하겠다.

(1) 컨설팅: 코치는 컨설팅에서처럼 직접 진단하고 해결책을 제시하지 않는다. 코치는 촉진자의 역할을 한다. 코치받는 사람이 역량을 개발하고 변화에 대한 의지를 키우는 데 집중한다. 다시 말해 컨설팅은 직접적인 해결책을 지시하는 것을 목적으로 한다. 반면, 코칭은 담당자가 직접 문제를 발견하도록 유도하고 문제 해결의 방법을 파트너의 관점에서 제시, 협의하며 해결 과정에 대한 피드백을 주는 프로세스를 유지하는 것이 목적이다. 정리하면 컨설팅은 '무엇'에 집중하고 코칭은 '사람'에 집중한다.

(2) 카운슬링: 카운슬링은 현재의 문제에 원인을 찾기 위한 심리학적 접근이 기본이다. 과거의 행동, 기억에서부터 출발하여 현재의 문제를 치유하는 데 목적을 둔다. 하지만 코칭은 너무 깊숙한 개입은 지양한다. 미래지향적으로 목표의 달성을 위한 역량 개발이 목적이다. 현재의 문제가 중심이 아니다.

코칭은 MR과 팀장 간의 명확하고 구체적인 목표의 합의부터 시작한다. 그리고 현 수준에 대해 여러 자료를 바탕으로 솔직하게 진단한다. 목표와 수준 간의 차이를 확인하게 되면 달성해야 할 중간 목표와 선행 조건들을 발견할 수 있다. 그러면 팀장과 MR은 그것을 수행하기 위한 구체적인 실행 계획을 세우게 된다. 그리고 두 사람이 이후 실행 결과를 확인하기 위한 제2차 코칭

시간을 잡는다. 이 과정 속에서 팀장은 자신의 경험과 지식 안에서 판단한 것을 MR의 것과 비교하면서 합의를 도출하게 하며, MR의 자발적인 실천을 약속받게 되는 것이다. 결국 팀장은 팀원에 대한 일률적인 지시가 아닌 각 팀원의 특성과 상황에 맞춘 프로그램을 준비해야 한다는 것을 알 수 있다.

코칭을 위해서는 팀장에게 숙련된 기술과 많은 준비시간을 요구한다. 이 부분이 팀원을 코칭하는 데 있어서 가장 어려운 점이다. 하지만 팀원의 입장에서는 전 과정을 통해 많은 것을 습득하게 되고 목표를 달성하기 위한 노력의 과정에서 자신의 역량이 개발되는 이익을 얻게 된다. 제약영업에서 팀장의 코칭을 요구하는 현실은 팀장과 팀원 개인의 역량을 개발하는 데 일차적인 목적이 있다. 팀장에게는 셀링 스킬, 커뮤니케이션 스킬에 대한 깊이 있는 이해와 자료 분석, 시장 분석, 계획 수립 능력의 함양 그리고 코칭 스킬 등의 역량 개발을 기대하게 된다. MR에게는 가장 기본이 되는 제품 지식, 질환 지식, 고객 정보, 경쟁 제품 정보에 대한 파악 능력을 확인하면서 셀링 스킬과 프로세스에 대한 이해 능력, 계획 수립 능력의 증진 효과가 있다.

3) 동행 방문

동행 방문은 두 가지로 구분할 수 있다. '고객과의 상담을 원활하게 진행하기 위한 동행 방문'과 '코칭을 위한 동행 방문'이다. 전자의 동행 방문은 그 목적이 명확하다. 고객의 요청에 의해서거나 팀원에 의한 것이거나 고객 방문의 목표가 주어진 경우이다. 이 경우 팀장은 영업의 선배로서, 팀원의 상급 결정권자로서의 역할을 일차적으로 수행하게 된다. 이때 팀장의 역할에 대해서는 약간의 이견이 있을 수 있으나, 필자의 입장은 명확하다. 팀장이 담당자의 영역을 침범해서는 안 된다는 점이다. 팀장이 담당자에게 주어진 업무나 문제를 해결하는 해결사로 나서는 순간 담당자의 역할은 축소되고 능력 개발의 기회를 잃게 된다. 또한 고객의 입장에서도 담당자보다는 팀장에 대한 직접적 요구를 문제 해결의 방법으로 사용하는 경험을 하게 된다. MR에게 요구되는 부분은 고객에게 동행 방문 이전에 팀장과 자신의 역할을 사전에 명확히 하는 시간을 갖는 것이다.

후자의 목적은 팀장이 여러 팀원과 함께하면서 맞닥뜨리는 어려움에서 비롯된 것이다. 매일 또는 주마다 보고되는 영업 활동 보고서를 통해서는 고객과 시장에 대한 간접적인 정보와 동향은 파악할 수 있으나 실제 영업 행위를 하는 MR에 대한 정보는 알 수 없다. 팀장이 영업사원과 동행하여 고객과 상담하는 장면을 관찰해보면 그 영업사원의 강점과 개선점을 파악하는 데 필요한 정보를 직접 얻을 수 있다.

3. 팀워크

팀워크은 하나의 팀이 함께 협업하여 목표를 달성하는 것을 의미한다. 개별 고객과 지역이 할당되어 있는 개별적 존재로서 MR의 팀워크는 앞서 이야기한 '따로 또 같이'이다. 하지만 대부분 제약회사의 영업 조직이 지점, 사업소를 기반으로 하면서 '팀'이라는 명칭을 사용하기 때문에 팀워크라는 말을 사용하도록 하겠다. 그리고 내·외부 고객과의 관계를 설명하는 부분에서는 시너지를 중심으로 다루도록 하겠다.

1) 팀워크의 목표

MR은 팀이 가지는 목표를 달성하기 위해 열정을 갖고 참여하고 팀 단위 활동과 목표 수행을 위한 각자의 역할을 유지하기 의해 노력해야 한다. 이를 위해 MR의 수준에 따라 요구되는 사항을 정리해보자.

(1) 모든 MR에게는 공통적으로, 열정적 참여와 유지를 위해 기본적으로 긍정적 태도를 가질 것을 요청한다. 목표와 역할을 부여받았을 때, 긍정적 자세를 통하여 새로운 환경, 도전에 적응을 하여야 한다. 또한 배우려는 자세를 늘 유지해야 한다. 그리고 팀 목표 수행을 위해 최선을 다해 기여하도록 해야 한다. 때로 자신의 업무 스케줄을 조정해야 한다면 그렇게 해야 한다. 팀은 기본적으로 그런 팀원을 요구한다.

(2) 더 나아가 팀 목표 완수를 위해서는 MR의 빠른 행동을 필요로 한다.
그리고 팀 목표에 대한 책임의식으로 아무리 힘든 고객과 과제가 주
어진다 해도 관계 개선과 달성을 위하여 지속적으로 노력하는 활동을
보여주어야만 한다. 그 과정에서 각자 개인의 호불호나 익숙한 습관적
행동을 버리고 팀 목표에 헌신하는 모습을 보여야 한다.

(3) 팀워크를 위한 우수 MR은 구체적이고 성공 가능성이 높은 활동 계획
을 제안하고 리드한다. 현재 수행하고 있는 방법의 효과가 미비하다
면 새로운 계획 수립을 위한 아이디어를 제출하거나 도움을 주어야 한
다. 또한 동료들이 맞닥뜨린 난관을 극복하고 기회를 획득할 수 있도
록 도움을 주어야 한다.

2) 팀원의 책임

팀워크를 위한 활동 시 각 팀원은 본인이 가져야 할 역할과 책임을 이해해
야 한다. MR의 수준에 따른 요구사항을 보면, 아래와 같다.

(1) 기본적으로 행동에 앞서 팀 전체 계획 중에 본인이 어떤 책임을 담당
해야 하는가에 대한 이해가 필수적이다. 때에 따라서는 자신이 추가
책임을 더 맡을 수 있음도 알고 있어야 한다.

(2) 더 나아가 본인의 책임이 구체적으로 자신의 고객과 제품 판매에 어떻게 적용되는지에 대해서 알아야 한다. 또한 팀 동료들과 주요 고객에 대한 팀플레이에서 서로의 역할을 명확히 할 줄 알아야 한다.

(3) 우수 MR은 명확하게 주어진 각자의 역할과 책임 수행을 위하여 동료들에게 동기 부여를 하며 주도적으로 이끌어간다. 팀 동료 각각의 장점을 살리는 역할 분담을 기반으로 개인의 역량이 최대한 발휘될 수 있도록 자극하며 더 큰 성과를 위해 독려할 줄 알아야 한다.

3) 팀원의 협력

팀워크와 목표 수행을 위해 필요한 협력의 수준을 이해해보자.

(1) 협력을 위한 가장 기본적 사항은 소통이다. 팀장과 모든 팀원 간에 기본적인 정보는 공유해야 하며, 팀 회의 시에는 적극적으로 참여하여 열린 소통의 자세로 현재의 상황을 설명하고 개선점에 대한 의견을 제출해야 한다.

(2) 더 나아가 자신이 잘하고 있는 것을 팀 동료 전체에게 전파하여 팀의 고객들이 서비스를 지속적으로 받을 수 있도록 해야 한다. 또는 다른 팀, 다른 영역에서의 성공 사례를 소개하여 팀에 적합한 베스트 프로

세스를 찾는 데 노력해야 한다. 때로는 팀원 간 갈등이 발생할 수도 있다. 이 경우 해당 상황이 팀 전체의 문제로 확대되는 것을 막고 직접적으로 갈등을 해결해야 한다.

(3) 팀워크를 위한 우수 MR이 되기 위해서는 자신 스스로가 팀의 비공식적인 리더임을 자각해야 한다. 팀 동료의 협력을 이끌어내기 위하여 먼저 방향을 제시하고 세부 기준을 마련할 수 있어야 한다. 또한 동료들의 수준을 향상시키기 위한 직접적 도움과 코칭에도 나설 수 있다면 더욱 좋다.

4) 팀워크를 위한 역량

여기서 요구하는 것은 단순히 '우리는 하나다'라는 측면에서의 팀워크는 아니다. 다시 언급하지만 '따로 또 같이'이다. 따라서 팀워크의 의미를 개인적 차원에서 어떻게 이해하고 행동해야 하는가의 문제와 더불어 더 큰 효율성을 위한 항목별 목표를 수립 달성하면서 시너지 효과를 발생시키는 것이 중요하다. 개인에게 주어지는 역량과 효율성을 위한 항목을 열거해보도록 하겠다.

(1) **적극적 활동**: 팀 성공을 위해 개인적인 책임을 져야 한다. 자신의 필수적 활동이라고 이해해야 한다. 그리고 팀 내에서 팀원 상호 간에 적극적인 참여를

독려하기 위해 동기 부여를 하고 자극을 하여야 한다. 때로 MR 개인의 영역과 부딪히는 상황이 발생한다면 개인별 도전을 받아들이고 해결을 위하여 노력해야 한다. 이때 도망치거나 외면해서는 안 된다.

(2) **신뢰**: 맡은 역할은 끝까지 해내야 한다. 또한 정해진 기간 내에 제대로 이행해야 한다. 이런 기대감 없이는 어떠한 협력도 팀워크도 시작될 수 없다.

(3) **참여**: 아이디어 제시와 토의에서 적극적인 기여를 필요로 한다. 참여가 시너지 효과를 일으킨다. 참여하지 않은 이에게 목표 성취에 따른 결과물을 동등하게 배분하도록 요구할 권리는 누구에게도 없다.

(4) **능동적 의견 청취**: 팀 동료에 대한 이해가 선행되어야 자신도 인정받을 수 있다. 또한 다양한 관점과 방법에 대한 이해는 팀의 창의적 활동을 낳을 수 있다.

(5) **리더십**: 이해를 넘어 팀 동료의 개성과 장점을 인정하고 더 발휘될 수 있도록 독려하여야 한다. 팀의 더 큰 성취를 위해 다양한 장점을 활용할 줄 알아야 한다. 리더십은 직위에서 비롯되는 것이 아니다. 업무를 대하는 자세, 팀워크를 통해서 기본적인 리더십 능력은 배양된다.

(6) **의사소통**: 형식에 얽매이지 않고 스스로 명확한 의사소통을 위해 노력한

다. 생산성을 높이기 위하여 이해의 소통이 아닌 발전의 소통을 하도록 노력해야 한다. 형식에 얽매이지 않아야 한다는 점을 주지하자.

(7) 피드백 주기: 협력하고 있는 동료를 향해 유용한 피드백을 주어야 한다. 서로 배우고 성장한다는 자세가 필요하다. 가르치면서 배운다는 것이 여기에 해당한다. 선후배, 지위고하가 중요하지 않다. 피드백 주는 것을 부끄러워하거나 미안해할 필요가 없다. 비난과 피드백은 엄연히 다른 것이다.

(8) 팀원의 존중: 동료의 상황을 그 상태 그대로 인정할 줄 알아야 한다. 주어진 패를 탓하거나 비관해서는 한 걸음도 뗄 수 없다. 현실에 대한 부정적 태도가 낳는 부정적 결과는 결국 나에게 귀속되는 것이다. 그리고 동료의 피드백을 존중하고 받아들일 마음가짐을 가져야 한다. 내부에서 발생할 수 있는 갈등을 빨리 해소해야 한다.

5) 팀워크를 저해하는 팀원

다행히 제약영업은 업무의 특성상 팀워크를 기반으로 하고 있다. 따라서 아래에서 열거하는 팀원이 설 수 있는 공간이 타 업종에 비해 상대적으로 작은 것이 사실이다. 참고하면서 자신이 해당되지는 않는지 한번 생각해보기 바란다.

(1) 재능이 뛰어난 사람의 경우, 동료의 도움이 필요하지 않을 수 있다. 협력에 대해 생각해본 적이 없는 사람이다.

(2) 자기에 대해 과신하는 사람은 기본적으로 자신 이외의 타인을 신뢰하지 않는다. 또한 자신을 중심으로 사고하기 때문에 타인의 상황과 판단 자체도 존중하려 하지 않는다. 고집을 피우게 됨으로써 갈등을 조장하게 된다. 팀워크를 통해 자신의 능력을 인정받았다면 그대로 진행하라. 타인이 인정하기 전 자신에 대한 과신은 결국 어떠한 결과도 만들어내지 못하는 활동의 원인이 된다.

(3) 개인 중심적인 경우, 협력을 인정하지 않고 혼자 일하기를 즐기는 스타일이다. 자기만의 목표를 따로 설정하기도 하고 자기 방법을 고수한다. 합의 사항 따로, 자기 생각 따로라면, 그런 사람은 비난받아야 마땅하다.

(4) 복종심이 없는 경우도 있다. 협의 과정에서 제기된 문제가 고려된 합의 사항은 일단 진행해야 한다.

(5) 일에 대한 욕심이 많은 팀원의 경우에, 남의 역할과 책임을 침범할 우려가 많다. 팀원에 대한 존중심이 없는 사람은 조직에 있지 말고 독립하는 것이 낫다.

(6) 의사 표현이나 단체 행동에 소극적인 경우에는 전체 흐름이나 분위기를 저해한다.

(7) 다른 사람과 조화하는 능력이 부족한 사람도 있을 수 있다.

4. 팀플레이

앞의 팀워크에 대한 설명은 단위 팀을 기반으로 한 것이었다. 지금부터 이 야기하는 '따로 또 같이'는 팀을 넘어서서 시너지 효과를 얻을 수 있는 곳이라면 어디든지 함께해야 하는 것을 말한다. 프로야구단의 시즌 승리는 구단, 선수, 팬이 함께해야 가능하다. 그래서 우리는 각 부분들의 협업과 시너지를 가리켜서 '팀플레이'라고 부르고자 한다. MR에게 있어서 팀플레이의 동반자는 의외로 많다. 그 동반자들과 함께 어떤 시너지 효과를 만드느냐에 따라 여러분의 성과 달성에 절대적 영향을 미친다. 영업 목표 달성의 주요 파트너인 것이다. 그래서 우리는 그 동반자들을 넓은 의미로 '고객'이라고 부른다. 팀장에 대해서는 이미 팀플레이의 대상으로 설명하였다. 지금부터는 영업부 내부의 고객과 외부의 고객을 모두 거론해서 살펴보겠다.

1) 내부 고객 1 – 영업부

(1) 타 채널: '채널(channel)'이라는 말의 뜻을 떠올리자면, 제일 먼저 TV의 채널이 있고, 소통의 의미에서 경로, 유통체계 등의 뜻도 있다. 제약 업종에서 채널이라 함은 약국 채널, 의료기기 채널, 의원 채널, 병원 채널 등으로 사용하고 있다. 앞서 Territory management를 통해서 여러분은 지역의 사령관으로서, 회사의 대표로서 잠정 고객까지 아우르면서 시장 전체를 대상으로 영업 계획을 세우려고 노력해야 한다고 당부하였다. 여러분이 특정 지역의 모

든 채널을 다 담당할 수도 있겠으나 일반적으로는 그렇지 못하다. 비효율적이기 때문이다. 약국 채널 담당자와의 협력은 분명 여러분의 영업에 직접적 도움을 줄 수 있다. 직접적으로 문전 약국을 통한 처방 정보, 직납 유통방식❖을 가지고 있는 경쟁회사의 새로운 정책 방향이나 영업 전략의 수정 정보, 전납 도매상의 병원 앞 문전 약국에 대한 공급 관련 정보, 전납 도매상의 변화가 있을 때 등 약국 담당자로부터 직접적인 정보 도움을 받을 수 있다. 그리고 담당지역 또는 광역지역 내에서의 약국 시장의 갑작스러운 변화가 MR 담당지역의 마켓 데이터 내지 영업 실적 데이터의 변화를 가져오는 경우도 있다.

(2) 영업팀/영업회의: 정기적, 부정기적 영업회의를 통해서 다음과 같은 협조를 구해야 한다.

① 영업 및 전반적인 결과 논의

② 지역 대상 프로젝트의 논의

③ 비거래 고객에 대한 정보 습득

④ 적절한 강사 등의 섭외

⑤ 타 지역, 타 병원의 담당자들에게 자신의 고객에 대한 정보를 알리고 싶을 때

❖ 여러 이유로 일부 제약회사는 담당자가 지정한 문전 약국(A병원의 처방이 주로 조제되는 인근의 약국, 병원 앞 약국이라 하여 문전 약국이라고 부른다)에 공급되는 병원 처방 제품의 주문(및 수금)을 병원 담당자에게 책임 지우는 방식을 취하는 곳이 있다. 제품 판매의 책임 소재를 명확히 하기 위해 시작되었으나 오히려 역효과가 더 많이 나타나 지금은 시행하는 곳이 드물다.

⑥ 마케팅, 학술부 등 타 부서의 적극적인 업무 협조를 구하기 위한 팀 전체의 도움이 필요할 때

반드시 공동의 프로젝트가 있을 때나 팀장의 필요에 의한 공동 작업이 있을 때만이 아니라, 팀 동료, 선후배가 공통의 주제를 가지고 참여하는 회의시간에 여러분은 직접적인 영업 행위를 할 수가 있다. 자신의 고객이, 자신의 영업 활동이 회의의 주제가 될 수 있다. 자신의 담당고객을, 동료 팀원 등을 지역적으로 알려주거나 자그마한 성공 사례를 공유하고 싶을 때 팀 회의시간을 이용하기 바란다. 여러분의 담당지역이 팀원 전체의 담당지역이 되고, 여러분의 고객은 상대적으로 여러 팀원의 인식상 좋은 고객으로 자리매김할 것이다. 사람의 심리라는 것은 어떤 대상에 대해서 같이 걱정을 해주었거나, 하나의 좋은 이미지로 자리를 잡으면 다른 일에 있어서도 관심과 도움을 얻는 데 긍정적 작용을 한다. 좋은 일이라면 부끄럽다는 이유로 깊숙이 감추어두지 말자. 자기 자신과 자신의 영업 활동을 홍보하는 것에 익숙해져야 한다.

(3) 전임자 또는 타 품목 담당자

① 고객이나 거래처에 관한 특정 정보, 영업 자료, 경쟁 제품의 활동 및 영업 정책 등에 대한 자료를 더 많이 원하거나 확인을 할 때

② 영향력을 미칠 수 있는 고객을 대상으로 공동으로 커뮤니케이션을 할 때

③ 병원의 고위 인사들과 접촉해야 할 때

④ 단독으로 해결할 수 없는 후원 및 지원에 관한 문제가 있을 때

⑤ 병원과의 계약 문제 등 책임의 소재가 큰 과제가 있을 때

⑥ 절차상의 장애물이 존재할 때

⑦ 비슷한 문제 해결의 경험이나 다른 담당자의 사례로부터 긍정적 메시
  지를 구할 때

⑧ 타 병원에 리스트업된 제품 정보가 필요할 때

여러분은 전임자 또는 타 품목 담당자의 도움을 받을 수 있다. Territory management 차원에서도 타 품목 담당자와의 협업에 관심을 많이 가져야 한다.

2) 내부 고객 2 – 타 부서

(1) **마케팅 부서**: 마케팅부는 다음의 정보와 능력을 가지고 있다. 이 정보가 여러분의 영업 계획에 반영되도록 활용해야 한다.

　① 해외 제품 개발 사례, 해외 마켓 자료, 글로벌 제품 개발 정보의 공유

　② 마케팅 회사에서 제공하는 광역 단위의 매출 자료 이용

　③ 고객의 전문적 정보 요구에 대해 가장 효과적인 영업 자료의 준비와 커
　　뮤니케이션 디자인 협조 요청

　④ 해외 학회 개최 정보 및 주요 발표 내용

(2) **학술 부서**: 학술부를 멀리할 필요가 없다. MR은 학술 부서와 가까이 지내

야 한다. 고객과의 신뢰 형성의 가장 중심에는 제품과 질환이 있어야 함은 계속해서 강조해온 부분이다. 프로모션, 담당자가 중심이 되어서는 언젠가 한계에 다다르게 된다. 제품과 함께하는 프로모션, 제품으로 연결된 담당자여야 한다. 그런 의미에서 학술부는 여러분의 활용 여부에 따라 든든한 지원군이 될 것이다.

① 지역 내 KOL에게 영향을 줄 때: 학술부도 고객을 만나고 있다. 굳이 메디코 마케팅(Medico-marketing)❖이라는 단어를 거론할 필요는 없다. Key Opinion Leader가 학술부의 고객일 수도 있다. 아니더라도 학술부의 도움을 받거나 함께하면 고객의 신뢰 획득에 큰 도움이 된다.

② 의사의 입장, 관점에서의 지식이나 특수성을 알아야 할 때가 있다. 학술부 내 직원들은 MR이 공부하거나 습득한 것 이상으로 해당 분야의 참고할 만한 사실과 지식을 보유하고 있다. 고객의 사고와 행동을 이해하는 데 그들의 전문적 연관성의 도움을 구할 수 있다.

❖ Medico-marketing. 이에 상응하는 한글 단어는 아직 공식적으로 없으며, '메디코마케팅'으로 그대로 음역하여 사용하거나 학술 마케팅이라는 단어를 쓰기도 한다. 단, 학술 마케팅이라고 할 때, 기존의 학술 심포지엄, 학회, 학술 세미나, 연구지원 마케팅 등 학술적 액티비티(activity)를 통한 제약 마케팅과 혼동할 수 있으니 구분하여야 한다. Medico-marketing은 제품 개발 전 임상 시험부터 시작하여 제품의 출시, 확대 전략까지의 모든 과정을 마케팅/영업의 관점에서 준비, 시행하기 위한 활동이다. 임상 디자인, 허가 후 임상 기획까지도 모두 총괄적인 마케팅 기획하에 진행함을 의미한다. 다른 한편으로는 의약품에 대한 정부 및 관련 단체의 규제 강화가 한 원인일 수도 있다. 따라서 제약회사에서는 학술부를 마케팅의 한 축으로 사고하기 시작했으며, 위험의 방지와 함께 시장 내 제품 판매기간을 넓히는 목적들을 수행하고 있다. 조금 다른 관점에서는 마케팅/영업적 고려가 없는 학술적 행위라는 것이 대학이 아닌 제약회사에서 가능한 것이라는 문제 제기 속에서 학술부의 모든 활동 목표에서 마케팅/영업적 요소를 직접적으로 거론하는 것이라고 할 수도 있다. 최근 많은 제약회사 내 학술부, 메디컬부, 개발부에서는 모두 이런 관점을 수용해 운영하고 있다고 해도 과언이 아니다.

③ 의료/학술 정보 등 교육 니즈에 대한 추가적인 도움이 필요할 때 학술
부에 요청해도 된다. 단순히 제품 및 질환에 대한 지식도 괜찮다. 학술
부 직원들은 "왜 MR들은 자신들에게 뭔가를 요청하기를 꺼리는가?"라
고 말하기도 한다.

④ 병원에 새롭게 제품을 론칭하는 과정 중 약제부 면담이나 약품 심의 과
정상의 서류 제출 시 마케팅뿐만 아니라 학술부의 협력을 요청하기도
한다. 혹 약제과장이나 의사 중 기초 의학에 관심이 많은 사람이 학술
부 동료의 지인이거나 고객일 수도 있다.

⑤ 난해하거나 전문성을 요하는 고객의 질문이나 요구를 해결하는 데 필
요한 중요 참고자료를 획득해야 할 때 혼자서 해당 정보를 찾기 위해
헤맬 필요는 없다. 학술부는 그런 도움을 주기 위해 존재한다. 그리고
전달해도 되는 성격의 자료인지에 대한 판단을 학술부를 통해서 해야
할 때도 있다.

(3) 대관 및 약가업무 부서: 제약회사의 이해관계자(stakeholder)는 타 업종에 비
해 참으로 많다. 그리고 그들과의 신뢰관계 유지가 회사의 지속적인 성장
에 무척 중요하다. 대관 및 약가업무 부서는 그 많은 이해관계자 중 보건복
지부, 보험공단, 심사평가원, 제약협회 등을 파트너로 업무를 진행하는 곳이
다. 다음 사항에 대한 정보를 가장 정확하게 알고 있는 곳이 대관 및 약가업

무 부서이다.

① 신제품의 가격, 가격 변동 시기 및 변동 가격

② 제품의 보험 가이드라인, 지역별 심평원의 보험 삭감 기준

③ 보험 가이드라인의 변동

④ 수가 정책

⑤ 공정경쟁규약 관련 주요 이슈 및 관련 정보

⑥ 협회 주요 신고 사항 및 준수 사항 정보

(4) 도매부: 특히 병원 담당자는 도매상들의 현황, 주요 이슈에 대한 사항을 늘 체크해야 한다. 담당 도매부원과의 관계 형성도 업무에 꼭 필요하다. 고객들 중 상당수는 도매상 영업직원과 거래하고 있다. 고객이 도매상과 거래할 필요와 니즈가 있다는 뜻이다. 세부적인 정보까지는 모르더라도 도매 관련 이슈가 화제로 올랐을 때, 딴 나라 이야기처럼 대하면 곤란하다. 다음 사항에 대한 정보 공유와 업무 협조를 염두에 두어야 한다.

① 회사의 현 도매 정책 및 계획

② 도매업계의 최근 이슈, 도매 관련 정부 정책

③ 도매업계 동향, 통폐합, 부도 등

④ 지역 및 병원에 직접적으로 영향을 줄 수 있는 전납 도매상의 동향

(5) 영업지원 부서: '지원 부서'라고 통칭하기는 했지만 회사에 따라서는 영업 정책을 수립, 집행하는 곳도 있다. 그럴 경우 MR의 영업 활동에 직접적인 영

향을 미치는 곳이다. 가격 및 수금 정책, 예산 정책 등은 현재에도 영향을 미치지만 고객과의 약속, 계획에도 큰 영향을 미치게 된다.

그러므로 팀장이나 전체 공지 및 교육을 통해 전달받은 내용 이상으로 각 정책의 세부 사항에 대한 문의가 필요하며, 정책 실시의 목적을 나름대로 파악하고 있는 것이 업무에 훨씬 도움이 된다.

새롭게 생기는 정책들이 현재의 영업 활동을 방해한다는 생각보다는 어떻게 하면 새로운 정책을 누구보다 빨리 내 업무에 적용하고 향후를 예측할 것인가 하는 접근 태도가 요청된다.

3) 외부 고객

(1) **고객:** '팀플레이에 웬 고객?'이라고 할 수도 있을 것이다. 하지만 영업사원에게 파트너십을 갖게 된 고객 이상의 우군은 없다. 고객 분류(실전 영업 plan 중 3장 '고객 타킷팅' 참조)에서 1, 3그룹에 해당하는 사람들 중, 값으로 계산할 수 없는 가치를 지닌 사람들이 있다. 이들과의 팀플레이를 적극적으로 고려, 활용할 필요가 있다.

① 지역/병원 내 동향 파악을 그 집단 안에 있는 고객을 통해 할 수 있다.

② 신규 대상처에 대한 정보 및 소개를 기존 고객을 통해서 도움받는다.

③ 여러분을 어렵게 하는 고객과의 문제를 상의하고 조언을 구한다.

④ 여러분의 제품 및 질환 지식의 수준을 고객을 통해 확인한다.

⑤ 여러분(영업)의 장점과 단점을 고객을 통해 듣는다.

⑥ 경쟁품 정보 및 경쟁사의 동향과 영업 및 마케팅 정책을 듣는다.

⑦ 여러분이 익힌 스킬의 연습 상대로 고객을 이용할 수 있다.

⑧ 여러분의 장점을 고객의 입을 통해 팀장과 PM에게 말하게끔 한다.

⑨ 신제품에 대한 임상 경험을 충성고객으로부터 빨리 습득하여 의사 입장에서의 특장점을 중심으로 다른 고객에게 전파할 수 있다.

⑩ 의사의 입장에서 느낀 제품 및 회사에 대한 추가 요청 사항을 사업부나 본사에 전달한다.

⑪ 사회생활의 멘토로도 좋다.

(2) **경쟁사**: 조금 과장되었다고 할 수도 있지만 한때 이런 이야기가 있었다. '삼성생명 보험 아줌마, 야쿠르트 아줌마를 통한 정보 수집 능력은 안기부를 능가한다.' 무슨 말일까? 4만 명이 넘는 삼성생명 보험 모집인, 1만 명을 넘는 야쿠르트 판매원이 매일매일 전국을 하루도 쉬지 않고 다니고 있다. 그들은 매일 사람을 만나고 정보를 듣고 교환하며 지속적인 관계를 유지하고 있다. 그들은 세상에서 제일 편한 '아줌마'이다. 이 사람들에게 GPS를 달아준 후 이동 경로를 지도에 표시한다면 단 며칠 만에 전국이 온통 파란색과 노란색으로 칠해질 것이다.

마찬가지로 당신과 같은 수십 명의 MR과 영업사원이 당신과 같은 지역, 병원 내에서 돌아다니고 있다. 흔히 '메이커' '약장사'라고 표현되기도 하는 같은 직업을 갖고 있는 영업사원들이다. 그들과 함께 일하는 것도 추천할 만

하다. 특히 직접적 경쟁관계는 아니지만 같은 전문과, 고객을 만나는 제약회사 직원과의 정보 교류는 도움이 된다. 예를 들면, 발기부전 치료제 담당자와 전립선비대증 치료제 담당자, 또는 신장내과를 담당하는 신장투석 관련 담당자와 위염치료제 담당자 등이다. 또 경쟁관계에 있다고 하더라도 점유율 싸움이 아니라 시장 확대와 매출의 확대가 목적이라면 여러 경쟁자 중 한 사람과 함께 부분적으로 협업(co-work)할 수 있다. 한쪽이 다른 한쪽을 이용만 하는 관계가 아니고 회사 정보 보안상 문제를 발생시키지 않는 관계라는 전제 하에, 같은 고객을 대상으로 하는 영업사원들이 공동의 이해관계를 같이하면서 윈윈(win-win)하는 사례를 현장에서 확인할 수 있다.

거래처에서 그냥 그들과 함께 있으면서 스트레스 해소만 한다고 해도 당신의 영업 활동에 도움이 된다. 그래도 과유불급, 적당한 선과 한계는 설정해두어야 한다. 그리고 회사 내부나 고객들과의 대화에서 경쟁사와의 협력(co-work)을 언급하는 것은 삼가는 것이 좋다. 경험상 사업 부서 내에서, 고객들 사이에서 화제가 될 경우 불이익이 생길 가능성이 더 많기 때문이다. 회사나 고객은 입이 무거운 담당자를 원한다.

(3) 학회: 의사협회나 의사회, 협의회에 비해 학회에 대한 중소병원 및 개원가의 신뢰는 꽤 높은 편이다. 학회 주요 인사에 대한 인지도도 꽤 높다. 그들을 통한 제품 및 회사에 대한 긍정적인 발언은 시장에 상당한 영향력을 끼친다. 그래서 담당자 입장에서는 학회에서 발표하는 주요 논문이 무엇이었는지 정

도는 알고 있으면 도움이 된다. 또 각 학회마다 작성하고 있는 치료 가이드라인에 대한 이해는 필수적이다. '만성 B형간염 진료 가이드라인(대한간학회)' '소아천식 진료 가이드라인(대한소아알레르기 및 호흡기학회)' '궤장성 대장염 치료 가이드라인(대한장연구학회)' 등 현장에서 많이 참고하는 레퍼런스(reference) 역할을 한다. 담당자에 따라서는 학회 인사관리가 주요 업무인 사람들도 있다. 회사나 사업부 전체의 팀플레이를 위해 당장의 성과보다는 장기적 관계 증진과 유지에 큰 노력이 필요하다.

(4) 기타: 넓은 의미로의 팀플레이를 위해 요청할 수 있는 활동으로는 1) 간호사, 검사실, 비서 등 진료지원 부서 또는 2차 고객과의 협력 강화, 2) 학회 및 심포지엄에서의 부스 홍보 활동, 3) 비용과 예산에 관계된 회계팀과의 관계 증진 등도 있다.

경쟁을 통한 성장

1. 경쟁 관계

1) 경쟁 이야기

첫 번째 이야기 김연아 선수는 모두 잘 알고 있을 것이다. 여러분은 '김연아 선수' 하면 떠오르는 것이 무엇인가? "제로, 제로, 제로" 하는 광고가 먼저 떠오르는가? 나는 개인적으로 밴쿠버 동계 올림픽 당시 프리 스케이트(Free skate)에서 최고의 연기에 이은 점수로 금메달을 확정지었을 때가 가장 인상적이지 않았나 생각한다. 그럼 김연아 선수와 가장 많이 연관되어 생각나는 것은 무엇인가? 아사다 마오 선수를 기억하는지? 아사다 마오 선수에 대한 이야기이다. 2010년 김연아 선수가 올림픽 금메달을 따고 사상 첫 '커리어 그랜드슬램'을 달성한 뒤 긴 휴식을 취하는 동안 전 시즌을 소화했던 일본의 아사다 마오 선수는 그 해 그랑프리 파이널 진출에 실패했다. 그 후 가진 인터뷰에서 아사다 마오는 자신이 슬럼프에 빠져 있으며 그 원인은 '라이벌의 부재'라고 했다. 김연아 선수와 아사다 마오의 관계에 대해서는 많이들 알고 있을 것이다. 그러고 보니 김연아 선수도 언젠가 인터뷰에서 아사다 마오는 좋은 경쟁자라고 이야기했던 적이 있다.

두 번째 이야기 삼성전자 vs LG전자, 에버랜드 vs 롯데월드, SKT vs KT, 농심 vs 삼양, 신세계 vs 롯데백화점 그리고 참이슬 vs 처음처럼, 네이버 vs 다음, 부라보콘 vs 월드콘… 그 밖에도 셀 수 없이 열거할 수 있을 것이다. 바로 숙명의 라이벌 관계이다. 소주 '처음처럼'의 영업을 했던 한 후배가 무심코 동석한 누군가가 주문한 '참이슬'에 눈물을 흘렸던 기억이 있다고 했다. 힘껏 일하고 편한 사람들과 함께한 저녁 술자리에서 만나는 경쟁 제품은 어떤 느낌으로 다가왔을까? 외부에서는 라이벌이라고 보지만 실제 현장에서 '참이슬'이라는 거대 장벽을 상대하면서 10여 년 전 당시에 '처음처럼'이 느꼈을 어려움과 담당자의 슬픔은 말로 표현 못할 것이다. '박카스'에 도전했던 많은 제품들도 머릿속에 떠오른다.

세 번째 이야기 세계 스포츠 브랜드 1위인 나이키는 자신의 경쟁 상대로 아디다스, 퓨마, 리복이 아닌 닌텐도, 소니, 애플을 꼽았다. 이 이야기를 처음 듣는 사람은 고개를 갸웃거릴 것이다. 왜일까? 이유는 명료했다. 나이키의 주 타깃

층인 청소년과 젊은 사람들이 트랙 위에서 스포츠를 즐겨야 할 시간에 닌텐
도나 플레이스테이션을 하고 있기 때문이다. 2000년대 초반의 이야기이다.

경쟁이 있어야 성공을 향한 열정이 불타오르고 목적이 선명해진다. 경쟁
은 단순히 비즈니스 관계를 넘어서 생존이며 삶 자체일 수 있다. 경쟁에서 실
패를 느껴본 사람만이 성공의 단맛을 더 달게 느끼는 것이다. 여러분의 경쟁
자는 시장 안에만 존재하는 것이 아니라, 고객과 연결된 모든 것이 될 수가
있다. 이 장에서의 키워드는 시장, 경쟁 전략, 차별화이다.

2) 경쟁 우위

여러분이 가지고 있는 제품이 우월한 장점을 가지고 있거나, 여러분이 운
영할 수 있는 예산이 풍부하고 예산을 적법하게 사용할 수 있는 다양한 마케
팅, 영업 프로그램과 판촉 수단을 가지고 있다면 쉽게 경쟁에서 승리할 수 있
을 것이다. 또한 상당히 높은 수준의 매출 목표를 잡고서 활동을 하더라도 큰
무리가 없을 것이다. 그러나 여러분이 경쟁자와 비슷한 수준의 제품과 자원
을 가지고 있다면 상대의 활동 여부에 따라 성과는 많이 달라질 수 있다. 경
쟁자보다 더 잘하기는 위해서는 아주 많은 노력을 해야 한다.

그런데 실제로는 남들보다 뛰어난 조건을 가지고 있어 쉽게 승리할 것 같
아도 결과가 늘 바라는 대로 나오는 것은 아니다. 왜냐하면 현대 비즈니스 업
계의 경쟁 상황은 상대가 우리를 쉽게 모방하거나 비슷한 전략과 자원을 가

지고 고객에게 접근할 것이기 때문이다. 따라서 확실한 경쟁 우위를 유지하는 것은 어렵다. 일반적으로 마케팅에서 이야기하는 경쟁 우위 전략에는 어떤 것들이 있는지 살펴보자.

(1) **비용 우위**: 경쟁 우위를 이야기할 때, 가장 기본적으로 비용에서의 우위와 차별화에 의한 우위를 이야기한다. 우선 비용 우위에 대해서 알아보자. 경영학에서는 저비용 시스템을 구축하는 것을 의미하지만, 영업의 입장에서는 같은 비용에서 고효율 또는 높은 효과를 발휘하는 방식의 채택이라고 할 수 있다. 첫째, 고객에 대한 주 영업 활동 품목을 재조정한다. 모든 제품을 판매하기보다는 전체 예산 상황에서 고객별 판촉 대상 품목을 달리 적용한다. 둘째, 같은 니즈에 대하여 중복 투자되는 것은 없는지 잘 살펴야 한다. 셋째, 연중으로 편성하기보다는 투자 시기를 조정하여 고객이 상대적으로 많은 투자를 받고 있다는 인식을 심어주는 것도 좋다. 주로 영업을 시작하는 초기, 연초에 집중 투자할 것을 추천한다. 넷째, 개인 예산과 서비스를 개별 고객까지 계획 편성하고, 그루핑이나 대규모 행사로 인한 비용은 마케팅 및 관련 부서의 예산으로 최대한 편성한다.

(2) **차별화**: 이미 많이 다룬 내용이다. 고객별 영업 계획 세우기, 고객의 니즈 찾기와 니즈 해소에 집중, 자신만의 강점 활용하기 등이 모두 차별화에 해당하는 것이다. 이때 한 가지 확인해야 할 사항은 있다. 일반적인 차별화를 위한 소재는 상대 회사가 가지고 있지 않은 것으로도 가능하다. 수준 높은 유통 서비

스, 환자 상담센터 운영, 좋은 브랜드 이미지, 높은 회사 인지도, 안정된 생산 시설 등이 그렇다. 가만히 나열해서 보면 절대적 우위에 설 수 있는 특별한 것이 아닌 일반적인 특징들로 보인다. 하지만 이런 것 역시 고객의 이점으로 변화해서, 사용하면 경쟁사, 경쟁 제품 대비 특별한 요소로서 사용할 수 있다.

(3) **집중화:** 비용 우위와 차별화를 구분해서 설명하였지만 영업이라는 관점에서 보면 굳이 다르게 생각해서 적용할 필요는 없다. 고객의 입장에서 사고하면 비용 우위 및 차별화를 통한 집중화 전략인 것이다.

우리가 사용하고자 하는 영업에 있어서 경쟁 우위를 중요한 네 가지 축을 이용하여 설명하고자 한다. '제품' '나' '경쟁자' 그리고 '고객'이다. 이 네 가지 축은 단지 이번 주제에만 해당하지 않는다. 영업과 관련된 과제가 주어질 때, 난관에 부딪혔거나 새로운 도전을 준비할 때, 항상 이 네 단어를 중심으로 사고하면 문제 해결에 도움이 될 것이다.

2. 경쟁의 첫 번째 측면: 제품

제품을 가운데에 둔 고객과의 만남, 제품을 반드시 포함시키는 고객과의 면담, 새로운 정책과 새로운 마케팅 툴의 제품과의 접목은 여러분이 제약영업사원, 즉 MR임을 증명하는 것이다. 제품이란 MR이 고객과 만나는 시작이며 끝이다. 제품의 범위에 머물면서 잠시 다른 것들을 이용하고 응용하는 것이다. 그러므로 우리에게 제품에 의해 형성된 곳, '시장'에 대한 연구는 필수이다.

전통적으로 시장이란 수요자와 공급자가 만나서 거래가 성사되는 장소를 지칭하지만, 우리는 담당지역 내에서 A제품의 판매 시장, 담당병원 내에서 A제품이 포함된 PPI❖ 시장 내 고객의 당뇨 환자 치료제 시장 등 사용 목적과 특성에 따라 달리 구성하여야 한다. 그리고 시장은 움직이는 곳이다. 왜냐하면 고정된 사물이 아니고 여러 참가자가 존재함으로써 역동성과 변화무쌍함을 가질 수밖에 없기 때문이다. 그럼 지금부터 경쟁 요소를 포함해서 시장을 분석할 때 필요한 개념들에 대해서 알아보도록 하겠다.

1) 시장 크기

제품군 전체를 포함한 매출 크기이다. 발기부전 치료제 PDE5-inhibitor의 시장 크기를 이야기할 때, 담당제품을 포함한 오리지널 제품과 제네릭 제품의 매출 금액을 합한 총 금액으로 이야기한다. 매출을 이야기할 때, 항상 시장 크기를 염두에 두어야 한다. 고객별, 제품별로 이야기할 때도 대상지역 전체, 병원 전체를 대상으로 이야기할 때도 마찬가지이다. 이는 습관화해야 한다.

❖ Proton Pump Inhibitor, 위산 방출을 조절하는 프로톤 펌프(proton pump)의 기능을 억제함으로써 작용하는 위궤양 치료제.

2) 시장 잠재력(Potency)

제품군 전체의 처방받은 환자 수이다. PPI 치료제의 시장 잠재력은 담당 제품을 포함한 위염 및 위궤양 치료제를 처방받은 총 환자 수이다. 이 환자 수 곱하기 담당제품 가격을 하면 고객 또는 시장어서 자사 제품으로 이룰 수 있는 매출 최대치가 나온다. 보통은 '시장 전체의 매출 잠재력의 몇 %를 우리 제품의 처방으로 하게 되면 월 매출은 얼마가 된다'는 식으로 이야기한다. 또는 '하루에 몇 명의 환자를 대상으로 해당 제품군의 처방이 이루어지므로 그중 몇 명만 우리 제품으로 처방하면 하루 얼마, 월 계산으로는 총 얼마의 실적을 만들 수 있다'는 식으로 접근하기도 한다. 더 구체적으로는 하루에 최소 몇 명의 환자를 대상으로 처방하고 있으드로 아침 첫 처방 환자, 점심 먹고 첫 처방 환자를 우리 제품으로 하면 최소한 월 얼마는 할 수 있다는 방식으로 계산하여 고객에게 담당자의 적극적이고 구체적인 도전을 요청하는 데 사용하기도 한다.

3) 점유율

시장 크기에 대한 담당제품의 매출 비율이다. 영업 현장에서는 환자 수를 기준으로 한 점유 비율은 보통 사용하지 않고, 주로 마케팅에서 사용한다. 혈당 치료제에서의 점유율, CCB❖에서의 점유율 하는 식으로 전체 대상

❖　Calcium Channel Blocker, 고혈압치료제의 한 종류.

을 어떻게 규정하느냐에 따라서 값이 다르다. 점유율은 여러 의미를 갖고 있다. 경쟁 제품 간 점유율의 차이가 별로 없을 경우에는 점유율 확보 싸움과 단순 매출 성장 전략만으로도 충분하다. 그러나 절대적 점유율을 가짐으로써 마켓 리더의 지위를 확보하게 되면 영업 전략 자체가 달라진다. 마켓 리더의 경우에는 현재 점유율을 유지한다는 전제에서 시장을 키우기 위한 전략을 병행해야 한다. 아니, 시장 확대 전략만을 사용해도 된다. 왜냐하면 시장이 커지기만 해도 압도적인 점유율을 보이기 때문에 파이의 커진 부분의 대부분을 차지할 수 있기 때문이다. 그러므로 일단 파이를 키우자는 것은 마켓 리더의 주장이다. 리더를 쫓고 있는 후속 주자가 시장을 키우기 위한 전략을 사용한다면 "죽 쒀서 개 주는 꼴"이 될 수 있다. 담당자 수준에서도 해당되는 이야기이다.

4) 성장률

고객 또는 담당지역 전체의 제품군별 기준 기간 대비 현재 기간의 매출 성장을 비율로 계산한 것이다. 보통 전월 대비 금월의 매출성장률, 작년 동기 대비 매출성장률 등을 사용한다. 시장성장률, 제품성장률을 구분하여 사용한다. 성장률을 중요하게 사용하기 위해서는 두 성장률을 모두 고려해야 한다.

제약회사의 한 해 영업 목표는 보통 제약업 전체 성장률을 초과하는 회사 성장률을 기반하여 작성한다. 한 걸음 앞으로 나간다는 것은 모두가 한 걸음을 내딛을 때 나는 그것보다 한 걸음 더 나아가는 것을 의미하기 때문이다.

모두가 한 발 나섰다는 것은 자연스럽게 나의 한 발도 앞으로 나아갔다는 것을 의미한다. 그래서 제약업 전체의 성장률, 특정 제품군 전체 시장의 성장률은 '자연성장률'이라고 표현한다. 자연성장률을 뛰어넘는 성장률을 실제적인 성장으로 이해해야 한다. 그러므로 담당자 수준에서도 담당지역 전체 또는 담당병원 전체 성장률보다 높은 성장률을 목표토 해야 한다. 자연성장률을 밑도는 성장률을 보였다면 일반적으로 담당자의 활동이 경쟁 상대보다 못한 경우라고 해석할 수 있다. 성장했으되 퇴보한 것이다.

성장률은 특정 품목에 있어서는 매출 금액보다 더 중요한 지표로 쓰인다. 신제품의 경우 론칭 이후 초기 몇 년간은 시장성장률은 무시한 채 높은 성장률을 유지해야만 한다. 그래서 적정 매출 수준에 도달해야만 시장 참여자로서의 지속적인 매출을 기대할 수 있다.

5) 제품 순위와 매출 크기

영업부 전체나 영업 담당자의 실적 평가 측면에서는 매출의 절대적인 크기가 제일 중요한 지표이다. 품목군에 따라 그 기준이 다르기는 하지만 보통 연 매출 100억 수준의 품목, 300억 수준의 품목의 위상은 그 아래와는 격을 달리한다. 예산을 책정하는 기준이 아예 달라지기도 한다. 그래서 어느 정도 '대마불사❖'라는 말이 맞을 때도 있다. 매출이 큰 만큼 관심과 그에 따른 투자와 노력이 뒤따르기 때문에 생기는 자연스러운 결과이다.

매출의 순위는 보통 매출의 크기에 따르는데, 1위라는 위치 외에는 일반적으로 상징적 의미만이 있을 뿐이다. 1위가 가지는 힘은 생각보다 크다. 한 제품이 1위가 된다는 것은 해당 질환 치료군에서 성분명이 아닌 제품명으로 불리는 계기가 되는 것이다. 따라서 그 제품을 사용하지 않는 고객들도 그 제품의 이름을 부르게 된다. 경쟁사들도 무의식적으로 1위 제품을 언급하게 된다. 언론에서도 해당 제품군을 거론할 때, 1등 제품명은 포함시키게 된다. 한 분야의 대표가 된다는 것은 경쟁의 표적이 되기도 하지만 유·무형으로 가지게 되는 프리미엄을 부여받는 것이기도 하다. 2012년 런던 올림픽 당시 히트한 광고 카피 중 하나가 "세상은 2등을 기억해주지 않는다"였다.

6) 복합적 지표

일부 회사에서는 마케팅 회사가 제공하는 복합적 지표들을 사용하기도 한다. 전년도 동기 점유율 대비 현재의 점유율을 비교한 지표, 전국 시장성장률 대비 제품성장률의 상대적 비율을 표현한 지표, 제품별 전국 성장률 대비 지역별 성장률을 대비한 지표 등이다. 모두 인덱스(index) 개념으로 100을 기준으로 한다.

❖ 큰 말은 죽지 않는다. 바둑을 둘 때 이어진 여러 개의 바둑점은 반드시 살 길이 생겨 죽지 않는다는 말.

3. 경쟁의 두 번째 측면: '나'

앞 장에서 나의 경쟁력의 기반이 되는 역량에 대해 이야기했다. 제약회사 영업사원에게 요구되는 역량은 여러 가지가 있다. '대인 영향력' '성취 지향성' '주도성' '관계 형성 능력' '분석적 사고' 등이다. 그리고 기본 역량 외에 경쟁력을 갖추기 위해서는 1) 신용의 유지, 2) 리더십 계발, 3) 피드백의 적극적 활용, 4) 개인 능력 개발도 요청되는 사항이다. 그런데 무언가를 할 수 있는 능력 및 성과와 관련된 역량 이상으로 강조하고 싶은 것은 개인의 장점과 단점의 파악이다.

자신의 장단점을 잘 파악하는 것이 목표 달성과 성과 향상의 시작이다. 자신의 장단점을 안다는 것은 DISC 분석처럼 자신의 사고나 행동 패턴을 알아내는 것을 포함해 SWOT 분석틀을 이용한 전략 도출의 시작점이기도 하다. 그런데 여러분들도 잘 알다시피 나를 알아가는 과정은 참으로 쉬우면서도 어렵다. 왜냐하면 '나'와 '남이 바라보는 나' '내가 되고 싶어하는 나'가 혼재되어 있으며 '설명할 수 있는 나'와 '표현할 수 없는 나'의 요소들도 있기 때문이다. 그러다 보니 심리 분석, 성향 분석을 한 결과를 보고 가끔은 이게 정말 나인가? 하는 의문을 갖게 되기도 한다. 참으로 어려운 문제이다. 다음의 질문에 스스로 답해보자.

(1) 내가 가지고 있는 가치는 무엇인가?

(2) 그 가치를 위해 노력한 것은 무엇인가?

(3) 나는 내가 가지고 있는 가치를 다른 사람에게 표현할 수 있는가?

(4) 내가 인생에서 진정으로 노력했다고 할 만한 것이 있는가? 있으면 무엇이었나?

(5) 나는 지금 내 것들을 소유할 만한 자격이 있다고 생각하는가?

(6) 나는 정말로 변화를 두려워하지 않는가?

(7) 나는 나의 발전을 믿는가?

답하기가 무척이나 어렵다. 철학적 사고가 익숙하지 않은 우리에게는 상당히 대답하기 곤란한 문제들이다. 그렇다면 다음의 질문에는 답할 수 있는가?

(8) 나는 인생 목표가 있는가?

(9) 나는 현재의 일에서 정말로 성공하고 싶은가? 정말로 바라는 일인가?

(10) 내가 정말로 잘하는 것은 무엇인가?

특히 (9)번의 질문에 대해서 답을 하였기를 바란다. (9)번에 즉각적으로 답할 수 없다면 경쟁을 논할 때 가장 중요한 '나'와의 경쟁을 이야기할 수 없다. 예상치 않은 문제, 어려운 문제는 언제라도 영업 현장, 회사생활에서 발생할 수 있다. 그럴 때 그 상황에 매몰되지 않고 이겨낼 수 있는 에너지는 자신에 대한 믿음과 목표에 대한 확고한 의지가 있을 때 생긴다.

4. 경쟁의 세 번째 측면: 경쟁자

1) 경쟁자의 정보

경쟁 상대를 설명할 때, 가장 쉽게 이해하기 위해서 우리는 흔히 스포츠를 인용한다. 투수와 타자, 사각의 링 안에서의 권투 선수. 야구 선수와 권투 선수들은 어떻게 행동하는가? 상대에 대한 정보가 많으면 많을수록 좋다고 생각하여 데뷔 때부터 최근까지의 주요 경기 장면과 데이터를 확인한다. 이를 바탕으로 철저히 상대를 파악했다면 이제는 상대를 격파할 훈련 목표를 잡고 세부 계획을 세운다. 그러고는 전문 코치와 함께 반복해서 연습을 한다. 그들은 정보의 수집부터 시작하였다. 우리에게는 어떤 정보들일까?

(1) 그들의 올해 주요 제품 또는 제공하는 핵심 서비스

(2) 올해의 마케팅 정책 및 영업 목표

(3) 그들의 서비스는 어떤 방식으로 전달되는가?

(4) 그들이 고객 충성도를 높이고 유지하기 의해 주로 사용하는 기술과 서비스

(5) 그들이 올해 채택한 가장 큰 변화는?

(6) 그들의 소재와 연락처

(7) 그들의 영업상의 신기술, 새로운 판촉 도구

경쟁자에 대해 분석할 때 주의할 점이 있다.

첫째, 적에 대해 많이 알려고 하면 할수록 궁금증은 꼬리에 꼬리를 물고 더 많은 정보를 찾게 된다. 이렇게 되면 준비를 위한 준비에만 몰두하는 상황이 연출된다. 그러므로 어느 정도 정보가 확보되었다고 생각하면 다음 단계로 넘어가야 한다.

둘째, 앞서 이야기한 '나'에 대한 파악이다. 경쟁 상대에 대한 정보보다 자신의 장점을 파악하고 집중하는 것이 더 중요하다. 다양하고 변화하는 대상에 대해 알기보다는 자신의 강점을 키워 경쟁 상대의 특성에 따라 대응할 능력을 키우는 것이 정답이다.

셋째, 자신의 장점, 담당제품의 특징에 대한 사랑과 자만으로 경쟁 상대를 평가 절하하는 우를 범하지 않아야 한다. 누구나 저마다의 특징과 장점이 있다는 사실을 잊지 말아야 한다.

넷째, 내가 생각하는 경쟁 상대보다는 고객이 생각하는 경쟁자를 대상으로 해야 한다. 담당제품의 점유율 1위 품목의 제약회사 대신 고객은 제3의 업체, 군소 제약회사, 도매 영업사원을 당신의 경쟁자로 생각할지 모른다. 고객의 오해일까? 고객의 눈에 비친 나의 모습은 그 정도일 수 있다.

2) 정보 획득 후 조치

획득한 정보를 평가해본다. 그들이 실제로 목표하는 바가 무엇인지 파악해야 한다. 또한 주로 사용하는 무기가 무엇인지에 대해서 알고자 노력해야 한다. 분석 결과를 다음과 같이 활용할 수 있다.

(1) 여러분의 영업 활동 목표와 활동 세부 계획과 비교해보고 이를 바탕으로 자신의 계획을 수정할 것인지 여부를 판단해야 한다.

(2) 필요하다고 판단하면 마케팅부나 사업부도 전달해서 전사적인 대응을 준비할 수 있도록 해야 한다.

(3) 혹 그들의 계획 중에 위법적인 것이 있다면 그 사실도 관리자에게 보고해서 본사에서 조치할 수 있도록 행동해야 한다. 판단은 해당 부서 책임자가 할 것이다. MR이 할 일은 아니니 그대로 전달하면 된다.

(4) 경쟁사의 활동 계획이나 내용 중 참조할 만한 것이 있다면 적극적으로 자신의 것으로 만들기 위해 노력하는 것이 좋다. 그리고 그들의 활동 중에 고객의 니즈가 엿보이는 것은 그들보다 빨리, 더 구체적이면서 고객에게 더 많은 이점을 주는 방식으로 변용하여 사용해야 한다. 이것이 어렵다면 당신은 고객의 다른 니즈를 찾아서 차별화에 나서야 한다.

(5) 그들이 잘못된 근거나 방법을 사용한다면 기억하였다가 고객과의 면
담 시 간접적으로 사용하기 바란다. 단, 그것을 주제로 하여 고객에게
먼저 이야기를 꺼내는 것은 조심스럽게 판단해야 한다. 당신은 아직
고객에게 최고의 MR이 아닐 가능성이 높다.

3) 경쟁사와의 관계

직접적으로 만나게 되거나 대화를 나눌게 될 때에는 편안하게 대하는 것
이 좋다. 고객이나 회사에 대한 것보다는 일반적인 화제가 더 좋을 것이다.
가급적 친절히 대하는 것이 바람직하다. 그런데 현장에서 보면 '당신은 나의
경쟁 상대이다'라고 노골적으로 표현하는 영업사원들도 있다. 옳지 못한 행
동이라고 생각한다. 경쟁사 직원이 당신보다 고객에 대한 영향력이 더 클 수
도 있다는 생각으로 대하라. 그리고 경쟁사 직원이 간호사나 병원 직원을 대
하는 모습을 잘 관찰하기 바란다. 아니면 그들이 방문하고 나온 뒤, 고객의
반응을 살펴본다. 대화에서 못 느꼈던 그들의 장점을 알 수 있는 기회이다.
환자가 있는 공간에서는 가급적 대화를 자제하는 것이 좋다. 이는 병원과 고
객에 대한 예의이다.

5. 경쟁의 네 번째 측면: 고객

우선 여러분은 여러분의 고객이 경쟁회사의 고객이기도 하다는 점을 늘 유념해야 한다. 그러기 위해서는 아래의 사항들을 기억해두자.

(1) 고객이 채택하여 사용하고 있는 경쟁사의 제품과 경쟁사 직원을 통해 받고 있는 서비스, 프로그램이 무엇인지 알아야 한다.
(2) 고객이 생각하는 경쟁사의 강점과 약점이 무엇인지 알아야 한다.
(3) 경쟁회사의 오래된 고객들이 누구인지 알고 있어야 한다.
(4) 경쟁회사의 충성고객은 누구인지 알아야 한다.
(5) 경쟁회사의 올해 주요 타깃 고객은 누구인지 알아야 한다.
(6) 최근에 경쟁회사의 고객이 된 고객을 파악해야 한다. 그리고 그 이유가 무엇인지도 알아야 한다.

고객을 중심에 두고 경쟁의 측면을 조사하거나 대응할 때 유의할 점들은 아래와 같다.

첫째, 아직까지 많은 수의 고객들은 경쟁에 익숙하지 않다. 의사가 되기까지 수많은 시험과 경쟁에서 승리하면서 생존한 것은 사실이나, 자신들의 능력과 많은 노력에 중심을 두지 결코 상대를 제압하고 이 위치에 있다고 생각하지는 않는다. 그러므로 고객을 대상으로 제약회사가 경쟁하고 있다는 느낌을 주지 않아야 한다. 고객에게 여러분과 경쟁사 간의 선택을 강요하면 안 된다. 이런 제안과 상담은 관리자나 임원급에서 고객과 진행해야 할 성격의 업무이다. MR은 그런 행동을 할 필요가 없다.

둘째, 자신을 편하게 대해주고 매출이 높다고 하여 여러분 또는 자사의 충성고객이라고 판단하고 행동하면 곤란하다. 일반적으로 고객은 본인이 갑의 위치에 있기를 원한다. 파트너십은 인정하고 용인하지만 담당자가 그 이상의 자세를 취할 경우 거부감과 함께 네거티브한 반응을 유발할 수 있다. 선을 지킨다는 원칙은 충성고객에게도 마찬가지이다.

셋째, 가급적 경쟁사에 대한 비방이나 험담은 자제하기 바란다. 사실에 초점을 맞춘 불만 정도는 괜찮다. 필요하다면 칭찬을 하는 것도 좋다. 그럴 경우 고객의 입을 통해 경쟁사의 정보가 나오는 경우가 많다.

넷째, 고객에게 자신의 강점과 약점을 물어보라. 연령이 비교적 높고, 제약회사의 직원을 많이 만나기 때문에 담당자에 대한 판단이 정확하고 빠르다. 고객을 컨설턴트이면서 카운슬러, 트레이너로 활용할 수 있다. 이것은 어느 정도의 관계만 이루어져도 가능한 일이다. 의사는 기본적으로 남이 원하는 것을 듣고 해결해주는 프로세스를 쉴 새 없이 반복하고 있는 사람들이다.

6. 내부 경쟁

경쟁을 이야기할 때 빼놓을 수 없는 사항이 바로 '내부 경쟁'이다. 경영의 측면에서는 내부 경쟁을 두고 득과 실을 따지기도 한다. 대표적으로는 소니(Sony) 사의 경영 악화가 치열한 내부 경쟁의 부작용 때문이라는 분석이 있었다. 그러나 영업사원의 입장에서 내부 경쟁은 필수적 요소다. 제약회사에서 인센티브는 타 영업직에 비해 임금에서 차지하는 비중이 적은 것은 사실이지만, 타 업무 직종에 비하면 상당히 큰 액수가 책정된다. 성과급은 실적 달성 정도와 사업부 내 순위 매기기를 통해 주는 것이 일반적이다. 이 사실만으로도 영업부는 내부 경쟁을 기본적으로 독려하는 분위기인 것은 부인할 수 없다.

내부 경쟁을 좋지 않은 시선으로 바라보는 입장도 있다. 과도한 실적 경쟁이 만들어낸 반칙과 편법들에 대한 경험 때문이다. 작은 목표 할당, 실적 부풀리기, 실적 조작, 예산 편중 책정, 실적 몰아주기 등의 병폐가 과거 제약영업 현장에 실제로 존재했기 때문이다. 그러다 보니 성과급의 개인 간 차이를 대폭 줄였던 시절도 있었다. 그러나 최근에는 개인 간 성과급의 차이를 다시 늘리는 추세이다. 왜냐하면 이제 목표 및 예산 책정의 투명성이 확보되었고 실적 평가의 객관성을 살리고 실적 이외의 평가 요소들을 개인 평가에 포함시키는 시스템들을 운영하기 때문이다. 또한 일부 회사에서는 개인 실적뿐만 아니라 팀에게 공동 목표를 부여함으로써 팀에 대한 공헌도를 평가 요소로 도입했기 때문이다. 과거에 대한 반성과 시스템의 보완으로 내부 경쟁의 장점을 취할 수 있게 된 것이다.

내부 경쟁은 단순히 실적을 중심으로 한 연 단위 평가에만 국한되는 것은 아니다. 개인별 능력과 성실도, 업무 추진력에 대한 인정을 통해 개인의 회사 내 성장을 도모하기 위한 내부 경쟁도 중시해야 한다. 회사 경영의 측면에서 PR의 역할이 중요한 만큼 이미 개인들의 PR 시대도 시작된 지 오래되었다. 취업 준비생 시절에는 자신의 PR을 위해서 노력하던 사람들이 회사에만 들어오면 개인의 PR을 개인 이기주의, 사내 정치, 출세주의라는 식으로 폄하하는 사례들이 많다. 뭔가 잘못되어도 크게 잘못된 사고이다. 물론 일부 그렇게 평가할 사람이 있기는 하다. 그렇다고 개인의 정당한 방식의 홍보까지 싸잡아서 무시하는 것은 큰 문제이다.

회사 및 조직은 피라미드형 직급 체제인 것을 인정해야 한다. 회사에서 운영할 수 있는 좋은 자리와 누구나 선호하는 자리가 많지 않다는 것은 모두가 아는 사실이다. 그런데 그 자리로 가기 위한 평가 방법을 판매 실적에 따른 영업 성과와 등수로만 해야 한다는 것은 일종의 편견이다. 회사에서 제시하고 있는 CDP❖나, 핵심 인재 육성 프로그램을 들여다보면 직원들의 다양한 역량을 요구하고 있다는 사실을 발견하게 된다. 그런데 그 역량들은 쉽게 인사 결정자와 임원들에게 전달될 수 있는 것은 아니다. 특정 사건이나 우연한

❖ Career Development Program, 경력 개발 프로그램의 약자. 회사 내의 인재 확보를 위한 경력관리 및 자질 향상을 목적으로 운영하는 일반적 성격의 인사 정책을 말한다.

기회로 알게 되는 경우가 많다. 그러므로 일반적 상황에서 자신의 역량을 회사 내의 주요 간부에게 제대로 보여줄 수 있느냐의 여부는 개인의 노력 여하에 달려 있는 것이다. 따라서 개인 간 내부 경쟁의 길은 다양하게 제공되어야 한다. MR들의 긍정적 사고를 기대한다.

Part 7

영업과 '나'

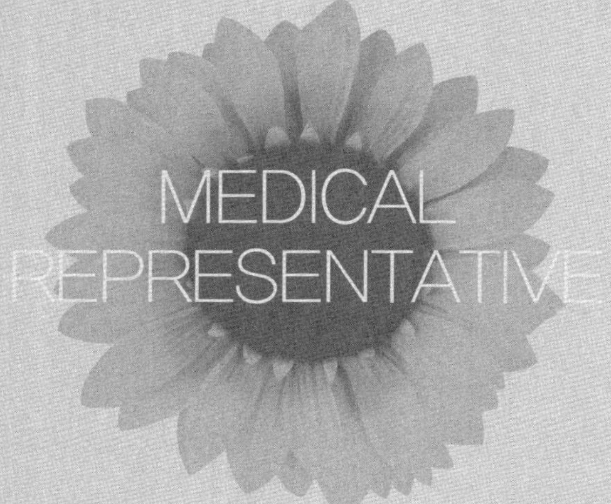

자기소개서를 썼던 기억을 한번 되살려보자. 이력서에 특기나 경험을 서술하면서 내가 왜 그 직무에 적합하고 당신의 회사에 왜 지원하는가를 일목요연하게 작성했던 것이 기억나지 않는가? 그리고 다른 입사지원자보다 우수한 점, 특히 노력을 많이 한 부분들을 강조하여 기술했을 것이다.

나의 특장점 분석

다음의 글을 한번 읽어보기 바란다.

"… 저는 물건을 쉽게 운반할 수 있는 아주 가볍고 튼튼한 기구의 제작 계획안을 가지고 있으며, 성곽 공격용 사다리를 비롯한 수많은 공격 도구의 제작 방법을 알고 있습니다.

저는 그 어떤 성곽이나 요새도 무너뜨릴 수 있습니다. 이를테면 놀라운 위력을 지닌 전함, 적의 어떤 공격에도 끄떡없는 덮개가 달린 견고한 전차도 제작할 수 있습니다. 이 전차는 포병을 태우고 적진을 뚫고 들어가 아무리 큰 대군도 순식간에 물리칩니다.

또한 대포, 박격포, 포차는 물론, 때에 따라 공격과 방어를 모두 할 수 있는 다양한 무기도 만들 수 있습니다. 게다가 적에게 들키지 않고 땅 밑이나 강 밑으로 굴 같은 비밀통로를 만들어 통과하는 방법을 알고 있습니다.

그런가 하면 대리석이나 청동으로 조각상을 만들 수 있으며, 그림도 그릴 수 있습니다. 제 작품은 어느 미술가의 작품과 비교해도 뚜렷한 차이를 드러낼 겁니다.

특히 저는 청동 기마상을 만들고 싶습니다. 이 기마상은 각하의 아버님이신 황태자님과 명예롭고 훌륭한 스포르차 가문을 영원토록 추억할 기념물이 될 것입니다…."

1482년 레오나르도 다빈치가 밀라노의 군주 루도비코 스포르차에게 보낸 편지의 내용이다. 그의 나이 30세가 되었을 때, 정규 학교를 나오지 않았다는 이유로 자신의 능력을 인정하지 않는 귀족에게 보낸 편지이다. 천재 다빈치가 자신이 잘할 수 있는 것을 구체적으로 표현하면서 '청동 기마상'을 만들고 싶으니 만들 기회를 달라고 하는 내용이다. 여러분은 이 글을 보고 어떤 생각을 할지 궁금하다.

흡사 자기소개서 같지는 않은가? 자기소개서, 이력서, 입사지원서… 어떤 형식이든 많이들 써보았을 것이다. 이제 대학이나 각종 취업 박람회장에서 자기소개서 쓰는 법 수강, 면접 스킬 연습 등은 입사를 위해 기본적이고 취업 스터디도 많이 보편화되어 있다. 그중 자기소개서는 대부분의 입사 지원자가 쓰는 데 특히 힘들어한다고 하니 여러분도 잘 기억하고 있으리라 예상한다.

이제 자기소개서를 썼던 기억을 한번 되살려보자. 이력서상의 특기나 경험을 서술하면서 내가 왜 그 직무에 적합하고 당신의 회사에 왜 지원하는가를 일목요연하게 작성했던 것이 기억나지 않는가? 그리고 다른 입사지원자보다 우수한 점, 특히 노력을 많이 한 부분들을 강조하여 기술했을 것이다.

개인의 강점과 약점을 알고 있다는 것은 사회생활, 직장생활을 하는 데 있어 큰 도움이 된다. 레오나르도 다빈치의 사례는 현 시대의 여러분들에게도 분명 적용되는 것이다. 그런데 자신의 강점과 약점을 아는 과정은 그리 쉽지만은 않다. 자기 성찰이라는 것이 보통 어려운 일이 아니다. 혼자서 하는 것이 어렵다면 도와줄 사람이나 방법을 이용해야만 한다. DISC나 MBTI 검사법 같은 심리학에서 사용하는 성격, 성향, 행동 패턴 조사법을 사용해보는 것도 도움이 된다. 그리고 주위의 동료나 팀장에게 개인적인 시간을 이용해 물어보는 것도 좋다. 특히 지금은 같은 팀이나 업무를 하고 있지 않은 옛 동료에게 물어보는 것도 한 방법이다. 또는 본인과 아주 가까운 고객에게 물어보는 것도 추천할 만하다. 인생의 선배이고 많은 환자들과의 면담을 통해 개개인의 특성을 파악하는 데 상당한 식견을 가지고 있을 테니, 여러분의 진지한 질문에 성심껏 답해줄 것으로 여겨진다. 당장 현재 자신의 강점과 약점을 파악해보는 시간을 가져보기 바란다. 나의 '자기소개서'를 업데이트하자.

이번 장의 주제는 '나의 특장점 분석하기'이다. 좀 더 자세히는 영업사원에게 요구되는 역량과 함께 능력, 기술, 태도는 무엇이며 나에게 해당되는 것은 무엇인가? 하는 것이다. 물론 다다익선, 당연히 갚은 능력과 기술을 보유하고 있으면 성과 향상에 도움이 된다. 그렇다고 모든 담당자가 미리, 그것도 스스로 모든 것을 갖추기를 바랄 수는 없다. 내가 가지고 있는 것, 아니면 발전시킬 수 있는 것을 중심으로 자신의 역량을 파악하는 것이 필요하다. 쉽게 말하자면 여러분이 자기소개서에서 기술한 자신의 장점들을 영업에 적극 활용하자는 뜻이다.

1. 역량 개발

'역량 개발'이란 말은 많이 들어보았을 것이다. "한국 ○○제약과 미래를 함께할 역량 있는 인재를 모십니다." 한 제약회사의 신입사원 모집 공고의 제일 위에 씌어 있는 문구다. '역량'이라는 단어가 포함되어 있다. 다음은 P제약회사의 모집 공고문의 내용 중 '자격 요건'이다. 그 밑을 보면 '필요 역량'이라는 부분이 눈에 띈다. "리더십 및 변화관리 스킬, 질병 또는 의약 관련 지식 전달 및 적용 능력, 커뮤니케이션 스킬 및 프레젠테이션 스킬, 고객 지향 마인드 및 스킬, 문제해결 능력"이라고 적혀 있다. 지원 자격 요건에 기술되어 있으며 P제약회사는 신입 영업사원으로서 필요한 역량이라면서 이와 같은 것을 요구하고 있다. 즉 입사를 원하는 개인이 갖추어야 할 기술과 지식이라는 의미다. 여러분은 이것들을 갖추고 있는가? 내게 있는 것인지 알기 위해서 일단 역량이란 말부터 알아보도록 하겠다.

모집 내용
- 신입 제약영업사원(Medical Representative) ○○명
  (근무지역 : 서울, 대전/충청, 광주/전라, 대구/경북, 부산/경남)

업무
- P를 대표하여 고객의 니즈에 맞게 프로페셔널하고 경쟁력 있는 서비스 제공
- P의 사업계획과 전략에 따른 영업 목표의 달성
- 지역별 영업 및 마케팅 활동을 개발 및 실행
- 실제적인 시장 정보를 영업 경영층과 제품 마케팅부에 제동
- 고객과 긍정적인 비즈니스 파트너 관계 형성

필요 역량
- 리더십 및 변화관리 스킬
- 질병 또는 의약 관련 지식 전달 및 적용 능력
- 커뮤니케이션 스킬 및 프레젠테이션 스킬
- 고객 지향 마인드 및 스킬
- 문제해결 능력

'역량(Competency)'을 간단히 정의하면 개인의 업무에 부여하는 지식, 스킬, 태도를 모두 지칭한다. 이를 풀어서 설명을 하면 '무엇을 하는 데 있어서 적절하거나 뛰어난 자격을 갖춘 상태'라고 할 수 있다. 비슷한 표현으로 '능력'이 있다. 보통 능력이란 단어를 사용할 때, '~ 할 수 있는'으로 정의하는 것으로 봐서는 무언가를 수행할 수 있는 기술과 자격을 의미한다고 볼 수 있다. 반면 역량은 '어떤 일을 함에 있어 효과적이고 성과를 내는 것과 밀접하게 관계되는 특성'이다. 성과와 연결되고 아직 발현되지 않았다는 점에서 능력과는 차이를 보인다. 역량을 설명하는 특성은 다음과 같다.

(1) 조직의 성과 창출과 관련된 수행 요건을 강조한다. '고객과 상담을 원

활히 진행하기 위한 커뮤니케이션 역량이 필요하다'는 식의 업무 수행 요건이다.

(2) 누구에게서나 관찰이 가능한 행동 중심으로 표현하며, 조직 구성원 간의 공감과 동의를 구하기에 적합하다. 업무의 내용과 직접적으로 관련하여 기술하므로 구체적이다. 따라서 조직 구성원들이 쉽게 공감할 수 있다.

(3) 우수한 성과 창출에 요구되는 자질을 강조하고 현재, 미래의 성과와 연계할 수 있다. 필요 수준, 요구 수준 등을 정의할 수 있으며, 개인적인 노력을 요청할 수 있다.

(4) 세부 행동을 정의, 구분할 수 있다. 모든 업종에서 영업사원은 영업 결과에 따라 보통 일반적 수준의 성과자와 고성과자, 저성과자 또는 보통, 우수, 최우수 등으로 나뉜다. 역량은 업무 성과와 직접적으로 연관되어 있으므로 역량을 통해서 영업 성적에 대한 이유를 설명할 수 있다. 따라서 역량은 이제 영업사원의 채용, 교육, 평가와 보상 등 모든 인적 자원 관리에 활용되고 있다. 제약 업종도 단순히 제품 개발과 물량 공세에 의존한 매출 확대 전략이 유효했던 시절이 저물고, 보유한 모든 자원의 효율성과 효과에 대한 재평가를 통하여 각각의 발전과 시너지 효과에 기반한 경영전략을 수립하는 것이 보편화되어 있다. 여기

서 필수적으로 도입되는 것이 영업사원의 역량 모델이다. 이제 영업사원 개개인의 능력과 기술을 발전시켜 성과와 연계시키는 역량 모델 도입은 모든 회사의 공통사항이 되었다. 실제로 거의 모든 회사에서 단기적 과제, 중장기적 과제에 따른 필요 역량을 MR에게 요청하고, 그와 같은 노력을 필요로 하고 있다.

1) 제약영업사원에게 필요한 역량

제약영업사원에게 요구되는 역량은 어떤 것들이 있을까? 여러 역량을 모아놓은 역량 사전 중 대표적인 《스펜서 & 스펜서(Spencer & Spencer)》에서 영업 분야에 사용할 만한 일반적인 것들을 뽑아보았다.

(1) **대인 영향력**: 영업 방문을 통해 고객의 신뢰를 구축하고, 고객의 이슈와 관심에 주목하며, 자신의 말과 행동이 가져올 효과를 예측할 수 있어야 한다.

(2) **성취 지향성**: 도전적이고 성취 가능한 목표를 세울 줄 알아야 한다. 시간 등 자원을 효율적으로 사용하며, 고객과의 영업 활동의 성과를 발전시키는 데 집중한다. 잠재적인 이익 가능성에도 초점을 두어 성과 향상을 도모한다.

(3) **주도성**: 쉽게 포기하지 않고 업무를 진행시키는 집요함이 필요하다. 경쟁을 두려워하지 않아야 하며 경쟁자의 공격에 대처하면서 스스로 추가적인

기회를 포착한다.

(4) 대인 이해력: 비언어적 커뮤니케이션과 행동을 이해할 수 있어야 한다. 고객의 태도와 그 의미를 이해하고 고객의 반응을 예측할 줄 알아야 한다.

(5) 고객 지향성: 고객의 요구를 충족시키기 위해 추가적인 노력을 기울인다. 고객의 숨겨진 욕구를 발견해서 충족시키도록 노력하며 사후관리 능력이 있어야 한다.

(6) 자신감: 자기 능력을 믿으며 업무와 관련된 여러 도전을 받아들인다. 낙관적 태도로 업무를 바라본다.

(7) 인적 관계 형성: 고객을 포함하여 일과 관련된 친분 관계를 유지한다. 네트워크를 형성하고 활용하는 능력을 가지고 있어야 한다.

(8) 분석적 사고: 예상되는 어려움, 과제를 예상하고 대비한다. 고객 상담 시 고객과 상황에 따른 다양한 화제나 계획을 생각할 수 있어야 한다.

(9) 개념적 사고: 반복적이고 계속되는 영업 활동 속에서 나름대로의 규칙을 알아내고 적용할 줄 알아야 한다. 현재의 영업 활동과 결과를 통해서 과거와의 유사점을 인식할 수 있어야 한다.

(10) 정보 수집력: 다양한 경로를 통해 정보를 수집할 수 있어야 한다.

(11) 조직에 대한 이해력: 고객이 포함된 조직과 단체들에서 이루어지는 내부의 의사결정 방식을 이해할 수 있어야 한다.

(12) 기술적 전문성: 교육과 학습을 통해 제품과 관련된 기술과 지식을 가지고 있으며 표현할 수 있어야 한다.

물론 위에서 기술한 역량에 대한 소개만으로는 제약영업에 관한 구체적인 내용이 많이 부족하다. 사실 지금까지 제약영업인에게 요구되는 역량과 관련하여 정식으로 발표되고 준거로 삼을 만한 자료는 마련돼 있지 않다. 대부분 각 회사별로 직무 기술서 내지 역량 모델 또는 교육 자료로 각각 존재하는 것이 전부인 실정이다. 따라서 본 책에서는 나름대로 두 가지 부분으로 분류하여 필요 역량에 대해 설명하고자 한다.

우선 고객과의 관계에서 필요한 역량을 묶어서 '신용'이라는 대분류를 사용할 것이다. 그리고 영업인으로서 요청되는 역량들을 모아서 '개인적 리더십'이라는 제목으로 설명하고자 한다. 추가하여 MR 각자가 여러 기술적 측면에서 갖추었으면 하는 요소들을 덧붙이는 방식을 취하겠다. 전문적 식견을 갖춘 경영학자 또는 인사관리(HR, Human Resource) 관련 전문가들이 제약영업과 관련한 필요 역량, 또는 역량 모델들을 분류, 발표해주었으면 하는 바람을 가져본다.

2. 신용

사회의 모든 인간관계에 적용할 수 있는 사실 중 하나는 일방적인 관계나 행위가 존재하기보다는 이해 당사자들 간의 상호 연관관계가 작용한다는 것이다. 그 관계에서 이루어지는 행동과 태도의 대부분은 상호 교환, 즉 Give & Take이며 이 행위를 살펴봄으로써 사회관계, 개인의 인간관계를 평가할 수 있다. 이는 부모-자식 관계, 종교의 영역을 제외하고 인간관계를 잘하고 못하고를 판단하는, 무시할 수 없는 하나의 기준인 셈이다. 그런데 많은 사람들이 자신과 관련된 여러 관계들이 유지되고 해체되는 과정에서 Give & Take라는 것이 존재한다는 기본적인 사실을 망각할 때가 있다. 정도와 시기상의 차이가 있을 뿐, 계속 지켜져야 할 상호 연관관계에서 꼭 필요한 행동과 태도이다.

이 상호관계를 조금 박하게 표현하면 거래관계이다. 우리는 고객인 의사와 일종의 거래를 하고 있다. 이는 제품과 서비스를 사이에 둔 거래이다. 그런데 거래는 신용을 바탕에 두고 이루어진다. 계약서에 의해 거래가 성사되기도 하지만 제약영업은 MR과 고객과의 신용에 바탕을 둔 거래이다. 고객에게 신용을 얻고 이를 바탕으로 영업관계를 만들기 위해 MR에게 요청되는 역량은 대략 네 가지라고 할 수 있다. 신뢰성, 전문성, 자신감, 인격 이 네 가지 측면에서 고객과의 신용 형성과 유지에 대해 알아보자.

1) 신뢰성

영업 방문 과정에서나 고객과의 약속을 이행하는 과정에서 MR은 고객으로부터 신뢰와 존경을 얻어야 한다. 그러기 위해서는 다음의 사항을 유념하여야 한다.

(1) 고객의 시간을 소중히 하라. 이는 단순히 약속 시간을 지키는 것에만 한정되지 않는다. 고객에게 당신의 시간이 소중하다는 표현을 직·간접적으로 하는 것이 필요하다. 고객에게 시간은 환자를 한 명 더 볼 수 있는 시간이며, 더 나은 진료를 위한 연구 및 공부의 시간이며, 다음 활동을 위한 휴식의 시간이다. 나와의 면담을 위해 그 시간을 할애해준 것에 대해 감사를 표해야 한다.

(2) 고객의 질의에 대해 즉시 응답하라. 고객이 질의한 내용에 대해서 머뭇거리지 말고 바로 답을 하여야 한다. 바로 답해서는 안 되는 문제, 답할 수 없는 질의에 대해서도 머리를 긁적이면서 회피하는 모습을 보여서는 안 된다. 언제 어떤 방법으로 답을 할지에 대해서 말하고 약속을 하면 된다. 또한 여러분은 회사의 대표자이다. 회사와 고객과의 커뮤니케이션에 있어서 여러분이 배제된 채 이루어지는 것이 있어서는 안 된다. 고객이 당신을 배제한 채 팀장이나 전임자를 찾았다면 당신은 이미 고객의 질의 대상이 아닌 것이다.

(3) 고객의 니즈가 충족되었는지에 대해서 확인하라. 고객과의 영업 활동 과정에서 진행한 일에 대해서는 고객에게 피드백을 반드시 받는 습관을 들여야 한다. 그 과정에서 고객이 만족했는지, 어느 정도 만족했는지, 추가로 요청할 사항은 없는지 확인해야 한다. 해당 업무만 시행을 하고 결과나 만족도에 대해서 등한시하는 영업사원의 모습은 고객의 신뢰를 100% 얻기가 힘들다. 주어진 일을 처리한 정도로만 느껴질 수도 있다. 직접 질문을 통해서 확인을 못 하는 경우, 주위 상황이나 간호사 등을 통해서 꼭 확인하는 습관을 가지기 바란다. 간접적으로 확인한 내용은 언제라도 직접 고객을 통해 다시 확인해야 한다. 어떤 경우는 생색 내기가 될 수도 있을 것이나 영업적 관계에서는 필요하다.

(4) 고객의 요청사항은 빠른 시간, 즉 일주일 안에 이행하는 것이 좋다. 그러지 못하는 경우라면 일주일 단위로 요청사항의 진행 정도를 전달해 주는 것이 좋다. 고객이 예측 가능한 범위 내에서 관련된 일을 진행해야만 한다. 고객과의 약속을 중요시한다는 믿음을 갖게 해야 한다.

(5) 고객에게 전달하는 정보는 가급적 최신 정보를 사용하라. 그렇게 하기 위해 정보를 업데이트하는 일에 게을리해서는 안 된다. 가능하다면 정보가 어디에서 나왔는지 제공하는 것도 고객에게 신뢰감을 얻는 데 도움을 준다. 그러기 위해서 정보를 찾고 기록하고 상호 연결하는 일을 게을리해서는 안 된다.

(6) 질환이나 제품, 알고자 하는 정보에 대해서 능숙하게 취급하는 모습을 보여라. 고객이 알고자 하는 정보에 대해 단순히 알고 있는 데 그치는 것이 아니라 능숙하게 다루고 취급할 수 있는 모습을 보이는 것이 중요하다. 같은 정보라도 프로페셔널하게 보일 때 고객은 더 큰 신뢰를 보인다.

(7) 고객과의 관계가 친숙하고 사소한 약속이라고 사전 양해 없이 어겨서는 안 된다. 당신이 제약회사 사원이 아니었다면 서로 만날 이유가 없는 관계임을 언제나 잊지 마라. 아무리 가깝다고 해도 고객은 고객이다. 고객과의 약속 수행에 있어 친소관계, 약속의 경중이라는 것은 없다. 그리고 신뢰의 붕괴는 작은 것에서부터 시작된다.

(8) 고객과의 일에 대해서는 다른 사람에게 전달하지 마라. 다른 고객과 관련된 일, 확인되지 않은 일에 대해서 언급할 때에는 늘 조심스럽게 해야 한다. 특히 부정적인 정보는 고객이 이야기하기 전에는 가급적 거론하지 않는 것이 좋다. 만약 해야 할 사항이라면 자신이 그 고객과의 관계 때문이 아니라 모든 고객의 정보를 항상 중요하게 인식하고 있다는 뉘앙스를 함께 전달해야 한다. 고객이 꺼낸 이야기도 적극적 경청 정도에 머무르는 것이 좋다. 입이 가벼운 담당자를 좋아하는 고객은 단 한 명도 없다.

(9) 고객과는 항상 특별한 관계임을 상기시키는 것도 중요하다. 다른 고객과 당신은 다르다. 또는 다른 고객과 달리 대한다는 것을 암시하면서 서로에게 은근한 관계임을 확인시켜주는 것이다. 일반적이고 누구나 해당되는 것임에도 불구하고 표현을 그렇게 하는 경우, 좋아하지 않을 고객은 거의 없다. 사람의 심리는 대체로 같다.

(10) 성실하고 충실하다는 인상을 보여라. 고객이 당신에게 계속해서 이야기하게 하고 좀 더 깊숙한 내용을 말하게끔 하는 기술이다. 노력하고 연습하면 그런 인상을 가질 수 있다.

2) 전문성

고객의 업무와 관련하여, 고객과의 관계에서 전문적인 접근 방식을 취함으로써 담당자의 신용을 최대화할 수 있다. 그러기 위해서는 아래와 같이 행동해야 한다.

(1) 전문가적인 자세와 행동을 유지하라. 이것은 외모일 수도 있고 복장에 대한 부분일 수도 있다. 또한 에티켓과 매너에 대한 요청이기도 하다. 외적으로 풍기는 이미지와 태도뿐만 아니라 신체적 행위를 통해 고객에게 전달하는 것은 정말로 많다. 앞서 커뮤니케이션에 대한 이해의 시간에서 우리는 이미 비언어적인 부분의 중요성에 대해 살펴보았다.

당신이 전문가라는 것은 학위와 자격증으로 증명받는 것이 아니라, 고객의 눈과 귀를 통해 인정받는 것이다. 자신이 준비한 내용을 펼치고 시행하기도 전에 고객의 신용을 잃는 비전문가의 자세와 행동은 지금 당장 버리기 바란다. 외적인 것을 절대로 소홀히 하지 마라.

(2) 방문 직전 사용할 자료와 판촉 도구를 잘 준비하라. 어렵게 확보한 고객과의 시간이다. 또한 고객의 동의를 얻고 준비한 메시지를 전달할 수 있는, 지금까지 기다려온 순간이다. 화룡점정은 아니지만 당신의 신용을 한껏 올려줄 수 있는 중요한 도구가 판촉 도구이다. 이것들은 영업 가방 속에 잘 준비되어 있어야 한다. 허둥지둥하는 모습을 보임으로써 고객이 당신에게 보였던 기대를 거둬들이게 하지 마라.

(3) 영업 방문을 위해 내·외부적으로 배운 교육 내용을 활용하라. 이것은 매번 강조하는 것이다. 다 아는 일반적인 내용이 아니라 높은 성과를 달성하는 영업사원의 의식과 행동 패턴, 역량, 태도들을 모아서 분석, 정리한 것이 여러분이 받은 교육의 내용이다. 이미 알고 있는 것이라고 말하는 것들은 사실 다른 곳에서 이미 배웠거나 보기만 한 것이지 진정 아는 것은 아니다. 그리고 단지 아는 것과 행동한다는 것은 천지 차이이다. 굳이 강조할 필요가 없는 사실이다.

(4) 객관적이며 공인된 근거를 제시하라. 당신이 그 주장과 지식을 한 줄

의 문장으로 아는 것이 아니라 학습을 통해서 알고 있음을 표현해야 한다. 당신이 많은 교육, 학습을 통해 습득한 지식임을 알리는 방법은 출처와 근거를 함께 말하는 것이다.

(5) 모르는 점은 모른다고 정확히 말하라. 모른다는 사실은 앎의 부족과 준비 부족을 말하지만, 거짓과 변명은 신용에 관련된 위험한 잘못이다. 단, 대안과 해결 방안을 제시하라.

(6) 고객이 지적한 제품의 약점에 객관적 자세를 가지고 대하라. 익히 알고 있는 내용이라면 인정하라. 정직한 표현으로 전해야 한다. 모르는 내용이라면 수긍을 하고 추후 설명할 기회를 요청하고 약속하라.

(7) 고객의 이야기, 질의를 경청하라. 이때 중요한 것은 적극적 경청이다. 그리고 항상 메모할 준비가 되어 있어야 한다.

3) 자신감

복잡하게 생각할 필요는 없을 것 같다. 제약영업의 성립은 의사와의 만남에서 시작된다. 그것도 MR인 내가 고객에게 먼저 접근해서 만나고 있는 것이다. 그러니 자신감은 필수 항목이다. 이때 필요한 내용을 아래 정리해놓았다.

(1) 겸손과 자신감의 균형을 유지하라. 좌우의 균형은 어디에서나 필요
하다.

(2) 자신이 세운 영업 계획은 성공이 결론이다. 그렇게 목표하라. '무엇무엇
을 위한 기반을 조성한다'라는 식의 목표는 부가적인 것이어야 한다.

(3) 필요할 때는 고객에게 자신이 기대하는 구체적 목적을 제시, 전달하라.
고객이 어떻게 행동해야 하는지 알려주어야 한다.

(4) 본인이 담당하고 있는 제품에 대한 믿음을 보여라. 특별하거나 뛰어난
특장점이 없다고? 그런 말은 경쟁자들이 할 이야기이지 여러분이 아니
다. 미워도 내 자식, 누가 뭐래도 내 자식이 최고라는 생각을 지니지 않
고 길을 나서서는 안 된다. 그리고 자신에게 열정이 있음을 표현하라.

(5) 회사에 대한 자부심은 기본이다. 고객에게 일등 회사, 일등 담당자라
는 이미지는 누가 만들어주는 것이 아니다. 스스로를 존중하지 않는
다면 누구에게 나를 인정해달라고 요청할 것인가? 현인은 항상 질문
한다. '당신은 당신 자신을 존경하는가?'라그.

(6) 자신감이 있으면 표현은 부드럽게 나온다. 자신의 표현이 딱딱하고 기
계적인 표현을 많이 쓴다면 자신의 지식, 자신감에 의심을 가져야 한

다. 연습을 통해 충분히 습득할 수 있다.

(7) 방문 과정 중에 고객과 눈이 마주치는 것을 게을리하지 마라. 물론 한
국의 문화에서 눈을 똑바로 쳐다보는 것은 실례일 수 있다. 하지만 아
이 콘택트(Eye-contact)는 노려보는 것이 아니다. 당장 주위의 가까운 이
에게 말을 할 때마다 자연스럽게 눈을 마주치는 연습을 하라. 그러면
예절이니 문화니 하는 쓸데없는 걱정을 덜어버리고 고객의 눈을 쳐다
볼 수가 있을 것이다.

(8) 목소리의 강약을 사용할 줄 알아야 한다. 일상적인 사내의 발표에서
도 여러분은 확인할 수 있다. 처음부터 끝까지 강한 톤으로 발표하는
것보다 핵심적인 것만을 강하게 이야기하는 사람의 주장이 더 귀에
잘 들어온다.

(9) 고객에게 즉각적이고 단호한 행동을 요청하라. 중요한 결정이라면 고
객은 따라온다. 머뭇거리지 마라. 길은 다 닦아두고 고객이 올라서지
않거나 그 길을 경쟁자가 안내하여 올라가게 해서는 안 된다. 고객의
성향에 따라서는 직접 손을 잡고 끌어주어야만 한다. 심지어 우리는
때때로 고객의 니즈도 만들어주지 않는가?

4) 인격

    MR은 영업 활동을 하면서 참으로 많은 사람을 만난다. 그 많은 만남과 관계 속에서 자신의 내적, 외적 모습이 일치하는 모습을 보이도록 노력해야 한다. 인격은 과정 속에서 언제나 빛나게 된다.

    (1) 병원의 모든 구성원들과 관계를 증진시켜야 한다. 이 부분은 여러 번 강조한 내용이다.

    (2) 고객의 언어적 전달 내용에만 치중하지 마라. 공손한 언어로 표현하나, 비언어적 표현으로는 당신에게 지적을 하고 있을지 모른다. 고객의 비언어적 커뮤니케이션을 이해하고 당신의 행동, 언어에 변화를 주도록 하라.

    (3) 친숙한 관계를 떠나 고객이 만들어놓은 경계선이 있다. 그것은 프라이버시(privacy)일 수도 있고, 개인적 금기일 수 있으며, 상기하기 싫은 기억일 수 있다. 그 경계선을 존중하라.

    (4) 공사의 구별과 균형 유지에 항상 주의하라. 여러분이 주변 사람에게, 친구에게, 회사 동료와의 사이에서 공사를 구별하고 회사생활에서, 사회생활에서 공사의 균형을 유지한다면 고객에게도 그렇게 대할 것이다.

(5) 상대방의 기준으로 늘 대화하라. 그는 전문인이며 지식인이며 어른이다. 상대에 대한 존경과 자존에 대한 인정은 대화의 기본이다. 상대가 고객이고 갑의 위치에 있기 때문이 아님을 느끼게 하라. 일반적으로 고객은, 당신이 고객을 대하는 방식과 같은 자세로 대한다.

3. 개인적 리더십

MR은 회사의 대표로서 지역을 담당하고 있다. 고객과의 약속은 회사가 지켜야 할 약속이고, 개인의 실수는 회사가 책임져야 할 회사의 잘못이다. 그러므로 회사에서는 MR이 신입이든 10년차 이상의 고참 사원이든 기본적인 개인 역량을 요구한다.

(1) **성실한 업무수행:** 주어진 업무를 수행하기 위해 존재하는 조직원으로서 기본적인 약속을 이행하여야 한다. 그리고 성실히 수행해야 한다. 그렇게 하기 위해서 업무의 의사결정 시 회사의 기준에 따라야 하며 결정 내용에 대해 관리자, 조직과 소통하여야 한다. 그리고 관리자, 팀 동료들과의 신뢰관계를 형성하고 유지해야 한다.

(2) **열정:** 존경의 자세로 일과 회사 동료를 대해야 한다. 그래야 동료들의 업무

수행에 용기를 주고 동기 부여를 하며, 필요 시에는 도움도 줄 수 있다.

(3) 주인 정신: 회사가 존속해야_(상사의 존속이 아니다) 본인의 활동도 가능하다는 생각을 가지고 있어야 한다. 나의 업무가 회사의 전략과 같은 목적을 가지고 있다는 인식 아래 회사의 발전을 위한 노력을 주저하지 말아야 한다.

(4) 긴박감, 긴장감: Sense of Urgency를 가지고 업무 수행과 난관 극복에 최선을 다해야 한다. 주인 정신의 실천적 측면이다. 영업사원이라면 늘 간직해야 할 정신이다.

(5) 성과에 대한 책임감: 수동적 자세가 아니라 솔선수범하는 자세로 목표를 설정하고 업무를 진행해야 한다. 또한 명확한 우선순위를 두어 목표 성취를 구체화해야 한다. 아울러 모든 일에 대해 팔로우 업(follow-up)하는 습관을 가져야 한다. 시키는 일만 한다는 식의 자세는 실제로 더 좋고 큰 결과를 가져올 수 있었던 자신의 노력을 헛되게 할 수 있다. 성과가 나오기까지의 과정을 책임감을 가지고 점검하면서 혹시나 더 필요한 행동이나 보완할 것은 없는지 살펴야 한다.

(6) 회사와의 합의 정신: 회사가 가지고 있는 사명, 신념체계를 이해하고 따라야 한다. 신입사원 교육 때 한번 접하고 마는 선언으로 인식하거나 임원 정도 되어야 관심을 가져야 할 사항이라고 생각한다면, 지금이라도 생각을 바

꾸는 것이 좋다. 동네 조그마한 식당에 가도 주인이 걸어놓은 다짐의 글이 있다. 설령 그것이 종교적 표현이라도 해도 그 선언은 주인이 식당이라는 사업체를 운영하면서 갖는 가장 큰 마음인 것이다. 여러분이 언제까지 그 수준으로 그 직위로 있을 것은 아니지 않은가? 지금 (본인의 주장에 의하면) 안 하는 행동이나 태도는 나중에 때가 되어서도 못 하는 것이 대부분이다.

(7) **도전 정신**: 영업사원이라면 누구나 자신에게 주어진 목표와 실적이 항상 뒤따라 다닌다. 그렇게 책임이 주어져 있다. 때로는 그것이 높아 보일 때도 있다. 그래서 아예 시작하기도 전에 포기하거나 마음속으로 목표를 축소해 잡고 억지로 시작하기도 한다. 자신에게 주어진 목표에 대해 어떻게든 성취해야겠다는 도전 정신과 성공에 대한 강렬한 의지는 영업에 있어 필수이다.

4. 필요 기술

1) 발표 능력 & 프레젠테이션 스킬

남 앞에 나서기를 주저하는 사람들이 많다. 개인의 성격이나 성향 때문일 수도 있고, 과거의 실패 경험에 따른 트라우마로 그럴 수도 있다. 때로는 '나서면 다친다'라는 처세술에 기인한 것일 수도 있다. 나름의 이유는 다 있을 것이다. 그런데 누구나 인정할 사실은, 남 앞에서의 발표라는 것이 한두 번은 피할 수 있어도 아예 안 할 수는 없다는 것이다. 회사생활에서 발표의 자리는 너무나 많다. 빈번하게 생기는 회의, 매월 발표되는 영업 결과에 대한 질의, 관리자와의 현장 방문 등이 모두 해당된다. 준비의 여부, 장소의 크고 작음에 상관없이 우리는 자신의 생각을 정리해서 발표하는 순간들을 맞게 된다.

주위 사람이 평하기를 당신의 발표 능력이 좋다고 한다면 그 역량을 적극 활용하여야 한다. 물론 시도 때도 없이 나서는 것을 말하는 것은 아니다. 반대로 능력이 부족하다고 하면 우선 편한 환경과 자리에서 자주 기회를 가지기를 바란다. 발표 능력은 어느 정도의 수준까지는 경험과 눈치로 향상시킬 수 있다. 아니, 시간을 단축하고 더 높은 기술을 습득하기 위한다면 전문가의 도움을 받으면 된다.

다수의 상대를 두고 특정 주제에 대해서 발표하는 PT의 시간은 어느 누구도 자신하기 힘든 큰 과제이다. PT가 주 업무인 기획자, 컨설턴트 등에게도 PT는 긴장의 시간이다. MR의 경우에는 고객을 대상으로 한 PT를 진행하는 경우도 있다. 회사에 따라서는 자사 제품설명회 때 질환, 제품에 대한 PT를 MR이 진행하는 것을 역할로 부여하고 있다. 프레젠테이션 스킬(Presentation skill)은 영업 성과 향상을 위해 회사에서 요구하는 역량이면서 개인의 발전에도 도움이 되는 기술이다. 요즘은 대학에서부터 많은 PT와 교육이 행해지고 있어 기본적인 수준은 많이 향상되었다. 그래도 개인적 편차가 큰 부문이다. 개인의 노력과 집중 여하에 따라 결과의 차이를 보일 수 있다. 특히 고참 사원들은 미래를 위해 PT 스킬 향상에 다시 한 번 노력해보기 바란다.

발표 능력이 우수하면 실적의 10% 정도에 상응하는 결과물을 그냥 가지고 가는 것이다. 왜 그러한가? 고객과의 커뮤니케이션 능력이 성과 달성에 크게 영향을 미친다는 것은 누구나 인정하는 사실이다. 그리고 커뮤니케이션 능력, 대화 스킬을 위한 요소의 상당 부분이 발표 능력과 일치한다는 것도 쉽게 동의할 것이다. 발표 능력의 중요한 부분이 말할 내용 정리하기, 적절한 표현과 목소리 활용하기이며 제일 중요한 것은 대인관계의 자신감이기 때문이다.

어떤 상황에서는 발표 잘하는 사람에게 더 많은 기회가 주어지는 것은 아닌가 하는 의구심도 갖게 된다. 공만 잘 차면 되는 줄 알았던 축구 선수가 이제는 경기 후 소감 발표도 잘해야 한다. 실제로 축구 선수들도 고액의 강습료를 지불하고 이것을 학습하고 연습하고 있다. 감독도 예외는 아니다. 기자나 선수들 앞에서 자신의 계획과 전술을 자신 있게 설명할 줄 아는 능력이 감독 선임의 한 기준이라고 해도 그리 이상하지 않다. 우리는 발표 잘하는 것이 바로 일의 능력 그 자체라고 보는 시대에 살고 있다고 해도 과언이 아니다.

발표 능력은 이제 단순히 있으면 좋은 개인적 능력이 아니다. 영업사원으로서, 회사의 구성원으로서 요구되는 중요한 역량 중 하나이다. "저 친구 능력은 참 좋은데, 발표할 때 보면 내 손발이 다 오그라들 정도로 부끄럽고 걱정이 앞선다니까?" "늘 보는 우리 앞에서도 저러는데 밖에서 고객을 만나거나 주요 사업 파트너에게 발표해야 할 상황이 되면, 어휴, 상상하기도 싫어." 동료로부터 이런 이야기를 들을 것이다. 요즘 발표 능력 향상을 위한 전문 강좌와 학원이 발달하는 것은 이를 반증한다.

2) 컴퓨터 활용 능력

물론 아직 워드프로그램과 단순한 인터넷 서핑 수준에 머물러, 컴퓨터를 제대로 활용할 줄 모르는 사람도 많다. 이는 당연히 향상시켜야 할 능력이다. 그런데 이 부분을 구태여 언급한 이유는 여전히 MS Office 프로그램을 중심으로 컴퓨터 스킬을 이야기하는 이들 때문이다. 이제는 Office 프로그램 사용은 말할 것도 없고 동영상 편집 관련 기술, 인터넷 정보 검색 능력, 스마트 기기의 다양한 활용 능력 등이 기본인 세상이다. 외국어 구사 능력과 함께 컴퓨터 활용 능력은 지금 당장 많이 활용하지 않아도 언젠가는 반드시 사용해야 할 때가 있다. 그리고 고객과의 영업관계에 있어서도 이 능력의 도움을 받은 사례는 많이 찾아볼 수 있다. 이를 달리 보면 아직 많은 MR들에게 이 능력이 있고 없음이 고객에게 차별화로 보일 수 있다는 것을 의미한다.

그 밖에 영업 현장에서 사용할 수 있는 개인적 능력은 셀 수 없이 많다. 유머 구사 능력, 상식의 풍부함, 마술 기술, 노래 실력, 악기 연주력, 다양한 여행 경험, 뛰어난 운동 능력, 스포츠 지식, 춤 실력 등. 지식과 기술의 영역을 가리지 않고 다양하다. 전반적인 고객과의 관계 증진이 영업 성과 향상의 기회를 제공하는 것이 영업이기 때문에 그렇다. 그런데 중요한 것은 누구나 알다시피 그런 능력과 기술, 지식을 가졌다는 것뿐만 아니라 활용하고 나아가 영업과 연결하는 기술이 되어야 한다. 우리의 목표는 '관계 형성'이 아니라 '성과 달성'이라는 것을 늘 명심하시기 바란다.

chapter 2

다양한 전략의 스립

1. 슬럼프와 나침반

1) 슬럼프(Slump)

때때로 우리는 슬럼프에 빠지게 된다. 모든 것이 귀찮고, 부정적인 생각이 들고, 무기력하고, 그런 무력한 기분에서 벗어날 길이 없어 보이는 불안한 상태, 그것이 바로 슬럼프이다. 슬럼프는 모두에게 올 수 있다. 영업사원인 여러분 역시 예외는 아니다.

슬럼프의 대표적인 원인은 신체적이나 정신적으로 '피로가 축적'되어 몸이 활발하게 움직이지 못하는 것이다. 그런데 이로 인한 슬럼프는 대부분 단

기간의 슬럼프를 야기한다. 이러한 경우, 신체적 정신적으로 휴식을 취하면 다시 정상적인 상태로 돌아갈 수 있을 것이다. 그런데 모든 슬럼프가 이렇게 원인 파악이 쉽고 대응 방식도 간단하면 좋겠으나, 실상은 그렇지 않다. 슬럼프에 빠졌을 때, 그 원인을 찾는 작업 자체가 과제일 수도 있다. 슬럼프의 원인으로는 무엇이 있는지부터 알아보자.

(1) 지금 저지른 실수를 통해서 잠시 잊었던 과거의 실패 경험이 생각나고 실패가 반복될 수 있다는 생각에서 오는 두려움

(2) 머리 한 곳에 늘 자리 잡고 있는 과거의 작은 실수에 집착하여 현재의 도전을 주저하게 되면서 생기는 자신감의 상실

(3) 현상을 분석하기 위해서 너무 많은 투자를 하고 계획에 지나치게 치중하고 난 뒤에 오는 일종의 추진력 상실

(4) 사회생활을 하면서 잡았던 초심이나 초기 목표를 설정하고 다짐했을 때의 결심 망각

(5) 관리자나 선배로부터 반복적으로 듣는 꾸지람과 비난

(6) 자신을 둘러싼 영업 상황, 개인 생활의 어려움 등 환경의 악화

2) 슬럼프의 극복

　이런 슬럼프를 현명하게 극복하기 위해서는 어떻게 해야 할까? 미국의 셔리 머레이 박사가 밝힌 '슬럼프 극복의 일곱 가지 지혜'를 소개하고자 한다. 이것은 셔리 머레이 박사가 20년간 10만 명이 넘는 영업직 직원들을 대상으로 가장 성공한 영업사원의 성공 요인을 분석하여 정리한 것이라고 한다. 슬럼프에 빠진 당신에게도 도움이 될 만한 것이 있는지 한번 살펴보자.

　(1) 멈추어라. 만일 당신이 슬럼프에 빠졌고, 그 원인이 무엇인지 알아냈다면, 제일 처음으로 할 일은 아무것도 하지 않는 것이다. 멈추어서 먼저 그 고리를 끊어라. 당신 자신에게 약간이나마 여유를 주어라. 긴장을 풀고, 스스로에게 휴식을 주고, 당신이 재미있어 하는 일, 놀이를 찾아 즐겨라.

　(2) 초심으로 돌아가라. 당신이 갖고 있는 기본적인 스킬들을 적어 내려가라. 마치 당신이 무언가 대단한 것을 성취하는 것처럼 느끼게 해줄 즐거운 스킬들을 드러내고 활용하라. 이를 통해 심리적 압박감을 털어내라. 그것들이 당신을 편안하게 해주고, 당신의 마음을 풀어줄 것이다.

　(3) 자신을 판단하지 마라. 모든 부정적인 사고를 씻어내고 무언가 긍정적인 것을 생각하라. 그 방법으로는 첫째, 당신의 삶 중에서 그래도 괜찮은 다른 부분에 생각을 집중하라. 바로 이 점 때문에 일 이외의 다

른 삶이 꼭 있어야 한다! 둘째, 그 상황에 대해 보다 객관적으로 설명해줄 수 있는 현명한 친구와 이야기를 나누어라. 그는 당신에게 다른 시각에서 자신의 견해를 들려줄 것이다. 셋째, 새로운 지식을 통하여 시각을 넓혀라. 책을 읽거나, 강연에 참가하거나, 다른 견해를 가진 낯선 사람들과 대화를 나누어라. 넷째, 스스로를 비난하지 말고, 스스로에게 친절하라.

(4) 다른 사람들과 경쟁하지 마라. 당신 자신하고만 경쟁하면 된다. 다른 사람들이 하고 있는 일에 대응하기보다는 당신이 이미 하고 있는 일을 바탕으로 체계적으로 쌓아나가라.

(5) 긍정적인 대화로 삶을 채워라. 많은 사람들이 자기의 실패담을 나누는 것을 즐긴다. 그것은 해가 될 것이 없는 기분 전환용 소일거리라고 생각할지도 모른다. 그렇지만 당신의 잠재의식은 그러한 실패담을 그냥 지나치지 않는다. 어딘가 잘 보관했다가 언젠가는 다시 끄집어낼 것이다. 당신이 "나는 정말 형편없어. 비참한 날이야. 형편없는 제품이야. 형편없는 회사야"라고 말할 때마다 당신의 잠재의식은 그것을 사실로 만들고 만다.

(6) 의사 결정을 내리지 마라. 뭔가 전혀 색다른 일을 함으로써 이 악순환의 고리를 깨겠다는 유혹이 아무리 강할지라도 당신이 스트레스를 받

는 동안에는 중요한 결정을 내리지 마라. 슬럼프에 있을 때 판단력은 오히려 흐려지기 때문이다.

(7) 자신감을 회복하라. 스스로에게 회의감이 들고 자신감이 없다면, 당신에게 좋은 이야기를 해줄 수 있는 사람을 찾아라. 고객이라도 괜찮다. 그런 이야기를 통해 당신의 잠재의식은 이렇게 변할 것이다. '그래, 내가 그렇게 나쁜 것만은 아닐 거야.'

어떠한가? 영업사원을 대상으로 조사한 결과로 도출했기 때문인지 슬럼프 극복의 방법일 뿐만 아니라 일반적인 의미에서는 당신이 단지 업무에 지치고 고민에 빠져 있을 때에도 유용한 가르침을 주는 내용들이 많이 포함되어 있다.

셔리 머레이 박사의 충고 중간에도 조금씩 포함되어 있지만 슬럼프 극복 시 유의해야 할 사항들이 있다. 반복되고 중복되는 부분이 있어도 영업사원의 상황에 맞추어 당부하는 내용이니 꼭 유념해야 한다.

(1) 슬럼프는 매우 '특별한' 상황이라는 사실을 꼭 유념해야 한다. 몸에 병과 관련한 증상이 오면 건강에 대해 생각하고 몸을 소중하게 다루는 시간을 가져야 한다. 아프다는 것이 일상적인 것은 아니며 그래서도 안 된다. '재정비의 시간을 가질 때가 되었구나' 정도로 인식하는 것이 중요하다. 슬럼프는 일상적인 것이 아니다.

(2) 당신의 목표와 신념 체계를 다시 한 번 확인하라. 기본이 흔들리면 전체가 모두 위험 상황에 빠진다는 사실을 알아야 한다. 그런데 반대로 슬럼프가 왔다고 하여 현재의 어려움으로 당신의 목표를 쉽게 흔들어서는 안 된다.

(3) 아직도 당신을 즐겁게 하고, 행복하게 하는 것을 중심으로 사고하고 행동해야 한다. 억지로 해도 안 되는 일, 벅찬 일을 끌고 가서는 몸과 마음이 모두 상할 수 있다.

(4) 한두 번이라도 부정적인 것을 생각하거나 말하지 마라. 당신을 부정의 늪으로 빠져들게 하는 첫 시작이다. 무조건 금지이다.

(5) 셔리 머레이 박사의 말처럼 슬럼프 기간에는 중요한 의사결정을 내리지 말아야 한다. 회피하고 도망치고 싶다는 생각을 갖는 순간, 당신은 슬럼프에 패했을 뿐만 아니라 인생의 중요한 기회 하나를 잃은 것이다. 더 강해지고 현명해진 당신이 될 수 있었던 기회이다.

3) 나침반

《사막을 건너는 여섯 가지 방법》이라는 책이 있다. 제목이 흥미를 주어 꺼내본 책인데 나름 유용한 부분이 있어 소개하고자 한다. 작가이며 컨설턴트인 스티브 도나휴가 책에서 제시한 인생이라는 사막을 건너는 여섯 가지 방법이다.

(1) 지도를 따라가지 말고 나침반을 따라가라.

(2) 오아시스를 만날 때마다 쉬어 가라. 더 많이 쉴수록 더 멀리 갈 수 있다.

(3) 모래에 갇히면 타이어에서 바람을 빼라.

(4) 사막을 건너는 것은 고독과 외로움, 다른 사람과 함께하는 것 사이에
   서 춤을 추는 것이다.

(5) 안전하고 따뜻한 캠프파이어에서 나와 깜깜한 사막의 어둠 속으로 나
   아가라.

(6) 열정을 가로막는 두려움과 불안감의 국경에서 멈추지 말라.

사막이라는 환경에 익숙하지 않아, 책의 내용을 읽어보아야 정확한 해석이 가능하리라 생각한다. 그런데 이 중에서 첫 번째 방법으로 소개한 '나침반'에 주목해주기를 바란다. '지도'가 아닌 '나침반'에.

목수가 집을 지을 때는 당연히 청사진과 설계도를 먼저 그린다. 그런데 목수들에게는 하나의 규칙이 있다고 한다. "한·번 자르기 전에 두 번을 재라." 설계도에 준하였는지 확인해보라는 이유일 것이다. 설계도가 아니라 그날그날 목수에게 영향을 주는 각기 다른 요소들을 고려해 집짓기가 진행된다면 완성된 집의 모습은 어떨까?

‘슬럼프’ ‘나침반’에 대한 이야기는 모두 중심에 관한 것이다. 나는 가만히 있는 것 같고 특별히 변한 것이 없는데, 어느새 주변의 시선이나 평가, 모래 언덕의 위치는 달라져 있을 수 있다. 무엇을 하기는 했는데 정확히 설명하기 어렵고 지나온 발자국도 이미 지워져 막막함이 스며온다. 이럴 때 기댈 무언가가 있다는 것은 참으로 다행스러운 일이다. 어느 정도 벗어나 있는지 확인할 수 있는 기준이 있다는 것은 다시 시작하고 출발할 수 있는 든든한 베이스캠프인 것이다. 지금부터는 제약영업의 동료이자 선후배인 여러분들과 함께 다양한 계획 수립의 의미와 방법을 알아보고자 한다. 오늘 그리고 내일, 다시 고객의 방문을 두드려야 하는 당신의 업무가 무엇을 위한 것인지 정리해볼 것을 요청하는 이 책의 마지막 장이다.

2. 전략 수립을 위한 준비

1) 영업 결과 분석

매월 또는 다른 주기로 발표되고 게시되는 영업의 실적은 또 다른 당신이다. 매 영업회의에서 발표되고 거론되는 판매 목표 달성률, 마케팅 프로그램 수행 정도는 당신의 현재 수준이다. 당신이 만들어놓은 실적, 프로그램 수행 진도율에 대한 분석은 가상의 당신이 아닌 실재하는 당신에 대한 것이다. 만약 판매 실적이 좋지 않은 상황이라면, 핑계를 찾기보다는 어떻게든 회복하려는 정신으로 영업 결과 분석에 성실히 임해야 한다.

(1) 실적 분석: 판매 목표를 숙지하고 현 목표 수준을 아는 것은 영업사원의 기본 중의 기본이다. 진도율 파악과 처방 확인은 영업사원의 기본 활동이다. 영업 현장에서는 많은 고객들과의 영업관계 속에서 많은 제안들과 요구들이 생기고, 그 결과로 많은 대답과 약속들이 뒤따른다. 이런 연속된 영업 활동들의 결과는 일반적으로 한두 개의 형태로 나오게 된다. 그 하나가 숫자로 표현되는 실적이다. 그런데 근거도 없이, 현재의 실적은 2, 3개월 전 영업 활동에 의한 결과이지 현재는 다르다고 하는 MR, 지금 당장 개선해봐야 연 마감 결과에는 큰 차이를 보이지 않는다는 이유로 소홀히 대하는 MR이 있다면 그 순간부터 팀원 간, MR 간에 눈에 보이지 않는 격차는 크게 벌어지게 되는 것이 현실이다.

(2) 활동 분석: 방문 결과 분석(post-call analysis)은 고객과의 면담 행위가 종료된 직후나 당일에 방문한 내용을 대상으로 시행한다. 그리고 2주나 한 달 주기로 영업 활동 내용을 분석해보기 바란다. 만약 SFA✤ 등 영업 활동 내용 전산화가 이루어지는 회사 소속이라면 해당 부서에서 여러분의 활동 분석을 돕기 위해 많은 자료를 생성, 제공하고 있을 것이다. 아니라면 요청해서 받아보는 것도 좋다. SFA 시스템이 구축되어 있지 않다면 개인 차원에서 유지하고

✤ Sales Force Automation, 정보과학기술을 활용하여 영업 활동 전반을 지원하는 시스템.

있는 활동 기록들을 모아 분석을 시도해볼 수도 있다.

대부분 사람의 뇌 활동은 이미 몸에 익숙해진 일종의 습관에 의해 사고 범위가 정해져 있다. 머리가 몸의 행동을 지휘, 조정한다고 알고 있지만, 실제로 많은 인식 작용과 인지 작용은 몸에 의해서 만들어진 패턴에 의해 좌우된다. 더 나은 행동, 잘못의 수정을 위한 결심은 단순히 당신의 머리 혼자만의 힘으로는 부족하다. 당신이 행한 활동들을 분석한 결과를 직접 봄으로써 자극을 받고 개선의 동기 유발이 되어야 행동의 변화가 가능하다.

'이번에도 또 결과가 그렇구나' 하며 남의 실적 보듯이 하는 이는 슬럼프에서 빨리 빠져나오거나 직무를 전환하는 편이 낫다. 영업사원에게 원하는 역량이 많이 부족한 담당자일 가능성이 크다. 그렇다고 결과에만 사로잡혀 달성하면 기뻐하고 부진하면 분노하고 아쉬워만 해서는 안 된다. 특히 부진의 원인을 찾는 일에 많은 노력을 해야 한다. 여러분은 이미 여러 번의 월 판매 마감을 했을 수도 있고, 앞으로 수백 번의 온갖 종류의 마감을 해야 할지도 모른다. 오늘과 같은 실망스러운 마감 결과를 방지하는 최선의 방법 중 하나는 오늘의 부진 원인을 찾고 행동 계획을 세우는 것이다. 다른 동료의 성공 사례를 분석하는 것보다 훨씬 더 효과적인 것은 자신의 영업 결과를 분석하는 것이다. 성공하는 사람들의 성공 요인을 배우는 것보다 훨씬 더 큰 배움을 주는 것은 자신의 부족한 영업 결과에 대한 반성이다.

2) SWOT 활용

당신이 슬럼프에 빠졌거나 뭔가 교착 지점에 다다랐을 때, 가장 좋은 해결 방법의 하나는 자신의 강점과 장점에 집중하는 것이다. 그렇게 하기 위해서는 자신의 강점과 약점을 잘 파악하고 있어야 한다. 슬럼프가 더 나은 성공을 위한 휴지기라면, 그리고 현재의 정체 상태가 도약을 위한 과정이라면 당신은 이제라도 늦지 않게끔 자신의 강점과 약점, 조건의 유리함과 불리함을 잘 알아야 한다. 그래야 더 큰 성공, 도약을 위한 전략과 전술을 재정비할 수 있다. 지금 소개하는 SWOT 접근법은 이미 여러분이 잘 알고 있는 문제 해결 방식의 한 종류이다. 아마도 여러 경로를 통해 접해보았을 것이다. 그런데 지금까지는 마케팅 계획, 영업 계획서 작성 등의 기초 자료로서 보았을 가능성이 크다. 오늘은 이 도구를 개인적인 차원에서의 멋진 전략 구성을 위한 목적으로 응용해보도록 하겠다.

[그림 7-1] SWOT 분석

SWOT란, 강점(Strength), 약점(Weakness), 기회(Opportunity), 위협(Threat)의 머리글자를 모아 만든 단어로 경영 전략을 수립하기 위한 분석 도구이다. 미국 스탠퍼드 대학에서 1960년대와 1970년대에 〈포춘〉지 선정 500대 기업들을 연구하면서 얻게 된 결과를 바탕으로 앨버트 험프리가 고안해낸 방법이다. SWOT의 좋은 점은 각 항목을 도식화하여 일목요연하게 정리해서 볼 수 있다는 점이다. 그리고 현실에 대한 파악을 통해 향후 계획과 전략을 도출하는 기본 틀로서 바로 활용할 수도 있다는 장점이 있다. 그리고 무엇보다도 누구나 쉽게 익혀 바로 사용해볼 수 있다는 것이 최대 장점이다.

이제는 직접 작성을 시도해보자. 오늘의 작성 주제는 '영업 활동을 위한 나의 강/약점 파악 및 계획 작성하기'이다. SWOT 작성은 다음의 순서로 작성하는 것이 일반적이다.

(1) 강점, 약점, 기회, 위협 요인을 찾아서 도식도에 표현한다. 강점과 약점은 내부 환경, 즉 나를 중심으로 찾고, 기회와 위협 요인은 외부 환경에서 찾는다. 도출하여 작성할 때 주의할 점은 애매한 표현은 삼가고 구체적으로 작성해야 한다는 점이다. 그리고 강/약점, 기회/위협 요인이 관점에 따라 모두 해당되는 것이라면 비중이 좀 더 큰 쪽으로 기록을 한다. 내/외부 환경에 대한 구분이 어려운 경우에는 자신이 컨트롤할 수 있는가 없는가 하는 질문을 통해 답을 할 수 있는 곳에 기록한다. 자신의 현재 상황에 대한 파악은 이 정도에서도 충분할 수 있다. 그리

고 너무 많은 것을 기록하려 노력하거나 정확히 구분하기 위해 많은
시간을 소비할 필요는 없다. 활동 계획을 작성, 검증하는 과정 속에서
다시 한 번 자신을 들여다볼 수 있는 기회를 제공하므로 다음 단계까
지 수행하기를 추천한다.

(2) 활동 계획안을 작성한다. 강점과 기회 요인을 활용, 발전시키고 약점과
위협 요인을 보완, 감소시킬 수 있는 방안을 찾아낸다. 활동안을 작성
할 때도 구체적인 표현으로 해야만 한다. 특히 애매한 표현은 삼가기
바란다. '다양한 준비를 한다' '적극적인 마음가짐을 갖춘다' '영업 활
동에 획기적인 변화를 준다' 등은 강한 단어를 사용한 것 같으나 당신
이 해야 할 그 '무엇'을 구체화하지 않은 표현으로 불필요하다. 앞 단계
에서 작성한 네 항목을 이용한 활동안의 작성은 일반적으로 다음의 범
주에 포함된다(도표 참조). 강점과 기회를 활용한 SO 전략은 공격 전략,
강점 활용, 기회 활용의 전략이 되며, 약점과 기회를 활용한 WO 전략
에는 약점을 보완하고 기회를 활용하는 전략을 사용한다. 강점과 위협
을 활용한 ST 전략은 강점을 활용하며 위협 요소를 극복하는 전략을
선택하고, 약점과 위협을 활용한 WT 전략에는 방어 전략, 약점을 보완
하고 위협 요인을 제거, 극복하는 전략을 채택하게 된다.

(3) 계획안을 검증한다. 현재의 경제적 상황, 나이 등 그 외 여러 제한 조
건을 고려하여 검증의 절차를 밟는다. 예를 들어, 결혼을 전제로 사귀

고 있는 애인이 있는데 2년 안에 해외 MBA 진학을 SO 전략에 둔다면 곤란하다. 물론 결혼 후 두 사람이 같이 간다는 계획이 세워져 있다면 이를 추가하여 SO 전략에 포함해야 한다. 또는 회사와 집, 또는 근무지와 집이 멀어서 출퇴근 시간이 많이 소요되는 것이 본인의 약점이고, 경제적 여유가 없는 것이 본인의 약점이면서, WO 전략에 근무지 안으로 이사한다는 계획을 세운다면 이 역시 현실성이 많이 부족하다. 이런 경우라면 업무 집중도를 상향시키기 위한 SWOT 전략을 추가로 작성해보는 것도 한 방법이다. 구체적이기는 하나 현실성이 부족하거나, 미처 고려하지 않은 조건들이 떠올랐을 경우에는 이미 작성된 계획안을 검증하는 과정에서 수정해야 한다.

(4) 우선순위를 결정한다. 계획안 활동 중 중요도에 따라 우선순위를 결정한다. 또는 시간을 다투는 것이 있다면 우선순위의 앞에 두어야 한다.

[그림 7-2] SWOT 작성

외부 환경 \ 내부 환경	강점 S	약점 W
기회 O	SO 전략 -공격 전략 -강점 살리기 -기회 활용	WO 전략 -약점 보완 -기회 활용
위협 T	ST 전략 -강점 살리기 -위협 요인 극복	WT 전략 -방어 전략 -약점 보완 -위협 요인 극복

3. 나만의 영업 전략

이제 SWOT도 한번 작성해보았으니, 지금부터는 영업 목표 달성을 위한 영업계획서, 개인의 중장기 플랜, 조직원으로서 자신의 활동 플랜의 영역을 모두 다루어보려고 한다. 앞서 우리는 슬럼프에 대해서 생각해보았다. 보통 일 년의 주기로 돌아가는 영업 현장에서 한 번의 슬럼프도 없이 지나간다면 참으로 다행한 일이다. 그런데 어려움은 예고 없이 찾아오는 법이니 야속할 뿐이다. 특히 큰 목표를 세우고 하나하나 차곡차곡 진도를 밟는 과정에서 발생한다면 더욱 그러하다. 사실 목표가 없고 계획이 무성의하게 짜여 있다면 슬럼프도 없다.

슬럼프는 최대한 빨리 벗어나 기존의 계획을 다시 수행해야 한다. 슬럼프를 빨리 벗어나고 정체기를 벗어나는 방법으로 자신의 강점을 다시 확인하고 장점을 중심으로 재도약하기를 앞서 권했다. 다음으로는 자신의 목표와 신념체계에 집중하라는 제언을 하고 싶다. 그런 의미에서 여러분에게 기준점을 제공할 영업 전략의 작성을 적극 권장한다. 각종 계획을 작성하는 데 있어서 유념할 사항에 대해서 먼저 살펴보자.

(1) 우리가 만들려고 하는 것은 플랜(plan)이다. 컨트롤(control)이나 매니지먼트(management)가 아니다. 우리가 앞에서 다루었던 담당지역 관리(Territory management), 시간 관리(Time management) 두 개의 항목은 모두 주

어진 대상에 대해 정보 분석을 한 결과로, 얼마나 효율적으로 이용할 것인가가 주안점이었다. 그리고 두 영역은 모두 자신의 영업 전략과 한 해 목표 달성을 위해 수행해야 하는 과제였다. 영업계획서는 목표를 달성하기 위한 전략안이자 실시 계획서임을 구분해야 한다.

(2) 누차 말하지만 모든 계획은 보여주기 위한 것이 목적이 아니다. 자기 검열, 형식화, 디자인에 신경 쓸 필요가 없다.

(3) 어떤 방식으로든 시각화 또는 청각화하기 바란다. 수첩 여기저기에 흩어져 있거나 약자로 표현하지 말기 바란다. 예쁠 필요는 없으나 언제라도 펼쳐보고 확인하며 때로는 수정, 재작성할 수 있도록 준비해야 한다.

(4) '목표는 높고 크게 잡아라.' 물론 맞는 말이다. 그러나 큰 목표만 있다면 잘못 작성한 것이다. 큰 목표를 위한 세부 목표가 없다면 그것은 희망사항일 가능성이 크다. 아니면 처음부터 큰 목표가 아닐 것이다. 작은 목표의 달성을 통한 큰 목표로의 접근이 현실적이다. 또한 작은 성공을 통한 성취감은 큰 목표를 향한 에너지를 만들어내며, 활동을 지속시킬 수 있는 자신감을 부여한다.

(5) 주제별로 여러 개의 계획서를 작성하는 것도 좋다. 통장도 저축의 성

격과 목적별로 여러 개를 만들라고 전문가들은 추천한다. 개인의 재무
건전성 확보라는 큰 목표 아래에서 실행한다는 전제가 있다. 우리도
마찬가지로 여러 주제별로 계획서를 작성하더라도 큰 목표, 자신의 비
전과 연계되어야 한다는 것은 잊지 말아야 한다.

(6) 모든 일의 성공 방정식은 다음의 함수식이다.

$$\text{성공 } Y = f(p, d) \quad p: \text{plan}, \ d: \text{do}$$

중학교 수준이니 이해가 어렵지는 않을 것이다. '계획'과 '실천'을 만
족해야 '성공'이라는 Y가 만들어지는 것이다. 그러므로 p, d 모두 구
체적이면서 실천 가능하고 측정 가능한 방식으로 작성하도록 노력해
야 한다.

(7) 마지막으로 모든 계획의 시작은 작성자의 의지이다. 짜 맞추기 식으
로 계획을 작성하지 말고, 본인이 꼭 도전하겠다는 결심을 한 후 작성
에 임해야 한다.

4. 영업 계획서 작성

1) 연간 계획

MR의 계획도 대부분의 다른 계획이 그러하듯 일 년을 주기로 시작과 끝이 설정되어 있다. 이것은 이제 너무 자연스러워 5년 이상의 장기 플랜도 연 단위로 구분한다. 회사도 연 계획, 사업부도 연 계획, 마케팅도 연 계획이 기본이다. 팀 및 MR의 영업계획서도 마찬가지이다. 당연한 이야기를 이렇게 강조하는 이유가 있다. 가장 기본 중의 기본은 조직 전체의 목표와 개인의 목표를 일치시키는 것이다. 회사가 올해 매출의 성장을 목표로 책정하고 영업 계획 안에 반영을 했다면, 여러분의 영업계획서도 매출 성장에 두어야 한다. 대상 고객 수를 늘리는 것도 매출 확대를 위한 것이며, 하루 영업 방문 수를 늘리는 것도 매출 확대가 목적이어야 한다. 기간도 동일하게 설정하는 것이 좋다.

연 계획서를 작성하기 위해서는 일단 여러분이 올 한 해 동안 달성하거나 성취하고 싶은 일들을 모두 모아보자. 무엇이든 괜찮다. 그리고 그것들을 성격과 목적에 따라 그루핑을 한다. 업무와 직접적인 관련이 없는 것들은 개인 계획 파트로, 간접적인 관련이 있으면서도 장기적으로 해결해야 할 문제들은 중장기 계획 파트 등으로 구분하며 각 그룹 안에서 가장 큰 목표, 작은 목표 등을 구분한다. 그런 다음 그 목표들을 다시 한 번 검증 절차를 거친 후 표현을 가다듬는다. 구체적이고 성취 가능하며 측정 가능한 표현으로 수정한다. 이제 목표가 정해지면 영업계획서는 회사에서 제시한 포맷을 토대로, 나머지는 자기 나름대로 작성한 형식과 기준으로 실행 플랜까지 작성해보기 바란다.

2) 100일 계획

　일 년 농사가 봄 가뭄을 이겨내고 모내기를 때맞추어 끝내면 대략적인 수확의 결과를 알 수 있듯이, 제약영업도 일 년 농사와 비슷하다고 한다. 연초 3, 4월이 지나고 5, 6월을 맞이하면 그해 영업 결과를 대충은 가늠할 수 있다. 그래서 1분기, 상반기는 어느 회사의 담당자에게나 가장 중요한 시기이다. 이를 좀 더 자세히 설명하면, 특별한 이슈가 없는 한 제약 품목의 판매 그래프는 트렌드라는 것을 만들어낸다. 한두 달이 모여 분기의 그래프를, 분기의 수치들이 모여 반기, 연간 그래프를 만드는데, 기간에 따른 매출이 우상향의 그래프를 그리면 성장의 트렌드, 우하향의 기울기'이면 매출 감소의 트렌드이다.

　한 번 방향을 잡은 직선 또는 곡선의 매출 그래프는 그 방향을 바꾸는 것이 생각만큼 쉽지 않다. 의약품이 갖는 여러 특성들로 인해 고객의 처방 트렌드가 자주 바뀌고 그것도 급격하게 변화하는 경우는 극히 드물다. 이것이 모여 만들어지는 담당자, 팀의 매출 그래프는 더욱 그러하다. 물론 제품 또는 회사 이미지의 커다란 손상을 일으킬 사건이 발생한다면 매출 곡선은 급강하할 것이다. 이는 외부의 충격에 의한 것이며 자주 일어나지 않는 특수한 상황이다.

　반대의 경우는 더더욱 어렵다. 성장 곡선이 꺾여 기울기가 마이너스가 되면 한두 달 만에 다시 반전하는 것은 정말로 어려운 일이다. 꺾인 시점에서 담당자 또는 회사가 바로 성장을 위한 대대적인 투자와 노력을 통해 성공한다고 해도 결과로 나타나기에는 시간이 필요하다.

고객의 반응을 이끌어내고 처방에 대한 약속을 받는 기간과 실제 처방 확대로 이어져 MR의 월 전체 매출량이 늘어나기까지 또 상당한 기간이 소요된다.

이를 담당자의 매출 계획에 적용하여 살펴보자. 가격의 변동이 없다고 가정하여 작년 판매액 대비 올해의 판매 목표가 많이 증가한 수준이라면, 연 판매 그래프의 작년 4분기로 그려진 판매 트렌드를 그대로 유지하거나 우상향으로 판매 증가액을 올려야 한다. 아니면 4분기상의 우하향 그래프를 올해 기울기를 마이너스에서 플러스로 바꿔야 한다. 이것이 모두 상반기 중에 이루어져 한다. 영업을 잘하는 고참 사원들을 잘 살펴보기 바란다. 연초에 엄청난 집중력을 보였다가 휴가 전 잠시 숨 고르기를 한 뒤 가을 초입에 들어가면 판매 내용을 점검한다. 그리고 연 마감을 예측(forecasting)하면서 남은 기간 동안 일 년 장사를 마무리하고 내년 영업 계획을 세운다. 이런 영업왕들을 주위에서 어렵지 않게 찾을 수 있을 것이다. 당신도 그렇게 할 충분한 자질과 역량을 가지고 있다. 아직 현실화할 만한 기술과 경험이 부족할 뿐이다. 그런 의미에서 여러분에게 100일 계획서 작성을 추천한다.

100일 계획서를 작성할 때 고려할 점은 첫째, 100일 계획 목표도 영업계획서 작성과 마찬가지로 영업부 전체 목표와 일관된 목표를 향해야 한다. 연간 계획과 다른 방향을 잡으면 안 된다. 사업부와 팀의 목표를 충분히 인지하고 이해해야 한다. 둘째, 사업부 및 팀의 목표 달성을 위해 담당자에게 요구하는 수준과 요청 사항을 확인해야 한다. 이와 관련된 내용은 보통 팀 회의를 통해서 정해진다. 셋째, 시행하는 데 있어서 선결해야 하거나 장애 요인은 없는지 확인하고 필요하다면 팀장과 상의한 후 결과를 반영해야 한다. 넷째, 단기간에 시행, 달성해야 할 목표들을 위해 계획도 활동도 모두 정확한 타임라인이 있어야 하며, 정량화된 목표, 달성 기준, 측정 방법 등을 명시해야 한다. 가능하다면 시행 중에는 측정 주기를 설정하여 팀장과 함께 달성 정도를 확인하는 것을 추천한다(100일 계획서 양식 참고).

[그림 7-3] 100일 계획서 양식 샘플

○○년도 100일 계획		
사업부 및 팀 목표 :		
100일 계획 목표 :		
주요/핵심 추진 사항	**측정 지표/기준**	**추진 일정**
1. A제품 월 2천 달성 2. B제품 디테일 비율 40% 유지		· 4월 마감 · 매월 확인

5. 중장기 계획

1) 3년 계획

1년 단위로 영업 목표와 조직 구성이 되기 때문에 MR들은 연 단위 계획서 작성에만 익숙해져 있는 경향이 있다 그러다 보면 자칫 개인의 역량 개발과 관련한 계획 작성과 실행은 점점 미루게 되는 현실이 반복된다. 3년의 계획을 작성하는 주요한 이유는 회사의 소속원으로서 자신의 역량 개발 계획을 가지고 있어야 한다는 것이다.

회사에는 '업무 기술서' 또는 '직무 기술서'라는 것이 있다. 직무 분석에 의한 직급별 요구 사항을 기록한 것이다. '병원사업부 저년차 영업사원' '의원사업부 고년차 영업사원' '영업본부 팀장(주니어)' 등의 구분으로 해당하는 업무와 요구되는 기술과 역량을 기술하고 있다. 외부 컨설팅을 통해서, 아니면 사내 인재개발부나 인사부가 공을 들여 작성한 결과물이다. 이를 참고하면 자신의 역량 개발 계획의 목표를 설정할 때 도움이 된다.

작성할 때 다음 두 가지는 고려해야 한다. 우선, 구체적으로 목표를 설정해야 한다. '영어 실력 향상하기'는 이제 그만해야 한다. '영어 공화국' 우리나라의 영어 학원 수강생의 절반 이상은 '초급' 수준이라고 한다. 그 많은 시간과 돈을 들이고도 그 정도이다. 이는 구체적인 목표가 결여된 것도 한 이유가 아닐까 생각한다. '임상 논문을 이해할 수준의 독해 능력 습득' '영어 이메일을 쓸 수 있는 영작 능력' '영어 프레젠테이션을 할 수 있는 수준의 스피킹 능력' 등 구체적인 목표 설정을 해야 실천이 뒤따른다. 다음으로는 업무와의 연관성을 고려해야 한다. 이는 앞에서 이야기한 구체적 표현과 동일한 이유에서이다.

여러분은 해당 직무 수행력을 동료와 비교하여 부족한 부분은 회사에서 요구하는 수준 이상으로 끌어올려야 한다. 언어, 컴퓨터, 영업 스킬, 자료 분석 능력, 발표 능력, 리더십 등 여러분의 능력과 역량을 개발하기 위한 계획을 세우기를 바란다.

2) 비전 시트

입사 지원서의 작성 항목이나 면접 때 면접관들이 흔히 던지는 질문 중의 하나는 "당신의 입사 후 회사 내 비전은 무엇입니까?"이다. 이에 회사 사장이 되겠다는 사람도 있고, 영업부 임원을 거친 후 사업을 하겠다 등 여러 가지의 비전을 답하고 회사에 입사하게 된다. 그런데 참으로 신기한 것은 입사 후에는 특별히 누가 "당신의 비전은 무엇입니까?"라는 질문도 안 하고, 본인 스스로도 중요하게 생각하지 않는다는 점이다.

원대하고 구체적인 비전 제시가 입사 여부를 결정하는 데 중요한 이유 중의 하나라면 회사는 그 비전을 소중히 간직하고 그것을 위해 노력하는 모습을 사원들에게 반드시 주문해야 한다. 그런데 그런 회사는 그리 많지 않아 보인다.

회사에서 요청하지 않거나 형식적으로 신입사원 교육 때 작성해서 제출한 뒤 아무런 후속 조치가 없다면 이제 당신 스스로가 비전 시트를 다시 작성해 볼 것을 요청한다. 비전 시트에 포함되는 사항은 다음과 같다. 매년 수정하면서 작성하는 형식을 기준으로 하였다.

(1) 올해 개인적인 목표

(2) 3, 4년 후 회사에서의 나의 목표

(3) 3, 4년 후 개인의 목표

(4) 10년 안 회사에서의 나의 목표

(5) 나의 인생 목표

(6) 부속서: 내가 꼭 하고 싶은 것 열 가지, 내가 꼭 갖거나 성취하고 싶은
것 열 가지, 내가 가고 싶은 열 곳, 10년 후 나의 자화상

조금 엉성하게 보일지 모른다. 이 부분에 대한 것은 시중에 나와 있는 수많은 자기계발서를 참조한다면 자신만의 비전 시트를 작성하는 데 도움이 될 것이다. 요약해서 비전 카드를 휴대하기 좋게 만들어 가지고 다니는 것도 좋다. 일일이 내용을 기술하기 싫으면 그림이나 사진으로 대신해도 좋다. 여러 연구에 따르면 자신의 목표를 시각화하여 제시하는 것이 훨씬 효과적이라고 한다.

3) 회사생활 플랜

회사생활을 하면서 주어진 직접적인 직무 외에도 해야 할 과제를 설정하는 것이 여러 모로 좋다. "내 일만 잘하면 된다"는 이야기는 거론할 생각도 말기 바란다. 실제로 그렇게 하는 사람은 극히 드물다. 설령 다음 달에 당장 회사를 그만두고 사업을 할 예정이라고 해도 그래서는 안 된다. 농사를 짓는다

고 해도 마을 청년회, 부녀회와의 관계, 자금 대출을 위한 농협 또는 농민회와의 관계를 고려해야 한다. 농약을 뿌리려고 해도 옆 밭의 경작 사항을 고려해야 한다. 물길이 우리 논으로 향해 있지 않으면 물 펌프를 설치하고 파이프를 남의 경작지에 걸쳐 대야만 한다. 사회는, 한 개인이 다른 구성원들과의 소사이어티(society)는 무시하고 자신의 영역에만 충실한 사람을 대우하지도 지켜주지도 않는다. 특히 회사라는 조직은 더욱 그러하다.

회사생활 중 한 번쯤은 이런 질문을 스스로에게 던져보게 된다. 이미 경험한 사람도 있을 것이다.

◆ 관리자나 동료들이 생각하는 나의 가치는 무엇인가?
◆ 관리자나 동료들이 생각해주었으면 하는 나의 가치는 무엇인가?
◆ 내가 가지고 있는 지식 중 동료들의 발전에 도움을 줄 수 있는 것은 무엇인가? 그 수준은 어느 정도인가?
◆ 내가 가지고 있는 기술로 조직의 발전에 도움을 줄 수 있을까?

제약영업사원은 홀로 고객을 방문하고, 개별적으로 평가를 받고, 성과에 따른 보상도 개인 간의 차이가 크며, 개인의 능력과 역량이 가장 우선하여 요청된다고 한다. 그래서 '고독'을 필연적으로 수반하는 고된 직군으로 묘사되기도 한다. 그러나 이것은 '그래야 한다'라는 당위성이나 직무에서 유발한 필연적인 것이 아니다. 일부 영업사원들이 만들어놓은 모습이다. 영업사원을 설명한 내용들은 자신, MR을 구성하는 일부분이지 전부가 아니라는 말이다. 대부분의 영업사원들의 모습과 활동과 자세는 그렇지 않다. 사회인, 회사 소속원이 가지는 정체성의 요소들에는 훨씬 더 많은 것이 있다.

조직 내 존재감, 조직 내 나의 역할 그리고 부여받거나 요구되는 역량과 비교한 나의 현재 상황을 떠올릴 때, 여러분이 흐뭇한 미소를 지었으면 한다. 여러분이 원하는 자기 자신의 가치와 발전된 모습을 상상해보라. 개인의 리더십과 회사에서 요구하는 리더십을 향상시키기 위해 노력해야 한다. 그러기 위한 계획에 다음의 내용들이 포함되었으면 좋겠다.

(1) 팀 동료나 후배에게 멘토가 되기 위한 활동과 능력 개발 계획을 작성하라.

(2) 팀 동료들에게 임상/질환 정보 또는 판매에 도움이 되는 정보를 제공하도록 노력하라. 단 한 개라도. 그리고 실천하라.

(3) 관리자를 포함한 회사 동료, 선배들과 내부 및 외부에서 관계를 형성하고 유지하기 위해서 노력하고 그 관계를 확대하기 위한 계획을 세워라.

(4) 다양한 회사 네트워크에 참여하고 협력하면서 관심의 영역과 인적 네크워크의 확대를 꾀하라.

(5) 회사, 제품에 대한 충성도를 강화하고 회사의 현장 대표로서 대외적으로 회사에 대한 애사심을 표현하라.

Sales Rep.(Sales representative), MR(Medical Representative), PSR(Professional Sales Representative) 등으로 다양하게 불리우는 수많은 제약영업인들이 만능일 수 없고 완벽할 수도 없다. 그러나 조직 내의 직장인으로서 커다란 제약산업의 한 일원으로서 지속적으로 자신의 가치를 계발하고 발전시켜 나가는 것은 지금 내가 하고 있는 일에 대한 보람을 만들어줄 뿐만 아니라 나를 남들과 차별화시켜줄 것이다. 마라톤은 맨 앞에 달리는 선수나 맨 뒤에 달리는 선수 모두가 자신이 맞고 있는 상황이 힘들다고 생각한다. 다만 선두그룹에 있는 선수들이 희망과 도전이 가득한 마음으로 좀 더 즐겁게 달린다. 아마 제약영업인 모두가 마라톤 선수들과 같은 상황일 것이다. 여러분들 모두 도전의 흥분과 희망의 아드레날린을 만끽하며 앞서 나가기를 바란다.

제약영업 어떻게 할 것인가?

2013년 8월 30일 1판 1쇄 박음
2016년 7월 20일 1판 2쇄 펴냄

지은이 이동수, 최필승
펴낸이 김철종
인쇄제작 정민문화사

펴낸곳 (주)한언
출판등록 1983년 9월 30일 제1 - 128호
주소 110 - 310 서울시 종로구 삼일대로 453(경운동) KAFFE빌딩 2층
전화번호 02)701 - 6911   **팩스번호** 02)701 - 4449
전자우편 haneon@haneon.com   **홈페이지** www.haneon.com

ISBN 978 - 89 - 5596 - 669 - 5   13320